北京大学经济学院 中青年学者文库

社会资本、信任与经济增长

SOCIAL CAPITAL, TRUST AND ECONOMIC GROWTH

崔巍 著

北京大学出版社
PEKING UNIVERSITY PRESS

图书在版编目(CIP)数据

社会资本、信任与经济增长/崔巍著.—北京:北京大学出版社,2017.3
(北京大学经济学院中青年学者文库)
ISBN 978-7-301-28216-8

Ⅰ.①社… Ⅱ.①崔… Ⅲ.①社会资本—影响—经济增长 ②信用—影响—经济增长 Ⅳ.①F061.2

中国版本图书馆CIP数据核字(2017)第054093号

书　　名	社会资本、信任与经济增长	
	SHEHUI ZIBEN、XINREN YU JINGJI ZENGZHANG	
著作责任者	崔　巍　著	
责任编辑	任京雪　刘京	
标准书号	ISBN 978-7-301-28216-8	
出版发行	北京大学出版社	
地　　址	北京市海淀区成府路205号　100871	
网　　址	http://www.pup.cn	
电子信箱	em@pup.cn　QQ:552063295	
新浪微博	@北京大学出版社　@北京大学出版社经管图书	
电　　话	邮购部 62752015　发行部 62750672　编辑部 62752926	
印刷者	北京宏伟双华印刷有限公司	
经销者	新华书店	
	730毫米×1020毫米　16开本　18.25印张　318千字	
	2017年3月第1版　2017年3月第1次印刷	
定　　价	48.00元	

未经许可,不得以任何方式复制或抄袭本书之部分或全部内容。
版权所有,侵权必究
举报电话:010-62752024　电子信箱:fd@pup.pku.edu.cn
图书如有印装质量问题,请与出版部联系,电话:010-62756370

前　言

改革开放以来,我国经济发展取得了举世瞩目的成就。据 GDP 核算方法反映的我国 1978 年的 GDP 总量为 3 645.2 亿元,2008 年的 GDP 总量达到了 300 670 亿元,年均增长率为 8.08%,同时,我国人均 GDP 也呈指数上升趋势。然而,经济发展的变化却在我国不同的省区之间存在着非常大的差异。以 2000 年不变价格计算,2000 年,东部地区人均 GDP 为 11 438.63 元,是中部地区的 1.98 倍,是西部地区的 2.62 倍。到 2012 年,东部地区人均 GDP 为 39 668.49 元,是中部地区的 1.71 倍,是西部地区的 2.46 倍。尽管经济增长差异的倍数有所缩窄,但不可否认的是,这种差异仍显著地存在。

那么,我国各省区之间经济增长存在差异的原因何在?很多学者在传统的解释框架下,基于物质资本和人力资本等要素对这一问题给出了部分回答。通过对经典经济增长理论的研究范式进行梳理,不难发现,从注重物质生产和积累的古典经济增长理论、注重外生技术进步的新古典经济增长理论,到注重内生技术进步的内生经济增长理论,基本上都是以"资本"为载体来对经济增长进行考察的。一直以来,公认的资本形式是传统的物质资本和人力资本。但是,随着研究的深入,学者们发现,在其他条件相同的地区,尽管拥有类似的自然禀赋、物质资本和人力资本,但是其在金融发展和经济增长等方面仍呈现出较大的差异。那么,如何对这一现象进行解释呢?

长期以来,随着现代经济学的发展,经济交易中的社会因素逐渐被剥离出去。一个经典的经济研究框架是瓦尔拉斯一般均衡模型。在该模型中,市场中的交易和互动被抽象为通过代理人来完成的信息传递过程。而代理人之间并不见面,他们只是单纯地传递买卖指令。然而,在实际的经济活动中,经济行为深深地植根于社会结构之中,代理人的决策受到大量的社会和文化因素的影响。越来越多的研究开始强调社会和制度因素、社会规范和信任等因素在经济发展中的重要作用,这些研究重新将社会因素与经济交易和经济发展联系起来。

近些年来,经济学家越来越认识到社会资本在经济增长中的重要作用。在传统的物质资本、人力资本和知识资本的基础上,经济学家开始将社会资本加入到经济增长的源泉中来。自皮埃尔·布迪厄(Pierre Bourdieu)在 1980 年正式

社会资本、信任与经济增长

提出"社会资本"这一概念以来,社会资本理论已成为比较有影响力的分析框架之一,并逐渐被经济学研究所采纳。传统经济学家认为,土地、劳动力和物质资本是形成经济增长的三种基本要素。20世纪60年代,新古典经济学家西奥多·W.舒尔茨(Thodore W. Schultz)和加里·贝克尔(Gary Becker)进一步强调了人力资本的重要作用。而最新研究表明,即使拥有最高级的物质资本和人力资本,也难以实现经济增长目标,除非人们愿意与其他人交流和分享工作,愿意在一种信任和合作的氛围中共享技能和资源,这便是社会资本投入。

社会资本被认为是影响地区收入差异的一个重要因素。一国的经济增长不仅取决于资源禀赋、生产要素和技术进步等现实因素,也受到信任等社会资本的影响。尤其是在经济全球化的今天,市场经济在一定意义上首先是信用经济。因此,考察信任对经济增长的影响具有较强的现实意义。

古谚有云"仓廪实而知礼节,衣食足而知荣辱"。若以社会资本和信任为"礼节"或"荣辱"之一,以经济增长为"仓廪实"及"衣食足",则因"知礼节""知荣辱",才能"仓廪实""衣食足"。自20世纪七八十年代以来,学者们尝试从社会资本和信任的角度给出回答。一些研究从理论和实证的角度探讨了社会资本与经济绩效之间的关系。社会资本对经济效率产生影响的一个重要途径是改善信任水平。既有研究显示,一个国家的信任水平越高,收入水平就越高。在社会资本水平比较高的地区,人们之间彼此信任,相信其他人会履行承诺,相信违反承诺的人会遭到相应的惩罚。这有助于降低交易成本,促进生产和交易的完成,进而有助于促进经济发展。

但是,社会资本是如何影响经济增长的?社会资本对经济增长的作用机制是什么?本书在对社会资本及信任进行内涵分析和经济学诠释的基础上,探讨了其对经济增长的影响,以及具体的作用机制。本书的主要内容分为两大部分:第一部分是对社会资本进行概括和内涵分析,包括社会资本的概念、特征、经济学视角下的诠释,以及对社会资本的衡量方法。社会资本是与信任、文化和行为准则以及社会网络等密切相关的社会结构特征,它有助于人们进行有效的合作并实现共同的目标。社会资本的特征包含信任、文化和行为准则,以及社会网络等三个方面。从经济学的角度上看,社会资本是一种内在的、独立的社会关系,是一种社会均衡状态。其中,信任是社会资本的重要特征和组成部分。信任的内涵包含信念和偏好两个部分,其中信念部分是指对其他人信任度的预期,而偏好部分既包括自身的风险偏好,还包括对社会的风险偏好,例如无私、互惠、背叛、厌恶等。粗略地看,社会资本可以分为两种类型:认知型社会资本和结构型社会资本。前者包含社会资本的前两个特征,即信任、文化和行为准则。后者主要包含社会资本的第三个特征,即客观的社会网络。

第二部分讨论社会资本与经济增长之间的关系。越来越多的实证研究表明,社会资本对经济的可持续发展有着重要的影响。然而,从理论和实证层面上看,社会资本与经济增长之间的关系是非常复杂的。对社会资本的研究一定不能脱离其所在的社会和经济情境。不同类型和表现形式的社会资本对经济增长的影响是不同的。一种特定形式的社会资本可能对某些行为有积极的促进作用,但是对其他行为可能是无用甚至是有害的。比如,以信任为代表的认知型社会资本能够显著地促进经济增长。在纽带型社会资本下,人们倾向于追求小范围的宗派或群体利益,这常常不利于增进整个社会的福利水平。连接型社会资本有助于在全社会范围内的不同网络之间形成合作和规范,促进社会资本得到良性循环并带来经济发展。另外,社会资本对经济增长的影响,与正式制度、人力资本、政府绩效和金融发展密切相关。本书分别从这几个角度讨论了社会资本对经济增长的影响机制。

本书的研究具有重要的政策含义和现实意义。这方面的研究为我国经济发展提供了一个新的研究角度,架设了社会结构和社会特征视角,而不仅仅是经济视角,点破了单纯从物质层面考虑经济增长问题的各种观点的片面性,并为旨在提高社会资本和信任水平的相关政策提供了有力支持。以地区经济增长为例,除进一步释放市场经济活力并推进对外开放外,西部地区还需立足于社会资本建设,改善信任环境,提高信任水平。唯此,才能逐步缩小与东部地区的收入差距,而中部地区则应采取积极措施维持信任优势,巩固和加强市场制度建设。我国在传统上被认为是属于低信任度的社会,因此,"一手抓精神文明,一手抓物质文明,两手抓,两手都要硬"有着穿越历史的洞见性。2014年6月,国务院关于《社会信用体系建设规划纲要(2014—2020)》正式颁布和实施,意味着我国的信用体系建设进入到了一个全新的发展阶段,这将为提高信任水平、促进我国经济健康发展奠定坚实的制度基础,这对于整合社会资源,为经济现代化营造良好的生态环境具有积极的意义。

崔巍

2016年9月

第一篇　社会资本的内涵分析

第1章　社会资本的概念与特征 /3
  1.1　社会资本的演进 /4
  1.2　社会资本的特征 /8
  1.3　社会资本的性质 /20

第2章　经济学视角下的社会资本 /27
  2.1　社会资本的经济学起源 /27
  2.2　社会资本：一个中性的概念 /29
  2.3　社会资本的分类和表现形式 /31
  2.4　社会资本：经济中内在的、独立的社会关系 /35
  2.5　社会资本：一种社会均衡状态 /44

第3章　信任：内涵及影响因素 /49
  3.1　信任的定义 /49
  3.2　信任的形成 /51
  3.3　信任的内涵：信念与偏好 /59
  3.4　信任的影响因素 /66
  3.5　经济发展中的信任 /77

第4章　社会资本、信任的衡量 /85
  4.1　社会资本的衡量 /85
  4.2　信任的衡量 /89
  4.3　我国社会资本的测量体系 /102

第二篇 社会资本与经济增长

第 5 章　社会资本与经济增长：理论概述	/109
5.1　社会资本与经济增长的关系	/109
5.2　社会资本对经济增长的影响途径	/115
5.3　个人信任水平与投资收益	/121
第 6 章　社会资本与经济增长：一个批判的视角	/128
6.1　社会资本一定有助于经济增长吗？	/128
6.2　一个批判的视角	/131
6.3　社会资本的不同类型与经济增长	/136
第 7 章　社会资本、正式制度和经济增长	/151
7.1　人际可靠性关系的来源：社会资本与正式制度	/152
7.2　社会资本与正式制度的内在联系	/154
7.3　社会资本和正式制度的共同作用	/159
7.4　经验研究	/171
第 8 章　社会资本、人力资本与经济增长	/180
8.1　社会资本与人力资本	/180
8.2　人力资本与经济增长	/186
8.3　社会资本、人力资本对经济增长的影响	/192
8.4　经验研究	/197
第 9 章　社会资本、政府绩效和经济增长	/204
9.1　社会资本与政府绩效	/204
9.2　政府绩效与经济增长	/213
9.3　经验研究	/216
第 10 章　社会资本、金融发展和经济增长	/225
10.1　金融的本质：信任	/226
10.2　社会资本的内涵与金融发展	/229
10.3　社会资本对金融发展的影响机制	/232
10.4　社会资本与股票市场参与	/239
10.5　经验研究	/247

第11章 社会资本研究的未来	/256
11.1 研究小结	/256
11.2 政策含义	/258
11.3 未来研究方向	/260

参考文献 /264

第一篇

社会资本的内涵分析

第1章 社会资本的概念与特征

　　传统经济学家认为,土地、劳动力和物质资本是促进经济增长的三种基本要素。20世纪60年代,西奥多·W.舒尔茨和加里·贝克尔等新古典经济学家提出了人力资本的概念,认为社会中受过教育和身体健康的劳动者的数量,决定了以上三种传统要素能在多大程度上发挥作用。然而最新研究表明,即使拥有最新的机器、颇具资质的劳动者和最创新的想法,也不一定会带来生产力的提高,除非这些劳动者可以和其他人进行交流并分享他们的工作。人们都是在不同的群体中生活和工作的,在群体中获得的关心、友谊、鼓励和支持等,都可以在无形中形成人们的价值观念和身份认同。人们愿意在一种信任和合作的氛围中共享他们的技能和资源,以实现他们共同的目标。

　　比如,对于很多公司的管理者来说,在员工之间培养合作的工作氛围,与外部合伙人之间建立起相互信任的关系,都是非常重要的。他们将越来越多的资源投资到这些并不与生产过程直接相关的活动中。同时,员工对工作的满意度也越来越多地受同事之间良好的人际关系的影响,而不仅仅是依赖于传统意义上的工资水平和工作环境。事实上,这些关系型投资与传统意义上的厂房、机器等物质资本一样,也会对公司的经济绩效产生重要影响。

　　对应于传统的物质资本和人力资本,新经济社会学领域的社会和政治学家把以上这些称为社会资本。这是一个较为宽泛的概念,包括那些有助于人们进行集体行动来实现共同利益的行为准则和社会网络。一般来看,在社会资本较为发达的社会中,人们感到更加文明、幸福、安全、富裕,社会更易于监管等,人们能够找到和从事比较满意的工作,参与服务于公共利益的事业,能够有效地监管其他人行为、无争议地履行合同协议、有效地利用既有资源、友好地解决争端,等等。同时,社会资本与经济发展之间应该是相辅相成的,较快的经济发展也有助于形成和维护较高水平的社会资本。

　　1958年,经济学家爱德华·C.班菲尔德(Edward C. Banfield)出版了社会学领域的一部经典著作——《落后社会的道德根据》,在书中他指出意大利南部地区的落后源于信任的缺乏,那里的信任仅存在于狭小的家庭范围内,被称为"无道德的家族主义"(amoral familism)。然而在当时,这一理论不仅难以融入主流经济学框架,而且也难以被其他经济学家所接受。直到大约40年后,经济学理论才开始认识到社会资本和信任在经济发展中的重要作用。比如,信任能够减少由契约不完整性所带来的社会净损失。自此,社会资本这一概念越来越多地出现在经济学领域。同时,社会资本也被广泛地应用于社会科学的各个领域,并用来解释大量的经济和社会现象:从公民的政治参与到正式制度的完善、从公民的健康到政府绩效的发挥、从公共服务的有效性到一个国家或地区的整体经济发展水平,等等。

1.1 社会资本的演进

作为一个跨学科、多维度的新生概念,社会资本的内涵非常丰富,外延也极为广泛,吸引了来自政治、经济、社会、教育和文化等领域学者的关注。在现实生活中,社会资本这一概念常常受到各方人士的追捧。人们尝试用社会资本来解释多种经济、社会甚至是政治问题,例如公民素质的低下、治安的混乱、政府治理的低效,以及经济发展的落后,等等。然而,在理论界,对社会资本的研究还不是很规范、系统。特别地,对社会资本的定义还比较模糊。因为社会资本的含义非常宽泛,它似乎涵盖了人际关系的任何方面,比如人际关系的存量及变化、特征,以及人际关系发挥作用的条件、途径和方式等。

一直以来,对于一些比较新鲜的概念,尽管理论界已经认识到其在经济中的重要性,但是却很难给出精确的定义,直到这些概念能够被准确地衡量。"社会资本"这一概念便是如此。当前,学者们对社会资本尚没有一个统一的衡量标准,也没有一个统一的定义。事实上,类似地,理论界对于"人力资本"的认知也是如此。Lucas(1988)曾指出:"至少对于我来说,人力资本这一概念刚出现时,看起来非常虚幻。但在经历了二十多年的研究后,我们看到人力资本的应用非常广泛。"直到近些年来,学者们才开始强调社会资本在经济发展中的重要作用。

尽管"社会资本"这一概念提出得较晚,但是社会结构、人际网络、社会观念等对个体或集体绩效的影响,众多学者都有过观察与论述。例如,亚当·斯密在《道德情操论》中曾将经济现象融入社会习俗和道德观进行研究,并认为美、德带来的信任是商业社会联系的纽带。在《国富论》中,他讨论了商业资本面临的在"人类的愚蠢与不正当行为"方面的危险,以及罗马帝国的限嗣继承制和佃农制度对生产力造成的阻碍。大卫·休谟在《道德原理研究》中提到,忠实、真诚,以及具有直接促进社会利益的趋向,是信任的根源,能给一个人的生活带来经济利益、幸福和尊敬。卢梭在《社会契约论》中指出,社会纽带的松紧、行政距离的远近对于一国效率的高低影响巨大,他还指出,物质资料的丰裕程度与政体选择息息相关。托克维尔在《论美国的民主》中谈到了美国人具有的推崇个人主义、追求平等等国民特征所带来的民主氛围对国家面貌带来的影响,同时用"合作的艺术"描绘了美国人对民间合作的热衷,认为"美国是世界上最便于组党结社,并把这一强大行动手段用于多种多样目的的国家""人们的愿望一定会通过私人组织的强大集体自由活动得到满足",这有助于使人民的力量集中到一起,并最终促进了美国的繁荣。与之相比的是在《旧制度与大革命》一书中,他说大革命前夕法国社会"比以往更加分割成一个个陌生的小团体,彼此漠不关心""每个小团体都只图私利,事不关己,高高挂起",而这些现象导致了法国的衰败和大革命的爆发。马克斯·韦伯的《新教伦理与资本主义精神》则提出新教中诚实、节俭等习俗,对外传播扩张的欲望,以及联系紧密的社团对于早期的资本积累特别是资本主义世界的兴起起到了巨大作用。齐美尔则对信任这一概念进行了专门的论述,他在《货币哲学》一书中指出信任支撑了信用交易,例如16世纪以来,信誉被纳入债券交易,为交易提供了极大的便利。他还指出,"离开了人们之间的一般性信任,社会自身将变成一盘散沙""不仅仅是货币经济,而是任何经济都依赖于这种信任"。

在社会科学研究中,社会资本的概念最早是由Hanifan(1916)提出的,他首次用社会资本来解释社区参与对提高学校教育水平的重要性。但在Hanifan(1916)的研究之后,社会资本就淡出了社会科学研究的视野。直到1958年,爱德华·班菲尔德用社会资本来解释意大利南部经济发展的落后,但是这一研究没有引起经济学界的关注。接下来,Bourdieu(1980,1986)、Coleman(1988)和Putnam(1993)对社会资本的研究颇具代表性。

在社会学领域,Bourdieu(1980,1986)提出,社会资本是由与公民的信任、互惠和合作相关的一系列态度和价值观构成的。社会资本具有社会结构和社会关系的特征,能够使人们之间相互合作、信任、理解和同情,有助于推动集体行动和实现集体的共同目标。他明确地将社会资本与经济和文化资本区分开来,指出资本有三种形式:经济资本、文化资本和社会资本。社会资本是有形和无形资源的总和,是可以被个人利用以实现自己的目标和提高自己的社会地位的个人关系,是人们通过参与社团组织而逐渐积累起来的机会和优势,是社会网络内个体成员或群体所拥有的实际及潜在的资源的总和。对于个人和群体来说,这种资源可以通过可持续的社会网络得到累积,而这种网络是基于成员之间的相互熟识的正式和非正式的关系。同时,这种社会关系有助于社会成员表达自己的利益需求,可以解决不同阶层间的利益冲突,而且,是阶层间斗争的一种重要资源。具体地,社会资本由两部分组成:(1) 它是一种与社会网络及其成员密切联系的社会资源。一个成员拥有社会资本的存量取决于他能够有效利用的社会网络的规模。(2) 社会资本是一种能力,这种能力来自成员之间特定关系的总和,而不是特定群体的特定关系。

在 Coleman(1988)看来,不同于其他形式的资本,社会资本内生于社会成员的相互关系中,而不是产生于成员本身或相应的物质资本中。社会资本不单单是个人自由,而且具有社会结构和社会网络的属性,是嵌入在人际关系中的一种公共产品。社会资本应该由它的功能来定义。它不单有一种本质,而且包含多种本质,其中有两点共性:(1) 它们都包括社会结构的某些方面;(2) 它们有助于处于该社会结构中的人们完成共同的任务。Coleman(1990)进一步将社会资本描述为人们从社会关系和社会纽带中获得的有价值的资源。社会资本来源于人们之间的相互联系。他强调了社会资本的社会结构和公共产品性质。社会资本与其他形式的资本的共性在于,都是生产性的,并使某些目标的实现成为可能。

颇具代表性的定义来自对社会资本最为熟识的罗伯特·D.帕特南(Robert D. Putnam)发表于 1993 年的经典著作《使民主运转起来:现代意大利的公民传统》。在书中,帕特南对意大利当地政府的绩效进行了研究,认为公民对社会和公共事务的参与程度,即社会资本,对当地社会和政治制度的绩效有重要影响。其中,社会资本是有助于人们有效实现共同追求的目标的社会网络、文化和行为准则、信任等特征;或者说,是那些通过促进人们的合作行为而提高社会有效性的社会组织特征,包括信任、行为准则和网络。进一步地,Putnam(2000)认为,社会资本是人际关系、社会网络,以及由此产生的信任和互惠,而信任是社会资本的先决条件。林南(2001)指出,社会资本是一种嵌入在社会结构中的可以通过有目的的行为来获取的有价值的资源,人们可以通过对社会关系进行投资以在市场上获得回报。

为了更好地从经济学的角度考察社会资本的重要性,学者们从不同角度进行了研究。比如,一些学者(Levi, 1988; Udry, 1990; Besley et al., 1992; Ostrom, 1996; Grootaert and Van Bastelaer, 2002)认为,作为一种生产性资产,社会资本主要指社会组织的某些特征,这些组织包括循环储蓄和信用协会、灌溉管理系统、信用安排、公民社团以及互助保险安排等;一些学者(Jodha, 1986; Ostrom, 1990; Dasgupta and Maler, 1991; Bromley et al., 1992; Baland and

Platteau,1996)通过对贫困国家的地方性共有资源,例如渔业、池塘和湖泊、森林、牧场和打谷场等,进行有效管理的案例分析,认为社会资本包含一些公有制度的特征,这些制度可以带来共同行动的好处;一些学者(Dasgupta,1988,2000,2009)关注了信任在其中的重要作用;还有一些学者考虑了更为宽泛的概念,比如Gambetta(1993)通过考察延伸的亲属关系、游说组织、街道帮会等一些与资金资助相关的、具有等级制度的组织,例如印度的贾吉曼尼体系和意大利的黑手党等,发现这些紧密的社会网络不一定会带来整体经济的增长,至少在长期是这样。Dasgupta(2000,2008)指出,理论和实践上的证据显示,即使不存在明显的高压政策,一些公有性质的关系甚至会使某些人的福利降低,因此这些公有关系也可能具有剥削性质,与社会资本相关的社会关系主要是指存在于群体内部的个人和政府之间的关系,它与公民社会的运转密切相关。

从理性选择理论的角度,Becker(1964,1996)把社会资本描述为生产过程的一个中间产品,是可以满足人们需求的效用函数中的一个自变量。在进行效用最大化的过程中,人们理性地投资于社会资本。社会资本是完全理性且具有完全信息的人们在实现效用最大化过程中的一种重要的个人资源。从新经济社会学的角度,Granovetter(1973,1985)认为,社会资本是实现宏观经济目标的集体性资源。社会资本主要是将社会关系连接起来的社会网络,它是分享信息和知识、降低不确定性和交易成本的有效途径。

当然,一些学者对社会资本的定义提出了质疑,认为"资本"应该具有一定的所有权,所以严格上来讲,社会资本不能被称为"资本"。比如Bowles and Ginitis(2002)指出,应该用"社会群体"(community)来代替,因为社会群体更加关注群体内部人们的行为,而不是所有权,而且在群体内部,人们可以通过各种途径来进行直接和经常性的交流。Arrow(1999)同样强调,"资本"应该是可转让的,也就是说所有权可以在不同人之间进行转让,而社会资本很难进行转让。也有一些学者质疑,对社会资本的定义将一些本身并不相关的概念混合在了一起,例如信念、行为准则以及与人际关系相关的资产,但是却没有解释为什么这样一个笼统的定义会有助于我们理解经济发展。随后,一些学者给出了更为笼统的定义。一些研究(Putnam,1993;Schuller,2000;Woolcock,2000)认为,社会资本是一种有助于实现集体目标的资源。Woolcock(2000)指出,社会资本是那些能够促进集体行为的一些行为准则和社会网络。Glaeser(2000)进一步强调,作为一种社会资源,社会资本不仅对集体行为有利,而且也可能对个人行为有利,即使后者有时与集体行为的目标存在冲突。比如,一个企业家可以从他所参加的各种社会网络中获取知识和收益,这意味着社会资本对于这个企业家来说是有利的,但是这个企业家的目标和动机却可能与该网络中的其他人存在冲突。Woolcock(1998)也对社会资本的定义进行了较为广泛的探索,他认为一个国家或地区的社会资本包含四个层面:(1) 横向社会组织的发展程度;(2) 存在于社区内部的社会关系的本质;(3) 公民与国家之间的联系;(4) 政府绩效和制度建设水平。世界银行报告(1998)指出,社会资本是一个群体内部社会和文化的一致性,是能够约束和促进该群体内部或群体之间进行交流与合作的行为规范和价值观念,并通过将不同群体联系起来以促进经济和社会的发展。Bowles and Gintis(2002)认为,社会资本通常是指信任、为其他人考虑的互惠和合作精神、其所在群体的行为准则,并惩罚那些不遵守规则的人。也有一些学者认为,应该从社会资本的功能角度给出定义。但是从这个角度,很难区分社会资本的成因和结果。比如信任,作为社会资本的重要组成部分,产生于人们对社区活动的广泛参与,但是社区参与本身也是社会资本的一种表现形式。

1.2 社会资本的特征

在社会科学领域,社会资本是一个比较模糊的概念。尽管以上学者对社会资本的研究来自不同的角度和应用领域,但不难发现,这些定义具有一些共性:(1) 社会资本是特定社会结构和文化结构的某些特征;(2) 这些特征可以使其成员获得正的外部性,且在实现目标的过程中获得竞争优势。

事实上,信任、合作准则、群体间联系等都属于社会资本的范畴。学术界对社会网络、行为准则和人际信任的研究也有相当长的历史。Coleman(1990)和Putnam(1993)都认为,信任和公民意识是社会资本的主要方面,强调了社会上超越亲缘关系的人们之间较弱的联系的重要性。Putnam(1993)指出,社会资本是主观的社会规范和客观的社会特征及其可能的结果,包含一些常设组织的特征,比如信任、文化和行为准则,以及社会网络。这些特征可以通过促进和协调集体行动而提高社会的效率。Loury(1977)指出,社会资本是指人们可以利用的资源。同时,社会资本也包含那些为人们提供资源的一系列社会结构。基于此,实证研究考察了社会资本的一个或某几个方面对政府信心、选举参与、健康状况、幸福程度、投资和经济增长等政治、社会和经济活动的影响。Coleman(1990)进一步指出,这些资源有助于形成道德行为准则的一些信任关系、权威关系和公认的权利分配制度等。Durlauf and Fafchamps(2005)总结出社会资本有三个共同特征:(1) 社会资本能够对其群体内部成员产生正的外部性;(2) 社会资本的外部性来自成员之间的信任、规范和共同价值观;(3) 信任、规范和共同价值观产生于人们对正式和非正式的社会网络的参与。此外,Bjornskov(2006)指出,社会资本至少包括三个维度:信任、文化和行为准则以及社会网络。在Ahlerup(2009)的研究中,社会资本主要体现为人们之间的普遍信任,可以理解为人们在社会中对陌生人的行为的一种乐观的预期。

综合既有研究,本书认为,社会资本是与信任、行为准则以及社会生活网络等密切相关的社会结构特征,它有助于人们进行有效的合作并实现共同的目标。社会资本的特征包含信任、文化和行为准则,以及社会网络三个方面。这一概念的主要贡献在于,从其功能的角度,将社会资本定义为社会结构的某些方面,是人们可以利用以实现经济利益的有用资源。社会资本能够为人们带来价值,其价值的大小取决于人们所在的社会组织的特征。社会资本与人们所拥有的其他资源进行结合,能够带来不同的宏观和微观的结果。根据这一概念,社会资本既可以用于解释个人层面的经济结果,也可以将微观的结果用于宏观分析。

1.2.1 信任

信任是社会资本的重要组成部分,或者说,社会资本的重要作用之一是有助于信任的形成。在个人层面,信任的重要作用主要表现为在特定的社会组织和人际关系中,有助于促进行为准则和道德规范的形成,这超越了一般意义上的正式制度。同时,信任也有助于人们之间形成理解和认同,消除误会、偏见和对自己行为不确定的认知。当然,信任的作用的有效发挥,要受到一些因素的制约和影响,比如人际联系的结构和密度。稠密的社会网络更容易使人们形成共同的规范,并建立声誉机制。在国家层面,信任意味着在实现经济发展的过程中,不同部门和不同组织中的人们之间的相互信任与合作。没有信任与合作,经济发展的目标就难以实现。事实表明,信任在那些具有公共品特征和高度依赖信任的部门中尤其重要,比如在对国家公共资源和环境进行管理的过程中,信任与合作的重要性不容忽视。本书将在下面的章节着重讨论信任及其对经济增长的影响。

具体地,信任这一特征与责任、对其他人行为的预期密切相关。假定甲为乙做了某件事情,并相信乙在未来会给予回报。这样,甲就对乙的行为形成了信任的预期,或者说,乙被赋予了某项责任,这相当于甲持有了关于乙的未来行为的信用单据。如果甲能够持有很多类似的信用单据的话,那么就相当于在金融市场中,获得了比较高的信用水平,使他能够在需要时获得及时的帮助,除非交易的对方是不值得信任的人,或者甲持有的是比较差的信用,例如不能被偿还的坏债。在某些社会结构中,交易双方持有大量的信用单据,意味着交易双方是值得信任的,且都愿意为对方做某些事情,从而使得交易能够顺利进行。例如,开罗的哈利利可汗大市场(Kahn El-Khalili)就是这样的社会结构。而在其他社会结构中,市场中的信用单据就相对较少,意味着交易双方在一定程度上能够自给自足,彼此之间的联系不是那么广泛。

这样,信任的程度,即信用单据的多少就主要依赖于两个因素:(1)社会环境的可信任度,即责任能否获得回报;(2)社会责任的程度。一方面,在不同的社会结构中,人们处于不同的社会环境,以上两个因素是不同的,因此社会资本水平存在差异。比如,在不同的社会中人们的需求存在不同;可能存在不同的其他可以利用的社会资源,例如政府福利机构等;人们的财富水平不同;人们在文化上存在差异,例如在既定的社会网络中寻求和获得帮助的倾向存在差异,等等。

另一方面,在同一社会结构中,社会责任程度的差异导致了社会资本水平的差异。一般来看,那些处于社会责任程度较高的社会结构中的人们,可以利用的社会资本资源比较多。其中,社会环境的可信任度是非常重要的。以东南亚轮转信贷协会(Rotating-Credit Associations of Southeast Asia)为例,这些协会是由家庭、邻里和朋友等群体组成的,协会中的每位成员都必须提供一定数量的资金,组成共同中央基金。所有成员每月相聚一次,通过竞价或抽签的方式将中央基金支付给协会中的一位成员,这样随着时间的推移,协会中的所有 n 个成员都提供过 n 次资金,且收到过一次支付。在这样的安排下,协会能够将小额的、零散的资金有效地集中起来,实现共同的经济发展目标。当然,这样一种机制在信任欠缺的无序社会中是不可能存在的。如果协会中的成员缺乏信任,那么在早期收到支付的成员很有可能在后期拒绝提供一定的资金,从而给其他成员带来损失。

从这个角度上来看,在一个社会结构中,人们之间的差异表现为可以利用的信用单据,即所拥有的信任的多少。一个比较极端的例子是在具有严密等级制度的家族管理中,家族的族长握有大量的责任和可利用的资源。类似地,在传统的等级制度森严的村庄中,比较富有的家庭往往拥有较广泛的社会信用和资源,可以在需要时加以利用。另外,在美国国会参议院,一些参议员是"参议员俱乐部"的成员,这意味着这些参议员具有相对广泛的责任和信用,因此与其他参议员相比，拥有较高的权力和影响力。

1.2.2 文化和行为准则

人们之间为什么会建立联系，并为对方提供有价值的资源呢？这主要来自于人们的内在倾向和行为准则。人们愿意在一种合作和互惠的氛围下工作和生活。人们从事慈善、遵守规则、按时还清债务，等等，是因为人们认为自己有责任和义务去这样做。同时，社会资本也可以对人们的行为产生影响，因为人们如果不按规则办事，会遭到社会的惩罚。一般来看，群体中的个人往往会将所在集体的共同利益放在首位，甚至是放弃个人的私人利益。

从某种程度上来看，社会资本是人们对其他人合作和互惠行为的一系列制度化的预期。这些预期有助于使那些事先不愿意合作的人采取合作行为，故社会资本这一概念的出现，能够在某种程度上解决集体行动问题。集体行动问题是经济学、社会学和政治学的一个共同主题。集体行动问题是指具有共同利益的集体并非必然要进行集体行动，因为整个集体的共同利益是一种公共物品，意味着即使人们不付出努力，也可以享受其收益。因此，一个理性的人不会进行集体行动，因为这需要花费私人成本，而收益却是集体共享，从而存在"搭便车"的问题。

在市场交易中，为了使"看不见的手"正常发挥作用，人们之间需要合作并遵守一系列默认的行为准则。除非人们具有适当的举止、修养，并遵守彼此利益的行为准则，否则市场不会很好地发挥作用。在很多情况下，人们愿意遵守其所在群体的行为准则，并惩罚那些不遵守行为准则的人。这样，一旦违反了这些行为准则，人们就会感到羞愧和内疚，便不会重蹈覆辙。这样的行为准则可能是在群体成员之间内化形成的，也可能来自外部的约束，比如对无私、互惠行为给予奖励，对利己、自私行为给予惩罚。当然，不管产生于内部的机制，还是外部的约束，群体内部的行为准则有利于解决集体行动问题，实现集体的共同目标。如果在其他人都遵守行为准则的情况下，人们也愿意遵守行为准则，那么这时的行为准则就得以内在化并逐渐转变为社会规范，并通过子孙后代得以延续和长期化。

比如，在钻石批发市场中，交易的顺利完成依赖于商人们彼此之间密切的联系，以及默认的行为准则。钻石，对于外部人来讲，是非常昂贵的商品。然而在交易过程中，商人们需要亲手将一袋子钻石交给另一个商人，后者将在私人时间对这些钻石进行鉴定，而在整个鉴定过程中，并不存在一个正式的机制或第三方来保证后者不会对这些钻石进行替换和伪造，即使这些钻石可能价值上千甚至上万美元。事实上,这种自由地交换钻石和鉴定的过程,对钻石交易市场的正常运行是至关重要的。如果缺少了这一过程,很显然会带来较高的交易成本和低效。当然,这一过程体现了社会结构的一些特征,因为在该钻石批发市场中,商人们之间是密切联系的,他们之间的交易非常频繁,且在大多数情况下,他们具有一定的种族和家族联系。比如,纽约的钻石交易市场主要是由犹太人构成的,这些犹太人主要生活在纽约的布鲁克林地区。他们经常去同一个犹太教堂,并在一定程度上联姻,所以是一个联系非常密切的较为封闭的社会群体。一旦群体中的某个人被发现偷换钻石进行欺骗行为,他就将失去所拥有的一切家族、宗教和社区等联系。因此,这种通过家族、宗教和社区等联系所形成的较强纽带,有助于在群体内部创造信任,并为市场中交易的完成提供重要的保证。而一旦失去这些联系,交易便难以实现。

特别地,与社会资本的其他形式一样,行为准则和约束在促进完成某些行为的同时,对其他行为造成了一定的限制。比如,安全良好的社会环境使人们能够在晚上放心地独自出行,同时又对偷窃抢劫者的行为产生了抑制;人们希望那些身体素质良好的人们去学习橄榄球,可是这样很容易使这些人错过其他体育项目,等等。从这个意义上来看,有效的行为准则在促进完成集体行动的同时,降低了成员们的创新性,人们不愿意打破既有的行为准则和约束,来尝试新的计划和可能。

在早期的研究中,一些学者将社会资本理解为社会文化。人们遵守契约的规定,因为人们预期该契约能够被社会上的所有公众所遵守,这是对人们的信用和行为准则的一种乐观预期。为了形成对对方行为的理性信念,人们并不需要事先认识对方,彼此熟识并不是产生信任和形成均衡信念的必要条件。如果互惠是彼此间共识,且预期协议能够被达成,那么人际网络也是十分重要的。同时,信任是合作的关键,事实上对社会资本的研究在某种程度上可以看作是讨论信任是如何形成的。特别地,合作意味着人们的角色存在互补性。比如,在非洲社会,对物种多样性、生态系统和自然环境的保护,就是来自由不同组织的人们共同倡议和发起的一个合作计划。在合作中,通过形成默认的行为准则,可以使遇到的问题得以顺利解决。事实上,一个国家或地区经济的发展,依赖于来自不同正式组织的人们之间的合作,这些组织既包括政府组织、非政府组织,还包括其他群体。

社会文化本身是一个内生变量,可以理解为一系列均衡的信念,是人们所持有的不同社会信念的一种协调机制。这种均衡的信念是由一系列发生的历史事件所带来的必然结果,而不是故意达成的某种协议。这样,那些内在特征,即基本面因素相同的社会,可能会表现出不同的公民行为和社会文化。或者说,人们在某个社会中表现出来的文化定势,在另一个内在特征相同的社会中并不一定会表现出来。

同时,社会文化的差异也可能来自人们自身基本面因素的原始差异,例如物质需要、历史事件、信息基础,甚至大规模的生态变化等。在这些情况下,尽管人们在文化上的差异与经济业绩密切相关,但却并不能构成经济发展存在差异的主要原因。Weber(1930)最早考察了社会文化对经济发展的影响,他把社区文化看作是共同的价值观和行为倾向,而不仅仅是人们的信念,他认为宗教、政治等社会文化可以对一个地区的正式制度建设和经济发展产生重要影响。但是直到第二次世界大战,这一研究也没有得到社会学家和经济学家的足够重视。20世纪末,Landes(1998)指出,16世纪以来,北欧的经济发展要明显地好于那些看起来更具地理优势的其他地区,主要原因除技术进步和人口增长外,关键是人们在信念和价值观方面的差异,即社会资本的差异,这些差异会导致不同地区间正式制度水平存在差异,从而导致经济发展水平存在差异。在实证研究方面,Putnam(1993)、Knack and Keefer(1997)和 La Porta *et al*.(1997)利用跨国数据研究发现,包括公民参与、合作与信任在内的公民文化与经济增长之间存在正相关关系。Granato *et al*.(1996)发现,个人的发展动机与经济增长之间也存在正相关关系。然而,个人的发展动机依赖于其努力工作是否会得到应有的回报,比如,父母教育子女要实现个人抱负,因为父母们乐观地认为个人抱负不会被社会秩序所阻挠;妇女们不会为维护自身权利而斗争,因为她们担心自己的斗争会遭到报复;等等。以上这些都意味着人们的信念和文化本身是受其他因素所影响的,因此社会文化与经济发展之间并不是一个简单的因果关系,这两个内生变量之间存在一种均衡发展的关系。

很显然,在一个国家或地区,社会文化的发展和变化是非常缓慢的。随着时间和外部环境的变化,社会文化的调整速度是比较迟缓的,从而从短期上看,社会文化这一变量是相对稳定的。故在某些研究中,学者们在短期内把社会文化看作是一个常数。然而,在长期,情况则有所不同。人们的个人发展动机和信念受其价值观和行为准则的影响,而这些又进一步受其所在社会的资本构成、制度因素和技术水平的影响。因此,社会文化是由很多部分组成的,这些不同的部分在不同程度上会对经济发展带来一定的推动或阻滞作用。尽管社会文化本身没有发生变化,但是社会文化的某一部分对经济发展的影响,可能会随着时间和外部环境的变化而改变。其中,一种可能的情况是,社会文化中的某一部分在某种外部环境中,起着至关重要的作用,但是在这种外部环境出现之前相当长的一段时间里,这一部分很有可能没有发挥任何作用。类似地,当外部环境进一步发生变化,这一部分的影响可能会减弱,甚至会变得无效。比如,第二次世界大战后日本经济的发展,在某种程度上就归因于社会文化的发展,即使这些文化在先前的几个世纪中并没有起到任何作用,而且在未来对经济发展的影响也不是很大。

1.2.3 社会网络

如果社会资本能够有助于经济发展,那么社会资本可以理解为社会网络或人际网络,即用于保护和促进人际关系的一系列的沟通渠道。其中,网络中的成员通过相互强制的机制,发展并保持相互之间的信任并信守承诺。事实上,人际关系是相互间信念的产物,是一个比较复杂的概念,但是社会网络这一概念则涵盖更为广泛的领域,它既可以像核心家庭那样具有非常紧密的人际关系,也可以像自愿组织那样具有较为松散的人际关系。在社会网络中,人们遵守相互约束的协议和共同的行为准则。事实上,我们生来就存在于一个既定的网络中,且在不断地加入到新的网络,不同的网络之间是彼此联系的,而这种网络之间的联系是通过沟通渠道来呈现的,尽管是否在网络间建立联系的决定可能是一种集体决策。最简单的沟通渠道是将两个人直接联系在一起,当然人们之间也有可能建立起间接的联系。比如,甲与乙之间建立了简单联系,乙与丙之间建立了简单联系,这样,甲就与丙之间建立了间接的联系。实际上,丙愿意与乙建立简单联系的一个原因,很有可能是他想与甲建立联系。

比如,在埃及开罗的哈利利可汗大市场,商人之间存在着广泛的、密切的社会联系。当你向一家专营皮具商铺的店主咨询在哪里可以买到珠宝时,你会惊喜地发现,这个店主刚好与一家珠宝店的店主很熟识,或者他会亲自带你去卖珠宝的店铺,或者他也刚好售卖珠宝。同时,这家店主也会热情地帮你兑换零钱,因为他认识不远处那个兑换零钱的店铺的店主。而且在大多数情况下,这些都是商人们的自发性行为。这样,整个市场就相当于是一个密切的社会网络,在网络中的人们之间存在着密切的社会联系,每个人都拥有自己可以利用的社会资本。

特别地,一些社会网络和自发组织不仅能够服务于发起者的最初目的,而且随时间的推移,也会服务于其他目的,从而为该组织中的人们带来可以利用的社会资本。比如,在第二次世界大战时期的美国的一个东部城市,很多房屋存在着严重的建筑质量问题,例如错误的管道系统、常常坏损的街道等。为此,居民们自发地组织起来共同抗议房屋的建筑者,使得问题得到了解决。但是事后这些自发组织却仍然存在,用于向政府反映和满足居民在其他方面的生活诉求。

在社会网络中,人际关系是非常重要的。一般认为,积极参与合作的行为,能够提高人们彼此间进行合作的倾向,这有助于人们形成对其他人的乐观信念以及对自己的行为准则。那么,如果公民参与有助于形成信任与合作的话,在公民参与和合作倾向之间就应该存在一个正反馈机制。这种正反馈机制和协同效应将逐渐得到缓和,因为公民参与的边际成本将随着公民参与的提高而提高。另外,由于具有不同的经历和知识结构,不同的人和组织之间存在着差异,从而产生了"认知距离"。尽管"认知距离"的存在不利于不同的人和组织之间进行沟通和达成共识,但是,这反而给彼此提供了学习和了解的机会。因此,在社会网络中,应该存在一个最优的"认知距离",这一距离既能让彼此相互理解和合作,又能带来学习和创新的可能。从这个角度上来看,社会资本相当于将不同的人和组织连接起来的桥梁。

进一步地,Gluckman(1967)将人际关系区分为单一关系和多重关系。在单一关系中,人们只是通过一种关系相联系,比如邻居、同事或合作伙伴等,而在多重关系中,人们之间相联系的关系不止一种,例如既是邻居又是同事关系。在多重关系中,某一种关系资源,例如信息,可以被更多的人所利用。比如,作为邻居的家长们可以交换和讨论他们孩子的信息。在很多情况下,人们可以利用自己在其他关系中的资源,来满足自己在特定关系中的需要。比如,甲在与乙的关系中需要承担某种责任,乙便可以利用甲的这一责任,对甲与丙的行为进行约束。

人际关系和社会网络的一个重要作用是作为获得信息的渠道。信息是人们采取行动的重要基础,但是获得信息是有成本的,它至少需要得到人们的关注。人们可以利用既有的社会关系来获得相关信息,以实现其行为目标,尽管该社会关系的存在最初并不以获得信息为目的。这里,社会关系的存在,可以为人们提供相关信息,其价值并不在于提供信用单据的多少,尽管信用单据能够使交易双方相互信任,并履行相关的义务和责任。Kata and Lazarsfeld(2006)考察了美国中西部地区一些城市中的妇女的行为。他们发现,尽管这些妇女对时尚很感兴趣,但却不愿意成为时尚的领导者,她们常常从熟识的朋友那里获取时尚信息。类似地,如果一个人对时事问题并不感兴趣,但是又不愿意错过当前的重大事件,那么他便可以从自己关注时事问题的朋友那里获得相关信息,而不需要自己去搜集所有的信息。

Putnam(1993)将社会网络区分为水平网络与垂直网络。水平的社会网络是信任与合作的社会网络,被认为是"公民共同体",其特征是积极的、有公共精神的市民之间是平等的政治关系;而在垂直的社会网络中,存在的是权威与依附的垂直关系,成员之间是作为庇护与附庸、统治者和被统治者而发生互动的,这样的社会生活是分裂和孤立的。因此,垂直的社会网络很难保持信任与合作,不管这个网络内部的联系是多么紧密,也不管它对其成员是多么重要。另外,与水平网络相比,垂直网络中的信息并不是那么可靠,因为网络中处于弱势地区的人往往拥有信息,但是由于担心被强势的上级所剥削和利用,因此那些维持信任与合作的行为准则也不太可能被普遍接受,而且对采取机会主义的人的惩罚也不太可能由下至上地执行,只有那些与网络中其他成员联系不是那么紧密的、鲁莽和无知的下属,才有可能对上级施行惩罚。

假定社会网络中的人们存在长期的经济关系,这些经济关系是通过信任与合作等社会准则来维持的,随着交易规模的扩大和市场的发展,网络外部将出现新的经济机会。在水平网络中,人们的地位和阶层是相对平等的。如果网络中的一个人发现了新的经济机会,那么其他人也非常有可能发现了这些机会,于是这些人就会重新协商和确定彼此间的经济关系。而在垂直的社会网络中,情况则有所不同。假设地位较低的下级,例如没有土地的劳动者,在新兴市场中发现了新的经济机会,非常可能的是,地位高级的、较强势的上级,例如地主或债权人,并没有发现这一机会。在这种情况下,劳动者希望能够彼此间协商,但地主显然并不希望这样。根据科斯的理论,劳动者将给予地主一定的经济补偿,以打破与地主既有的、不平等的经济关系。但这就意味着这些贫穷的劳动者需要提前透支未来的收益,或者采用分期付款的方式来偿付,而这对于处于弱势地位的人,尤其是尚在贫困国家的农村生活的劳动者来说基本上是不可行的。因此,一旦处于这样的垂直网络中,人们也很难做出改变。

1. 创建网络

尽管所有的社会关系和社会结构都能够推动某种形式的社会资本的形成,但是,某些特定的社会结构对促进和实现某种特定形式的社会资本有着重要的作用。特别地,当某种社会关系能够给人们带来好处的时候,人们会有目的地创建和维持这种社会关系。比如,创建社会网络和沟通渠道就是形成信任的一种重要方式。在前面的讨论中,我们假定人际网络是客观存在的。事实上,网络是需要被创建的,而且网络的发起者在创建网络和寻找其他发起者的过程中,需要耗费一些资源,例如时间和精力。因此,在考察社会资本这一问题时,我们不仅需要考察社会网络形成的路径,还需要考察其形成的原因。另外,建立网络的成本与收益之间应该存在一个权衡,因为一般来看,人们之间的联系会随着彼此之间社会网络的增加而减少。比如,我们可能对朋友的朋友了解得多一些,而对朋友的朋友的朋友就了解得少一些,后者被认为是弱纽带联系。

当然,创建网络也存在一定的负外部性,这些外部性可能带来集体行动的低效。比如,即使是在网络内部,人们之间也有可能相互产生敌意。然而客观地讲,我们很难事先判断一个社会网络的优劣。正如建筑可能被闲置,湿地可能被滥用,社会网络也同样可能被闲置或者被运用于破坏经济发展。事实上,社会网络的优劣取决于网络内部成员之间的态度和信念,以及人们是如何运用这个网络的。

2. 网络与市场

社会网络与一般意义上的市场是不同的,这两者间的不同主要体现在外部性方面。社会网络是私人的,具体表现为网络中的成员都有自己的名字、身份认证和特征。在社会网络中,交易发生在彼此认识或者熟识的人之间。在市场中,交易是匿名的,正如"你的钱和我的钱是一样的"。而且,网络内部的交易准则与网络外部的市场交易准则也是不同的。事实上,任何一个社会都是由社会网络和市场共同组成的,而依社会和经济环境的不同,这两者之间的比例存在不同。

一方面,社会网络与市场是相互替代的,也被称为"挤出效应",即特定的社会网络会妨碍市场的正常运行,甚至会阻碍市场的形成。在这种情况下,社会网络就成为经济发展的羁绊,而非助推力。正如在传统社会中,较强的纽带型社会资本,即建立在较强的血缘宗族联系之上的社会网络,在一定程度上不利于经济的发展。另一方面,社会网络与市场也是互补的。社会网络中某一种商品的生产和交换可能会对市场中的另一种商品产生重要影响。正如经济学家所指出的那样,公司内部的交易与市场中不同公司之间的交易是建立在不同的社会关系基础之上的。从某种程度上来看,这种互补性也存在一定的好处。Powell (1990)和Powell and Brantley(1992)的研究发现,在竞争性的公司,例如在生化科技行业的公司,科研人员彼此之间仅分享特定方面的信息,而不会透露其他方面的信息,这样,在披露信息与保留信息之间就存在一个权衡。事实上,在这一博弈过程中的任一阶段,研究人员都会遵循默认的合作准则,即分享某些方面的信息,而拒绝透露其他方面的信息。如果一个研究人员违背了这一准则,比如,他拒绝披露本可以披露的信息,或者披露不该披露的信息或错误的信息,那么作为惩罚,他就不会从其他研究人员处得到任何相关信息。人们对这种披露信息,乃至对该社会网络的需求可以体现在公司地理位置的分布上,研发和科技公司往往聚集在同一地区,比如在美国加州的硅谷、北卡罗来纳州的金三角和我国北京的中关村等。这样的社会网络在促进信息分享的同时,甚至有助于市场的形成,且在某些情况下,这对市场的正常运行也至关重要。

3. 网络与经济绩效

下面,借鉴 Dasgupta(2009)对总生产函数的设定,来讨论社会网络及其行为是如何影响微观和宏观经济绩效的。一个简单的生产可能性的表达式为:

$$Y = AF(K, H) \tag{1-1}$$

式中,Y 是总产出,是由物质资本和人力资本决定的,其中,K 是物质资本,主要指生产性资本,例如工厂、建筑、铁路、桥梁和机器等,在市场经济较发达的经济中,表现为分散的私有财产;在其他的经济中,可能表现为公共财产或共同所有的财产。$H = \sum_j (h_j L_j)$,是总人力资本。L_j 是个人 j 投入的劳动时间,其中 $j=1,2,\cdots$。这里的劳动具有多种表现形式:比如,在市场经济中,劳动是用工资收入来体现的;在自给自足的经济中,劳动是用小范围的"家庭生产劳动"来体现的;还有在某些国家和地区广泛存在的劳动合作社;等等。h_j 是个人 j 的人力资本,包括受教育年限和健康水平等,这里暂不考虑个人 j 属于的社会网络。个人 j 的有效劳动投入为 $h_j L_j$。在给定知识结构、制度安排和人际网络的情况下,总产出就是物质资本和人力资本的函数。F 是总生产函数,是 K 和 H 的增函数,且为非负。$A>0$,是全要素生产率,可以看作是包含产权制度在内的制度安排和公共知识的一个综合指数。不难看出,在其他条件不变的情况下,A 越大,即公共知识越多,制度安排越完善,总产出 Y 就越大。当然,如果其他条件不变,K、h_j 或 L_j 越大,Y 也就越大。因此,等式(1-1)意味着,将物质资本和人力资本转换为产出的技术性函数 F 与经济中的制度结构安排 A,将共同对总产出产生影响。

接下来,考虑这样一种情况。假设在社区中人们之间的合作得到了加强,这将使整个经济从一个较差的相互信念的均衡过渡到一个较好的均衡,这种过渡将使经济资源在生产中得到更加有效的配置。那么,在等式(1-1)中,合作的加强是表现为 A 的提高,还是 H 的提高,或者 A 和 H 都提高?

问题的答案在于合作的加强所带来的网络外部性在多大程度上和公共产品相类似。如果外部性只局限于小的社团,也就是说,在小社团内部人们彼此合作,但几乎不会影响到其他外部人的行为,那么合作的加强就表现为小社团内部

参与合作的人们的 h_i 的提高;如果外部性是全社会范围的,那么就表现为 A 的提高。当然,不管是通过哪一种机制,合作的加强都会带来 Y 的增加,尽管在数量上可能存在不同。同时,Y 的增加,即总产出、工资、利润等的提高,很有可能使得对物质资本和人力资本的投资也会增加,而后者将带来更高水平的总产出和消费的增长。另外,如果收入中的固定比例被投资于健康,那么全社会的健康水平也会得到显著提高。

具体地,考虑两个自给自足的社区 $i=(1,2)$。在任一社区 i 中,成员都是同质的,社区 i 中每个人的人力资本为 h_i,这里的 h_i 不仅包含传统意义上的人力资本,例如教育水平和健康,还包括社会网络。L_i 是社区 i 中的每个人的工作时间,N_i 是社区 i 的人口数,K_i 是社区 i 中的物质资本存量,那么社区 i 的总产出为:

$$Y_i = A_i F(K_i, N_i, h_i, L_i) \tag{1-2}$$

在等式(1-2)中,社区中人们合作水平的提高,可以表现为 A 的提高、H 的提高,或者这两者都提高。如果社区 1 中的合作水平高于社区 2 中的水平,那么有 $A_1 > A_2$、$h_1 > h_2$,或者 $A_1 > A_2$ 且 $h_1 > h_2$。如果社区 1 和社区 2 拥有同样的人口数、物质资本存量和工作时长,那么社区 1 的总产出将大于社区 2 的总产出,即 $Y_1 > Y_2$。这样,在控制 K 和 L 的情况下,一个社区中的合作能力 A_i 或 h_i,与平均产出 Y_i/N 之间将存在正相关关系。正如 Narayan and Pritchett(1997)对坦桑尼亚 50 个村庄的家庭支出和社会参与进行的考察发现,平均来看,在那些人们广泛参与公共事务和社会组织的村庄中,人均收入较高。他们强调,较高的社会参与能够带来较高的人均收入,而不是反过来。

下面,考虑一个不同的情况。假定在 1900 年,社区 1 和社区 2 在各方面的情形都相同,仅在合作水平方面存在差异,即 $A_1 > A_2$,或者 $h_1 > h_2$,或者 $A_1 > A_2$ 且 $h_1 > h_2$。自 1900 年之后,两个社区中的 A_i 和 h_i 保持不变,人口状况保持不变,对人力资本的净投资为零,但是人们每年都将总产出的固定比例 $s_k(s_k > 0)$ 进行投资,用于对物质资本进行积累。那么,到 2000 年,很明显社区 1 应该具有较高的产出、工资、利润、消费和财富等。

需要指出的是,在以上的分析中,假设社区 1 和社区 2 在经济上是自给自足的,这意味着物质资本不可能在社区之间自由流动。由于社会网络是相对封闭的,因此不存在将这两者联系起来的市场,或者即使存在这样的市场,市场也不能够良好地运行,这将导致在不同的社区中,物质资本投资的回报率存在不同。很显然,这种相对封闭的社会网络的存在不利于市场的正常运行,故将阻碍经济的发展。而如果资本能够在社区之间自由流动,那么两个社区的总收益都将得到显著的提高。

1.3 社会资本的性质

1.3.1 生产属性

我们知道,物质资本属于有形资产,存在于实物资产中;人力资本属于无形资产,表现为人们所拥有的知识和技术。类似地,社会资本也属于无形资产,存在于人们的社会关系中。类似于其他形式的资本,社会资本是具有生产性的,有助于实现特定的经济目标,能够促进生产的完成。而在不存在社会资本的情况下,这是难以实现的。与物质资本和金融资本一样,社会资本是投资所带来的结果,也是经济发展的源泉。比如,那些人们之间存在广泛的联系和相互信任的社会,能够创造更多的物质财富。当然,社会资本也需要投资。人们需要付出一定的成本,例如时间和精力等,来建立和维持社会资本。如果不能很好地维持,那么社会资本将会随着时间的推移而发生恶化。

但是,社会资本不同于其他形式的资本:第一,社会资本不是私人的,而是共同的财产。社会资本必须在共享中得到使用,而很少由某个人单独使用。社会资本是一种不可分割的非竞争性商品。比如,作为社会资本的重要特征的信任,是不能被购买和存储的。第二,社会资本是不可以完全替代的,在多数情况下,只是针对特定行为。一种特定形式的社会资本在某些行为中是有价值的,但在其他行为中却可能是无用甚至是有害的。第三,社会资本存在于经济人内部,或者不同经济人之间的关系结构中,而不是存在于实现生产所必需的物质载体,例如物质资本,和经济人自身,例如人力资本中。其中经济人既包括个体经济人,也包括有目的的经济组织,比如公司,这些经济组织可以为其成员创造一定的社会资本。第四,社会资本不随着使用年限的增加而减少。相反在更多情况下,社会资本能够在使用中得到进一步积累。比如,如果当前的信任水平不高,很显然不能从别处购买信任,而只能通过时间来逐渐累积和发展。但随着信任的"使用"年限增加,其整体水平将逐渐得到加强,而不是降低。也就是说,建立、使用和维持良好的人际关系有利于信任水平的提高。再比如,企业之间的社会网络和社会声誉,也会随着交往时间的延长和合作程度的加深而不断提高。

在社会资本形成的过程中,存在一个悖论。社会资本的形成体现为对社会资本进行投资,很显然,只有当投资的回报大于成本时,投资才会实现。但是,这种投资常常具有相当高的风险和不确定性,而这不利于在长期上建立稳定的社会关系,从而使得对包括相互理解和认同、信任、合作等在内的社会资本的投资受到了抑制。而这在很多发展中国家或落后国家中表现得尤其显著。一般来看,在这样的国家中,正式制度建设一般比较落后和匮乏,因此亟须发展非正式制度作为补充,并建立一种彼此信任和可靠的社会关系。但是,由于中介组织和社会网络不够发达,例如缺少相应的仲裁机构和贸易组织,使得投资中的风险很难被化解,导致相互信任和合作的社会资本难以在短期内建立。故在这样的国家中,反而很容易形成以追求小范围集团利益为特征的狭隘的纽带型社会资本。

1.3.2 公共品属性

社会资本与其他类型资本的重要不同在于,社会资本具有公共品的性质。我们知道,物质资本具有私人属性,具有特定的私人产权。那些投资于物质资本的人将获得全部的投资收益。类似地,人力资本也具有私人属性。人们对人力资本进行投资,即付出自己的资源、时间和努力来提高自己的知识和技能,也会在未来获得相应的回报,比如,可以获得较高的工资、令人满意的工作,或者处于一种愉悦的社会氛围中。因此,人们愿意对物质资本和人力资本进行投资,因为投资者会获得全部的投资收益。

但是,社会资本具有公共品的性质,这使得对社会资本的投资存在"搭便车"行为,导致对社会资本的投资存在不足。行为准则和约束的存在,能够使得处于该社会结构中的所有人,而不只是该社会结构的发起者或投资者,获得好处。比如,在某些学校中,学生们的家长们会形成一个联系较为密切的"家长群体",这一群体常常是由少数家庭主妇发起的,尽管这些家庭主妇可能不会获得该群体的全部社会资本收益。考虑这样一种情况:某位"家长群体"的发起者接受了一项家庭外部的全职工作,她不得不放弃了在这一群体中的工作和社会联系。从这位发起者的角度来看,从事全职工作为她的家庭带来的收益,要远远地超过失去与其他家长们的联系所带来的损失,因此这是一个理性的决定。但是,这一决定会给该群体中的其他家长带来损失,尤其是那些过去与她联系较为密切的家长。类似地,如果一个家庭需要搬离既有的社区,因为孩子的父亲在其他地方找到了更好的工作,那么,尽管对于这个家庭来说,这是一个理性的决定,因为搬离该社区给他们带来的收益,要大于失去与社区中其他家庭的联系所带来的损失,但是对于其他家庭来说,这一决定会给他们带来社会资本的损失,因为该社区中一系列的社会关系将被打破,既有的行为准则和约束可能遭到削弱。因此,对于每个家庭来说,那些其他家庭所做的不可控的决定给他们带来的损失,要大于他们自己进行理性决定所带来的收益。因此,这便导致了对社会资本的投资往往不足。

当然,对社会资本的投资不足不仅存在于自发的社会组织中,也存在于信任、合作等社会关系中。假定甲向乙寻求帮助,乙的帮助给甲带来了好处。这相当于甲与乙之间形成了某种约定,这一约定为乙带来了好处,相当于为乙提供了某种在未来可以利用的社会资本。尽管最初甲对乙发出请求,只是因为乙的帮助将对甲有利。当然,如果最初甲能够通过自己,或者通过某些正式机制来满足自己的需求,即没有形成某种约定的话,那么,甲就不会为其他人带来额外的社会资本。一般来看,一个人选择是否信任他人,或者说,是否愿意进行投资来保持信任,完全取决于信任行为给他带来的成本和收益,而不是信任行为会给其他人带来什么样的影响。比如,作为社会资本的一种形式,信息是至关重要的。那些能够获取多种信息,并为其他人提供信息的人,往往是根据自己的经济利益来考虑是否获取这些信息,而并不考虑从他那里获取信息的其他人的经济利益。

另外,在建立行为准则和规范方面,也存在投资不足的现象。在特定的社会网络和结构中,一些成员为了降低外部性建立了行为准则和规范,并从中获得了相应的好处。但是这些行为准则和规范的建立和维持,依赖于整个社会网络和结构的性质,以及该社会网络中的所有人的行为。尽管每个人的行为都会受到行为准则和规范的影响,但是个人却并不能改变这些准则和规范。因此,社会资本所带来的好处会被社会网络中的所有成员所分享,而投资者只能获得其中较少的一部分,故人们没有动力对社会资本进行投资,使得社会资本的形成往往是其他社会行为的副产品。当然,也有一些社会资本具有私人属性,这样的社会资本就不存在投资不足的问题。

1.3.3 社会网络的排他性

社会资本可以表现为人际社会网络,其中信任来自人们之间的契约。当然,社会资本也会有一些负面作用,比如排他性。市场经济的重要特征是匿名性,即一个人的金钱和另一个人的金钱在市场上是完全一样的。但是这一特征在社会网络中并不存在。社会网络是排他的,具有严格的身份认定。尤其对于外部人来说,并不具有包容性。在既定的社会网络中,"名字"至关重要,交易是发生在私人之间的。这种排他性,很显然就会带来市场的无效,并导致资源不能得到有效的配置。

　　社会网络的存在为人们之间创建了联系的纽带,这既包括客观的联系,也包括主观上情感的联系,因为在社会网络中的人们能够彼此合作并产生信任。一般来看,一个人的社会身份与其所在的社会网络密切相关。那么,一个人可以参加多少个网络呢?由于每个人都具有多重的社会属性,并可能效忠于不同的群体,因此从理论上看,一个人可以参加很多网络,但在现实生活中,人们往往依赖于某个或某几个社会网络。一些人喜欢这个社会网络,而另外一些人可能喜欢其他的社会网络,人们加入到不同的宗教团体就是一个很好的例子。另外,某些社会网络也存在一定的锁定效应,例如基于种族关系的网络。人们自生来便属于这个网络,而且一旦离开这个网络是要付出相当大的代价的。

　　一般认为,一个网络的规模越大,就越有优势,而且任何一个网络的扩张都会对其他网络造成负的外部性。比如,如果网络中的某个成员为了实现自己的某种目的,加入到其他的社会网络,那么他之前所在的网络就会变得不那么牢固,进而很容易遭受损失。因此,不同的社会网络往往因为争夺成员而相互竞争。Dasgupta and Goyal(2009)提出了一个关于个人动机和网络选择的简单模型,用于说明在哪些情况下人们偏好多重的身份和网络,而在哪些网络中偏好严格的身份认定。

　　Wintrobe(1995)解释了为什么社会网络经常存在于种族之中,而且不同于其他的专业网络,基于种族关系的网络的内部联系是比较密集的,且能够服务于多重目标,满足多种需要。因为这些具有遗传特征的社会网络存在较严格的身份认定,进入和退出这样的社会网络几乎是不可能的,网络内部的行为约束和惩罚机制使得人们遵守默认的行为准则。在很多情况下,父母传承给子女的社会网络就是基于这种种族关系的社会网络。在这样的网络中,对网络中其他人的监管成本比较低,这就降低了发生道德风险和负面选择的可能性。另外,这种基于种族的社会网络也是有效的和比较活跃的。一方面,人们对网络的投资是不可逆的,而且往往针对特定的网络。网络一旦建立,就不可能无成本地改建。另一方面,随着社会网络被不断地重复使用,使用该网络的成本会不断下降。这意味着,随着时间的推移,社会网络会产生正的外部性,这非常类似于在科技领域的"干中学"。这样,如果一个人已经继承了较丰富的社会网络,那么再创建一个新的网络的收益将会比较低,这同时意味着放弃使用既有网络的成本会比较高,除非网络外部存在非常好的机会。这就可以解释为什么人们常常保持较多的社会网络联系,且这些网络和行为准则可以一代一代地传承下去。

1.3.4 社会网络的封闭性

社会网络的一个重要性质是封闭性。在社会网络中,行为准则产生的一个必要非充分条件是,该行为准则应该对网络内部成员产生外部影响,在限制负面外部性的同时,对正面外部性给予鼓励。然而即使存在这一条件,如果社会网络缺乏封闭性的话,行为准则也不会产生。因此,社会网络的封闭性也是行为准则产生的一个重要的必要条件。

以图 1-1 为例。在图 1-1(a)开放的社会网络中,经济人 A 与 B、C 之间都存在社会联系,因此 A 的行为可能会对 B、C 或者同时对 B 和 C 产生影响。而由于 B 和 C 之间不存在联系,他们不可能联合起来对 A 的行为进行约束。除非在这一社会结构中 B 或者 C 的其中一方足够强大,可以单独对 A 的行为施加影响,否则 A 的影响力不会动摇。而在图 1-1(b)封闭的社会网络中,由于 B 和 C 之间存在社会联系,因此他们能够联合起来对 A 进行约束,或者一旦有一方对 A 的行为进行了约束,那么另一方将会给予帮助或经济补偿。

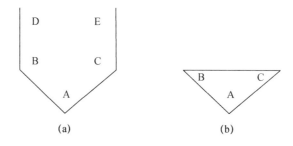

图 1-1 非封闭性和封闭性的社会网络
资料来源:Coleman(1988)。

考虑另外一种比较复杂的社会网络,例如父母对子女的教育,这里存在社会网络的代际封闭性,可以用图 1-2 来表示。图 1-2 中涉及父母、子女及家庭外部人之间的社会联系,其中竖线表示不同代人之间,例如父母和子女之间的联系,横线表示同一代人之间,例如子女们之间的联系。在图 1-2 中,A 可以看作是 B 的父母,D 可以看作是 C 的父母。B 和 C 之间的连线意味着,在学校中这些子女们之间存在着相互联系。尽管图 1-2 中没有显示,但是一般来看,与不同代人之间的联系相比,子女们之间,即同一代人之间存在着更为广泛的社会联系。比如,在学校中,这些孩子基本上每天见面,能够对其他人产生某种行为预期,甚至彼此之间能够形成某种共同的行为规范,等等。从图 1-2 中可以看出,图 1-2(a)

和图1-2(b)的差异在于这些子女和家长之间是否存在联系。在图1-2(b)中,子女们的家长也彼此联系,社会网络具有一定的代际封闭性。比如,这些家长的朋友是这些子女的朋友们的家长。

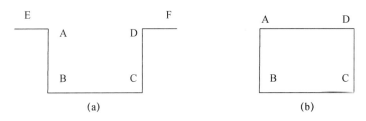

图1-2 非代际封闭性和代际封闭性的社会网络
资料来源:Coleman(1988)。

社会网络的封闭性所带来的一个结果是,在该社会网络中能够产生一系列有效的行为准则来对成员们的行为进行监管和指导。比如,在图1-2(b)中,作为家长的A和D能够在一起讨论子女们的行为,能够对如何教育和培养孩子达成共识,并共同对子女们的行为施加约束。家长D不仅能够监管自己的子女C,也能够监管A的子女B。这样,代际封闭性就相当于为每位家长培养孩子提供了一定数量的社会资本,这不仅表现在学校事务上,还表现在生活中的其他方面。

社会网络的封闭性不仅能够产生行为准则,还能够提高该社会网络中的信任水平,提高人们实现预期和履行责任的能力。那些不履行责任和违反承诺的人,相当于对该社会网络中的其他人带来了一定的负面影响。而如果该社会网络不是封闭的的话,那么只有交易对方才能够对违约者施加有效的约束,这样在整个社会网络中,就不会形成信任与合作的氛围。

1.3.3 社会网络的不平等性

一般来看,在社会网络中,人们默认彼此之间进行合作,并获得正的收益,因为合作可以使网络中的所有成员都获得好处。然而,在一些情况下,合作的收益往往更多地由网络中更有权力的成员获得。McKean(1992)发现,尽管所有参与合作的人都能够获得一定的收益,但是当地的社会精英阶层,例如那些比较富有的家庭往往能够获得较大比例的公共资源的收益,例如渔业和农林业产生的收益。

当然,也存在这样一种情况。与不存在长期关系相比,长期的关系可能使网络中的某些成员的福利水平下降,并遭受损失。在这样的长期关系中,可能会存在剥削和利用。比如,在印度的农村地区,特权大多掌握在那些高阶层的印度种姓的人们手中,只有这些人才能够接触和利用当地的公共财产资源,他们绝大部分是富有的地主阶级。而那些较低等级种姓的人们则非常贫困。同样,这种不平等、从属的阶级关系在农业社会中也广泛存在。事实上,不平等本身并不意味着存在剥削和利用,但是与不存在从属关系相比,在从属关系中低等级的人们的福利水平要显著较低。在当代社会中,类似的现象也广泛存在。比如,在某些地区,妇女仍然受到歧视,她们被阻止继承资产、不能接受教育、不能自由选择职业,这使得她们被排除在信贷、储蓄和保险市场之外。

Dasgupta(2008)发现,在公共品生产和对当地共有资源的管理中,人们的最小最大化收益要小于在非合作均衡状态下的收益,两者之间的差额就导致在某种长期关系下,网络中某些成员的福利水平要低于独立于这种关系下的福利水平。具体来说,在单次博弈中存在一个唯一的非合作均衡,其中每个成员的最小最大化收益要低于其均衡状态下的收益。假设这个博弈可以无限次地进行下去,成员之间的协议规定:成员在每期所获得的收益,将低于单次博弈中均衡状态下的收益。其中,遵守者是指该成员能够与其他同样遵守协议的人进行合作,并对那些不遵守协议的人进行惩罚。事实上,在博弈进行中,人们很容易判断谁是遵守者,谁是违背者。假设在博弈开始后所有成员都遵守协议,而某个成员没有遵守协议,那么他就是违背者。按照协议的规定,网络中的所有成员都应该对违背者进行惩罚,使他获得最小最大化收益。同时,协议还意味着不仅最初违背协议的违背者应该遭受惩罚,那些没有惩罚违背者的成员也要遭受惩罚,那些没有惩罚那些没有惩罚违背者的成员也要遭受惩罚……以此类推。这样,对违背者的惩罚就具有了一定的威慑力。如果其他人都遵守协议,那么违背协议的行为就得不偿失。事实上,只要人们对未来的成本和收益的贴现率不是很高的话,那么遵守协议就是一个内部强制的结果。

第 2 章 经济学视角下的社会资本

本书在上一章节中对社会资本的概念和特征进行了诠释。社会资本是与信任、行为准则和社会网络等密切相关的社会结构特征,它有助于人们进行有效的合作并实现共同的目标。社会资本的特征包含信任、文化和行为准则,以及社会网络三个方面。在这一章里,将详细探讨经济社会中的社会资本,并将对社会资本的分类与表现形式进行具体的阐述。

2.1 社会资本的经济学起源

从广义上来看,一直以来,学术界存在两种思想对社会行为进行描述和解释。一种是来自社会学的思想。人是社会化的,其行为受社会规范、准则和责任义务等因素的影响。这种思想描述了在特定社会情境下的人的行为,并对处于该情境下人的行为的形成、局限和目标等进行了诠释。另一种是来自经济学的思想。人的行为是理性的、独立的、利己的,且有既定的经济目标,即实现预期效用的最大化。在此背景下,新古典经济学、效用学说、契约学说等得到了长足的发展。

很显然,以上两种思想都存在各自的缺陷。比如,社会学的思想认为,人的行为受客观环境的影响,完全是无目的和无方向的,完全来自外在的社会环境的驱动,没有一个内在的驱动;而经济学的思想也与现实存在一定的差距,因为人的行为在一定程度上受外在的社会环境的影响,整个社会和经济的正常运行离不开行为准则、人际信任、社会网络等社会因素。

一些学者已经认识到了这些缺陷,故尝试将这两种思想在某种程度上进行融合。事实上,早在苏格兰启蒙运动时期,学者们就指出,为了使"看不见的手"在市场交易中能够更好地发挥作用,就需要一种合作的规范。大卫·休谟(David Hume)发现,为了适应新的经济活动形式,有道德的行为或者"是非感""同情心"和相应的行为准则会自发地出现,而且这些行为和行为准则大都是理性的。埃德蒙·伯克(Edmund Burke)较为悲观地认为,市场不会很好地发挥作用,除非人们事先具有某种礼仪、民主意识,或保护人们利益的倾向。在《国富论》和《道德情操论》中,亚当·斯密一方面承认了市场确实需要某些道德意识来发挥作用,另一方面,他认为市场在自我监管和增加社会整体福利等方面还存在一定的局限性,因此政府、教会或相关的制度建设就发挥着重要作用。19 世纪早期的德国社会批评家亚当·穆勒(Adam Muller)也发现,一个社区的"精神资本"对其经济财富有着重要的作用。然而,在接下来的 19 世纪,道德、行为准则和制度在经济发展中的作用一度被经济学家所淡化,以杰文斯和马歇尔等人为代表的边际效用学派占据了经济学研究的主导地位。受德国经济历史学家的影响,在古典社会学领域,出现了对"社会资本"研究的雏形。比如,爱米尔·涂尔干、卡尔·马克思和马克斯·韦伯等人对当时的经济事件和经济冲突进行了分析。与此同时,在美国的芝加哥大学,学者们将社会力量视作独立的因素来解释经济发展。

在经济学领域,Ben-Porath(1980)提出,在交易系统中存在"F-联系",泛指家庭(Families)、朋友(Friends)和公司(Firms)的联系,这些联系及社会组织的形式会对经济交易产生影响。Williamson(1975,1981)考察了在不同的制度形式(公司或市场)下,经济行为是如何组织起来的。同时,新制度经济学也尝试在新古典经济学的框架下,阐述特定经济制度的形成条件,以及这些经济制度对交易系统的影响。在社会学领域,一些学者考察了社会组织是如何对经济行为产生影响的。Baker(1983)发现,即使是在高度规范和充分理性的芝加哥期权交易所,经济交易也会受交易员之间的相互关系影响。Granovetter(1985)指出,即便是新制度经济学,也没有真正地认识到人际关系和社会网络在形成信任、预期,以及形成和维持社会规范中的重要作用。从长期和历史的角度来看,社会组织和社会关系对经济系统的正常运行有着独立且重要的影响。

Coleman(1986)将以上学说进行了融合。他提出了社会资本的概念,将理性的、利己的经济人放置在特定的社会情境中,这不仅能够解释不同社会情境下人的行为,还能够在一定程度上解释社会组织的产生和发展。从理性行为的角度出发,如果每个经济人都对特定的资源和事件具有一定的控制能力,且拥有相关的利益,那么社会资本就可以看作是经济人可以利用的某种特定的资源。社会资本是可以通过其功能来定义的,它不单单是一个实体,而且包含多种不同的实体,这些实体具有下面两种共性:第一,它们都包含社会结构的某些特征;第二,它们有助于在特定的结构中完成特定的行为。

Portes(1998)和 Porters and Sensenbrenner(1993)将社会资本定义为对群

体中成员行为的一种预期,这些行为与群体的整体经济目标密切相关,而这种预期可能并不来源于经济方面。针对不同的理论渊源,他们认为社会资本可以分为四大类别:(1) 有限团结。这来自马克思和恩格斯的观点,即一些负面环境可能有助于增加群体的凝聚力,比如,在难民之间很容易资源共享。(2) 互惠交易。齐美尔认为,通过私人交易网络,例如邻里之间的交易,可以形成行为准则和义务。(3) 价值渗透。涂尔干和帕森斯发现了价值渗透的重要性,价值、道德责任和承诺是契约关系的基础,有助于实现个人的经济目标。(4) 强制性信任。韦伯指出,正式机构和群体会通过不同的机制来确保人们履行承诺。尽管存在上述四种类别,但在理论上对社会资本的概念性问题还没有解决。比如,如果社会资本本质上是资本,那么它能够有效地涵盖信任、准则和网络等方面吗?社会资本是群体行为产生的原因,还是行为产生的结果?在实证研究中可以区分不同形式的社会资本吗?如果可以,它们之间是怎样联系的?如果不同形式的社会资本都存在成本和收益的话,那么这些成本和收益随着环境条件是如何发生变化的?为了研究社会资本在经济发展和政策制定中的重要作用,并对其进行严格的、连贯的和较全面的定义,应该在既有的理论和实证分析的基础上对社会资本的经典理论进行拓展和综合,并着重从经济学的视角对社会资本进行诠释。

2.2 社会资本:一个中性的概念

作为相互合作和信任的人际关系和社会网络,社会资本能够对经济发展有一定的影响。那么,社会资本是如何对经济发展产生影响的?其对经济发展的影响与其他形式的资本又有何异同?通过将不同部门和组织的人们有效地协调起来,在基本制度的基础上形成共同的行为准则和道德规范的非正式制度,社会资本能够促进经济发展,因为社会资本能够有效地解决经济发展中的一些问题,比如信任问题、规模化问题和外部性问题等。作为一种集体行动的正式和非正式的规范和网络,社会资本对于促进个人和集体之间的生产和合作,实现集体的共同利益,从而推动整个集体,乃至整个社会的进步和繁荣具有重要意义。然而,社会资本也会对经济发展产生一定的负面影响。比如,亚当·斯密曾指出,群体行为的负面性体现为:那些具有相同交易目的的人,出于追求愉悦和多样化需要,其交易行为常常会带来商品价格的提高,进而对大众的利益造成侵害。

因此,社会资本是一个中性的概念,正如建筑可能被闲置、湿地可能被滥用,社会资本也可能被闲置或者被用于破坏经济发展。因此,社会资本和社会网络本身并无优劣可言,其优劣取决于网络内人们的态度和信念,以及人们是如何运用这个网络的。比如,《国际先驱论坛报》(International Herald Tribune)曾对韩国激进学生团体进行了描述。一些韩国学生通过在私下组成学习圈子,对一些激进思想进行传播和扩散,来实现共同的政治目标。学习圈子中的学生可能来自同一高中、家乡或者教区,故该群体也是建立在比较密切的社会关系基础之上的,为了避免被当局察觉,学生们彼此很少见面,而是通过某一代表来进行联系。这些学习圈子就构成了他们在未来的革命活动中可以加以利用的社会资本,这种公共资源在一定的组织结构下,可以将他们的个人反对行为整合为集体性的革命运动,从而学习圈子便成为政治示威和抗议中最基本的组织单位。

在实证研究中,Putnam(1993)通过市民的社会参与程度来衡量社会资本,具体指标包括选民投票率、订阅报刊率、参与社会组织和俱乐部的数量,以及对公共机构的信心等。研究发现,在意大利北部地区,这些指标比较高,经济发展水平也比较高。La Porta et al.(1997)研究发现,在 1970—1993 年间,信任指数与经济增长之间呈弱相关。但是他们模型的解释能力不强,且样本中包含一些中央计划经济国家。为了考察信任在发达国家和 OECD(Organization for Economic Co-operation and Development,经济发展与合作组织)国家中的影响,Knack and Keefer(1997)排除了社会主义国家,关注信任的短期影响。他们发现,1980—1992 年间,信任对经济增长的作用是显著的。在控制初始人均收入、人力资本和投资品相对价格等变量后,信任指数每变化 1 个标准差,经济增长率相应地变化 0.56 个标准差,或者说,信任水平每提高 10 个百分点,年均经济增长率将相应地提高 0.8 个百分点。这意味着社会资本是经济稳态下收入水平的重要决定因素。稳健性检验显示,在去掉数据中的异常值或者扩大样本区间后,信任指数的系数大约减少了一半,但仍在统计上是显著的。

也有一些实证研究得出了不同的结论。Olson(1982)则发现,社会组织尤其是横向社会组织不利于经济发展,因为这些组织更像是特殊利益集团,其利用不正当手段获取政策支持,给社会带来了额外的成本。Helliwell(1996)发现,在 17 个 OECD 国家中,信任对经济增长的影响是负的。Knack and Kneefer(1997)利用 29 个国家的数据对以上这两种假说进行了实证研究。研究发现,那些具有较高信任水平和行为规范的地区,经济发展水平比较高,横向社会组织的发展与信任水平、行为规范,以及经济发展没有必然的联系。Knack(2000)将样本限定在 25 个 OECD 国家,发现信任的影响很难被正确衡量,且在通常的显著性水平下很难拒绝信任对经济不产生影响的原假设,并指出其原因在于样本国家比较少。尽管信任在发达 OECD 国家中的影响比较模糊,但是实证研究显示,在较贫穷的低收入国家中,例如墨西哥和土耳其,信任的影响是显著的。另外,数据显示,即使是在较为富裕的 OECD 国家中,信任对投资水平的影响在统计上也是显著为正的,因此,信任的作用应该是不容忽视的。

但是,Temple(2001)指出,尽管以上结论具有一定的吸引力,但是在实证模型中可能存在一些问题。其中一个问题是,信任水平可能取决于模型中的某些遗漏变量。比如,较弱的法律执行力度,或者低下的政府绩效等因素,都会导致信任水平的降低,进而影响经济增长。还有一个重要变量是受教育水平。La Porta et al.(1997)发现,信任对受教育水平有重要影响。Knack and Keefer(1997)发现,当前的信任水平与 1980 年的平均受教育水平之间呈现出较强的相关关系,系数高达 0.83。

2.3 社会资本的分类和表现形式

从前面的分析中可以看到,社会资本是一个非常复杂的概念,具有多重意义。一方面,社会资本通过将人们有机地联系在一起,有助于实现共同的既定目标。然而,这里的目标是多种多样的,既包括经济目标,例如就业和利润、劳动和分工、科技和创新、质量和声誉等,也包括非经济目标,例如安全性、不确定性的降低、社会认可度等。一般来看,既定目标的实现依赖于网络内部成员之间的关系,比如,过于紧密和僵化的人际关系不利于信息分享和技术创新。当然,既定目标的实现会对处于该社会网络内的成员有利,但是却可能对网络外部的其他人产生不利影响。

另一方面,在不同层次的社会网络中,社会资本的表现是不同的。比如,在不同的组织机构之间,社会资本表现为这些组织之间的相互关系,以及能否为彼此提供有价值的服务;在特定的组织机构内部,社会资本表现为组织内部成员之间的相互关系,以及这些人能否为彼此提供有价值的服务;在不同的国家之间,社会资本表现为正式和非正式的国家间组织,例如各种国际组织和非正式机构等。

由于社会资本的概念具有多重性,为了对社会资本进行较为准确的界定和进行经济学诠释,应该将社会资本的不同属性和特征区分开来,而不是简单地糅合在一起,不能将社会资本直接等同于文化、习俗和行为规范等正式和非正式的制度因素。因此,在理论上和实证上需要对不同类型的社会资本进行区分。其中,需要注意以下两点:第一,需要区分人们的社会行为和这些行为对人际信任和互惠等的影响;第二,需要区分不同群体的异质性。一个群体和该群体的社会关系是否对人际信任、互惠等产生影响,以及是否对政府和经济业绩产生影响,取决于这个群体的社会目的、多样性、包容性,以及成员行为的本质等。

本书借鉴了 Krishna and Uphoff(1999)的研究,将社会资本分为两种类型:认知型社会资本和结构型社会资本。前者包含社会资本的前两个特征,即信任、文化和行为准则。其中,信任是社会资本的重要组成部分,一些学者甚至直接把社会资本理解为信任。在经济学意义上,信任体现为交换与交流的媒介,是在交易达成之前,委托人认为代理人不会利用其信息优势损害自己利益的一种肯定预期,或者说,是在不确定的情况下,对交易对象进行合作的乐观预期。较高的信任水平有助于降低交易成本,是经济交易的润滑剂。同时,为了使市场上"看不见的手"发挥作用,人们需要合作并遵守一系列默认的行为准则。制定和遵守适当的行为准则,有助于交易的达成和形成信任。除非人们具有适当的举止、修养,以及维护彼此利益的行为准则,否则市场是不能够有效地配置资源的。

结构型社会资本主要包含社会资本的第三个特征,即客观的社会网络,人们可以通过这样的组织确定社会角色、分享信息、采取集体行动,进而实现共同的目标。一个人所拥有的社会资本存在于其所处的社会网络中,社会资本的多少取决于他能够有效利用的社会网络的规模,拥有的社会资本越多,就越有可能从中获得收益。其中,社会网络既包括联系较为紧密的家庭网络,也包括联系较为松散的社区组织、民间团体和兴趣俱乐部等。

从社会资本与经济增长的既有研究来看,研究结果主要分为两大类:(1)研究发现社会资本与经济发展之间存在正相关关系;(2)研究没有发现这两者之间存在正相关关系。那么,应该如何正确地看待两者之间的关系呢?前面的分析显示,以信任为代表的认知型社会资本有助于降低交易成本,从而促进经济增长。那么结构型社会资本对经济增长的影响如何呢?进一步地,本书借鉴了 Sabatini(2006)的研究,将结构型社会资本分为三种表现形式:纽带型社会资本、桥梁型社会资本和连接型社会资本。社会资本的分类和表现形式见图2-1。

纽带型社会资本是指通过血缘、种族或家庭纽带而形成的一种紧密型社会关系。在这种联系过于紧密的社会关系中,人们具有相同的社会背景和经济目标,具有强烈的认同感,表现出比较强的"集体忠诚"。但是处于这种关系中的人们往往局限于追求小范围的宗派或集团利益,不愿意与网络外部的成员进行交往和交易。纽带型社会资本抑制了学习和创新的机会,表现为通过分割市场、形

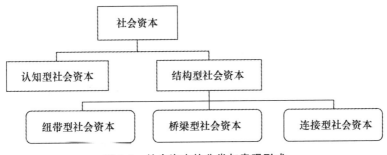

图 2-1　社会资本的分类与表现形式

成垄断来控制价值,或者通过提高进入壁垒等手段来限制竞争,这常常体现在同业行会、专业组织或者贸易组织中。因此,纽带型社会资本导致经济资源难以在网络之间自由流动,不利于社会资源在更广泛的范围内进行合理的配置。纽带型社会资本对经济发展的影响主要取决于这些宗派或集团利益是否与整个社会的经济目标相一致。

桥梁型社会资本是指通过同事、朋友或朋友的朋友等联系建立起来的社会关系。与纽带型社会资本相比,处于这种社会关系中的人们之间的关系相对疏远,人们可能具有不同的种族和社会经济地位,但是却有共同的利益。桥梁型社会资本对经济增长的影响是比较复杂的。一方面,由于桥梁型社会资本是在纽带型社会资本的基础之上发展起来的,并通过纽带型社会资本得以强化,如果纽带型社会资本对经济发展的影响是负面的,那么桥梁型社会资本的影响也可能是负面的;另一方面,桥梁型社会资本是一种横向的连接机制,可以看作将不同团体和身份的人们连接起来的桥梁,这有助于网络内部与外部资源的连接,有助于促进信息共享、形成信任和完成合作,故对经济发展和社会进步有积极影响。

连接型社会资本是将不同社会层次的个人和团体连接起来的社会关系。由于人们处在不同的社会网络和组织,具有不同的经济和社会背景,因此,连接型社会资本是一种比较弱的社会关系,它有助于人们超越既有网络和层次的限制,通过与外部网络和层次进行连接来获得信息和资源。连接型社会资本与经济发展的关系,正如Putnam(1993)的研究所描述的那样,自发的社会组织类似于"一个培养民主的学校",在其中,合作和信任逐渐成为社会化行为。在那些横向社会组织比较发达的地区,不同网络之间的相互接触也比较频繁,网络内成员的溢出效应即正的外部性得以释放,这有助于在不同的网络之间,和在全社会范围内形成合作和规范,从而使社会资本得到良性循环,带来经济发展。

尽管整体上较高的社会资本水平可能对经济增长产生积极影响,但是不同类型和表现形式的社会资本的影响是不同的,与同事和熟人间的社会联系在很大程度上类似于桥梁型和连接型社会资本,对社会制度建设的影响比较显著,而与密友间的社会联系更类似于纽带型社会资本,对社会制度的影响并不显著,或者为负。结构型社会资本,尤其是连接型社会资本有利于在不同的社会网络之间进行信息和资源的共享并实现合作,增加形成文明和民主的机会,故有利于促进经济增长。

2.3.1 对社会资本的其他分类

按照不同的研究范畴,社会资本可以分为微观、中观和宏观三个层次。社会资本的研究对象是社会群体。具有相同血缘、宗族关系的成员,或者家庭成员之间可以形成一个群体;居住在相同地区或社区的成员之间可以形成一个群体;具有相同历史文化背景的公民之间也可以形成一个群体,等等。其中微观层次的社会资本类似于民间社会资本,是人们之间基于地缘关系、血缘关系、亲缘关系、朋友关系、同事关系或同学关系等形成的一种社会联系。这里主要关注的是个人行动的结果,代表着个人通过其所在的社会网络利用资本的潜在能力。比如,Putnam(1993)在对意大利南、北部地区的社会组织进行研究时,所考虑的就是微观层次的社会资本,即个体和家庭网络等社会组织所具有的规范和价值观念。这样的社会资本是存在一定的外部性的,可能为正,也可能为负。

Coleman(1990)增加了社会资本的垂直组成部分,并界定了中观层次的社会资本。社会资本存在于不同的群体之间,以及群体中的不同成员之间。社会资本不仅能够体现该群体的某种社会结构特征,还能够为群体内部成员带来收益。这种层次的社会资本主要是以正式和非正式的制度、组织惯例、习俗和行为准则等形式存在的,主要关注的是社会网络的形成过程及其分配结果,而不是群体中的个体。

宏观层次的社会资本类似于政府社会资本,其含义最为广泛,表现为包含社会结构和社会规范的社会环境和政治环境等。政府社会资本主要关注正式的制度关系和制度结构,例如政权建设、法律制度,以及公民自由和政治权利等。Collier(1998)认为,宏观层面的社会资本可以通过特定的制度框架来发挥作用,进而可以影响其他组织的运行和整个社会的经济发展,同时社会上组织和团体的活动又会影响政府政策的形成和绩效。

当然,社会资本的这三种形式之间有着很强的互补性。宏观层次的社会资本能够为经济和社会发展创造出健康和稳定的环境,中观和微观层次的社会资本又会进一步巩固和维系这种良好的环境。

此外,世界银行也对社会资本的层次进行了划分,将社会资本区分为狭义社会资本和广义社会资本,其中广义社会资本就类似于宏观层次的社会资本,是影响社会结构的社会和政治环境。

Grootaert and Bastelaer(2002)认为,无论是哪个层次的社会资本,其对经济发展的影响都是借助于社会资本的两种载体来实现的:结构型社会资本和认知型社会资本。结构型社会资本是一种客观的资本,即通过一个群体或组织内部的规章制度、法律法规和人际关系等实现信息和资源共享的资本形式,这种社会资本形式不便于衡量和测定;而认知型社会资本是一种主观的资本,即通过人们的信任、行为规范、态度和价值观等来促进交流和互动的资本形式,这种社会资本形式便于衡量和测定。

2.4 社会资本:经济中内在的、独立的社会关系

在经济发展中,社会资本的重要作用是不容忽视的。然而,在对经济发展和政策进行研究时,学者们常常忽略了社会资本的重要作用。比如,那些旨在加强市场经济和民主制度的方案都关注金融资本和人力资本的发展。事实上,在社会资本较为匮乏的社会中,欺骗、渎职、犯罪、腐败、拥挤等现象比比皆是。那些有助于促进信任、合作和提高社会福利的集体行动的机会,常常被人们滥用,进而导致任何尝试促进经济社会发展的政策都会遭遇失败。特别是在解释第三世界国家经济发展落后的问题上,"社会资本"的引入是非常吸引人和有说服力的。于是,便需要回答这样一个问题:如何对社会资本进行经济视角下的诠释?

尽管自20世纪70年代末,学者们就开始从经济学的角度对社会资本进行阐述,但是最丰富和最系统的理论和实证研究出现在80、90年代后期,主要来自新经济社会学领域的两个方面:微观层面上对少数族裔的企业的研究,和宏观层面上对政府和社会关系的比较制度的研究。只有将以上研究相结合,才能得到一个关于社会资本的完美框架。社会资本应该是一个广泛的、动态的概念,包含不同的种类、层面和维度,而不同的种类、层面和维度及其不同的组合,可以带来不同的经济和社会结果。因此,对社会资本进行经济学诠释,应该在既有研究的基础上,弥补理论上的不足并能够解决实证研究中遇到的各种问题。比如,从政策角度上看,在什么情况下可以使经济从不信任的坏均衡状态过渡到信任的好

均衡状态？如何更加有效地利用社会中现有的知识、技术、资源？等等。

社会资本是一种内在的、独立的社会关系。在 Woolcock(1998)看来,内在性(embeddedness)和独立性(autonomy)是社会资本的两种不同的重要特征,且具有一定的互补性。内在性可以理解为嵌入性,意味着从本质上看,所有的经济行为都嵌入在社会成员彼此之间的社会关系中,且经济发展带来的是嵌入方式,而不是嵌入程度的变化。比如,经济发展可以看作是一个与陈旧的规则和礼俗逐渐脱离的过程;公司间的差异在于,存在于公司内部和公司之间的个人关系和社会网络不同。一个公司的经营管理是有秩序还是无秩序,管理者是诚实还是渎职,都与不同类型的社会关系,而不是公司的组织形式密切相关。

自 20 世纪 80 年代后期,在很多关于经济发展的微观和宏观研究中,都提到了嵌入理论。这些研究认为:第一,所有形式的交易都嵌入在社会关系中。从小商品市场、股票交易到国有企业等,所有的交易都是既包含经济层面,也包含社会层面,基本上没有任何一项交易是纯经济的,或是纯社会的。第二,嵌入性本身存在多种不同的形式,例如社会纽带、行为规范、文化习俗和政治环境等。所有的这些形式都会对人们的经济行为产生影响。第三,在既定的社会网络中,嵌入性的收益都伴随着相应的成本,而且随着经济的发展,嵌入性的收益和成本会相应地发生变化。比如在乡村,市场交易网络的规模较小且相对简单,社会关系的密度较高,且封闭性较强。这将在一定程度上阻碍该网络中较为成功的人士的发展。这些成功人士有意愿从这个相对较小、不正式的社会交易网络,进入到更加专业、具有正式法律制度安排的较大规模的网络,但这一过程是存在一定成本和障碍的。尽管这两种网络中的交易都嵌入在社会关系中,但是一方面,既有的交易网络会强加给其成员一定的责任和义务,另一方面,这些成功人士需要获取足够的信息来了解如何加入新的网络,且一旦加入,如何建立和维持新的行为准则和制度安排,又是一个新的挑战。

为了识别嵌入性的成本和收益,以及为了克服经济发展中的集体行动困境,社会资本的独立性问题也是不容忽视的。在微观层面上,独立性意味着群体内部成员与群体外部成员之间的联系程度;在宏观层面上,独立性意味着政策制定者不仅应该与企业领导者之间建立联系,而且他们自己也应该遵守职业准则,努力达成一致以实现共同的目标。

嵌入性和独立性在微观和宏观层面上的含义是不同的。Woolcock(1998)认为,嵌入性在微观层面上主要指社区内部纽带(intra-community ties),即融合性(integration),在宏观层面上指政府与社会之间的关系(state-society relations),即协同性(synergy);独立性在微观层面上指社区外部网络之间的关系(extra-community networks),即连接性(linkage),在宏观层面上指制度的效力和信誉(institutional capacity and credibility),即组织机构的健全性(organizational integrity)(见表 2-1)。特别地,社会资本的嵌入性和独立性分别具有多种形式,且这两者应该有机地结合起来。比如,对于农业合作社、中小型企业、工厂和跨国企业等各类组织来说,嵌入性是实现经济长期协调发展的必要非充分条件,而独立性的社会关系有助于在抵消嵌入性的成本的同时,实现嵌入性的收益。

表 2-1　社会资本的嵌入性与独立性

	微观(自下而上)	宏观(自上而下)
嵌入性	社区内部纽带 (融合性)	政府与社会之间的关系 (协同性)
独立性	社区外部网络 (连接性)	制度的效力与信誉 (组织机构的健全性)

融合性、协同性、连接型和组织机构的健全性,可以看作是社会资本的四个重要性质。事实上,这四个性质的提出有其背后的历史渊源。融合性来自Durkheim(1893)的简单的内部团结思想,并在 Wilson(1987)关于城市内部贫困、Klitgaard and Fedderke(1995)关于经济增长的差异的研究中被具体地阐述。连接性是来自 Simmel(1908)的观点,他认为较贫困的群体为了实现长期的发展目标,需要加强与群体外部的联系。虽然这是非常重要的,但是存在着一定的障碍。组织机构的健全性来自 Weber(1902)对经济发展的认识。他认为,经济发展与正式的行政、法律制度的出现是密不可分的,行政、法律制度能够为个人能力和利益在更大范围内得到发挥和实现提供安全的保障。那么,为什么有的制度或政府比较僵化且效率低下?有的制度或政府比较激进且具有破坏性?有的比较软弱且无能?有的比较积极且反应敏锐?比较制度学派认为,这主要源于组织结构上的两点差异:即内部结构和外部纽带。其中,内部结构有助于建立和保持该制度或政府的效力和信誉,而外部纽带是指政府和其社会成员之间的联系,这便是协同性。协同性的社会纽带不仅可以将普遍公民与政府官员相联系,还可以将不同的正式机构和组织相联系。

在微观和宏观层面上,融合性和连接性、完整性和协同性之间的不同结合可以带来不同的经济发展结果。比如,当以上四个性质都缺失时,经济发展表现为混乱的个人主义(anarchic individualism);当以上四个性质都具备时,经济发展表现为实现互惠的自治状态(beneficent autonomy)。事实上,通过对以上四个性质进行不同的结合,可以实现经济发展的任一状态。下面,将分别从微观和宏观的角度具体分析社会资本的不同性质及其组合对经济发展的影响。

2.4.1 微观层面:自下而上的发展状况

自下而上的发展是指经济发展来自基层或微观层面,比如个人、家庭、小型群体和社区等,而不是正式的政府机构。从这层意义上来看,社会资本主要体现为融合性。基层组织或个人通过邻里关系、种族、宗教或家庭等社会纽带连接起来,他们能够共享服务和资源,比如彼此推荐工作、共享交通和照看孩子等。一个群体内部的社会联系越广泛,信任水平就越高,该群体所拥有的社会资本水平也就越高。具体地,从经济发展的角度来看,在微观层面,融合性和连接性的不同结合可以带来下面四种情况(见表2-2)。

表2-2 融合性与连接性:自下而上的发展

融合性 \ 连接性	低	高
低	无视道德的纯家族主义	社会杂乱
高	无视道德的个人主义	社会机遇

资料来源:Woolcock(1998)。

第一种情况是无视道德的纯家族主义(amoral familism)。这种情况意味着在社会关系中,存在较强的融合性,但没有连接性。在无视道德的纯家族主义下,人们之间的联系是建立在对家族或种族的狂热忠诚的基础之上的,以至于人们没有动力去主动追求自身的经济利益,更不愿意加入其他的外部群体,甚至无法与外部群体和平地处理争端。在社会上,存在大量纯家族主义的小群体,每个小群体都有自己既定的行为准则和规范,但是整个社会不存在被广泛认同和接受的行为准则和规范。这种纯家族主义带来的后果是,极大地增加了交易成本,并降低了交易的有效性。而且,社会财富很有可能被具有权势或剥削手段的群体或个人所占有。于是,这就带来经济发展的一个困境,即社会资本并不是越多越好。当信任仅存在于家庭成员或拥有血缘、宗族关系的群体内部时,较高的社会资本就可能不利于经济发展。

第二种情况是无视道德的个人主义(amoral individualism)。这种情况意味着在微观层面上融合性和连接性的共同缺失,或者说既不存在家族主义,也不存在全社会范围内的普遍信任。人们游离于各种形式的社会网络之外。在所有的社会和经济活动中,都广泛地充斥着狭隘的个人利益,这可能是环境使然,也可能是遭受歧视。这种无视道德的个人主义带来的后果是,人们的生活是贫困和残酷的,没有理想和信仰。偷盗、欺骗和弃婴等现象较为常见。比如,那些无家可归的流浪汉就属于这种情况,在需要帮助的时候,他们没有家庭或社区资源可以依赖,只好沿街乞讨。

第三种情况是社会杂乱(anomie)。从某种意义上来看,这是城市化发展和现代化进程的一个必然产物,这种情况意味着在社会关系中,存在连接性,但不存在融合性。人们有足够的自由和机会参与到各种各样的社会群体中,但是却不存在一个较为稳定的、可以依赖的群体为他提供切实可行的帮助。在这样的社会关系中,人们没有归属感,缺乏群体内部的身份和价值认同,容易对自己产生认知失调,甚至还容易产生抱怨、暴力,甚至自杀的倾向。比如,在美国,对于那些处于创业期的少数族裔企业家来说,例如在圣地亚哥的墨西哥人和在迈阿密的海地人,尽管他们能够自由地加入到当地较大规模的该族裔的社会群体中,但是却很难找到一个有力的群体为他们提供最初的资金、劳动力等帮助,所以这些小企业很容易遭遇失败或破产。这种社会杂乱的后果是,人们将逐渐减少身份认同和对社会的归属感,不愿意履行在社会中应尽的义务,最终导致经济发展的落后。当然,那些发展良好的地区和政府,不仅有能力规范和培育良好的社会群体,还能够有效地阻止无政府主义和社会杂乱的状态。

第四种情况是社会机遇(social opportunity)。这种情况意味着融合性和连接性的有机结合,对社会和经济发展是非常有益的。一个比较经典的例子是美国的第一代移民群体,例如洛杉矶的韩国人群体和旧金山的华人群体。由于很难加入到正式的金融和政府机构,这些新移民就倾向于加入到当地的该种族群体中,例如"韩国城""中国城"等,这些群体和相关的组织机构可以为新移民提供最初的资金、信用和安全等基本保障,以便他们进行创业。很显然,群体内部的社会关系将有助于成员之间的经济交易变得更加快捷和有效。然而,这些社会关系在对群体外部人士造成一定限制的同时,也限制了群体内部成员的发展,因为随着新移民的发展和逐渐获得成功,他们对该群体的需求将相应地发生变化:一方面,他们担心自己的利益被新来者所侵犯;另一方面,他们又迫切地希望超越既有的群体。只有那些能够与外部更广泛的市场或群体建立有效联系的人们,才能够享受更大程度的成功。然而,最初对该群体的承诺和义务,将在一定程度上限制其成员的发展。于是,就产生了一个矛盾的问题:那些能够更好地为成员提供金融和其他资源,服务、帮助其获得成功的群体,将更有可能很快地不适应其成员的新需求,导致成员对该群体的依赖性明显降低,这便是少数族裔企业家自下而上发展的困境。

所以,随着经济交易的发展和复杂化,人们之间的社会纽带也应该相应地发生变化,从最初的群体内部纽带,即融合性,向更为广泛的群体外部联系,即连接性,发生转变。这可以在一定程度上减少对群体内部成员既有利益的侵犯,有利于群体内部较成功人士进入到更为广泛的社会网络,接触到更为高级、专业的产品和要素市场,这对于相对落后的地区的经济发展尤其重要。

当然,内部纽带或外部联系,这两者在任一时期的过度发展或发展不足都不利于经济发展。一般来看,在经济发展较成功的国家或地区,融合性和连接性是相互补充的,其中,融合性社会资本是经济发展的基础,连接性社会资本是随着经济的发展和交易规模的扩大,逐渐缓慢地发展起来的。对融合性和连接性进行研究,对理解中长期经济发展和政府监管有着重要的作用。

2.4.2 宏观层面:自上而下的发展状况

在经济发展中,政府与社会的关系是不容忽视的。一般来看,社会群体的自身发展并不是孤立的,而是与特定的历史文化和制度背景等因素密切关联的,这些因素能够强化或者削弱该群体实现共同目标的能力。同时,这些群体的行为也能够对政府绩效和政策制定有着重要的影响。因此,理解政府和社会之间的关系,对于社会群体的发展和繁荣,对于政府绩效和政策制定等,具有重要的意义。

政府与社会之间关系的有效性,依赖于双方的利益、需求和资源等方面的有机结合。与微观层面的研究类似,制度的效力与信誉,即组织机构的健全性,与政府与社会的关系,即协同性,之间的不同结合,可以带来不同的经济发展结果(见表2-3)。这意味着经济发展结果取决于政府的组织能力,以及对公民事务的参与和反应能力。

表2-3 协同性与组织机构的健全性:自上而下的发展

协同性	组织机构的健全性 低	高
低	无政府状态	软弱的政府
高	无赖的政府	发展性政府

资料来源:Woolcock(1998)。

一个极端的状态是无政府状态,或称为崩溃的政府(collapsed states)。在这种情况下,既不存在组织机构的健全性,也不存在协同性。在这样的社会中,法律和秩序是失去作用的,人们的生活非常贫困、悲惨,大量的难民死于疾病和饥饿,外国人常常遭到排斥甚至被驱逐出境。

无政府状态在某种程度上类似于无赖的政府(rogue states),或者说掠夺的、腐败的政府。虽然政府与社会之间存在一定的协同性,但政府组织本身是不健全且不具有连续性的,政府的行政能力很差。政府和军队的领导者唯利是图、肆意挥霍、排斥异己且凌驾于普通公众之上,他们常常利用自己所掌握的权势和社会关系为自己牟取私利,从而导致腐败、侵犯人权,以及任意侵占和损坏私人财产等现象时常发生。很显然,在这种情况下不仅难以实现经济发展,而且使得人们的生活水平显著降低。

软弱的政府(weak states)也被称为无力的、低效的政府,是指虽然具有比较健全的组织,但是缺少与社会公众的联系的政府。尽管这类政府组织具有一定的凝聚力和完整性,但是在与公民协调方面表现得很差。当然,这种情况也不利于一个国家或地区的经济发展。在当代国家中,印度政府是一个较为接近的例子。尽管在印度存在一个具有较高声誉和道德,以及文化水平的公民服务机构,但是该机构具有一定的排他性和特殊性,而且与不同社会群体进行沟通和协调的能力较差,与大型公司领导者的联系也非常有限。尽管政府承诺严格执行法律,禁止对公共财富进行掠夺,但是却又常常挪用公共资源,对弱势群体无动于衷,不能及时解决公民的诉求,也不能帮助公司获取竞争优势,等等。

很显然,无政府状态、无赖的政府和软弱的政府都不利于经济的发展。在这三种情况下,政府机构本身都是存在一定问题和需要改进的。而在发展型政府(developmental states)中,政府的组织机构健全且完整,并能够及时反映社会公民的需求,政府和公民之间是一种长期、和谐、稳定的关系。在当代国家中,新加坡政府是一个比较典型的例子。Woolcock(1998)将这种情况下的政府与社会之间的关系描述为"嵌入性独立"(embedded autonomy)。在嵌入性独立下,多种不同的社会纽带将政府和社会有机地联系起来,为双方的长期谈判和沟通协调提供了制度性保障,有助于经济目标和社会政策的实现,因此,经济发展是连贯的、持续的。同时,从政府发展的角度来看,通过对腐败和渎职行为进行惩罚,对胜任者进行奖励,政府机构的行政能力和效率将得到提升。因此,政府应该在保证其信誉、效率和组织机构完整性的同时,加强与社会、公众之间的联系。

2.4.3 经济发展的障碍和机遇

为了实现经济的发展和繁荣,嵌入性和独立性、协同性和组织机构的健全性需要进行完美的结合,或者说,微观层面的自下而上的发展和宏观层面的自上而下的发展应该彼此协调。这两者都是至关重要的,不能过分夸大或弱化任一方面的影响。同时,微观和宏观层面之间的相互联系也是不容忽视的,比如,为了促进、保持和内化自下而上的发展,政府应该进行自上而下的努力。

那么,在什么条件下社会资本的不同性质能够实现最优的结合?而且,如何实现这种最优的结合呢?将社会资本的不同性质进行不同的结合,可以带来不同的发展结果(见表2-4)。在所有性质都缺失的情况下,经济将走向"混乱的个人主义"这一极端。在这种情况下,人们都追求狭隘的个人利益,社会生活是混乱的、无序的,同时政府也是崩溃的、无效的。在所有性质都完美存在的情况下,经济将实现"互惠的自由状态"。在这种情况下,发展型政府有能力去培养不同类型的社会群体的发展,且能够帮助加强这些群体内部和不同群体之间的有效连接。当然,社会资本的不同性质之间的不同结合,可以实现经济发展在"混乱的个人主义"和"互惠的自由状态"之间的各种可能。

表 2-4　社会资本各种性质之间的不同组合

	微观层面		宏观层面		经济发展结果
	融合性	连接性	协同性	组织结构的健全性	
1	低	低	低	低	混乱的个人主义
2	低	低	低	高	
3	低	低	高	低	
4	低	低	高	高	
5	低	高	低	低	
6	低	高	低	高	
7	低	高	高	低	
8	低	高	高	高	
9	高	低	低	低	
10	高	低	低	高	
11	高	低	高	低	
12	高	低	高	高	
13	高	高	低	低	
14	高	高	低	高	
15	高	高	高	低	
16	高	高	高	高	互惠的自由状态

资料来源:Woolcock(1998)。

第 2 章 经济学视角下的社会资本

以上分析不仅指出了经济发展可能遇到的障碍,而且也为政府干预提供了积极的建议。对于较贫困的国家来说,政府和公民都应该意识到,解决当前困境的一个有效办法是,发现和弥补所缺失的社会资本的性质,比如,在长期上建立起公民接触和进入更广泛的社会网络和群体的有效渠道。另外,各类型的政府组织,包括世界银行、当地的非营利组织等,都应该认识到组织机构完整性和协同性的重要性,从而保证所掌握的资源和所具备的优势能够长期持续下去,因为那些失去信誉和对公众需求漠不关心的政府,其出台的政策,或是不切实际的,或是无效的,将难以获得公众的信任和认可。

那么,为什么有的国家能够保持良好、稳定的政府和公民之间的关系,能够创造出良好的社会经济环境来实现长期经济发展?有的国家却不能?在较贫困的地区,为什么人们容易对外来者产生不信任?为什么人们不能通过合作来解决问题?如果把社会资本看作是一个群体所拥有的一切社会关系的话,那么是什么因素决定了这些社会关系的类型和性质?Woolcock(1998)认为,下面这些因素将导致一个群体或地区难以实现经济的可持续发展:(1)阶级、性别和种族歧视等现象在社会中广泛存在,且不断恶化。(2)贫困是与生俱来的。即使拥有多种就业机会和稳定的社会安全网,也很难摆脱贫困。(3)法律制度是薄弱的、不规范的,且常常被行政人员肆意滥用。(4)缺乏自由、公正的政治选举制度。(5)权势群体和附属群体没有共同利益。(6)战争、饥荒、疾病、失业和通货膨胀等现象频繁,且导致秩序混乱。(7)少数族裔被歧视。不难看出,以上这些因素主要来自历史上的负面影响,这些影响容易对一个群体或地区的社会资本造成严重的侵蚀,导致融合性、连接性、协同性和组织机构的完整性的缺失。

特别地,将社会资本的不同性质进行有机结合的一个成功例子是基于群体的微观金融机构(group-based microfinance institutions, GBMFIs),这是一个既包含微观层面也包含宏观层面的金融机构。以孟加拉乡村银行为例,超过两百万的当地贫困人口通过这种途径获得了小额贷款,而且这些小额贷款的还款率高达97%。尽管GBMFIs中也存在失败的案例,但是从整体上看,它为全球大约40亿人口提供了切实可行的金融服务,对他们脱离贫困起到了积极的作用。从本质上看,GBMFIs与轮转储蓄与借贷协会(rotating savings and credit associations, RoSCAs)非常类似。RoSCAs在我国也被称为"合会""标会"或者"印会",是协会内部成员的一种共同储蓄和轮流提供信贷的活动。这种民间借贷的突出特点是成员之间的资金互助,同时也涉及储蓄和信贷服务。然而,GBMFIs与RoSCAs的最大不同在于,RoSCAs是由成员自下而上发起和形成的,因为他

社会资本、信任与经济增长

们很难通过正式渠道获取正规的金融服务,而 GBMFIs 往往是自上而下发起和形成的,发起人一般来自非政府机构,且在 GBMFIs 服务的群体之外。这些发起人不仅需要得到 GBMFIs 所服务的群体的成员的信任,还需要帮助他们,尤其是那些信任和文化水平较低的人,熟悉储蓄和借贷事务,同时随着借款人收入水平的提高和交易的频繁,还需要帮助他们超越既有的社会内部纽带,与更大范围内的银行和市场直接建立联系。因此,对于这些非政府机构的发起人来说这是一种挑战,既要保证与成员之间的协同性,也要不断地适应成员的新需求,使融合性和连接性实现很好地结合。

2.5 社会资本:一种社会均衡状态

社会资本的形成是一个长期的过程。Tabellini(2005)认为,在欧洲地区,当前的文化和制度形成于 1600—1850 年间的文化和制度。类似地,Acemoglu *et al.* (2005)和 La Porta *et al.* (1999)认为,早期的政治经济制度是当前经济状况的重要决定因素。Akcomak and Ter Weel(2009)也认为,正如一个国家的当前经济状况是受历史因素所影响的那样,当前的社会资本水平也受历史文化、制度和投资等因素的影响,其中包括早期文盲率、早期政治制度、大学教育和城市化水平等。

从本质上看,社会资本是一种社会均衡状态。人们之间重复的合作行为可以提高社会资本存量,同时,较高的社会资本存量又有助于未来的合作。这种均衡的状态与社会资本的长期稳定是一致的,相当于当前的合作行为与未来合作的可能性之间的一种循环往复的联系,而不仅仅是简单的线性因果关系。Boix and Posner(1998)认为,在一个国家和地区中,人们之间的合作及社会资本水平,取决于该地区长期以来历史发展所形成的社会、政治状况,这包括社会上的不平等和两极分化的程度等。那么,社会合作的最初均衡是如何实现的?这种良性或恶性循环是如何形成的?为什么社会资本在不同的国家和地区之间存在巨大的差异?

一种理论来自实验经济学的研究。当人们关注未来的收益,且人们之间的交易和联系会无休止地进行下去的时候,那些最初不愿意合作的人会自发地进行合作,形成稳定的均衡。只要预期交易会永久地持续下去,人们就没有动力打破合作,于是便开始形成社会资本的一种良性循环。但是,这种理论不能解释社会资本在不同国家和地区之间的差异。

另一种理论认为,是否能够形成社会合作的均衡取决于人们所参与的社会团体的性质。如果社会团体创造出的是公共品的话,例如家长—教师社团或者邻里间组织,那么人们倾向于搭便车,不付出任何努力而享受该社团所提供的服务,例如优质的学校教育或者安全的社区。这种社团的形成和发展更多地依赖于人们最初的互惠和合作的倾向。如果社团创造出的是私人属性的物品的话,例如歌唱俱乐部和足球俱乐部等,很显然搭便车行为就不存在,因为如果不参与社团活动,人们就不会享受到唱歌和踢足球所带来的快乐。这种社团的形成和发展就不是源于人们的互惠和合作,而是人们的共同爱好。尽管以上两种社团存在区别,但是都能够在其成员内部产生社会资本。在第二种情况下,人们之间的联系较少地依赖社会资本,即公共的社会关系,这样,随着时间的推移更容易形成良性的社会资本,使人们在遇到集体行动问题时能够进行有效的合作。从这个角度上来看,社会资本的形成可以看作是一个演化的进程,最初可能来自具有私人属性的社团,但逐渐会发展到具有公共品属性的社团。而如果反过来,就将导致社会资本的恶性循环。但是,这种理论也不能解释为什么在不同的地区会形成不同的社会资本。

第三种理论认为,应该存在一个强有力的第三方机构,例如政府,来对那些不合作的人们的行为进行规范。这个机构可以通过建立一种有效的机制,或者行政、法律甚至武力等威慑来克服集体行动的困境。但是,这一理论在实践中也站不住脚。比如,在Putnam(1993)的研究中,意大利南部地区的政府从历史上看是强大的,可以有效地促进人们之间的合作,但是南部地区的社会资本水平却比较低。因此,这一理论也无法构成对社会资本起源的一般性解释。

以上这三种理论都没有为最初的合作均衡提供强有力的解释。那么,还有一种可能就是合作是自发形成的。如果这种可能是正确的话,那么就需要解释,究竟是什么因素阻碍了社会资本的进一步发展。其中一个重要因素是不平等,即潜在合作者之间存在社会和政治上的不平等。弱势的潜在合作者必然会对当前的经济和政治状况感到不满意,他们希望打破现状,故不愿意进行合作;而强势群体为了维持当前的状况,也会阻止弱势群体为改善他们状况而做出的努力。因此,不平等不利于人际合作,并会导致社会资本在不同国家间存在显著差异。

Boix and Posner(1998)以意大利为例,对以上理论进行了分析。假设在公元1000年,在意大利的南部和北部地区都开始呈现出信任与合作的氛围,专制和独裁的统治逐步让位于多种形式的社会和经济组织,那么,为什么这些良好的社会状态在北部地区得以生根发芽,而在南部地区却没有发展起来?一个重要的原因是,在南部地区存在一个拥有绝对政治权力的外部力量。在它看来,合作与信任的社团和社会组织的发展会严重地威胁到他们的统治,因此这一外部力量会采取一切手段对这些社团和组织进行打压。这样,拥有很多繁荣城市的南部地区本该拥有发达的社会资本,但其发展却被统治者和诺曼底侵略者所镇压。而在意大利的北部地区,合作和信任的社会资本没有被霸权统治所镇压,反而得到了顺利的发展和累积,因此,社会资本水平较高。另一个重要的原因则在于南部地区根深蒂固的等级制度。当时人们的生活更多地受封建势力和土地贵族的控制,封建农场主对农民的行为进行长期密切的注视。大量社会底层的农民为了基本的生存而挣扎奋斗,且人们之间彼此怀疑和怨恨。为了巩固其统治,封建势力和农场主对农民之间可能形成的任何合作行为都进行了严厉的打击。因此,这种长期以来形成的不平等状态与北部和中部地区的情况形成了鲜明的对比。在北部地区,人们更加平等,合作和信任的社会组织能够得到正常的发展,合作和信任得以累积。所以,社会合作的均衡就得以在意大利北部地区形成和发展。

2.5.1 社会资本的影响因素

考虑这样一种情况:一对夫妇带着他们的六个孩子从美国底特律的市郊移居到耶路撒冷。因为他们明确地指出,在耶路撒冷孩子们能够获得更大程度的自由。比如,在耶路撒冷,可以让他们8岁的孩子带着6岁的孩子乘坐公交车去上学;可以让孩子们在无人看管的情况下在公园里玩耍;大人们会很自然地照看附近无人看管的小孩,等等。这一切,她都会感到非常放心。而这样的社会和行为规范在美国的大城市,例如底特律,是根本不存在的。很显然,这两个城市的不同在于社会资本的差异,或者说,这位母亲在耶路撒冷所享受到的社会资本在美国的大城市是不存在的。那么,为什么社会资本水平在不同的地区和国家之间存在着较大的差异呢?

探讨信任和行为准则等社会资本的影响因素,具有一定的现实意义。然而,同社会资本的概念的复杂性一样,社会资本的影响因素也包含政治、历史、经济和社会等多方面因素。粗略地看,社会资本的影响因素如下:

(1) 社团参与。社团参与对经济绩效的影响是不确定的,因为社会参与在提升信任水平的同时还会导致权力寻租,因此社团与信任之间的关系应该是双向的。一方面,对正式和非正式的群体和社团的参与,有助于解决信息不对称问题,形成自我约束机制来保证重复交易的顺利进行,从而有助于形成信任和公民意识。人们相信群体中的其他成员,并愿意采取合作行为。然而另一方面,在很多社会中,常常存在种族、宗教差异、政治分化和收入不平等等现象,具有不同种族、宗教、政治和收入特征的人们倾向于加入不同的社团,这使得社团内部的信任和合作得到加强,但是不同社团之间的信任和合作便会削弱,导致从国家层面来看,横向的社团参与和信任与合作之间存在负相关关系。综上所述,横向的社团参与和社会资本之间至多是一种较弱的相关关系。当然,也有可能存在正相关关系,因为信任水平较高的人更有可能参加正式组织,并与其他人进行交易。

(2) 社会分化。社会分化主要是指在同一个社会中的人们之间的偏好存在较大的差异。在这样的社会中,人们不太可能分享彼此的知识和信息,难以形成对其他人行为的预期,也难以形成自我约束机制。同时,在两极分化比较强的社会里,不同的人们和群体很难在短时间内对相关政策,例如对某项改革计划,达成一致,故给社会带来了较高的执行成本,而且不稳定的政策也不利于形成良好的信任水平。另外,社会分化导致人们采取正式和非正式的手段来进行寻租,这也会对信任和公民的合作规范造成侵蚀。对社会分化水平的一个直接衡量指标是不平等程度,社会不平等常常导致私人产权的不确定和宏观政策的不稳定,并伴随着较低的信任和公民道德水平。比如,Knack and Keefer(1997)利用世界价值调查的数据进行研究发现,衡量收入不平等的基尼系数与信任水平和公民道德规范之间都是高度相关的,相关系数分别为 -0.65 和 -0.43。很显然,社会分化是不利于经济发展的。比如,Platteau(1993)曾举例说明了宗教和语言的同质性对西非国家间贸易的促进作用。

(3) 正式制度。正式制度和政府力量是信任的重要保障。由于正式制度能够在一定程度上对政府官员的行为进行约束,这样政府的政策和承诺就更为可信。同时,正式制度也有助于加强对私人契约和法律的执行力度,使得信任和公民意识得到增强,而如果没有政府和正式制度作为保障,信任与合作就难以形成。

还有,一个地区的社会资本水平也受政治、宗教等因素的影响。比如,经济和政治的不稳定会带来收入不平等、社会分化甚至种族冲突,这样信任水平和公民道德规范程度就都比较低。另外,较高的通货膨胀和政府负债也可以看作是社会凝聚力较低的后果。Knack and Keefer(1997)通过实证研究发现,城市化水平、人口数、人口密度和政府规模等因素对社会资本的影响不显著,但宗教因素对社会资本有着显著的影响。一个国家中基督教人数每提高 5 个百分点,社会资本水平会相应地提高 1 个百分点。在同时包括基督教、天主教和穆斯林教的回归模型中,后两者对社会资本的影响显著为负,而基督教对社会资本的影响为正,但不显著。Putnam(1993)指出,具有等级差异的宗教,例如天主教,不利于人们之间的横向交往和形成信任。Inglehart(1990)和Fukuyama(1995)认为,基督教有利于信任的形成和发展。La Porta *et al.*(1997)也发现,在等级宗教占主导地位的国家中社会资本水平比较低。此外,Knack(2002)在研究中发现,与合作与互惠相关的社会资本,例如信任和合作等,与教育水平密切相关。因此,提高教育水平和使收入平等化等都有助于提高社会资本水平,同时也有助于提高政府绩效。

第3章 信任:内涵及影响因素

信任,作为社会资本的重要组成部分,几乎存在于所有的人际关系中,例如朋友关系、家庭关系和经济关系等。人们信任自己的朋友,孩子们依赖和信任自己的父母和其他家庭成员,买卖双方彼此信任并完成交易,等等。尤其是在经济交易中,信任显得尤为重要,因为一旦失去信任,将直接妨碍交易的顺利实现。

在过去的二三十年里,越来越多的学者开始强调社会资本,尤其是信任在经济发展中的重要作用。学术界涌现了大量的关于信任的理论和实证研究。学者们用实验研究的方法考察了信任的内涵、影响因素及衡量方法,并将不同地区和国家之间的信任水平进行了分析和比较。一些研究认为,信任与 GDP 增长率、通货膨胀率和对外贸易额密切相关。比如,La Porta et al. (1997)指出,一个国家中高信任水平的人口比例越高,通货膨胀率就越低,GDP 增长率就越高。Knack and Keefer(1997)指出,信任与一个国家的 GDP 增长率之间存在显著的正相关关系。Guiso et al. (2009)指出,较高的信任水平有利于促进国家间的双边贸易,尤其表现在信任密集型商品上。他们还发现,信任水平的提高有利于促进金融发展。那些信任水平较高的投资者更倾向于投资资本市场,而且一旦进行投资,会投资较多的份额。

尽管近年来,信任在经济发展中的重要作用已被广泛论证,但是关于信任,还有一些重要问题有待澄清。比如,如何对信任进行定义?如何对其进行准确的衡量,不同的衡量方法之间有什么异同?信任与主要经济变量之间的内在关系如何?信任是完善的社会制度和较高质量的经济发展的一种表现,还是形成完善的社会制度和高质量的经济发展的重要因素?等等。

3.1 信任的定义

长期以来,国外经济学家对信任的研究主要是对"trust"的研究。"trust"在第二版《牛津英语词典》中的前三种解释为:"(1)对某个人、某个事物的品质和属性或某个陈述的真实性的相信或依赖;(2)对某个事物怀有的自信的期待;

(3)义务、忠诚和可依赖性。"从心理学的角度看,信任是个体特有的对他人的诚意、善意及可信性的信念;从社会学的角度看,信任是个体对另一个人的言辞、承诺及口头或书面的陈述之可靠性的一般期望,是交往双方对于两人都不会利用对方的相互信心。西方社会对信任进行了大量的理论研究,主要存在四种取向:(1)将信任理解为对情境的反应,是由情境刺激决定的个体心理和行为;(2)将信任理解为个人人格特质的表现,是一种经过社会学习而形成的相对稳定的人格特点;(3)将信任理解为人际关系的产物,是由人际关系中的理性算计和情感关联决定的人际态度;(4)将信任理解为社会制度和文化规范的产物,是建立在法理或伦理基础上的一种社会现象。结合以上研究,我国郑也夫教授对信任进行了综合性解释:"信任是一种态度,相信某人的行为或周围的秩序符合自己的愿望。"其具体表现为对"对自然与社会的秩序性、对合作伙伴承担的义务和对某角色的技术能力"的三种期待。

Williamson(1993)和Charny(1990)等人认为,信任应该主要指非制度因素,故应该排除正式制度的影响。Yamagishi(1994)将信任定义为"认知偏差",表现为高信任水平的人常常对其他人的仁慈行为有着过高的估计。Fukuyama(1995)将信任理解为在具有诚实和合作行为的正式共同体内,人们对共享规范的一种期望,其中共享规范是指人们之间自发形成的行为准则、风俗习惯、价值体系,以及相关的法律制度和契约合同等。信任既包括正式,也包括非正式的制度安排,有助于降低交易成本和促进经济合作关系的形成。同时,他将社会资本定义为"一个群体内部成员所共有的一系列非正式的、有助于促进合作的价值观和准则。如果成员认为其他成员的行为是正当的、可信的,那么他们之间就会相互信任"。在Zak and Knack(2001)的模型中,信任是指投资者对交易对方履行承诺的信心,这种信心既可能来自行为准则和道德规范等非制度因素,也可能来自正式制度的完善,是对交易对方友好合作行为的一种预期。根据Nooteboom(2002)的定义,信任包含四个要素:(1)信任方;(2)在特定的环境中相信;(3)被信任方的;(4)某种或某些行为,其中被信任方可以指个人,也可以指机构或者组织。信任是存在于特定的环境中的,这意味着信任是有限的。信任方可能在一些环境中信任被信任方,但是在其他环境中却不信任。Berggern(2006)将信任比作润滑剂,能够使一个组织或集体的运转更加有效,能够促进形成两个或多个个体之间进行合作的非正式规范。

在信任的定义的基础上,学者们从不同的角度,对信任进行了不同的分类。事实上,无论是心理学、社会学还是经济学意义上的信任,都存在普遍信任和特殊信任之分。前者被认为是信任,主要关注的是包括陌生人在内的一般社会大众的整体信任水平,而后者仅局限于特殊的个体或组织机构,并指向特定的情境。比如,投资者在金融市场中的特殊信任,被称为金融信任。此外,Fukuyama(1995)基于信任形成的基础,认为信任可以分为"弱关系信任"和"强关系信任"。弱关系信任是从整个社会范围来看的普遍信任,而强关系信任主要是个性化信任,局限于亲戚、朋友和熟人之间。考虑到人们的信任行为本身,Nooteboom(2002)将信任区分为能力上的信任和信念上的信任。能力上的信任是指人们具有使其行为符合预期的能力,既包括客观也包括主观的能力。而信念上的信任则要求被信任方履行承诺且没有投机行为,后者被认为是无私、友好和团结的。从这个角度上看,世界价值观调查(World Values Survey,WVS)考察得更多的是信念上的信任。Knorringa and Van Saveren(2006)指出,WVS 的问卷是比较难回答的问题,人们无法从整体上给出答案,因为这一问题比较模糊,且回答取决于人们的不同类型、性格等属性。

3.2 信任的形成

信任是如何产生的?信任是人们与生俱来的内在倾向,是受家庭、教育、遗传等因素影响形成的道德规范,还是随着社会发展所实现的一种均衡状态,其中人们不需要借助法律力量而自愿进行合作?假设人们意识到采取一些行为可以为彼此带来好处,那么这些行为包括人们遵守法律和规定,彼此尊重对方的权利,不滥用公共资源,等等。从国家的角度,这些行为表现为:公民成立议会并服从宪法的监管。从个人的角度,这些行为表现为:共同分担公共社区资源,例如灌溉系统、牧场、沿海渔场等的成本和收益;构建一些公有资产,例如某一流域的下水系统;参与公共和政治事务;建立循环的储蓄和信用机构;创建互惠合约,在彼此需要时给予帮助;遵循某种社会习俗;建立契约关系生产产品;等等。当然,为了实现这些行为带来的好处,人们需要共同承担相应的成本,比如,某些成员将对其他成员进行某种支付。那么,这里的主要问题是,在什么情况下达成契约的双方会彼此信任,并遵守承诺?

交易双方为了获得对方的信任,需要遵循下面两个原则:(1)在重复交易中的任一阶段,如果对方遵守承诺,那么他也遵守承诺;(2)在重复交易中的任一阶段,人们都相信对方会遵守承诺。如果这两个原则都能够得到满足,那么达成协议的双方就将彼此信任,而且信念是一个自我实现的过程。一方面,原则(1)

是原则(2)的基础。如果没有原则(1),人们不会相信对方会遵守承诺。原则(1)为每个人都相信其他人会遵守承诺提供了基础,只有原则(2)的存在,不足以使信念能够自我实现。另一方面,仅满足原则(1)也是不够的,因为这意味着如果对方不遵守承诺,那么他也不会遵守承诺,这将达到一个不遵守承诺的纳什均衡。事实上,著名的囚徒困境就是一种纳什均衡,在该均衡中,人们的收益要低于彼此信任与合作情况下的收益。

因此,只有在原则(1)和原则(2)都得到满足的情况下,社会上才会形成一种信任的均衡;反之,社会上将形成一种不信任的均衡。那么究竟哪一种均衡能够实现呢?这不仅取决于人们在过去形成的信念,还取决于人们基于过往的经历和观察,对这一信念所进行的调整,或者说,历史是重要的。那么,在什么情况下原则(1)和原则(2)都能够得到满足呢?Dasgupta(2009)认为,在下面四种社会环境下,以上两个原则都能够得到满足:相互影响(mutual affection)、亲社会倾向(pro-social disposition)、外部约束(external enforcement)和相互约束(mutual enforcement)。其中外部约束主要指外在的法律规章、制度等,相互约束是指人们遵守默认的社会准则。事实上,相互约束可以看作是社会资本的核心,因为即使是在存在外部约束的情况下,相互约束也是必不可少的。

第一,相互影响。如果人们之间足够关系彼此,那么承诺就是可信的。市场上很多交易得以达成是因为人们相互关心,并且理性地相信对方也关心自己,比如,每个人都知道别人知道他们关心别人,每个人都知道别人知道他们知道别人关心他们,等等,也相信对方会承担他们的责任。在经济学模型中,相互影响表现为人们的效用函数是彼此依赖的,其中家庭是最好的例证。一方面,家庭内部成员彼此熟识,能够相互关心、相互影响,故道德风险和逆向选择发生的概率较低,监管成本也较低。然而另一方面,由于家庭成员的人数较少,因此,不能够形成较大规模的企业。

第二,亲社会倾向。亲社会倾向主要是指人们与生俱来的合作与互惠的倾向。如果人们普遍认为那些做出承诺的人是值得信任的,那么承诺就是可信的;或者说,如果当其他人遵守承诺,他也遵守承诺并可以实现互惠的话,那么承诺就是可信的。进化心理学家认为,由于祖先具有生存竞争的压力,使得人们产生了互惠和回报对方的倾向。这种倾向在某种程度上来自早期的群居生活、角色分配以及回报和惩罚机制等。比如,人们克制自己不去违反法律,并不仅仅是因为害怕被抓到;雇员加班,可能仅仅是出于他的善意和慷慨,愿意无偿地帮助雇主完成任务。

因此,信任行为不仅来自理性的判断,还来自情感和心理上的因素,比如盲目的冲动和一些简单的反射行为。甚至在某些情况下,人们可能对被信任方的类型和行为不加以思考,本能地采取一些信任行为。尽管信任可以超越理性的判断,上升到无私、友好甚至是慈善的行为,但是需要指出的是,这种信任也有其局限性。盲目的、无条件的信任是不明智的。即使是最无私的人,也应该考虑自身利益。事实上,当存在生存压力的时候,人们可能会进行欺骗。比如,如果管理者认为公司面临严重的竞争压力,那么他就有可能进行欺骗和财务造假。一个最著名的例子就是安然事件。一般来看,短期利润是衡量公司业绩的一个重要指标。对于安然公司来说,经济衰退导致这一指标持续恶化,于是,出于竞争的压力,管理者就选择了对财务数据进行造假。相较之下,垄断公司面临的价格竞争压力则稍好些。从这个角度上看,个人或公司所处的环境对信任也有着重要的影响。

不可否认的是,社会文化也有助于形成人们的偏好和预期,这在不同的社会中的表现是不同的。作为社会中的成员,人们不仅需要承担自己的义务、付出一定的成本去帮助他人、回报对方的好处,还应该惩罚那些有意伤害他人的人、孤立那些违反承诺的人,甚至是排斥那些与违反承诺的人进行交往的人。这样,一旦违反承诺,人们就会感到内疚和羞耻。这也使得人们不会违反这些承诺,至少人们不愿意违反,除非有更优先的其他承诺。在这种情况下,人们做出的承诺就是可信的,并且其他人认识到了这一点,这对于他来说也是十分重要的。

值得注意的是,人们之间合作与互惠的倾向主要是针对特定的群体,例如家族、邻里和种族等,这表现为群体忠诚。很有可能,人们会对群体之外的人产生怀疑,甚至被鼓励在可能的情况下愚弄群体之外的人。当然,当合作与互惠仅局限在特定的群体时,社会,作为一个整体,将浪费一部分资源。

第三,外部约束。当存在外部约束的时候,遵守协议的承诺是可信的。如果能够设计出某种机制,使得在其他人都遵守承诺的情况下,遵守承诺也符合人们的自身利益,那么这样的机制就是外部约束,或者称为合作的基础设施。一个有效的外部约束应该满足前面提到的原则(1)和原则(2)。尽管在不同的社会中,可能存在不同的外部约束,但是这些约束的共性是那些违反承诺的人会遭到惩罚。

外部约束可能表现为权力部门或政府建立的强制性条款,这时的外部约束就成为一种外部强制。为了使执行方能够有效地实施外部强制,违反承诺的行为应该是可以被观察到的。为简单起见,假设外部强制的执行方是国家,当然也可以是部落酋长、首席祭祀、军阀等。一般来看，正规的交易市场应该存在一个外在的法律制度和规则，这些制度和规则是由国家强制实施的，能够有效地规范市场行为。或者说，任何合法交易背后的强制力都是国家的力量。

那么，另一个问题是，人们为什么会相信政府会履行其职责？答案是，一个民主的政府会关注自己的信誉。如果人们一致认为本届政府无能或渎职，那么就会通过选举产生新一届政府，出于对这种情况的担忧，政府就会遵守承诺。当然，这里也存在一个连锁的信念系统，人们相信政府会履行职责，因为他们知道政府知道不履行职责的后果，政府也知道人们知道政府不履行职责的后果，从而承诺得以遵守，信任得以形成。从市场的角度来看，交易双方都知道对方会遵守契约，因为他们知道政府可以作为外部的强制力量来保证契约的执行。类似地，不同团体之间的信任是基于不遵守契约会遭到的惩罚，例如解雇、罚款和刑事诉讼等，同时，这些团体也相信政府会执行强制性条款，因为如果不是这样，选民就会流失。在这种情况下，社会上就会形成合作的均衡。当然，合作并不是唯一的均衡结果，社会上还有可能存在不合作的均衡。在不合作的均衡中，人们不相信对方会遵守承诺。如果人们都相信对方不会遵守承诺，那么不遵守承诺也符合人们自身的利益，因为人们相信政府不会提供强有力的外部约束。合作的均衡与不合作的均衡，究竟哪一种均衡能够实现，往往取决于人们对其他人的信念。

第四，相互约束。以上外部约束发挥作用的必要条件是存在于内部的相互约束机制。Putnam(1993)利用意大利数据研究发现，如果人们能够对社会资本进行投资，那么这将有助于提高政府的诚信水平和行政效率，并顺利完成人们计划中的项目和目标。Dasgupta(2009)指出，其中的作用机制便是人们之间的相互约束。

为了考察相互约束的作用机制，假设社会中不存在一个外部的强制力量。人们在无限期的未来，每一期都将面临相同的交易机会，而且违反契约的行为是可以被观察到的。在这样的设定下，如果存在一个内在的相互约束机制，那么人们就会乐观地认为，大家都会遵守承诺。因为群体中的成员都面临着这样一种威慑：一旦违反契约的规定，便会遭到严厉的惩罚。从而，问题的关键就是设计出一个有效的惩罚机制，使得这种威慑是可信的。这在某种程度上依赖于社会规范。社会规范从本质上看是一系列的行为准则。当其他人都遵守行为准则，遵守行为准则也符合自身利益时，那么这时的行为准则就是社会规范。

3.2.1 长期关系与绑定长期关系:一个例子

为了说明行为准则在形成信任中的重要作用,我们看下面的例子。这里主要讨论甲和乙之间的长期关系。假设甲拥有价值 4 000 元的生产资本,但却没有能力将其用于生产。乙可以利用甲的生产资本,创造出价值 8 000 元的产品,但是乙不能进入市场卖掉产品。如果乙不与甲进行合作,那么乙将利用自有资本创造出价值 2 000 元的产品。甲和乙达成协议:甲为乙提供生产资本,在乙完成生产之后,甲负责卖掉产品并和乙分享收入。具体的分配法则如下:生产出的价值 8 000 元的产品首先用来偿付双方的成本,即甲获得 4 000 元,乙获得 2 000 元,之后再平均分配,即甲再获得 1 000 元,乙再获得 1 000 元。最终甲获得 5 000 元,乙获得 3 000 元,这样每一方都获得了 1 000 元的利润。

在乙看来,这一协议是合理的,那么,她为什么相信甲不会采取机会主义行为,将 8 000 元占为己有呢?这就依赖于他们之间的行为准则。假设他们采取的行为准则是冷酷策略,这意味着他们在最初进行合作,且会在双方都遵守协议的情况下继续合作,但是一旦有一方违反协议,就会永久地终止合作。如果未来利润的贴现率是 r,那么不难发现,当 r 足够小的时候,甲和乙可以实现长期的合作,也就是说,甲每年为乙提供 4 000 元,在生产之后,甲卖出产品并支付给乙 3 000 元。

具体分析如下:首先考虑乙的行为。假设甲采取冷酷策略,那么乙的最优选择也是冷酷策略。因为一旦乙违背协议,那么在未来的每一年里就会损失 1 000 元,且没有任何回报。这就意味着无论贴现率 r 有多大,如果甲遵守协议,那么乙也应该遵守协议,即乙采取冷酷策略。

其次考虑甲的行为。假设乙采取冷酷策略。如果甲违背协议,那么他可以获得 4 000 元的收益,即 8 000 元减去 4 000 元的成本。但乙会对甲的行为进行惩罚,在未来不再与甲进行合作,所以甲的成本是从现在起每年损失 1 000 元。当违约的成本大于收益时,甲不会违背协议,这意味着他将采取冷酷策略。也就是说,

$$1\,000 + \frac{1\,000}{1+r} + \frac{1\,000}{(1+r)^2} + \frac{1\,000}{(1+r)^3} + \cdots > 4\,000$$

即:
$$1\,000 + \frac{1\,000}{r} > 4\,000 \Leftrightarrow r < \frac{1}{3}$$

因此,当 $r < \frac{1}{3}$ 时,违约行为不符合甲的利益。这样,当且仅当 $r < \frac{1}{3}$ 时,双方的

最优行为是采取冷酷策略。所以,冷酷策略是甲和乙建立长期合作关系的一个行为准则。在冷酷策略下,交易协议得以维持,而当 $r > \frac{1}{3}$ 时,甲和乙之间的合作就会破裂。

不难看出,冷酷策略同时意味着永久性制裁,这在存在长期关系的正式市场中,起着重要的作用,特别是在面对短期的利益诱惑时,能够有效地防止人们采取机会主义行为。一般来看,冷酷策略是逐渐形成的。比如,在较贫困的国家中,最初可能并不存在冷酷策略。第一个违约者会被施以较轻的惩罚,因为轻微的过失可以看作是偶然,或者是"试水",但是接下来的违约者会被施以较为严厉的惩罚,执迷不悟的违约者将被施以更加严厉的惩罚,等等。需要特别说明的是,这些行为准则都是交易双方的默认准则,而不是外界的强制政策。如果人们足够重视未来合作所带来的利益,那么这些行为准则就可以保证合作得以持续下去。

当然也有一种可能,那就是即使人们很重视未来的收益,但也会产生非合作的结果,即不信任的均衡。比如,在上面的例子中,即使有 $r < \frac{1}{3}$,但是如果每一方都认为对方会违约,那么违约行为就符合每个人的自身利益。在这种情况下,甲不会为乙提供价值 4 000 元的生产资本,因为他知道乙不会进行生产;乙不会进行生产,因为她担心甲不会遵守协议来分享收入,等等。这样,互相怀疑和不信任就破坏了双方之间的合作,合作的失败仅仅是因为两个人都不幸地选择了不合作的信念,而不是其他原因。简而言之,即使存在合适的制度安排促进人们的合作,人们也不一定进行合作。人们是否合作,取决于他们之间的相互信念。

特别地,一些外部因素能够使一个社会从合作的均衡走向不合作的均衡。随着时间和地点的变化,冷酷策略发生的条件和表现形式将相应地发生变化。比如,日益增长的人口,或者长期的自然灾害给生态环境带来的压力,导致人们对土地等自然资源的争夺、政治动荡,甚至是国民战争,而这些都有可能导致甲和乙对未来的收益产生担忧,故将选择一个比较高的贴现率。或者,人们认为政府为了增加自身权力,比以往更加专注于对社团活动的打击,这也会增大贴现率。不管出于怎样的原因,这些因素都将使人们的信念发生转变,故进而提高对未来合作收益的贴现率,只要贴现率提高到 1/3 以上,合作关系就会破裂。

使社会均衡发生转换的转折点,被称为临界点。前面已经谈到,当 $r < \frac{1}{3}$ 时,社会上既可能存在合作的均衡,也可能存在不合作的均衡。前者也被认为是

信任的均衡,后者为不信任的均衡。由信任的均衡到不信任的均衡的转变,可能仅仅来源于人们信念上的改变,这种转变可能发生得十分迅速并且出乎意料,这就是为什么这种转变常常无法预测或者容易引起惊讶和恐慌。当然,由不信任的均衡到信任的均衡的转变也有可能发生,但是会花费更长的时间。为了实现信任的均衡,人们不仅需要合作和信任,还需要遵守默认的行为准则。重建一个被战争摧毁,或者被自然灾害破坏的社会、重建人们之间的合作与信任,是一个非常缓慢的过程,而打破既有的信任的均衡走向不信任,仅仅意味着拒绝和退出,这就是为什么破坏合作比重建合作要简单和迅速得多。

接下来讨论如何绑定长期关系。如果交易双方能够在合同或契约中绑定彼此间的关系,那么合作就会更加长久和稳定。为了说明这一点,假设甲要求的未来利润的贴现率要大于1/3,那么根据前面的讨论,甲和乙之间不会形成合作关系。现在,进一步假设,除了拥有价值4 000元的生产资本,甲每年还能获得价值3 000元的生产资本,但是只有丙可以将这3 000元的资本用于生产。同时,也只有甲能够进入市场卖出产品,并获得6 000元的收入。如果丙不与甲进行合作,那么丙可以利用自有资本创造出价值1 000元的产品。甲和丙达成协议:价值6 000元产品首先用来偿付双方的成本,即甲获得3 000元,丙获得1 000元,之后再平均分配,即甲再获得1 000元,丙再获得1 000元。最终甲获得4 000元,丙获得2 000元,这样每一方都获得了1 000元的利润。那么,在什么情况下,甲会和丙进行合作呢?

这里,丙的行为与前面乙的行为非常类似,故我们主要关注甲的行为。从第0期开始,假设丙采取冷酷策略。如果甲违背协议,在卖出之后独占所有的6 000元的收入,那么他可以获得3 000元的收益,即6 000元减去3 000元的成本。但此后,丙不会再与甲进行合作,所以甲的成本是从现在起每年损失1 000元。当违约的成本大于收益时,甲不会违背协议,这意味着他将采取冷酷策略。也就是说,

$$1\,000+\frac{1\,000}{1+r}+\frac{1\,000}{(1+r)^2}+\frac{1\,000}{(1+r)^3}+\cdots>3\,000$$

即:
$$1\,000+\frac{1\,000}{r}>3\,000 \Leftrightarrow r<\frac{1}{2}$$

因此,当 $r<\frac{1}{2}$ 时,违约行为不符合甲的利益,甲会和丙进行合作,双方的最优行为是采取冷酷策略,交易协议得以维持。但应注意到,如果 $r>\frac{1}{3}$ 时,那么甲和

乙之间不会进行合作。

接下来可以证明,当存在长期绑定关系的情况下,只要 r 小于 40%,而不是 1/3,那么,甲就可以与乙进行合作。假设甲与乙、甲与丙之间都建立了绑定的合作关系,且在这种关系中,如果任何一方在某一年里违约,那么所有未来的合作关系都将终止。具体来说,甲采取的策略是:最初与乙、丙都进行合作,且在没有违约的情况下继续合作,但是,一旦有一方在任一关系中违约,就终止所有的合作关系。乙(或者丙)采取的策略是:最初与甲、丙(或者乙)都进行合作,且在没有违约的情况下继续合作,但是,一旦有一方在任一关系中违约,就终止所有的合作关系。

在这样的关系中,任何一方都将采取冷酷策略。如果甲和丙采取的都是冷酷策略的话,那么乙也将采取冷酷策略;如果甲和乙采取的都是冷酷策略的话,那么丙也将采取冷酷策略。下面主要证明,如果乙和丙采取的都是冷酷策略的话,那么甲也将采取冷酷策略。对于甲来说,因为一旦违约,乙和丙都会终止与他的合作,所以如果甲选择违约的话,那么他会在与乙和与丙的两种合作关系中都进行违约。如果甲违约,那么他可以获得 7 000 元的收益,其中 4 000 元来自打破与乙的关系所带来的收益,3 000 元来自打破与丙的关系所带来的收益。但此后,乙与丙都不会再与甲进行合作,所以甲的成本是从现在起每年损失 2 000 元。当违约的成本大于收益时,甲不会违背协议,这意味着他将采取将冷酷策略。也就是说,

$$2\,000 + \frac{2\,000}{1+r} + \frac{2\,000}{(1+r)^2} + \frac{2\,000}{(1+r)^3} + \cdots > 7\,000$$

即: $$2\,000 + \frac{2\,000}{r} > 7\,000 \Leftrightarrow r < \frac{2}{5}$$

因此,当 $r < \frac{2}{5}$ 时,违约行为不符合甲的利益,甲将采取冷酷策略。这样,当 $\frac{1}{3} < r < \frac{2}{5}$ 时,通过绑定长期关系,甲与乙、甲与丙的长期合作关系都将得以维持,但是如果不绑定长期关系,那么只有甲与丙的合作关系得以维持。从直觉上来看,与丙相比,甲在与乙的关系中面临着更大的诱惑,更有可能采取机会主义行为,因此在与乙的关系中,对 r 的限制条件更为苛刻,但如果将这两种关系绑定起来,那么甲采取机会主义行为的可能性就会得到降低,所以对 r 的限制就相对宽松。另外,可以看出,在绑定关系中,尽管丙没有获得任何损失,但是也没有获得任何收益。而甲和乙都获得了净收益,因此,乙会将丙视为潜在的合作伙伴,倾向于

为丙提供合作与互惠的机会,甚至会提供一些额外的补偿使丙愿意接受这种绑定关系。

从这个意义上看,建立长期绑定关系有助于不同的个人、群体之间相互协调、监督与合作,从而完成共同的目标。另外,可以看出,当合作进展得顺利时,人们便不再需要考虑自己或对方可能面临的投机性选择,从而信任便成为默认的行为准则。基于以前的合作经验,双方达成信任的共识。然而,一旦出现与预期相反的事件,即一方的行为损害了另一方的利益,那么信任与合作的共识就会被立即瓦解,导致投机主义行为重新占了上风。

可以看出,信任的形成是存在一个过程的。最初人们彼此并不熟识,既没有先前的交往经历,也没有关于对方声誉的任何信息,这就需要外在的激励和约束来保证合作行为的发生。随着时间的推移,人们逐渐对对方的行为产生理解和认同,从而形成信任。正如 Shapiro(1987)所言,经济交易的演化是一个缓慢的过程。这个过程开始于小范围的交易,这时对信任水平的要求不高,因为风险不高,人们很容易证实交易对方的可靠性,之后随着人际交往范围的扩大和彼此逐渐熟识,交易的规模也越来越大。Nooteboom(2002)从社会心理学的角度研究了决策认知过程,以及该过程在建立和削弱信任方面的重要作用。Six(2005)研究了信任发展的具体过程及阶段。人际关系的信号可以引致人们产生对信任或者不信任的认知。Six and Nooteboom(2006)对信任过程给出了具体分类,并通过对公司管理者的调查进行了实证印证。

3.3 信任的内涵:信念与偏好

为了更好地探究信任的经济学本质,Fehr(2009)在综合神经生物学、遗传学和行为学研究的基础上,对人们的信任及信任行为进行了考察,指出信任不仅是风险承担的一种特殊形式,而且包含了人们的一些社会属性和偏好,从而可以从偏好和信念的视角来考察信任在不同种族和国家之间的差异,并进一步理解信任与经济增长之间的关系。

本书借鉴了 Fehr(2009)的研究,认为信任的内涵包含信念和偏好两个部分,其中信念部分是指对其他人信任度的预期,而偏好部分既包括自身的风险偏好,还包括人们的社会风险偏好,例如无私、互惠、背叛厌恶等(见图 3-1)。

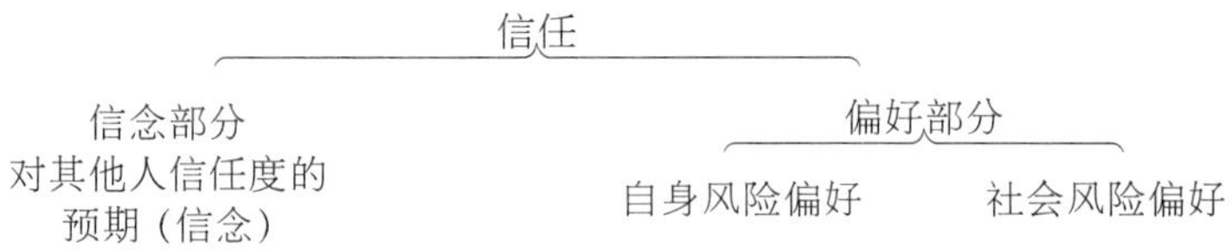

```
                           信任
           ┌─────────────────┴─────────────────┐
        信念部分                              偏好部分
      对其他人信任度的                    ┌──────────┴──────────┐
        预期（信念）                   自身风险偏好         社会风险偏好
```

图 3-1　信任的内涵

信任不仅来自对其他人信任度的信念或预期、自身的风险偏好,还来自人们的社会风险偏好。其中,人们的社会风险偏好是非常重要的,因为既有的风险决策理论仅考虑了人们非社会化的自身的风险偏好,而社会风险偏好则来自人们之间的关心、友爱等相互关系。比如,考虑下面两种情况:(1) 如果你将以一定的概率遭受损失,你愿意承担这一风险吗? (2) 如果你将以同样的概率被欺骗,你愿意相信别人吗? 事实表明,人们更愿意接受(2),而不是(1),因为(1)中的行为是非社会化行为,坏事件发生的概率是客观存在的,而(2)中的行为是社会化行为,坏事件发生的概率不是客观确定的,还依赖于其他人的行为。因此,社会风险偏好在信任行为中的作用是不容忽视的。比如,人们对背叛的厌恶心理在一定程度上不利于人们之间产生信任,由此便产生了对财产权利进行保护和保障契约得以执行等方面的制度需求。

然而在现实中,如何对信任,特别是其中的偏好和信念部分进行准确的衡量,还是一个尚未解决的问题。在一般的实证研究中,对信任的衡量主要采用以下两个数据来源:(1) 问卷调查中的数据。大量的关于社会资本和信任的文献是利用 WVS 的数据来对信任进行衡量。WVS 中关于信任的问题是:"一般来看,你认为大部分人是可以被信任的,还是需要小心对待?"被选择答案是"大多数人可以被信任""必须小心"和"不知道"。信任水平是选择"大多数人可以被信任"的回答者占所有回答者的比例。

(2) 信任的博弈实验。这是在完全信息下被试依次进行决策的一项实验。实验的具体流程如下:第一,所有被试被随机安排一个交易对象。被试选择数额 $s \in [0, y]$ 投资于交易对象,y 为被试的最初禀赋。投资后可以获得 $3s$。在不影响结果的情况下,y 被设定为 50 元,s 为 5 的整数倍,即 5 元,10 元,15 元……50 元。交易对象的最初禀赋为 0。第二,针对每个可能的投资数额,即 0 元到 50 元间所有 5 的整数倍,被试对交易对象的返还数额 r 进行预期。返还数额为交易对象给被试的投资回报。第三,被试作为交易对象,针对每个可能的投资数额选择返还数额 $r \in [0, 3s]$ 给投资者。在完成以上三个决策后,投资数额和返还数额被公示出来。为了确保所有被试在相同信息下按照相同顺序来完成实验,在实验过程中须保证被试之间相互隔离,且不允许有任何形式的交流。在这个博弈实验中,被试需要做出三个决策,这三个决策是相互独立的,也就是说,在决策时被试不知道下面的决策是什么,且任一决策中的行为选择不会影响下面决策的收益。

Fehr(2009)通过对以上两种衡量方法进行考量,来诠释信任的内涵。他发现,无论是问卷调查中的数据,还是信任博弈实验的结果都是受偏好因素所影响的。同时,问卷调查中的信任水平不仅取决于人们自身的风险偏好,还取决于人们在信任博弈中所呈现的信任水平。这与信任的定义是吻合的,即问卷调查中的信任不仅捕捉了人们的自身偏好,还捕捉了对其他人信任度的信念和预期,所以信任包含信念和偏好两个部分。另外,在信任博弈中,人们所呈现的对其他人信任度的信念,与自身的偏好是彼此独立的,因此,要对信任,特别是其中信念部分进行准确衡量,就应该关注在信任博弈中人们对其他人信任度的预期。

特别地,信任行为,特别是对信任度的预期,都是由社会上的法律法规、行为准则和规范等正式和非正式的制度等因素内生决定的。因此,在理论和实证上,信任与经济发展之间的因果关系还值得进一步探讨。尽管从长期来看,与悲观的预期相比,对其他人信任度乐观的预期会带来比较积极的经济绩效,但是由于缺乏合意的工具变量和严谨的实证方法,这方面的证据还不够充分。

需要指出的是,信任行为并不只是承受风险的一种表现。某些学者认为,信任行为与风险、模糊规避等因素一样,也可以用标准的经济学模型来刻画。比如,假设投资者是利己的、理性的,基于对受托人信任度的预期,如果采取信任行为给投资者带来的预期收益要大于采取不信任行为的收益,那么投资者就会选择信任行为。在这一模型中,投资者关注的仅仅是采取风险行为所带来的收益,而不是风险的来源。风险是产生于受托人的不确定行为?产生于受托人行为的决定机制?还是产生于其他的随机因素?这是关注风险的经济学模型所忽视的问题。

3.3.1 神经生物学的证据

Kosfeld *et al.*(2005)从神经生物学的角度对信任的概念进行了考察。神经生物学的研究结果显示,在非人类的哺乳动物中,神经肽催产素的使用能够提高人们的亲社会行为,即提高人们参与社会化行为的倾向,即使是需要承担相应的风险。这方面的一个例子来自对老鼠的实验。正如很多哺乳动物一样,雌鼠天生具有一种拒绝新生幼鼠的倾向,因为幼鼠有一种很难闻的味道,这可能来自嗅觉病变等因素。雌鼠只有能够忍受或克服这种味道,才会哺育和喂养幼鼠。而如果在雌鼠分娩的过程中,注入一种神经肽催产素,则会在一定程度上抑制雌鼠的嗅觉功能,使雌鼠更愿意去接近幼鼠。当然,哺育和喂养幼鼠是存在较高的成本和风险的,因为这种行为很有可能会遭致其他动物们的攻击。因此,神经肽催产素能够使动物,或者人们接受风险并参与社会化行为。

基于此,Kosfeld et al.(2005)认为,神经肽催产素的使用能够提高人们在信任博弈中所呈现的信任行为,也能够提高接受者的返还数额。具体地,他们将参与信任博弈的所有被试,既包括投资者也包括接受者,分为两组:第一组被试吸入含有神经肽催产素的喷雾,第二组被试吸入含有镇定剂的喷雾。每位被试的初始资产都是12元。每个投资者需要参与四次独立的博弈,在每一次博弈中,可能的发送数额为0、4、8和12元。接受者将获得发送数额的3倍,加上自己的初始资产,可以选择返还给投资者任意数额。实验结果显示,平均上看,吸入神经肽催产素的投资者的发送数额要明显高于吸入镇定剂的一组。

以上结果似乎证实了,神经肽催产素有助于促进人们参与风险性的社会化行为。那么,现在的问题是,神经肽催产素是如何提高人们的信任水平的,是通过改变对其他人信任度的预期,还是改变自身的偏好?研究发现,神经肽催产素并没有改变人们的信念。事实上,对于任一发送数额,投资者对接受者返还数额的平均预期水平,在吸入镇定剂的一组中反而更高,尽管并不显著。这说明神经肽催产素没有对人们的信念产生影响,那么神经肽催产素就应该影响了人们的偏好。

接下来的问题是,神经肽催产素能够反映人们哪方面的偏好?实验结果显示,吸入神经肽催产素的一组接受者的返回数额并没有高于另外一组,这意味着神经肽催产素并没有改变人们的慷慨、利他、无私等一般性的亲社会倾向。那么,神经肽催产素反映的是人们自身的风险偏好吗?Kosfeld et al.(2005)进行了一个风险博弈实验,与前面的信任博弈实验类似,唯一的不同之处在于不存在接受者,所有的投资者面对的都是一台电脑,用电脑来模拟接受者的行为。结果显示,神经肽催产素并没有改变投资者的行为。这个风险博弈实验非常类似于Sapienza et al.(2007)对风险的衡量实验。被试需要进行12次决策,在每一次决策中,被试需要在一个博彩和固定收益之间进行选择,Kosfeld et al.(2005)发现,神经肽催产素组和镇定剂组的被试的行为选择没有显著差异。以上这两个实验显示,神经肽催产素也没有影响投资者的对风险、模糊规避等自身偏好。

以上研究显示,神经肽催产素能够影响人们在信任博弈中的信任行为,但该信任行为与对其他人信任度的信念没有显著关系,而与人们的偏好存在显著关系,这里的偏好不同于简单的对风险、模糊规避等自身偏好,而是人们的社会偏好,例如厌恶背叛、厌恶不平等、合作与互惠倾向等。因此,可以认为,信任行为既不是承受风险的一个特殊表现,也不是简单的不确定情况下的决策行为。

Baumgartner et al.(2008)也从神经生物学的角度,考察了人们的信任行为与风险、模糊规避等偏好在神经传导机制方面的差异。在新的信任博弈和风险博弈的实验中,研究者关注的是在收到较低返还数额,或获得较低的投资收益后,人们的信任与承受风险的行为。结果显示,在信任博弈,而不是在风险博弈中,神经肽催产素降低了"担心"的神经传导,导致人们在信任博弈中和风险博弈中的行为存在差异。当面对较低的投资收益时,风险博弈中的被试会降低他们下一轮的投资,而在信任博弈中,被试的投资数额基本上没有改变。因此,人们接受社会化风险,例如信任行为的神经传导机制,与接受非社会化风险的传导机制是不同的。

3.3.2 行为学的证据

接下来,以下面的决策实验为例,从行为学的角度对信任的内涵进行阐释。Bohnet and Zeckhauser(2004)、Bohnet et al.(2008)对经典的信任博弈实验进行了改进。在改进的实验中,投资者不再需要选择自己的发送数额,而是需要回答自己的最低可接受概率(minimum acceptance probability,MAP),这是指投资者选择信任对方,所需要的最低的值得信任的接受者的比例。假设投资者的MAP是0.7,如果真实的值得信任的接受者的比例小于0.7,那么投资者不会发送任何数额,即采取不信任行为;如果真实的值得信任的接受者的比例大于0.7,那么投资者就发送既定的数额,即采取信任行为。在这样的假设下,投资者一定会报告自己真实的MAP,且这是一种占优的策略,因为报告虚假的MAP并不能给投资者带来收益,反而可能因为得不到真实的值得信任的接受者的比例,而遭受损失。

为了对投资者的风险偏好进行控制,Bohnet et al.(2008)进行了一个决策实验,这是一个不涉及社会化行为的实验。投资者在实验中面临与信任博弈中同样的收益,但是在这个决策实验中不存在接受者。投资者需要在两个决策中进行选择:决策一是收到确定性的收益10元;决策二是一个博彩,以p的概率收到15元,以$(1-p)$的概率收到8元。投资者需要报告自己的MAP,即如果接受第二个决策,那么获得15元的最低概率应该是多少。不难发现,对于风险中性的投资者来说,MAP 应该是 2/7,任何对 2/7 的偏离都意味着投资者的风险承受水平。比如,如果该决策实验中的 MAP(记作 MAP^{DP})大于 2/7,那么投资者就是风险规避的。

进一步地,如果信任博弈中的 MAP(记作 MAP^{TG})大于 MAP^{DP},那么就可以推断,信任行为中所包含的偏好部分并不能完全用投资者自身的风险偏好来解释。Bohnet et al. (2008)在巴西、阿曼、中国、瑞士、土耳其和美国 6 个不同的国家中进行了上述实验,发现在所有国家中,平均的 MAP^{DP} 要显著地大于 2/7,这说明人们在决策实验中是风险厌恶的。同时,平均上看,MAP^{TG} 也显著地大于 MAP^{DP},这说明仅仅用自身的风险偏好不足以解释投资者的信任行为。

为了进一步考察信任行为中其他可能的社会偏好,Bohnet et al. (2008)又进行了风险独裁者博弈。与信任博弈的不同之处在于,接受者的行为是由电脑随机决定的。尽管在博弈中也存在接受者,但是接受者不能自己做出决策。在这种情况下,投资者的发送数额仍然能够反映其社会偏好,但是却不能够反映其对不平等、背叛等的厌恶倾向,因为接受者不能够采取互惠行为,不能够对投资者的慷慨行为给予相应的回报。在这个独裁者博弈中的 MAP(记作 MAP^{RDG})与 MAP^{TG} 的差异,则应该反映投资者厌恶不平等、背叛等的倾向。实验结果证明了厌恶不平等、背叛等的倾向在信任行为中的重要性。

因此,投资者的信任行为,或者说接受社会化风险的行为,不仅受自身的风险偏好影响,还受厌恶不平等、背叛等社会偏好影响。仅仅用自身的风险偏好是不能够解释信任博弈中的信任行为的,这与一些既有的实证研究相吻合。在不对不平等、背叛等的厌恶倾向进行控制的情况下,如果将信任博弈中第一个投资者的发送数额与风险偏好进行回归分析,那么该回归中将存在遗漏变量和噪音问题,导致回归结果不准确,这就是为什么在一些实证研究中并没有发现风险偏好与信任行为之间存在显著的相关关系。

事实上,对不平等、背叛等的厌恶倾向的关注是非常必要的,因为这是社会化风险的一个重要部分。人们在日常的经济交易中所涉及的大量的风险都属于社会化风险,比如,被交易对方欺骗的风险,资产被腐败、渎职的政府官员擅自利用的风险,等等。因此,对这种倾向的考察在经济交易中具有一定的重要性,有助于建立比较完善的、有效的制度来保证交易的顺利进行。

以上研究结果得到了实证方面的检验。如果对不平等、背叛的厌恶倾向与风险规避都是信任的影响因素,那么这两种因素在对信任的回归中应该具有一定的解释能力。Fehr(2009)利用德国 SOEP 的数据对此进行了实证研究。德国

SOEP通过问卷调查的方式,搜集了人们在信任、风险偏好、背叛厌恶、利他主义等方面的数据。结果显示,风险偏好、背叛厌恶和利他倾向等都会对信任产生显著的影响。自身风险厌恶程度越高,人们的信任水平就越低;背叛厌恶程度越高,人们的信任水平就越低。同时变量背叛厌恶的系数要显著地大于风险偏好的系数,说明背叛厌恶是影响信任水平高低的一个重要因素。在对社会偏好进行控制的情况下,利他倾向越强的人们的信任水平就越高。以上结论在考虑到人口状况和社会经济等因素后,仍是稳健的。

3.3.3 信任行为和对信任度的预期

为了更好地理解信任,需要对信任行为和对信任度的预期或信念进行区分。在经典的信任博弈中,这两者似乎很容易区分。投资者的发送数额可以看作是信任行为水平;投资者对接受者信任度的预期可以看作是信任行为中信念的部分。但是,我们如何理解问卷调查中的信任呢?问卷调查中衡量的是信任行为还是其中的信念部分呢?一般来看,问卷调查中的信任应该反映的是人们对其他人信任度的预期。但是以上Fehr(2009)的实证研究结果显示,该信任也受风险和社会偏好等因素的影响,这意味着人们在回答问卷时,是基于自身的行为来做出判断的,因此,问卷调查中的信任应该会同时反映信任内涵中的偏好部分和预期部分。

当然,这并不意味着问卷调查中的信任是衡量信任问题的一个更为合理的指标,因为信任博弈中的发送数额是一种被观察到的实际行为,应该是更有说服力的。另外,在信任博弈中,被试需要回答两个问题,这可以分别用于衡量信任行为和对接受者信任度的预期,而在问卷调查中,信任行为和对其他人信任度的预期是混淆在同一个问题中的。

然而,如果对其他人信任度的预期,与问卷调查中的信任以及接受者的返回数额一样,也受人们的偏好所影响的话,那么信任博弈就似乎不能对信任行为和对信任度的预期进行很好的区分了。Fehr(2009)的研究显示,投资者的偏好并不对信任博弈中人们的信念产生显著影响,其中信念是用信任博弈中的预期返还数额来衡量的。在所有的回归中,风险偏好和背叛厌恶的系数都不显著。因此,信任行为是受偏好和信念共同影响的,但是偏好不对信念部分产生影响。也就是说,虽然偏好不对信念部分产生影响,但是偏好却对信任博弈中的信任行为产生显著的影响。特别地,背叛厌恶程度越高,投资者的发送数额就越少;自身风险厌恶程度越高,发送数额就越少,人们的信任水平也就越低。同时,发送数额也受对接受者信任度的预期的影响。因此,投资者自身的风险偏好、社会偏好和信念共同对信任水平产生影响,这与信任的内涵是吻合的。

最后,用信任的内涵可以解释不同国家和民族之间信任水平的差异。事实显示,不同国家和民族之间的信任水平,存在着较大的差异。那么,这是因为这些国家和民族之间人们的信念和偏好存在差异,还是因为社会经济状况等存在差异? Naef et al.(2008)搜集了美国和德国大量的问卷调查和信任博弈的数据,对不同国家和民族之间的信任水平进行了考察。他们发现,在信任博弈中,美国人的信任水平高于德国人的信任水平,美国白人的信任水平高于非洲裔美国人的信任水平。同时,通过对人们的行为偏好和特征等因素进行考察,他们发现从整体上看,德国人比美国人更加厌恶风险、厌恶背叛。美国人更加具有利他倾向,且对接受者信任度的预期更加乐观。因此,可以用人们信念和偏好的差异对国家之间信任水平的差异进行解释。研究发现,用信念和偏好可以解释大约90%的信任水平的差异,这一结论在对一系列社会和经济变量进行控制后仍然成立。在美国,非洲裔美国人比白人更加厌恶背叛,对接受者信任度的预期较为悲观。用厌恶背叛的偏好和信念可以解释大约2/3的信任水平的差异。这也进一步证实了信任是受人们的风险偏好、社会偏好和对信任度的预期共同影响的。

3.4 信任的影响因素

信任水平在不同的国家和地区之间存在着较大的差异。亚当·斯密早在18世纪中期就曾指出,不同国家的人们在"诚实"和"守时"等方面存在很大的差异。一般认为,荷兰人最遵守他们的诺言。约翰·斯图亚特·穆勒(John Stuart Mill)在其著作《政治经济学原理》(1848)中也提出,在一些欧洲国家中,在较大范围内进行商业交易的最大障碍是缺少值得信任的人。如今,在不同的国家和地区,信任水平的差异仍然显著地存在。比如,在斯堪的纳维亚半岛国家中,人们可以随意地将自行车停放在街道上,即使不上锁,无人看管也不会丢失;在丹麦,当购物或用餐时,妈妈们经常将手推车中的宝宝留在路边,因为这样比较安全。而相比之下,在美国、印度等国家中,这些行为显然是非常不安全的。

一项来自3i克兰菲尔德欧洲企业中心(3i/Cranfield European Enterprise Center)对5个欧洲国家的1 016名企业管理者的调查报告显示,不同国家的企业管理者的信任水平是不同的。这是一项对企业管理者的问卷调查,这些管理者来自英国(433名)、法国(127名)、德国(135名)、意大利(185名)和西班牙

(136名),他们需要对其他国家同业管理者的信任水平在1—5之间进行打分,其中1为最高,5为最低,结果如表3-1所示。

表3-1 同业管理者信任水平打分

	英国	法国	德国	意大利	西班牙
英国的视角	1	4	2	5	3
法国的视角	4	2	1	5	3
德国的视角	2	3	1	5	4
意大利的视角	3	2	1	4	5
西班牙的视角	2	4	1	5	3

资料来源:Burns *et al.*(1993)。

可以看出,从整体上看,德国管理者被认为信任水平最高,意大利管理者被认为最低。与其他国家的管理者相比,人们对自己国家的管理者更加信任,即存在"本土偏好"。比如,其他国家的管理者对意大利管理者的打分都为"5",而意大利本国管理者对自己的打分为"4"。当然,信任水平也受一些国家之间的特定因素的影响。比如,与其他国家管理者对英国管理者的看法不同,法国管理者对英国管理者的打分较低,为"4",同时,英国管理者对法国管理者的打分也较低,为"4",这很可能源于自公元1000年以来两国之间长达198年的战争。为什么信任水平在不同的国家和地区之间存在着差异呢?这里,我们将分析信任的影响因素。

3.4.1 信任的内生性:信任形成机制

根据前面的分析,信任的内涵包含偏好和信念两个部分。一般来看,信任的偏好部分是外生的。在相当长的时间里,变化是非常缓慢的。可以近似地认为,在既定的一段时间里,偏好部分是相对稳定的。而信任中的信念部分是内生决定的,随着当前的社会经济环境的变化而发生变化。因此,信任行为中既包含外生的,也包含内生的变量。当然,信任的内生性会给相关的实证研究带来一定的困难,因此在考察信任对一些经济变量,例如投资、对外贸易和GDP的影响时,应该进行特别处理。

Fehr(2009)通过一个关于信任形成机制的实验来考察信任行为的内生性。这里的信任类似于信誉。实验中的被试被随机分配到两个安排中:一个是单次交换安排;另一个是信誉形成机制下的交换安排。在这两个安排中,一些被试被指定为雇主,另一些被指定为员工。每位雇主只能雇用一位员工,且员工的数量多于雇主的数量。每个安排都进行15期,在每期安排的最初,雇主都先提出一个雇佣合同,合同中明确了当前的工资水平和员工所需要付出的努力。员工一旦接受了这个合同,将选择自己的努力程度$e \in \{1,2,\cdots,10\}$。需要强调的是,合同中规定的员工工资水平是不能改变的,是具有合同约束力的,但是员工可以选择自己的努力程度,而努力程度是不被合同约束的,且不被第三方监管。假设只有雇主和员工能够观察到员工的努力程度。由于雇主不能根据员工的实际努力程度来改变工资水平,努力程度应该是一种内生的变量,在单次交换安排中受人们的社会偏好的影响,在信任形成机制下将受社会偏好和信誉机制的共同影响。

在信任形成机制下的安排中,雇主和员工将抽取自己的身份数字,且这一数字在所有的15期安排中都保持不变。比如,如果员工3的努力程度很高,那么雇主便可以在下一期再次给员工3提出一个雇佣合同,或者不再给他安排新的合同。通过身份数字,雇主和员工可以相互识别,使得员工有动力去努力工作,从而获得较高的信誉。当然,信誉只是存在于雇主和员工之间,因为只有当前的雇主才能观察到员工的努力程度,而其他的雇主是不能观察到的。因此,雇主可以根据员工过去的努力程度来制定当前的工资水平,这样员工就有动力去努力工作,而这一点在单次交换安排中是不存在的。在单次交换安排中,在15期中每一期的雇主和员工都会被重新随机安排一个身份数字,因此员工无法积累自己的信誉,雇主也无法根据员工过去的努力程度来制定工资水平。

在这一实验中,信任是用雇主提出的工资水平来衡量的,因为该工资水平一旦接受,就是不能更改的,而员工可以任意选择自己的努力程度。这样,通过考察不同安排中工资水平的差异,就能识别出信任水平的差异。同时,为了区分信任中的信念部分,雇主需要对员工的努力程度进行预期,这相当于是对接受者信任度的预期。当然,接受者真实的信任度,即员工真实的努力程度是可以被观察到的。

实验结果显示,信任形成机制给人们带来的影响是不容忽视的。在信任形成机制下的安排中,如果员工有机会形成良好的信誉,那么一些人确实会努力工作成为"好员工",且雇主将在未来的安排中给予"好员工"比较高的工资水平以作为奖励,同时解雇"坏员工"以作为惩罚。另外,在信任形成机制下,用对员工努力程度的预期来衡量的预期信任度比较高,用平均工资水平来衡量的信任行为水平比较高,用实际努力程度来衡量的真实信任度也比较高。而且,随着时间的推移,预期信任度、真实信任度和信任行为水平都会逐渐增加,直到在第 13 期达到最高值,然后呈现下降的趋势。而在单次交换安排中,这三个指标都从第 1 期就开始呈现下降的趋势,直到达到一个相对稳定的水平。特别地,由于被试是被随机安排在这两种不同的安排中的,因此可以认为,这两种安排中的被试在偏好方面不存在显著差异,从而可以得出,非正式的信任形成机制是影响预期信任度、真实信任度和信任行为水平的重要因素。

一些经济历史学家认为,信任产生于人们之间的重复交易,因为人们预期到,从未来交易中所获得的收益的现值要高于当前进行欺骗所获得的一次性收益。事实上,早在亚当·斯密时期就已经强调了信誉在重复交易中的重要作用。当然,信誉发生作用不仅局限于与同一交易者的重复交易。即使交易者之间永不见面,但如果他们同时存在于一个信息能够被迅速扩散的较为密集的社会网络中,那么信誉机制仍然能够有效地阻止人们采取机会主义行为。因此,信任有助于扩大交易范围和促进经济发展。

3.4.2 正式制度与非正式制度

大体上看,决定一个国家和地区信任水平的因素有两大类:一类是正式制度;另一类是内在化的行为准则和道德,即非正式制度。比如,在经济交易中,投资者将资金委托给经纪人进行投资和管理。很显然,这涉及信任问题。投资者是否相信经纪人的承诺?经纪人的可信任度究竟如何,受哪些因素影响?一方面,投资者可以花费时间和精力去调查和证实经纪人的可信任度;另一方面,经纪人的可信任度还受下列因素的影响:

首先,正式制度的建设。一种观点认为,信任来自正式制度建设,以及正式制度给人们带来的约束和激励。良好和规范的正式制度有助于准确地识别出机会主义行为、对法律实施进行有效的监管,并对违法违规人员进行严厉的惩罚。其中,正式制度包括对财产权利的保护、契约执行力、贿赂指数和对投资者权利的保护等。当然,还包括一些调查性金融机构,比如美国证券交易委员会。这些机构能够对经纪人的行为进行监管,同时,完善的司法系统也有助于金融契约的执行和对欺骗者进行惩罚。Zak and Knack(2001)的实证研究显示,财产权利的保护程度每提高 4 个百分点,信任相应地提高 1 个百分点;契约执行力每提高 25 个百分点,信任相应地提高 12 个百分点;贿赂指数每降低 10 个百分点,信任相应地提高 2 个百分点;对投资者权利的保护每提高 3 个百分点,信任水平相应地提高大约 1 个百分点。

其次,非正式制度的约束。这些非正式制度包括信誉降低导致的利润损失,违反道德准则后的负罪感,被其他人疏离、排斥,甚至包括宗教信仰中的"来世惩罚"等。事实上,早在19世纪中期,Mill(1848)就开始强调非正式制度的重要性。他指出:"在现代社会中,人们自身的安全和财产的安全都来自人们的行为规范和判断。"他曾对英国的司法系统进行了批判,认为相较于法律的约束和法庭的审判,人们更担心自己的恶劣行为被披露于世。信任可以看作是司法系统的替代品,能够使人们相互信任、彼此诚实和避免机会主义行为。

这些非正式制度取决于并受社会纽带的影响。社会纽带体现为人们的群组性,与社会网络密切相关。比如,道德和宗教等行为准则受前期的社会化水平的影响;信誉损失与信息散布的主体和渠道相关,这里的信息散布主要是针对违规者或欺骗者的信息,而散布的渠道既可能是正式的金融机构,例如信用评级机构,也可能是非正式的机制,例如流言。一般来看,经济交易必然发生在特定的社会结构之中。在社会结构中,经常会存在一些既定的安排来对合作进行回报,并对欺骗进行惩罚。Granovetter(1985)将其看作是经济行为的嵌入性。心理学家将嵌入性诠释为人们对参与社会群体的渴望,因为参与社会群体有助于人们的生产和生活。同时,这些社会化的生活和情感纽带也能够降低人们采取机会主义行为所带来的好处。

事实上,正式制度与非正式制度并不是孤立的。如果人们长久地生活在良好的正式制度下,那么那些本来很低劣的投机行为就会逐渐减少,从而逐渐地在人们及子孙后代中撒下信任的种子。同时,在那些人们共同具有利他、公平、合作的理想信念和行为准则的地区,交易成本和正式制度的监管成本是比较低的,这样即使正式制度水平比较低,也能够保证经济正常增长。

需要指出的是,非正式制度和正式制度并不是一成不变的,而是存在一个交互的动态演化过程。道德和行为准则等非正式制度的形成是受正式制度的水平和效率影响的,而正式制度的发展也与信任密切相关。这一动态演化过程会带来两种经济稳态:一种是较高的信任水平和有效率的正式制度。在这一稳态中,理性交易者是诚实和可信任的,人们普遍遵守信任、合作和团结的道德和行为准则,这有利于交易的达成和实现。一种是较低的信任水平和无效率的正式制度。在这一稳态中,良好的道德和行为准则被忽视,人们采取投机主义行为,使得交易受到阻滞。

3.4.3 历史文化因素

首先,从个人的角度。为什么人们的信任水平是异质的?即使是在同一个国家或地区,人们之间的信任水平也存在着较大的差异,而且这些差异在一定时期内持续存在。可能的原因如下:第一,人们信念的形成来自文化传播的过程,通过一代一代人不停地传播下去,随着时间和经历的改变,缓慢地进行更新。人们之间在信念上的差异主要来自家庭或社会方面的冲击。对于任何一代人来说,随着年龄和时间的改变,人们的当前信念和早期信念的关系会逐渐弱化。当然,如果人们不愿意更新自己的信念,那么人们的信任水平就可能在长期是相对稳定的。特别地,这种信念的长期稳定性来自人们的证实性偏差,即人们愿意去搜集那些支持自己既有信念的证据,而忽略或者不认同那些与既有信念相违背的证据。一旦人们拥有了某种信念,那么人们就倾向于坚持自己的信念,即使面对不利的证据,人们也不愿意接受,因为接受新的信念而改变既有的信念对于人们来说是一个相对痛苦的过程。

Guiso et al.(2009)在一个代际迭代的模型中,发现人们最初是从他们的父母那里获得关于信任的信念。接下来,随着生活经历的丰富,他们再将自己的信念传递给他们的子女,当然他们的信念可能与其父母相同,也可能存在差异,因为他们的生活经历可能存在差异。Dhomen et al.(2009)也证实了这一观点。他们通过对德国的家庭调查数据进行研究发现,孩子们的信念都与他们父母,特别是母亲的信念存在着显著的正相关关系。因为一般来讲,人们的信念往往是在童年时代被灌输和形成的,而母亲往往在孩子的早期教育中承担着重要的角色。Guiso et al.(2004)对意大利的移民进行了考察,发现尽管社会资本水平受人们当前生活的地区的社会环境的影响,但是在很大程度上还受人们出生的地区的社会环境的影响。

父母会直接向子女灌输价值观,而不是信念,这是一种关于合作与信念的文化传递。比如,父母会直接告诉子女信任的价值和意义,人们应该遵守承诺,即使是面对当前颇具诱惑的物质利益。当然,父母会选择最优的价值观和行为准则,并传递给子女,从而这套价值观和行为准则就能够在代际传递下去。于是,不同父母之间行为偏好、经历的不同,将带来价值观上的差异。另外,即使父母不主动向子女灌输价值观,子女也会从父母那里推测和判断其价值观。

另外,人们往往有一种倾向,常常以自己的经历来对其他人的行为进行推测。比如,那些信任水平比较高的人,容易认为其他人的信任水平也比较高;那些信任水平较低的人,也容易凭自己的经验去推测其他人,认为其他人的信任水平也比较低。这样,人们在价值观上的异质性会导致信念上的异质性。如果价值观是在长期内保持相对稳定的,且不随着时间和经历的改变而改变的话,那么信念也是相对稳定的。

其次,从国家的角度。一个国家或地区中的信任水平并不是外生存在的,而是与过去较长一段时间内的历史、文化等因素密切相关的。与其他的国家和地区相比,某些国家和地区能够形成良好的市民规范,人们无私、利他且道德高尚,从而形成了较高的信任水平。一种观点认为,不同地区之间深层次的历史、文化差异是不同地区之间信任水平存在差异的主要原因。

Guiso et al.(2008)考察了信任在欧洲不同国家之间的国别差异,并就其对经济发展的影响进行了实证研究。为了排除特殊国家之间信任水平的影响,他们将所有的国家区分为获得信任的国家,即目标国家,和给予信任的国家,即来源国家。这样,目标国家的信任水平就能够反映人们对目标国家的正式和非正式制度的信任,而来源国家的信任水平就能够反映不同国家中被试信任水平的系统性差异。具体地,他们利用欧盟委员会的官方民意调查机构"欧洲晴雨表"(Eurobarometer)的数据,来衡量人们对自己国家居民和其他欧洲国家居民的信任水平。数据显示,处于不同国家中的人们对同一目标国家的信任水平呈现出较大的差异。那么,为什么会存在这种差异呢?Guiso et al.(2008)认为,除了噪音因素,信任水平主要受以下两类因素影响:第一类是信息因素。与拥有少量信息的人相比,目标国家拥有大量信息的人对信任水平的判断更加准确。信息因素可以用国家之间的地理距离、亲密程度,以及文化的共通性等指标来衡量,这些指标对双边信任有着显著的影响。比如,接触目标国家新闻媒体的深度对信任产生负面影响,而是否享有共同的法律制度对信任的影响主要来自文化的共通性,在考虑到共同的语言变量后,共同的法律制度的影响大约减半且不再显著。

第二类便是历史文化因素。为了捕捉历史文化传统对信任的影响,Guiso et al.(2008)考察了宗教、种族差异、身体差异、战争历史等指标。一般认为,如果两个国家信仰同样的宗教,那么这两个国家应该具有相似的文化,信任水平应该比较高;种族差异能够反映历史上不同国家之间的民族融合、语言和文化传统等因素。正如Debruine(2002)在实验中所发现的那样,人们更愿意信任那些在种族文化方面与自己相似的人;身体差异是指人们与生俱来的身体特征的相似程度,例如,头发、眼睛的颜色以及身高等。人们与和自己长得相似的人具有天生的亲近感。另外,信任还受人们接受的教育,特别是历史文化等方面的教育的影响。例如意大利在对学生的教育中强调19世纪的战争使国家得到了重新统一,而这些战争主要是与奥地利发生的,因此意大利的学生就很有可能对奥地利人持有负面印象。当然,如果国家之间存在长期的战争,也会破坏彼此间的信任水平。例如英国和法国之间长达198年的战争,导致两国间的信任水平比平均值要低0.7个标准差。如果两个国家中90%的人口都信仰同样的宗教,例如意大利和西班牙,那么两者间的信任水平将高出平均值大约0.25个标准差;种族差异每提高1个标准差,双边信任水平会降低1.8个标准差;身体差异每提高1个标准差,双边信任水平会降低0.25个标准差。

当然,信任水平也与该国家和地区过去较长一段时间内的组织机构的发展,以及正式和非正式制度的建设是分不开的。根据Putnam(1993)的理论,信任是一种社会习惯,形成于相当长一段时间内人们之间横向社会网络的发展,这既包括经济社团,也包括公民组织。比如,在意大利北部地区,相对独立的城市—州的政治体制有助于这些横向组织的发展及信任的形成,而在南部地区,等级制度较为严格的政治体制则不利于信任的形成和发展。Putnam(1993)进一步指出,意大利宗教制度的特点是纵向的权威关系,这种宗教中的等级制度不利于人们之间发展横向联系和形成信任。天主教的宗教制度与政治制度相结合,给社会带来了严格的纵向等级制度,这在一定程度上阻碍了信任的形成。事实上,如果在一个国家中,具有严格等级制度的宗教,例如天主教占主导地位,那么信任水平就会比较低。La Porta *et al.* (1997)考察了不同国家中信仰具有等级特征的宗教,例如天主教、东正教和伊斯兰教的人口所占的比例,他们发现,这一比例与信任变量之间的相关系数为-0.61,而且这一比例越高,社会中大型组织,例如公司和政府的业绩就越差。

3.4.4 与生俱来的亲社会倾向

有些学者认为,信任是逐渐形成的,信任产生于自己和其他人的可靠性行为,并强调了行为因素在其中的作用,也有学者认为,信任产生于人们内在的主观倾向。从生理和遗传学的角度来看,人们与生俱来存在着信任和诚实的倾向,也被称为亲社会倾向。Frank(1987)指出,人们与生俱来的良知,例如在说谎时会脸红,有利于交易者之间履行承诺进而产生信任。McCabe *et al.* (1997)通过实验研究发现,在单期博弈中,第一个人很少选择非合作来实现子博弈中的完美收益。这源于人们的遗传信息,人们认为在单次博弈中进行欺骗会被惩罚,而合作会被奖赏,因为生活本身可以看作是一场重复博弈。类似地,Bergstrom(1995)、Samuelson(1993)和Simon(1993)基于演化生物学的亲缘选择理论,指出人们存在无私和利他的生物学基因。Cosmide and Tooby(1992)利用证据显示,大脑具有识别欺骗的功能,这对生活在群组中的人们来说是一个优势。

从基因和社会关系的角度来看,人们具有保护自己的家族和社会关系的内在倾向。这种倾向在保护拥有密切血缘关系的亲属上表现得尤其显著,而一旦从家族中退出,这种倾向就会随之减弱,在演化生物学中,这种现象被称为"汉密尔顿法则"(Hamilton's Rule),这一法则暗示了人们之间最优的利他程度。在"同质"交易者,即具有较密切的基因或社会关系的交易者之间,欺骗行为发生的可能性较低,而在具有较弱的基因和社会联系的"异质"交易者中,欺骗行为就很有可能发生。Ridley(1993)发现,与人类基因最接近的黑猩猩,它们同样生活在社会化且存在等级差异的群体中,对其他群体中的黑猩猩常常充满敌意。因此,人们所在的社会环境和基因组成都是影响交易发生的非正式的、行为上的驱动。从这个层面上来看,由于不同国家和地区中的人们在合作基因上的差异不大,故可以解释合作和信任行为的普遍性,而合作和信任行为的差异就在于社会、经济、法律和制度环境等方面的差异。

Linda(1981)考察了经济交易中契约的效力。通过对20世纪60年代由中国人作为中间商,在新加坡和马来西亚从事的橡胶贸易进行研究,Linda发现,按照社会距离由低到高,或者说信任水平由高到低排序,人们之间存在7种社会关系:亲戚、远亲、族人、来自中国的同村人、福建人、非福建的中国人和非中国人。在缺乏对契约执行力进行有效保障的地区,人们常常基于信任来完成交易。一般来看,在同质或同族的人们之间,交易比较频繁,因为在同种族的群体中,人们的交流比较频繁,这有利于信息的积累,尤其是关于交易对方信任程度的相关信息的积累。当然,人们之间的道德规范和社会纽带也有助于信任发挥作用。

3.4.5 社会因素

不可否认的是,社会因素也会对一个人的信任水平产生影响,因为任何人都生存在特定的社会结构中。为了与以上其他因素相区别,这里的社会因素主要是指人们之间的社会距离,即异质程度。这包括收入不平等、土地不平等、社会歧视程度和种族、社会分化程度等。Zucker(1986)指出:"正如民族、性别和年龄等因素可以被雇主用来评估一个人的工作能力,这些因素也可以被用来评估一个人在交易中的可信任度,而且也能够反映出这个人对特定群体的参与程度,因为在特定群体中,人们往往具有共同的文化和背景。一般认为,人们具有的相同特征越多,就越有可能拥有相同的背景,信任也就越高。"特别地,在有效的正式制度缺失的情况下,随着社会距离的增加,信息会逐渐减少,道德准则也会随之下降,进而导致信任水平也出现下降。比如,随着钻石交易商的种族差异越来越大,交易者会越来越多地依赖交易协会制定的正式规则,而不是私人之间的信任关系。

Zak and Knack(1998)发现,衡量收入不平等的基尼系数每提高 2 个基点,信任将降低超过 1 个百分点;衡量土地不平等的基尼系数每提高 3 个基点,信任将降低大约 1 个百分点;歧视程度每提高 1 个基点,信任将降低大约 4.5 个百分点。此外,种族和社会分化程度对信任的影响是非线性的。如果社会中较大规模的群体的数量较少,那么群体之间的差异是最大的,例如斐济、圭亚那和特立尼达岛等国家和地区;而如果社会中小规模的群体的数量较多,那么很少会有某个或某些群体具有绝对强势,这些群体也没有动力组织起来以实现政治目的,例如坦桑尼亚。尤其是那些阶层、地理、职业等方面比较分散的群体,组织起来的成本是非常高的。因此,当种族和社会分化程度为中等水平时,分化程度对信任的影响是最大的,也就是说,信任是分化程度的二次函数,当分化程度为 0.44 时,信任水平最低。另外,在异质程度较高的国家和地区,常常伴随着暴力冲突、政治不稳定、寻租、公共品供给不足等问题,这些都会对信任造成侵蚀,并不利于经济发展。

以上分析意味着社会距离的增加将给信任带来负面影响,这些影响与以下两方面密切相关:第一,人们之间的异质程度。如果人们之间的差异不是那么显著的话,人们就不太可能以牺牲其他人的利益为代价,为自己谋取集体行动的好处,从而在某种程度上能够缓解这种由社会距离的增加所带来的负面影响。一般认为,如果人们在地理上是分散居住的,而不是同类型的人们集中居住的,例如尼日利亚的一些主要民族;或者,如果人们所属的民族、阶层和宗教等方面是交叉的,而不是重合的,例如在马来西亚,收入的差异与民族的差异基本上是一致的,那么人们之间的差异就不是特别显著。第二,政治和法律制度。政治和法律制度的完善可以降低社会距离的增加给信任带来的负面影响。在那些司法系统相对独立、法律法规较为健全,且存在专业的市民服务机构的地区,很少有人通过获取不正当资源来为自己谋利,故信任水平比较高。因此,可以这样认为,正式制度和不平等因素对经济增长的影响是通过信任来实现的。

3.4.6 其他因素

一个人的信任水平也受他自身对公共事务以及社会网络和社团的参与程度的影响。比如,社团参与变量与信任之间的相关关系是显著的。具体地,研究发现,对横向的、专业的社团的参与程度越高,信任水平就越高;对小范围的、与自身利益相关的社团的参与程度越高,信任水平就越低,其中前者包括贸易组织和专业团体等,后者包括宗教集团、与亲密朋友联系的频次,以及社会中民族和语言的异质程度等。然而,也有一些研究,例如 Zak and Kanck(2001)、Knack(2003)和 Beugelsdijk and Van Schaik(2005)等没有发现社团参与对信任的重要作用。其原因在于,对经济产生重要影响的不是参与社团本身,而是参与了哪一类社团。一般认为,参与那些有助于实现共同的经济和政治目标的社团,会带来信任水平的提高,这或许是因为信任是人们参与这些社团,并与其他人产生联系的一个重要因素,同时参与这些社团会给人们带来积极的经历和体验,也会促进信任水平的提高。但 Olson(1982)的研究则认为,参与那些有积极意义的社团有助于提高特殊信任,而不是一般性信任,并以牺牲共同信任为代价。

Knack and Keefer(1997)对影响信任和公民合作规范的因素进行了实证考察。研究发现,收入和受教育水平对信任的影响是显著为正的。在对收入和受教育水平进行控制后,横向的社团参与对信任没有显著的影响,这与前面的研究相吻合,可以解释为,社会团体为本团体内部成员谋取私利和寻租行为给经济发展带来的负面影响,在一定程度上将其正面影响抵消了。那些以社会利益为目标的社团,比以政治利益为目标的社团在形成信任和公民道德方面发挥着更为积极的作用。另外,社会上的两极分化和收入不平等会对信任和公民道德产生不利影响。对管理者进行有效的约束、完善正式制度,以及提高法律执行的效率等,都有利于形成信任的良好氛围,这意味着作为非正式制度的信任与正式制度之间是彼此联系的。

Zak and Knack(1998)在一个一般均衡模型中提出,信任水平应该随着工资收入的提高、正式制度的完善和非正式制度有效性的提高而提高,随着财富水平的增加和投资者之间异质程度的增加而下降。为此,他们对 37 个国家和地区 1970—1992 年的数据进行了考察,他们发现,由于人均收入变量与工作收入和财富水平密切相关,而它们对信任的影响是相互抵消的,因此,人均收入对信任的影响并不显著,而受教育水平对信任有着显著影响。

从以上的分析中可以看出,影响人们信任水平的因素有很多。比如,人们与生俱来的合作与亲社会倾向、对相关契约和交易的认知程度、行为准则和道德规范等非正式制度安排,以及相关的正式制度安排等。在正式制度比较完善,能够有效地识别和惩罚欺骗者的情况下,人们之间容易产生信任。同时,社会的信任水平还取决于人们过去的经历,以及所在地区的社会特征。比如,过去的痛苦经历、属于历史上被歧视的少数族裔、在教育和收入等方面遇到过挫折和损失、居住在种族混合的社区、受过不平等对待等都会降低人们的信任水平。总之,一个社会的整体信任水平来自以上这些因素的交互作用,同时这些因素的交互作用能够给社会带来一个最优的信任水平。

3.5 经济发展中的信任

近些年来,信任与经济发展方面的研究引起了经济学家的广泛兴趣。在这一领域,Putnam(1993)和Fukuyama(1995)的研究颇具代表性。Putnam(1993)通过对意大利进行研究发现,社会中的公民精神、文化程度,以及人们之间相互交往的能力,对一个地区的经济发展有着重要的影响。Fukuyama(1995)认为,信任与国民文化密切相关,能够通过降低交易成本,提高市场效率来促进经济发展。La Porta *et al.*(1997)指出了信任在大型组织中的重要作用,并采用不同国家间的主观信任调查数据,证实了信任水平的提高有助于提高政府绩效和完善社会制度。Knack and Keefer(1997)在控制了影响经济增长的变量后,发现信任水平、社会参与程度与经济增长之间呈正相关关系。Ostrom(2000)指出,社会资本可以通过是人们的相互合作来提高经济绩效。Miguel(2003)和Crudelia(2006)将信任作为一种生产性要素引入到了生产函数中,并以信任水平、犯罪率和不良贷款率等指标为社会资本的代理变量,通过实证研究发现,较高的信任水平和广泛的公民间承诺会带来较高的经济发展水平。

3.5.1 信任的经济学诠释

与信任的内涵相似,信任的经济学内涵也包含信念和偏好两方面内容。从信念上看,是对他人值得信任程度的预期和推测;从偏好上看,是由个体特征决定的个体本身的信任度和被信任度,这是一种经过社会学习而形成的相对稳定的个人人格特质的表现,与风险偏好、利他主义、损失规避、遗传以及文化传统等因素是密切相关的。在偏好既定的情况下,对他人信任度的预期越高,对他人的信任水平就越高;在预期既定的情况下,无私和利他主义等偏好越强的人的信任水平就越高。事实上,信任的偏好部分是相对稳定的特征,而信念部分容易随着人们的经历和信息等的改变而不断更新。一个人的生活经历和对人性的看法会使他形成一般性的对他人可信任度的概化期望或信念。

从经济学的视角来看,信任更多地体现为交换与交流的媒介,它有助于降低交易成本,是经济交易的润滑剂。郑也夫教授在《信任论》中论述:"媒介可以依据介绍人、信物、誓言、抵押等形式,也可以不依据这些形式,但其本质是信任感。"德国社会学家卢曼(N. Luhmann)在《信任与权力》中提出:"信任是简化复杂性的机制之一。"这同时也是理性选择学派的思想,比如,经济学家 Hirsch(1978)认为,信任是很多经济交易所必需的公共品;社会学家 Coleman(1990)认为,信任是致力于在风险中追求最大化功利的有目的的行为,是可以减少监督与惩罚成本的社会资本形式。同时,较高的信任水平可以减少交易中的冲突和政府的监管。信任与信心密切相关,它们共同对人们在经济中的参与程度有着重要影响。

信任可以促进合作。从交易者的角度来看,基本上所有交易的达成都依赖于交易双方,尤其是交易对方的行为。而交易对方行为的不确定性,会给交易带来很大的风险和成本。行为准则、社会网络和信誉等因素可以促进信任的形成,能够为交易者提供有效的关于交易对方的信息,同时在某种程度上也能够对交易对方的行为产生约束。另外,如果社会资本,或者信任的用途是为经济增长提供很好的服务,那么社会资本就可以解读成人们之间的网络。在网络中,成员们通过互相强制的机制,发展并保持人们之间的信任,从而使得承诺得以遵守。因此,信任是合作的关键,从这个角度来看,社会资本只是创建信任的一种方式。

信任能够提高人们的福利水平。考虑到休闲时间的价值,以及没有计入国民统计账户的信任的价值,一个国家和地区的信任水平应该与人们的主观福利之间呈正相关关系。Mill(1948)曾指出,人们之间彼此信任所带来的好处,能够渗入到人类生活的方方面面。经济影响可能仅是一小部分,但即使这一部分也是难以被准确计算的。

信任也与一个公司的成长密切相关。Fukuyama(1995)指出,较强的家族纽带是不利于大型组织,例如大型公司的发展的。在大型公司中,信任的作用表现为对家族管理和家族内部合作的替代。La Porta et al.(1997)将信任区分为对社会上陌生人的信任,即普遍信任,和对家族成员的信任,即家族信任,并利用世界价值调查的数据,考察了在不同的国家和地区中普遍信任和家族信任对大型公司销售额的影响,其中大型公司销售额是用前20％的公司的销售额占GNP的比重来衡量的,结果显示,普遍信任的系数为0.654,家族信任的系数为−0.563,且都在1％的水平上显著。

信任有助于人们解决冲突和争端。一旦在群体内部产生争端,在那些信任水平较高的地区,人们可以通过彼此之间的交流和沟通来解决争端并达成一致,这反而有助于信任水平得到进一步提高,而在那些信任较匮乏的地区,人们之间的联系较少且彼此冷漠,争端会导致信任水平大幅度降低。

当然,对人们之间可靠性和信任的滥用也会给经济和社会带来负面影响。例如,意大利西西里岛的黑手党和那不勒斯的秘密团体克莫拉,这些小范围集团经常尽可能地利用所有社会关系和手段对其成员进行约束,这包括正式的规则与合同、严格的等级监管制度、较高的物质激励、肉体上的惩罚、家庭间的联姻,以及思想上的同化、情感的认同和非正常的友谊等。这在一定程度上能够促进这些小范围集团的发展,但是对整个社会经济发展是有害的,这也是纽带型社会资本给社会带来的负面影响。

3.5.2 一个经济学模型

全要素生产率在新古典经济增长理论中,被认为是长期经济增长来源的一个重要组成部分,是产量与全部要素投入量之比。它反映的是传统的物资资本、人力资本等被开发利用的效率,其来源包括技术进步、组织创新、专业化和生产创新等。在宏观经济中,用全要素生产率可以考察信任,或者社会资本在经济增长中的重要作用。人们之间信任水平的提高会带来全要素生产率的提高,并进一步带来整个社会经济财富的增加。

信任水平的提高有助于资源进行更加有效的配置。在相互合作中,A的资本可以与B的劳动力相结合,这就会使得全要素生产率得到提高,从而增加社会的总体财富。现在考虑两个社区。在其他条件都相同的情况下,一个社区在均衡状态中的人们彼此信任,而另一个社区的人们彼此不信任。下面将说明,这两个社区的差异表现为它们具有不同的全要素生产率,在相互信任的社区中全要素生产率比较高,人们能够获得较高的收入,且能够将收入中较多的部分用于资本积累,从而带来较快的财富增长。所以,信任可以看成是经济发展的引擎。

假设在一个无限期的自给自足的经济中存在N个家庭($i,j=1,2,\cdots,N$)。经济中存在一种易腐坏的资本品,通过劳动可以生产出一种易腐坏的消费品。由于这种资本品仅存在一期,故可以看作是"运营"资本。假设当前产出被全部

消费,且劳动力供给是无弹性的。如果 Y_i 是家庭 i 的产出,那么经济中的总产出为:

$$Y = \sum Y_i \tag{3-1}$$

假设所有家庭都是自给自足和独立的,具有相同的生产函数,且彼此之间不存在信任。拥有资本 K_i 的家庭 i 能够创造的产出为 $Y_i = F(K_i)$,其中 F 是严格凹函数,有 $F'(K_i) > 0, F''(K_i) < 0$ 和 $F(0) = 0$。在这种假设下,总产出为:

$$Y = \sum Y_i = \sum F(K_i) \tag{3-2}$$

进一步地,假设 i 和 j 形成了一种长期的合作关系,而其他家庭仍是彼此独立的。K_i 和 K_j 分别是家庭 i 和 j 的运营资本,且 $K_i > K_j$。在合作关系中,i 和 j 将二者的资产重新进行分配,使每个家庭掌握 $(K_i + K_j)/2$ 的资产,那么二者将获得更高的共同产出。也就是说,家庭 i 将自己资产中的 $(K_i - K_j)/2$ 部分,分配给家庭 j,按照协议,在生产之后家庭 j 将额外的产出与 i 共享。家庭 i 和 j 的产出分别为:

$$F\left(K_i - \frac{(K_i - K_j)}{2}\right) = F\left(\frac{(K_i + K_j)}{2}\right)$$

$$F\left(K_j + \frac{(K_i - K_j)}{2}\right) = F\left(\frac{(K_i + K_j)}{2}\right)$$

由于 F 是严格凹的,有

$$2F\left(\frac{(K_i + K_j)}{2}\right) > F(K_i) + F(K_j) \tag{3-3}$$

这样,在长期的合作关系中,家庭 i 和 j 都能够获得较高的收入,因此他们愿意遵守这个契约。i 和 j 的协议对其他家庭没有产生外部性,故其他家庭的产出保持不变。由于 i 和 j 的产出得到增加,所以整个社区的总产出也得到相应的增加。

类似地,通过平均分享初始资本,并按照协议的规定对增加的产出进行平均分配,任何家庭之间都有可能形成长期的合作关系和社会网络,并能够获得较高的收益。在此基础上,可以考察家庭之间的合作对总产出的影响,即在家庭彼此独立的情况下,调整家庭之间初始资本的分配比例对总产出的影响。不难发现,如果所有家庭都是自给自足和独立的,那么整个社区的资产相当于被一个人所拥有,这时的总产出 Y 应该最小;而如果所有自给自足的家庭形成一个最大规模的社会网络,那么按照协议,每个家庭拥有的资本为 $\sum(K_i)/N$,这时整个

社区的总产出 Y 应该最大。如果 $\alpha_i = K_i/K = K_i \big/ \sum K_i$，那么初始资产的分配可以看作是一个 N 维向量：

$$\alpha = (\alpha_1, \cdots, \alpha_i, \cdots, \alpha_N) \text{ 对于所有 } i, \text{ 有 } \alpha_i \geq 0, \text{ 且 } \sum \alpha_i = 1 \qquad (3-4)$$

家庭 i 的资产为 $K_i = \alpha_i K$，由于 F 是严格凹的，对于所有满足式(3-4)的 α，有

$$\sum F(K/N) \geq \sum F(\alpha_i K) \geq F(K) \qquad (3-5)$$

定义

$$A(\alpha) \equiv \sum F(K_i)/F(K) \equiv \sum F(\alpha_i K)/F(K), \quad \text{其中 } \alpha \text{ 满足式(3-4)} \qquad (3-6)$$

可以得到，当对于某些 i，$K_i = K$，那么 A 取最小值，为 1；当对于所有 i，$K_i = K/N$，那么 A 取最大值。进一步地，假设生产函数满足柯布—道格拉斯形式，即 $F(K_i) = K_i^\beta$，其中 $0 < \beta < 1$，那么等式(3-6)可以简化为：

$$A(\alpha) = \sum K_i^\beta / K^\beta = \sum \alpha_i^\beta, \quad \text{其中 } \alpha \text{ 满足式(3-4)} \qquad (3-7)$$

在家庭是自给自足和独立的情况下，任何对初始资产进行重新平均分配的长期合作关系都能够提高社区中的总资产，也就是说，当社会网络形成后，A 会得到提高。这样，人们之间的信任水平与全要素生产率之间就存在着必然的联系。信任水平的提高，会提高全要素生产率，进而提高整个社会的总产出和福利水平。

3.5.3 影响机制

前文论述了信任在经济增长中的重要作用，那么，信任对经济变量产生影响的背后机制是什么？一个可能的机制是那些风险厌恶和背叛厌恶倾向较弱的人，在面对不确定情况时更有可能进行投资，且在契约不完全的情况下，更有可能进行交易。作为投资者，这些人也将花费较少的资源对受托人进行监管。因此，风险厌恶和背叛厌恶的倾向越弱，信任水平就越高，并将带来更多的投资和交易，且交易成本和监管成本较低。

前面谈到，信任的经济学内涵包含信念和偏好两个部分。一般认为，偏好的部分是长期稳定的，不会因当前的社会经济政策的改变而改变，而信念部分是可以随着时间和环境的改变而改变的。那么，就提出这样一个问题：信任是如何对经济绩效产生影响的？是通过信念部分，即改变对其他人信任度的预期，还是通过偏好部分，即改变自身的风险偏好和社会偏好？

一些研究表明,对其他人信任度的信念是可以自我强化的。比如,在交换安排中,信任水平较高的雇主常常会支付一个较高的工资水平,这使得员工的平均努力程度也比较高。再比如,Fehr and List(2004)对经典的信任博弈进行了改进。在新的设计中,投资者被赋予了制裁接受者的权力。如果接受者的返还数额非常低,少于最低的返还额度,那么投资者可以选择是否对接受者进行制裁。结果显示,在投资者使用制裁的情况下,接受者的返还数额反而比较低。一个合理的解释是,接受者会将制裁行为理解为对自身的一种敌意行为。类似地,Falk and Kosfeld(2006)也发现,对代理人的行为进行限制,尽管在一定程度上会减少代理人利己的怠工行为,但是会增加那些本身信任水平较高的代理人怠工的可能性,从而导致整体绩效的降低。

因此,信任也是自我强化的。那些对其他人信任度的预期较为悲观的投资者,自身的信任水平比较低,从而使得相应的受托人的信任度也比较低;而对信任度的预期较为乐观的投资者的信任水平比较高,从而使得相应的受托人的信任度也比较高。简言之,人们所感受到的信任度往往是自己的预期水平。

需要指出的是,信任的自我强化,并不意味着信任在任何情况下都是自我强化的。在整体信任水平较高的情况下,投资者所采取的行为并不一定能够使受托人也呈现出较高的信任水平,从而导致最初较高的信任水平难以维持。在一个改进的重复的单次交换安排中,Bartling et al.(2008)考察了人们的信任行为。与经典的安排类似,每个安排都进行15期,在每期安排的最初,雇主都提出一个雇佣合同,合同中包括当前的工资水平和员工需要付出的努力。其中,工资水平是具有合同约束力,且不能改变的,但是员工可以选择自己的努力程度,而努力程度是不被合同约束的,且不被第三方监管。在这里,雇主将员工可选择的努力程度进行了限制:从 $e \in \{1,2,\cdots,10\}$ 调整为 $e \in \{3,4,\cdots,10\}$,从而相当于对员工的行为进行了额外的激励或监管,使其最低的努力程度提高到3。为方便起见,在这里,将对员工的努力程度进行限制的合同称为"限制性合同",而将没有被限制的合同称为"信任合同"。

在这样的安排下,为了迎合员工的信任和互惠的倾向,雇主应该在信任合同中提供较高的工资水平,而在限制合同中提供较低的工资水平。那么,现实是否如此呢?结果却与预期相反。在最初的几期安排中,投资者大约在50%的安排中提供信任合同,但是随着时间的推移,他们倾向于提供较低工资的限制性合同,到实验的最后,只有不到20%的合同是信任合同。因此,较高的初始信任水平是难以被维持的,因为受托人,即员工没有对初始的信任水平给出较积极的反馈,从而不足以维持初始的信任水平。

3.5.4 实证研究中可能遇到的问题

一些研究尝试在实证中考察信任对主要经济变量,例如投资、交易量和经济增长等的影响,但这些研究往往存在内生性和因果关系的问题。一方面,信任本身具有一定的内生性,受行为准则、道德规范等非正式制度的影响,而这些非正式制度与正式制度的相互关系又是很难确定的,且与这些经济变量之间也可能存在一定的相关关系。另一方面,不管采用什么指标米衡量信任水平,不论是信任博弈中的数据还是问卷调查中的数据,内生性问题也都是存在的,因为这些指标都是受人们对其他人信任度的预期所影响的。而对其他人信任度的预期常常与人们自身和其他人的过去经历密切相关,这些经历也受正式制度和非正式制度的影响。

从计量经济学的角度,解决内生性的一个有效办法就是寻找信任的工具变量。合意的工具变量应该仅与解释变量相关,与被解释变量不相关。然而,为信任寻找合意的工具变量是非常困难的。比如,在 Knack and Keefer(1997)的经典文章中,为了考察不同国家之间信任水平的差异及对经济增长的影响,他们选择了两个工具变量:一个是民族语言的同质性,即一个国家中使用最广泛的民族语言的人口占总人口的比例;另一个是 1963 年法律专业的学生占所有参与高等教育的学生的比例。因为一般来看,民族语言的同质性越强,信任水平就越高;同时,由于法律制度可能存在问题,法律专业的学生所占的比例越高,对律师的需求就越高。因此,这两个工具变量都与信任水平密切相关,但却很难满足工具变量的第二个条件,即可能与回归中的误差项存在相关关系。比如,一个国家的民族语言的同质性越强,人们之间就越有可能形成联系较为密切的社会网络,这有利于促进交流和实现交易。同时,法律专业的学生所占的比例越高,其在法律和正式制度的执行过程中,将更加公正和客观,这些因素都有可能对经济增长产生直接影响,导致工具变量的失效。同时,使用滞后变量也不能完全解决这一问题。比如,1963 年法律制度的落后很有可能与当前较为落后的法律制度水平密切相关,因为法律制度的落后、有效的行为准则和规范等非正式制度的缺乏,都是相对长期的现象。

在这方面,Guiso *et al.*(2009)考察了不同国家之间信任的差异及其对国家贸易的影响。由于信任与贸易额度之间很有可能呈正相关关系,因此他们为信任选取了相应的工具变量,为"共同宗教"和"身体相似度"。很显然,"共同宗教"

对当前的贸易额度是外生的,因为两国之间是否拥有共同的宗教信仰是由一国长期以来的历史文化因素决定的,但是"共同宗教"很有可能对贸易产生一定的影响。因为如果两个国家拥有共同的宗教信仰,这两个国家很有可能在个人和社会层面的交流和交往都比较多,从而将促进贸易的发展。对于"身体相似度",人们倾向于认为那些与自己身体相似度比较高的人,和自己属于同一个群体。人们容易对群体内部的人产生互惠和利他等倾向,愿意与群体内部的人进行合作。同时,人们也倾向于遵守行为准则和规范,因为一旦人们违反相关的规则或规定,发现受害人是自己群体内部的人的话,就会感到非常抱歉和后悔。从这个角度上看,身体相似度也会对国家间的贸易产生直接影响,因为贸易的发生取决于人们是否愿意遵守契约。

因此,在实证研究中,尽管工具变量与解释变量,即信任密切相关,但是却很有可能对被解释的经济变量产生影响,也就是说,与模型中的误差项存在相关关系。这样,合意的工具变量的缺乏就有可能导致信任变量所反映的是某些遗漏变量,例如正式和非正式制度的影响。

第4章 社会资本、信任的衡量

社会资本在经济发展中的重要作用已被经济学家所广泛论证,比如,在传统的物质资本和人力资本的基础上,社会资本会通过社会网络、信任和行为准则等方式对经济业绩产生影响。从经济学的角度来看,社会资本的积极作用在于社会资本能够改变人们对其他人行为的预期。Granovetter(1985)强调了社会关系网络在形成人际信任和行为准则中的重要作用。Durlauf and Fafchamps(2005)认为,社会资本能够带来正的外部性,这是通过影响人们对信任行为的预期、价值观念和行为准则来实现的。Fukuyama(1995)也考察了信任影响经济状况的多种情况。

Solow(1995)指出,如果社会资本不仅仅是一个概念的话,那么就应该在某种程度上能够被测量,即使可能并不准确。但是一直以来,学者们对社会资本的衡量还远没有达成共识。在实证研究中,很难找到一个指标能够对社会资本水平进行全面的反映,这并不是因为数据的缺少,而是因为究竟用什么指标来衡量还没有达成共识。由于社会资本本身包含多种不同的关系和约定,且社会资本的构成是纷繁复杂的,甚至是无形的,因此,如何对社会资本进行准确的衡量,一直是一个很棘手的问题。

4.1 社会资本的衡量

社会资本是一个多维度的概念,包含很多层面。学者们分别从不同的角度,采用不同的指标对其进行了衡量。Knack(2002)认为,由于不同层面的社会资本对投资率、金融发展、政府绩效等经济结果有着不同的影响,故在对社会资本进行衡量时,首先需要区分与合作和互惠相关的社会资本,以及与人际关系相关的社会资本。比如,一些研究用信任来衡量社会资本的认知维度,用民间组织数来衡量社会资本的结构维度。

一些实证研究用社会上的普遍信任水平作为一个国家或地区社会资本的衡量指标。其中,信任的数据来自世界价值观调查(WVS)。该调查通过随机调查的方式来衡量社会中人们的主观道德规范和价值观念。其中,1981年的调查包含21个市场经济国家,1990—1991年的调查包含29个市场经济国家。在调查中,人们需要回答这样一个经典的问题:"一般来看,你认为大部分人是能被信任的,还是需要小心对待?"信任指数是指该地区中人们回答"大多数人是能被信任的"所占的比例。

当然,用信任指数来衡量社会资本是不准确的,因为它不能够涵盖Putnam(1993)对社会资本的全部释义。一方面,信任取决于社会资本水平,是受社会资本的三方面内涵同时影响的;另一方面,也取决于社会上的其他因素。然而,用信任来衡量社会资本的一个优点是,信任水平很容易被衡量,也容易在不同国家之间进行比较。

进一步地,Knack and Keefer(1997)创建了另一个社会资本指数:公民合作规范指数,用来反映社会中的社会资本情况。该指数要求人们回答下面五个问题,并对得分进行评估:(1)申请自己不具有申请资格的政府福利;(2)逃避公共交通费用;(3)如果可能,在报税时进行欺骗;(4)把拾到的钱占为己有;(5)意外撞到了其他车辆后不主动报告。针对每一个问题,被试需要在数字1—10之间进行选择,其中1意味着这些行为是可以接受的,10意味着这些行为是不能被接受的。将每个问题的回答进行加总,便可得到公民合作规范指数。

不难看出,公民合作规范指数越高,意味着公民合作规范水平越高。通过对数据进行考察,Knack and Keefer(1997)发现,这一指数的最小值为5,最大值为50,平均值为39.4,标准差为2。同时数据显示,这一指数在不同国家之间的差异不大,但是该指数与信任指数之间存在显著的正相关关系。Knack and Keefer(1997)在实证研究中,对信任指数和公民合作规范指数进行了分析,并用信任指数来衡量社会资本水平,因为一方面,大量的实证研究显示信任与经济业绩之间密切相关,另一方面,公民合作规范指数在不同国家之间的差异不大。而且,就回归结果来看,无论是用信任指数还是用公民规范指数差异并不大。

在某种程度上,信任指数和公民合作规范指数是互为镜像、相互依存的。WVS的信任指数反映的是,人们对其他人以牺牲他人利益为代价,采取机会主义行为为自己谋利的预期,或者说,在囚徒困境中,预期那些采取机会主义行为的人们所占的比例,故这相当于是对其他人的"信任"(trust);而公民合作规范指数反映的是,当遇到集体行动问题时,人们主观上采取机会主义行为的意愿,故这相当于是人们自身的"可信任度"(trustworthiness)。不难看出,在一个社会中,"信任"与"可信任度"之间是正相关的:如果很少有人是值得信任的,那么在社会中就很少有人会去信任别人;同时,只有当预期到其他人会合作与互惠的时候,人们才会合作与互惠,这意味着大多数人是"有条件的合作者",或"相对的信任者"。因此,一方面,对其他人行为的预期会影响到自身的行为,另一方面,自己的行为也会影响到别人的预期。当然也有一种情况,人们的行为以"至善"为目的,不管其他人的行为如何,人们都会信任对方并进行合作,这便是"绝对的信任者",这非常类似于所谓的"康德主义者"。

当然,学者们对这一指标也提出了质疑。因为在回答问卷时,与承认其他人曾经进行过欺骗相比,人们往往不愿意承认自己曾经对政府、纳税人或其他人进行过欺骗,从而导致这一指标在测量上存在偏差,这也在一定程度上能够解释为什么这一指标在不同国家之间的差异不大。

4.4.1 衡量社会资本所遇到的问题

对社会资本的衡量,一直是对社会资本进行量化研究所面临的首要难题。其中的困难主要体现在三个方面:第一,缺乏完整反映社会资本各方面内涵的变量。如前所述,社会资本的内涵较为广泛,没有任何统计指标能够很好地覆盖所有的内涵,正因为如此,研究者只能找出众多指标对其分别进行考察,或是将它们整合成一个量表或指数来表征。这也带来了第二个问题,即变量缺乏权威性和一致性。由于不同研究者的目标、方法、关注点不同,量表的设计和整合具有一定的主观成分,同时在逻辑上也并非无懈可击,自然其量表和研究结果也很难得到广泛的认可。相应地,也很难找到被广泛承认的代理变量,这造成了不同的研究者各说各话。目前得到广泛认可的代理变量主要是信任,研究者普遍接受WVS中反映信任的数据,但除此以外很难找到被认可的代理变量。也是由此,对信任的研究在社会资本的研究中最为深入,这也侧面反映出找到被广泛认可的代理变量的重要性。第三,代理变量缺乏客观性和可比性。目前的常用变量,主要来自社会调查,客观性还难以和固定资产投资、劳动力人口等数据相比,另外不少数据的地区特色明显,难以放在全球或全国范围内比对,也为研究带来了一定的困难。

尽管存在诸多困难,研究者们还是采用多种方法,尽可能客观公允地对社会资本进行了衡量。表 4-1 是部分当前研究中常用的代理变量及其数据来源。

表 4-1 当前衡量社会资本的常用代理变量及其数据来源

目标	常用代理变量	数据来源
集体社会资本	信任水平 (Putnam,1993; Helliwell,1996; Knack and Keefer,1997; Guiso et al.,2004; Beugelsdijk and Van Schaik,2005) 社团参与率 (Putnam,1993; Helliwell,1996; Beugelsdijk and Van Schaik,2005) 社会规范 (Knack and Keefer,1997) 正式组织和社会异质性 (Zak and Knack,2001)	世界价值观调查 (Putnam,1993) 欧洲价值观调查 (Beugelsdijk and Van Schaik,2005) 家庭收入和财富调查 (Guiso et al.,2004)
个体社会资本	法人代表是否在政府、其他行业任职,社会关系 (边燕杰和丘海雄,2000;张方华,2006;石军伟等 2007;孙俊华和陈传明,2009) 接触的职位数目,最高可接触职位的声望及其分数幅度,政治联系 (林南,2005) 参加工会情况,请客送礼费用,是否使用网络增加工资 (刘林平和张春妮,2007) 家庭所拥有的亲友数量,党员身份 (Knight and Yueh,2008) 人际信任 (张建杰,2008) 是否从正规银行系统借贷 (陈爽英等,2010)	自设问卷 上市公司公开信息 中国城市调查 (林南,2005)

综上所述,如何衡量社会资本是一个有争议的问题。由于社会资本这一概念本身是复杂和多维的,很多既有文献采用社会资本所带来的结果,例如信任水平或经济合作程度等来对其进行衡量,但这种方法存在的一个问题是,这些指标经常受其他因素影响。人们在经济行为中所表现出的信任水平,既可能源于其所在地区较严格的法律制度,也可能源于较高水平的社会资本。为了避免这种质疑,一些学者采用了不同的衡量指标,比如,Guiso et al.(2004)采用了选举参与率和自愿献血率来衡量社会资本。因为参与选举和自愿献血这两种行为不受法律和经济动机等的影响,而是受人们的内在倾向和行为规范等社会资本因素的影响。

4.2 信任的衡量

如果信任是指人们的行为表现,那么如何对其进行衡量呢?大部分关于社会资本的实证研究(Knack and Keefer,1997;Zak and Knack,2001;等等)都选用"普遍信任"作为其代理变量,普遍信任,或信任可以衡量人们采取机会主义行为的可能性。比如,Knack and Keefer(1997)认为,信任可以反映在一个社会中,人们预期在囚徒困境中其他人进行合作的可能性。因此,这里着重讨论对信任的衡量。

4.2.1 世界价值观调查

目前国外学者对信任的衡量主要是通过问卷调查完成的。跨国层次的调查主要是世界价值观调查和欧洲社会调查(European Social Survey, EES)。其中,大量的关于社会资本和信任的文献是利用世界价值观调查的数据来完成的。迄今为止,该调查数据被认为是衡量不同时间内不同国家中的人们的价值道德认知最有代表性和最可行的数据。大量考察社会资本和信任的文献(Knack and Keefer,1997;Knack,2003;Beugelsdijk,2005;Bjornskov,2006;等等),以及考察文化因素与经济政治之间的关系的文献(Inglehart and Norris,2003;Tabellini,2005;等等)都是以该调查数据为基础的。

WVS 是在世界上很多国家中进行的,通过随机调查的方式,对人们的道德规范和行为准则进行考察。自 1981 年起,这项调查已经进行了五次:1980 年、1990 年、1995 年、2000 年和 2005 年。该调查覆盖了世界上大部分国家和地区,是在每个国家和地区随机抽取 1 000 人完成的。尽管在时间上存在跨度,但是调查结果在不同的国家之间是稳定的。其中,WVS 中关于信任的问题是:"一般来看,你认为大部分人是可以被信任的,还是需要小心对待?"备选答案是"大多数人是可以被信任的""必须小心"和"不知道"。信任水平是选择"大多数人可以被信任的"的回答者占所有回答者的比例。信任指数为,在删除"不知道"选项后,回答"大多数人是可以被信任的"的被试所占的比例。结果显示,信任水平最高的国家是斯堪的纳维亚半岛国家,大约有 2/3 的被试认为其他人是可以被信任的;信任水平最低的国家是一些拉丁美洲国家。同时,在 Knack and Keefer(1997)对 WVS 的信任数据的研究中,1981 年的调查包含 21 个国家,1990 年和 1991 年的调查包含 28 个国家,且有 29 个国家至少参与过一次调查。他们利用加权平均法对这些数据在国家层面上进行了考察。他们发现,从平均上看,信任指数是 0.36,标准差是 0.14。

一些学者(Glaeser et al.,2000)对这一衡量方法提出了质疑。比如,存在国家样本的有限性、调查问题与数据的不一致性,以及问题答复偏差等问题。Knack and Keefer(1997)也承认利用 WVS 对信任指标进行衡量可能存在翻译困难、样本偏差和反馈偏差等问题,其中一点质疑是被试可能对问题的理解不同。比如,在问题中,对"其他人"的看法应该反映的是对社会公众的普遍预期,而不仅仅反映的是对与自己关系亲密的亲戚、朋友的预期。因此在回答问题时,被试应该考虑自己对除亲戚、朋友之外的其他人的信任程度如何,以及遇到这些人的概率有多大。与高信任社会相比,在低信任社会中,人们更有可能与亲戚、朋友,而不是与陌生人进行交易。因此,如果针对"其他人",被试仅考虑那些与自己关系密切、进行交易的人的话,那么信任指数的方差就会降低,从而在实证研究中将产生一些偏差。

同时,也有学者(Kanck and Keefer,1997；Uslaner,2002；Bjornskov,2005)从不同的角度,证明了 WVS 的调查数据是可行的、合意的,用 WVS 中的信任来衡量社会资本并没有引入严重的非随机样本和翻译困难等偏差,也不存在明显的被试的回答与实际行为不一致的问题。第一,这种衡量方法与其他一些独立来源的数据,例如"丢钱包"实验的结果是一致的。一些学者质疑信任数据中可能包含了信任之外的某些因素,为此,Knack and Keefer(1997)报告了一个有趣的实验。1996 年 6 月,《经济学人》(*The Economist*)杂志刊载了《读者文摘》(*Reader's Digest*)进行的一项调查。在这项调查中,30 个钱包被假想的失主在"无意"中遗落,其中 20 个钱包在 14 个西欧国家的 20 个不同的城市中被遗落,10 个钱包在美国的 12 个不同的城市中被遗落。每个钱包中都装有 50 美元,以及失主的地址和电话号码。这项调查通过考察在不同城市中钱包被按原样返还的比例,并将这一比例在国家层面上进行加总,得到了一个国家或城市的信任水平。研究发现,这一指标,即钱包返还比例与 WVS 的信任指数之间的相关系数为 0.67,这说明在信任指数较高的地区,人们更值得信任。同时,钱包返还比例与公民合作规范中的第(4)个指标,即"把拾到的钱占为己有"之间的相关系数为 0.52,且与其他指标也存在相关关系,但是系数较低。

第一,事实上,WVS 的信任指数与钱包返还比例之间的相关性较高,与对家庭成员的信任指数之间的相关性较低,这就意味着 WVS 的信任指数描述的是人们对社会上其他人的普遍信任,而不是对与他们进行重复交易的特定群体的特殊信任。类似地,公民合作规范指数衡量的是在囚徒困境下,人们与其他陌生人进行合作的意愿。因此,WVS的信任指数和公民合作规范指数的共性在于,它们衡量的不仅仅是局限于亲缘、血缘和特殊利益的小群体利益,而且由于这些利益可能只是出于小群体寻租行为或者解决暴力冲突的需要,故可能对整体经济业绩产生负面影响。

第二,WVS的调查数据随时间变化的过程是缓慢的。Knack and Keefer(1997)发现,同时参与1981年、1990—1991年WVS调查的20个市场经济国家,两次调查所得的信任数据的相关系数高达0.91。Uslaner(2002)、Bjornskov(2007)和Tabellini(2008)发现,在非常长的一段时间内,信任是趋于稳定的,这一时间长度甚至长达半个世纪。此外,我国学者杨宇和沈坤荣(2010)认为,中国不同省区的信任水平在短短几年内几乎不变。杨明等(2011)的数据显示,1990—2010年间,中国的平均信任水平为0.53,标准差仅为0.06。

第三,WVS的调查数据与现实中不同国家和地区的实际情况相吻合。Zak and Knack(1998)认为,WVS的调查数据同时反映了正式制度和非正式制度对人们的影响,他们考察了37个国家和地区的WVS数据,发现信任水平最低的国家是秘鲁,为0.06;最高的国家是挪威,为0.61。这些数据与实际情况非常接近,因为一般认为,巴西和菲律宾是信任水平较低的国家,而斯堪的纳维亚半岛国家被认为是信任水平较高的国家,且在意大利,北部地区的信任水平要高于南部地区。此外,Uslaner(2002)发现,WVS的信任指数与其他一些经济结果密切相关,例如政府的腐败程度、犯罪率等。Bjornskov(2007)指出,在长期,自身的信任度与对其他人信任水平的预期应该是趋同的,因为人们会对信任行为做出积极的反馈。Guiso et al.(2008)指出,WVS的调查数据与人们的股票投资决策高度相关。Cox et al.(2009)、Sapienza et al.(2007)利用实验研究的方法,发现WVS的信任指数能够较为准确地预测人们的实际行为。

类似地,ESS的数据是衡量信任的另一个重要数据来源。ESS是在大部分欧洲国家进行的大规模调查,每两年进行一次,以面对面的方式,通过搜集人们在价值观、态度和行为方式等方面的数据,来分析人们的社会价值、行为方式和文化习惯等是如何分布的;为什么信任水平在不同国家之间,甚至在一个国家内部存在着较大的差异;信任水平随着时间的推移是如何发展变化的;等等。截至2010年,ESS已经进行过三次:2002—2003年、2004—2005、2006—2007,分别包括22个、26个和25个国家。在每个国家中,随机抽取大约2 000人参与调查。其中关于信任的问题是:"一般来看,你认为大部分人是可以被信任的,还是需要小心对待?"这一问题与WVS和美国综合社会调查(US General Social Survey,

USGSS)中关于信任的问题是一致的,但不同之处在于,在 ESS 中被试需要回答信任的强度水平,也就是说需要将信任水平在 0—10 之间进行打分,其中 0 意味着完全不信任,10 意味着完全信任。而在 WVS 和 USGSS 中,被试只需要在"大多数人是可以被信任的""必须小心"和"不知道"三者之间进行选择。这样,利用 ESS 的数据就可以将信任水平进行量化考察,比如可以考察信任水平与投资收益之间的关系。此外,ESS 还包括人们的性别、年龄、经济收入、家庭收入、社会地位等人口和社会特征方面的数据。

从整体样本来看,EES 的结果显示,平均信任水平为 5,标准差为 2.5。但是信任水平在不同的国家之间,甚至一个国家内部都存在着较大的差异。信任水平最高的国家的平均信任水平大约在 7—8 之间,主要是一些北欧国家,例如挪威、丹麦、芬兰、瑞典和荷兰等;信任水平最低的国家是一些地中海和东欧国家。而在奥地利、德国、法国和英国等国家,信任水平的分布是比较对称的,平均值大约在 5—6 之间。

此外,在美国,类似的问卷调查为美国综合社会调查,该调查自 1972 年以来每年都有连续的数据,但这一调查数据主要局限在美国,而 WVS 则主要被用来衡量不同国家之间信任水平的差异。但是,在我国国内,目前还没有类似的、连续的信任调查数据。一些学者用张维迎和柯荣住(2002)对我国各省区 15 000 家企业进行的调查,来衡量各省区的信任水平。一般认为,信任水平在一定时间内是稳定的,故可以认为,我国各省区的信任水平在短期内基本不变。

4.2.2 信任博弈

为了对信任进行比较精确的衡量,首先,需要对信任的对象有一个清晰的认识。信任的对象是机构、组织还是个人? 其次,不仅需要考察是否存在信任,还需要考察信任的程度。再次,由信任的内涵可知,信任包含信念部分和偏好部分,其中信念部分是指对其他人信任水平的预期或信念(belief),偏好部分来自自身的信任度(trustworthiness)。一些学者对以上 WVS 和 ESS 的衡量方法提出了质疑,认为这两种方法反映的是投资者的偏好,而不是对其他投资者的信念或预期;也有学者认为,人们对该问题的回答往往是基于与他们相联系的人的信任水平,而不是整个社会中其他人的信任水平;Cox et al.(2009)指出,这两种方法还可能反映了投资者的利他心理,因为在既定预期和信念的情况下,利他的投资者会表现出较高的信任水平;Fehr(2009)指出,关于信任的问题不仅反映了投资者对其他人信任水平的预期,还反映了投资者自身对风险,尤其是社会风险的态度,以及对风险和背叛的厌恶倾向。

为此,一些学者采用了经典的信任博弈实验,来衡量人们的信任水平,这一方法可以清楚地区分信任水平中的信念部分和偏好部分。关于信任的博弈实验最早是由 Berg et al.(1995)设计的,Sapienza et al.(2007)在此基础上进行了改进,根据信任的经济学内涵并依据决策场景,设计出了具体的实验流程。这是在完全信息下被试依次进行决策的一项实验。为了确保所有被试在相同信息下按照相同顺序来完成实验,在实验过程中须保证被试之间相互隔离,且不允许有任何形式的交流。被试需要做出三个决策,这三个决策是相互独立的,也就是说,在决策时被试不知道下面的决策是什么,且任一决策中的行为选择不会影响下面决策的收益。

在这个实验中,被试首先作为"发送者",即投资者,获得最初的资本禀赋 y,并决定将其中的 $s\in[0,y]$ 部分投资给"接受者"。在投资过程中,s 可以放大3倍,即接受者可以获得 $3s$。接下来,接受者需要决定将所获得资本中的 $r\in[0,3s]$ 数额返还给发送者。在这样的安排下,发送者的收益为 $y-s+r$,投资者的收益为 $3s-r$。假定最初的资本数额为50元,发送者可以投资的数额为5的整数倍,即5元,10元,15元……50元。实验中,投资数额 s 可以用来衡量信任水平,而返还数额 r 可以用来衡量信任度。

每位被试都参与这个实验两次,第一次作为发送者,第二次作为接受者。每位被试需要进行三个决策。这三个决策是依次进行的:首先,在实验中所有的被试都作为发送者,并对接受者的行为进行预测,其次,作为接受者决定返还数额。他们的收益是由三个决策中随机选取的一个所决定的。具体来说,第一,作为发送者,需要决定将最初资本50元中的多少投资给接受者,即选择 s 的数额。第二,对接受者可能返还的数额进行预期,即分别针对每一个可能的投资数额(0到50元之间所有5的整数倍),预测出可能的返还数额。为了使被试的预测尽可能地精确,如果他们能够准确地预测出接受者的行为,那么就会获得额外的报酬,具体来说,如果预期值在真实返还数额10%的范围内,即 $r-0.1\times 3s \leqslant E(r) \leqslant r+0.1\times 3s$,那么就会获得额外10元的奖励。第三,所有被试都作为接受者,决定返还的数额,即在不知道发送者的真实投资数额的情况下,分别针对每一个可能的发送数额,决定返还数额,即选择 r 的数额。在完成以上三个决策后,投资数额和返还数额被公示出来。

这一信任博弈实验与最初 Berg et al.(1995)实验的区别在于以下三点:(1)在实验中,每位被试都需要先后承担两个角色:发送者和接受者;(2)在实验中引入了第二个决策,即被试需要对接受者的行为进行预期;(3)为了使被试的预期更为准确,引入了激励机制,即如果能够较为准确地进行预期,那么将获得额外的奖励。不难看出,在这一信任博弈实验中,信任的信念部分可以用发送者对接受者返还数额的预期来衡量,而偏好部分可以用投资者自身的返还数额来衡量。

Butler et al. (2009)在意大利罗马的国际社会科学自由大学进行了这一经典的信任博弈实验。实验分为 8 个阶段,每个阶段有 16 名学生参与,共进行 12 轮。结果显示,人们自身的信任度的平均值是 0.32,标准差是 0.16,对其他人的预期的平均值是 0.27,标准差是 0.16。他们将人们对其他人信任度的预期对自身的信任度进行了回归。为了更好地捕捉人们的内在特征,他们将自变量定义为最初的信任度,即当人们第一次作为接受者时的返还数额。回归结果如表 4-2 所示。从第 1 栏可以看出,人们最初对其他人信任度的预期与自身最初的信任度呈显著的正相关关系,说明人们往往是根据自身的行为特征来对其他人的行为进行推测的。自身的信任度每提高 1 个百分点,对交易对象返还数额的预期,或者说对其他人信任度的预期将提高大约 0.74 个百分点。第 2 栏显示,随着轮次的增加,人们有机会去观察和推测其他发送者的行为,所以对其他人信任度的预期与自身信任度之间的相关关系会减弱,自身信任度的系数为 0.542,但是这两者之间的相关关系仍然存在,且在 1% 的重要性水平下显著。当信任博弈实验进行到第 9 轮,甚至到第 12 轮时,最初的信任度仍然能够对人们的信任水平产生重要影响,如第 3 栏和第 4 栏所示,但是影响程度会逐渐减弱,这意味着随着时间的推移,如果人们能够有足够多的机会对交易对方进行了解,那么最初的信任度的影响将逐渐减弱。

表 4-2 自身的信任度对信任水平的影响

	预期信任水平 (第 1—3 轮)	预期信任水平 (第 4—6 轮)	预期信任水平 (第 7—9 轮)	预期信任水平 (第 10—12 轮)
自身最初的信任度	0.744***	0.542***	0.475***	0.452***
	(0.0419)	(0.0652)	(0.0748)	(0.0766)
常数项	0.0848***	0.106***	0.0763***	0.0653**
	(0.0161)	(0.0232)	(0.0264)	(0.0246)
观测数	276	208	171	171
R^2	0.586	0.312	0.261	0.249

注:括号中是相应系数的标准误,***、** 和 * 分别表示在 1%、5% 和 10% 的显著性水平下显著。

资料来源:Butler et al. (2009)。

从这一研究可以看出,当没有额外信息时,发送者会基于自身的信任度对其他人的信任度进行预期,而人们自身的信任度之间的差异,带来了整体信任水平的差异。人们的信任水平在长期上是相对稳定的,尽管随着时间和经验的改变,自身的信任度的影响会逐渐减弱。另外,自身信任度的差异来自父母的灌输,以及长期以来历史文化等因素的积淀。

4.2.3 对风险的衡量

一般来看,对信任及其影响因素进行研究,将包括投资者的个体客观特征和其所处社会的具体背景特征这两个维度。为了考察投资者的个人偏好和社会特征,被试需要完成相应的调查问卷,其中涉及一系列包括性别、年龄、教育程度、利他主义、平等偏好、家庭因素等在内的相关问题。特别地,为了考察信任与风险的区别,这里将介绍对投资者风险水平的衡量方法。

Sapienza $et\ al.$ (2007)在参考 Holt and Laury(2002)研究的基础上,考察了被试对小规模博彩的风险厌恶程度,以衡量投资者的风险水平。在实验中,被试需要在博彩 A 和博彩 B 中进行 15 次选择。博彩 A 可以获得确定性收益 $a_i \in [50,120]$,其中 $a_i = 45 + 5i, i \in 1,2,\cdots,15$ 为选择的次数,例如,$a_1 = 50$ 表示第 1 次选择获得的确定性收益为 50 元。博彩 B 的收益为 $b_i = \begin{cases} 200, 50\%的概率 \\ 0, 50\%的概率 \end{cases}$,$i \in 1,2,\cdots,15$。在实验的最后,被试的收益是根据随机选择的一次实验中的决策来决定的。

在这样的设计下,极端风险规避的被试会选择博彩 A,极端风险偏好的被试会选择博彩 B,严格风险中性的被试应该在前 10 次中选博彩 A,从第 11 次开始选择博彩 B。一般来看,随着 a_i 的增加,被试的选择倾向会从博彩 B 转为博彩 A,且风险偏好程度越高,这种转变就发生得越晚。因此,实验中选博彩 A 的次数可以用来衡量被试的风险偏好程度。进一步地,假设效用函数为常数风险厌恶形式,即 $u(x) = x^{1-r}$,其中 r 为相对风险厌恶系数。根据被试在以上博彩中的收益情况,以及选择博彩 A 和博彩 B 的次数,可以得到每位被试的相对风险厌恶系数,即投资者的风险水平。

4.2.4 衡量方法的比较

自 Arrow(1972)以来,越来越多的学者认识到,信任在经济增长中的重要作用。Knack and Kneefer(1997)发现,一个国家的信任水平与经济增长率之间存在显著的正相关关系,而且这种关系在对法律等相关因素进行控制后仍然成立。此后的 10 年间,大约有超过 7 000 多篇文献考察了信任在经济发展中的重要作用,其中大约有 500 多篇文献对信任的衡量是采用 WVS 和 USGSS 中的数据。

Sapienza et al.(2007)随机选取了 552 名来自美国芝加哥大学的 MBA 同学,完成了相关的问卷调查,结果见表 4-3。

表 4-3 调查问卷中信任问题的描述及结果

	问题描述	备选答案	选择频次 (选择的次数)	均值 (标准差)
信任— WVS	一般来看,你认为大部分人是可以被信任的,还是需要小心对待?	(1) 大部分人是可以被信任的	52.95% (269)	0.588 (0.492)
		(2) 必须小心	37.01% (188)	
		(3) 不知道	10.04% (51)	
信任— 芝加哥 大学	假设芝加哥大学新建了一些舒适的学生宿舍。学校将在所有申请者中采取抽签的方式决定入住者。你在多大程度上信任,学校的宿舍分配是公平的?	(1) 根本不信任	0.79% (4)	3.364 (0.682)
		(2) 不信任	8.86% (45)	
		(3) 比较信任	41.14% (209)	
		(4) 非常信任	45.47% (231)	
		(5) 不知道	3.74% (19)	
信任— 钱包	假设你在芝加哥的密歇根大道上走路时,不小心丢了钱包,其中有 1 000 美元。一个陌生人拾到了钱包,他并不认识你,但是他从钱包中发现了你的姓名、电话和地址。即使他自己留下你的钱包也不会被任何人发现,那么,你认为他有多大可能会把钱包还给你?	请在 0 到 100 之间选择返还的概率 p,其中 0 表示根本不会还给你,100 表示肯定会还给你	$p<25\%$:36%	34.87 (23.00)
			$25\%<p<49\%$:24%	
			$50\%<p<74\%$:34%	
			$75\%<p<100\%$:6%	

(续表)

问题描述		备选答案	选择频次 （选择的次数）	均值 （标准差）
信任—识别	你在多大程度上能够识别出别人的信任水平？	(1) 根本不能	0.2% (1)	3.20 (0.61)
		(2) 不太能够	9.65% (49)	
		(3) 能够识别	56.69% (288)	
		(4) 非常能够识别	29.92% (152)	
		(5) 不知道	3.54% (18)	

资料来源：Sapienza et al. (2007)。

大体上看，关于信任的社会调查主要有四种。第一，是来自 WVS 的调查。问题是："一般来看，你认为大部分人是可以被信任的，还是需要小心对待？"可以看出，有超过一半，大约 52.95% 的同学认为，大部分人是可以被信任的。第二，是来自学生对所在学校行政机构的信任水平。大约 90% 的同学对学校是信任的，其中 41.14% 的同学比较信任，45.47% 非常信任，还有 0.76% 根本不信任。第三，是来自学生对所在城市的其他人的信任水平。假设你在大街上丢失了钱包，你认为有多大可能拾到钱包的人会将钱包还给你？平均上看，同学们认为有 34.87% 的可能性人们会将钱包返还，只有 36% 的同学认为返还的可能性小于 25%。第四，是来自学生在多大程度上能够识别出其他人的信任水平。有 56.69% 的同学认为能够识别，29.92% 的同学认为非常能够识别。

学者们对以上这些信任的不同衡量方法进行了比较，并提出了质疑。第一，用问卷调查中的问题来衡量信任，与信任的定义是吻合的。因为人们在回答这一问题时，很有可能是基于自己过去的行为和经历，或者设想如果自己在遇到这种情况时会怎样做，而这将涉及社会风险偏好问题，因此这一衡量方法不仅受人们对其他人信任度的预期，还受人们自身的社会风险偏好的影响。但是，这种衡量方法可能存在一定的问题。比如，换个角度来看，被试可能会同时认可"大部分人是可以被信任的"和"必须小心"这两个备选答案，因为根据定义，信任包含信念和偏好两个部分。一些被试可能认为"大部分人是可以被信任的"，但是出于他们本身是小心谨慎、不愿意承受风险的，因此可能选择"必须小心"。为了避免出现上述问题,Miller and Mitamura(2003)将调查问题进行了改进,只考虑信任的一个维度。改进后的问题是:"你认为,大部分人是可以被信任的吗?"被试需要在 1—7 之间来回答,其中 1 是"一点儿都不",7 是"完全信任"。或者,问题是:"一般来看,人们能够信任别人,你是否认同这句话?"被试需要在以下四个备选答案中选择:"完全认同""有点认同""有点不认同"和"完全不认同"。很显然,与经典的 WVS 的问题相比,改进后的问题对信任的衡量要精确得多。

第二,用信任博弈实验中的发送数额来衡量信任水平,也可能存在一定的问题,因为发送数额很有可能体现的是发送者的利他倾向,而不是信任水平。比如,根据信任的定义,即使发送者也将一定数量的资产交由其他人处置,但是在发送者具有利他倾向时,并不预期受托人能够进行返还。因此,对信任进行准确衡量,无论是采用调查问卷方法还是信任博弈方法,都需要排除利他倾向的影响。

一种观点认为,WVS 衡量的是对其他人普遍信任水平的预期,而不是私人信任。私人信任是指由于重复交易而产生的信任关系,后者在关系型契约中尤其重要。因此可以认为,WVS 的信任数据是可行的。而信任博弈中发送者的行为衡量的只是对接受者信任水平的预期,这接近于私人信任。除此之外,发送者的行为至少还应该受自身的风险厌恶程度的影响,因此,如果用发送者的行为来衡量信任水平的话,那么至少应该对发送者的风险厌恶程度进行控制。

类似地,接受者的行为不仅反映了其自身的信任度,还反映了接受者的其他行为偏好,例如利他主义和互惠倾向,以及对不平等和犯罪感的厌恶等。反过来,如果人们作为接受者存在这些行为偏好,那么作为发送者,也应该存在这些行为偏好,因此,在解释人们的行为时,这些行为偏好也是不容忽视的。如果人们具有这些行为偏好,那么发送数额就不仅反映了对接受者信任度的预期,还反映了发送者的风险程度、利他倾向和互惠倾向等行为偏好,可以表现为发送者对与接受者收益差异的关注程度。这一观点得到了 Glaeser *et al*.(2000)的证实,他们发现,信任博弈实验中发送者的行为不仅反映了对接受者信任程度的预期,还反映了发送者本身的行为特征,比如风险规避程度、互惠倾向和利他倾向等。Fehr *et al*.(2003)通过对德国大量的家庭样本进行研究发现,发送者的行为与 WVS 中的信任水平相关,而与自身的信任度没有关系。

另一种观点认为,WVS 的数据结果与信任博弈实验中发送者的行为并不相关,而与信任博弈实验中接受者的行为密切相关,因此 WVS 衡量的是人们自身的信任度,而不是对其他人信任度的预期。比如,Sapienza *et al*.(2007)认为,发送者的行为不能很好地衡量信任水平,因为信任水平还受其他因素的影响。事实上,他们发现 WVS 的数据与发送者对接受者行为的预期密切相关,而这一预期可以很好地反映信任水平。

4.2.5 衡量方法的改进

很显然,现在需要考虑下面这些问题:这些信任的衡量方法能够很好地衡量信任水平吗?它们衡量的是信任水平,自身的信任度,还是两者都能够,或者不能够衡量?为什么既有研究存在争议?我们如何解释 WVS 中信任水平与人们的个体、整体决策之间存在的相关关系?

1. 信任博弈实验的改进

从经济学意义上看,信任的内涵包括:信念部分和偏好部分,其中信念部分是指对其他人信任度的信念或预期,偏好部分是指人们自身的行为特征,比如风险规避程度、互惠倾向和利他倾向等,这是相对稳定的特征。而信念部分会随着时间和社会环境的变化而不断更新和改变。

在信任博弈实验中,在偏好既定的情况下,对接受者信任水平的预期越高,发送数额就越高;在预期既定的情况下,利他和互惠倾向等越强的发送者,发送的数额越高。为了将偏好部分与信念部分相区别,Sapienza et al.(2007)在博弈中引入了预期部分,即决策中的第二部分,对接受者可能返还的数额进行预期,该预期应该与发送者自身的效用函数不相关。从而,我们可以尝试分析 WVS 中衡量的究竟是信任的哪一部分,信任博弈中衡量的又是哪一部分。

为此,Sapienza et al.(2007)对来自美国芝加哥大学的 MBA 同学进行了相关调查。在 552 名同学中,有 548 名完成了调查问卷,552 名参与了信任博弈实验。结果显示:(1) 在控制性别、年龄和国籍等变量后,WVS 中的信任问题对发送数额有着显著的影响。(2) 在控制风险规避程度和利他倾向等因素后,对接受者行为的预期对发送数额有着显著的影响。其中,对接受者行为的预期每增加 1 个标准差,发送数额将提高 3 元,相当于平均发送数额的 16%。如果将信任定义为对接受者行为的预期的话,那么发送数额应该同时反映对接受者可信任度的预期,以及其他的行为偏好特征。(3) 在发送数额较高的情况下,WVS 中的信任问题对对接受者行为的预期有着积极的影响。平均上看,WVS 调查中信任水平较高的同学,对接受者行为的预期,与信任水平较低的同学相比要高出大约 14%。(4) 人们自身的信任度对对接受者行为的预期有着积极的影响,说明人们往往是基于自己的行为特征来对其他人的行为进行预期的。在对自身信任度等变量进行控制后，WVS 中的信任问题对接受者行为的预期的影响不再显著。(5)在发送数额较高的情况下，WVS 中的信任问题对返还数额有着重要影响。平均上看，与可信任度较低的同学相比，可信任度较高的同学的返还数额要高出 20%，这也说明人们是基于自身的可信任度来对其他人的信任度进行推测的。

可以看出，在与经济相关的环境下，信任博弈实验中的发送数额能够同时反映信任的信念部分和偏好部分，而 WVS 中的信任问题主要反映的是信念部分。在信任博弈实验中，发送者对接受者信任度的预期，能够很好地反映发送者自身的行为特征，而且与 WVS 和其他问卷调查中的信任问题高度相关。特别地，在发送数额很高的情况下，对信任度的预期与 WVS 中的信任问题高度相关，而如果发送数额较低，则发送者的预期更多地反映的是对预期的报复，而不是信任水平。同时，过去的信任行为则主要反映的是偏好部分。Fehr et al. (2009)发现，人们过去自身的信任行为会对发送数额产生影响，从而证明了信任是由信念和偏好两部分组成的。

结果还显示，随着发送数额的增加，接受者返还的数额也会相应地增加，这说明人们具有互惠的倾向。而且，对接受者返回数额的预期也会相应地增加，这说明人们对这种互惠的倾向也给予了正确的预期。同时，被试的预期返还数额比实际水平要高出 5%，这说明发送者对接受者信任度的预期，存在一定的过度乐观的心理。

最后，不同衡量方法之间的差异，例如 Glaeser et al. (2000)和 Fehr et al. (2009)，主要来自样本选择的不同。人们常常是基于自己的心理和行为来对其他人的心理和行为进行预期的，这表现为发送者对接受者信任度的预期，与他们自身的信任度高度相关，从而使得 WVS 中的信任问题与自身的信任度高度相关。在同质的人们之间，例如样本为芝加哥大学的 MBA 同学或者哈佛大学的本科生，人们倾向于根据自身的行为来对其他人的行为进行预期，因此，能够反映信念部分的 WVS 中的信任问题与人们的自身行为高度相关，但是在异质的人们之间，例如 Fehr et al. (2009)采用的德国家庭数据，这一结论可能并不正确，因为人们很难根据自身的行为来对其他人的行为进行预期，所以在利用德国家庭数据的研究中，并没有发现问卷调查中的信任问题与自身的信任度之间存在相关关系。

另外，一些学者根据信任的定义，也对信任博弈实验进行了改进，并进行了简化。根据定义，信任是人们的一种行为，委托人(trustor)或投资者为了实现自己的投资目标,在没有与受托人(trustee)签订任何法律承诺的情况下,愿意将自己的资产交由受托人来支配,以使资产获得预期收益。当然,如果受托人是值得信任的,那么委托人就会获得相应的预期收益;而如果受托人是不值得信任的,那么委托人就会遭受损失。

在这一定义的基础上,Bohnet and Zeckhauser(2004)采用单次或多次博弈的实验方法对信任水平进行了衡量。在博弈中,发送者,即委托人,与接受者,即受托人,初始禀赋都是10元。发送者有两个选择:将10元发送给接受者进行投资,或者自己保留。如果选择发送,那么投资后接受者将收到20元,这时接受者的总财富为30元,即初始禀赋10元加上投资收益20元。接受者也有两个选择:返还给发送者15元,或者返还8元。在这样的设定下,如果发送者愿意在没有任何承诺的情况下,将自己的初始禀赋交由接受者处置,那么发送者就呈现出一种信任行为。如果接受者是值得信任的,那么发送者的最终收益将增加,从原来的10元上升为15元;如果接受者是不值得信任的,那么发送者的收益将减少,从10元减少到8元。

这个博弈中发送者的发送数额可以用来衡量其信任水平,这里的信任既反映了信念部分,也反映了偏好部分,因此与以上定义是吻合的,即委托人愿意将自己的资产交由另一方来处置,而这与仅仅基于信念的信任是不同的。假设两位发送者A和B对接受者信任度的预期是不同的。A认为接受者返还15元的概率是0.3,B认为这一概率是0.4。进一步地,假设A将自己的初始禀赋发送给受托人,而B选择自己持有。这时,如果信任的概念仅包含信念部分,那么B的信任水平应该比较高;但如果信任的概念既包含信念部分也包含偏好部分,那么就可以解释A的行为,即A的信任水平较高。

2. 问卷调查的改进

Guiso *et al.*(2008)利用欧盟委员会的官方民意调查机构"欧洲晴雨表"(Eurobarometer)的数据对信任进行了衡量。欧洲晴雨表主要用来衡量人们对欧洲共同市场和欧盟机构的公共意识和认可程度,该项调查在每个国家中随机选取1 000位16岁及以上的公民作为代表。样本国家随着时间的推移在不断扩大,从最初1970年的5个国家(法国、比利时、荷兰、德国和意大利)发展到了1995年的17个国家和地区(在原来的基础上增加卢森堡、丹麦、爱尔兰、英国、北爱尔兰、希腊、西班牙、葡萄牙、挪威、瑞典、芬兰和奥地利)。在调查中,被试需要回答对自己本国居民和其他欧洲国家居民的可信任度,具体问题为:"请你回答对不同国家中的人们的可信任度。对于每个国家,请回答非常信任、一般信任、不是很信任,或者非常不信任。"

当然,针对这项调查,学者们也存在一些质疑:第一,如何理解调查中的信任水平。比如,在经典的信任博弈实验中,信任水平与接受者的发送数额,即人们愿意拿出多少钱来冒风险,是吻合的。第二,如果信任水平较高,那么这意味着是对方国家居民本身的可信任度较高,还是人们认为更容易对对方国家居民的可信任度进行识别?如果是后者,那么对对方国家居民可信任度的预期就会比较高。

为了纠正以上问题,Guiso *et al.*(2008)又向被试提出了以下两个问题:(1)一个你不认识的人错误地收到了应该发给你的1 000欧元。他知道这笔钱是属于你的,且知道你的名字和地址,但是,如果他自己留下这笔钱,也不会遭到任何惩罚。你认为他把钱返还给你的概率是多少?请在数字1—100之间进行回答。(2)你对其他人信任水平的判断如何?请回答"非常好""好""不太好"和"一点都不好"。结果显示,第一个问题与调查中的结果高度相关,但第二个问题却不相关,这说明调查结果反映的是对对方国家居民信任水平的主观判断。

研究发现,不同国家之间的信任水平存在着较大差异,其中葡萄牙对奥地利人的可信任度最低,仅为2.13,芬兰人对自己的可信任度最高,为3.69。另外,一个国家对其他国家的信任程度,与本国被其他国家信任的程度之间也存在着差异。比如,瑞典对其他国家的可信任度最高,大约比爱尔兰高出17%,比希腊高出27%,同时瑞典也是最被其他国家信任的国家,而最不被信任的国家是意大利。一般来看,被其他国家信任和信任其他国家之间存在着一定的相关关系。比如,人们普遍信任北欧国家,而北欧国家对其他国家的可信任度也比较高,这在某种程度上意味着人们是基于对自己国家可信任度的判断来对其他国家的信任水平进行预期的。

4.3 我国社会资本的测量体系

根据社会资本的主要内涵,可以找到与之联系、具有代表性的变量,作为其代理变量。在这一部分,我们借鉴陈盼(2016)的研究,结合中国实际,着重利用年鉴等公开统计资料,辅以国际认可的大规模社会调查数据,建立起了一套较为客观、可比的社会资本测量体系。

由于本书主要考察社会资本对经济增长的影响,因此我们将专注于那些对经济发展影响较为显著的主要变量。具体地,这里主要关注宏观层面的社会资本，包括社会结构、社会互动、社会意识三个方面。根据表4-1中的研究成果，结合社会资本的这三个方面，我们将信任水平、投票率、社会团体参与情况纳入了社会资本的测量体系，并在此基础上，进一步选取了符合社会资本内涵的统计量，完善了社会资本的测量体系。如前文所述，鉴于社会资本衡量面临的困难，在新指标的选取过程中，应该符合可得性、可比性和客观性这三个标准。只有符合社会资本内涵，并同时满足这三个标准的统计量才会被纳入测量体系。

表4-4具体说明了备选指标的筛选过程。比如，信用卡违约率是反映地区信用水平的良好指标，但是公开资料中并无相关统计；地方性法规颁布数量可以反映该地区社会制度和结构的发育程度，在各年度法律统计年鉴中可以找到，但是不同地区不同年份之间立法数量差异巨大，立法质量也不尽相同，不具有可比性；受访者拥有的密切联系的朋友的数量可以反映人际互动情况，但是这一回答主观程度较大。因此，以上指标都无法纳入测量体系。相比之下，每万人社会捐赠款物符合可得性、可比性和客观性三个标准，因此可以被纳入测量体系。在各类公开资料中，年鉴数据无疑能够较好地满足以上三个标准。表4-5概括了年鉴数据中符合社会资本内涵的统计量。

表4-4 备选指标筛选示例

备选指标	可得性	可比性	客观性
信用卡违约率	×	√	√
地方性法规颁布数量	√	×	√
受访者拥有的密切联系的朋友的数量	√	√	×
每万人社会捐赠款物	√	√	√

表4-5 年鉴数据中符合社会资本内涵的统计量

数据来源	统计量	计算方法	备注
中国统计年鉴	每万人社会团体法人单位数	社会团体法人单位数/常住人口数	
中国统计年鉴	社区服务机构覆盖率		
中国统计年鉴	平均每百人每年订报刊数		2010年起统计
中国统计年鉴	每万人社会捐赠款物	社会捐赠款物/常住人口数	2010年起统计
中国统计年鉴	每万人交通事故数	交通事故数量/常住人口数	
中国统计年鉴	每万人民办非企业单位数	民办非企业单位数/常住人口数	

(续表)

数据来源	统计量	计算方法	备注
中国法律年鉴	每万人行政诉讼数量	行政诉讼数量/常住人口数	
中国法律年鉴	每万人行政复议申请数量	行政复议申请数量/常住人口数	
中国法律年鉴	每万人受理案件数量	受理案件数量/常住人口数	
中国法律年鉴	犯罪率	刑事犯罪公诉人数/常住人口数	
中国金融年鉴	人均社会融资规模	社会融资规模/常住人口数	仅有2012年数据
中国劳动统计年鉴	工会密度	工会组织数/城镇单位就业人口数	
中国劳动统计年鉴	工会覆盖率	工会会员数/城镇单位就业人口数	
中国劳动统计年鉴	女性就业占比	城镇单位就业人口中女性人口数/城镇单位就业人口数	
中国劳动统计年鉴	登记失业率		
中国民政统计年鉴	社会服务发展综合评估指数		2011年起统计
中国民政统计年鉴	投票率	参加投票人数/登记选民数	

年鉴数据具有很好的可比性和客观性,以上数据也都在一定程度上符合社会资本的内涵。但是,这并不代表这些统计量就能完全覆盖社会资本的内涵。为了避免现有统计数据带来的偏误,还需要利用社会调查数据中更加切合社会资本内涵的数据作为补充。由于前人的测量指标多来自个人设计的调查问卷,权威性和可比性较低,因此我们只选取在全球或全国范围内长期开展过的大规模社会调查,符合这一条件的包括 WVS、EVS、中国综合社会调查(Chinese General Social Survey, CGSS)、中国家庭追踪调查(China Family Panel Studies, CFPS)等。而在社会资本研究领域,使用频率最高、权威性最高的无疑是 WVS。为此,这里选取了 WVS 中涉及中国的数据并对其进行了整理,选取其中符合社会资本内涵,满足可得性、可比性和客观性要求的统计量,作为社会资本的另一部分代理变量(见表4-6)。

表 4-6　世界价值观调查(WVS)中符合社会资本内涵的统计量

统计量	计算方法
志愿活动参与率	参与 1 次以上志愿活动的受访者人数/受访者人数
社会团体参与率	参加 1 个以上社会团体的受访者人数/受访者人数
民族自豪感	"作为中国人是否感到自豪"[最高(非常自豪)为 2,最低(非常不自豪)为 −2]回答的均值
居民幸福感	"对生活是否满意"[最高(非常满意)为 10,最低(非常不满意)为 1]回答的均值
信任水平	"一般来说,大部分人是可以被信任的"回答中,认为大部分人是可以被信任的人数占正面回答此问题人数的比例
人际信任水平	"是否觉得大部分人都会利用你"[最高(会)为 10,最低(不会)为 1]回答的均值

这样,结合统计年鉴和 WVS 中可以借鉴的统计量,可以得到在当前公开资料约束下,较为全面地反映我国区域社会资本情况的测量体系(见表 4-7)。接下来,使用统计分析中常用的因子分析方法,对现有的测量体系进行降维和标准化处理,以实现社会资本测量体系的简化和可比化。最终可以得到根据因子分析调整的我国社会资本的测量体系(见表 4-8)。

表 4-7　我国区域社会资本的测量体系

主要内涵	衡量指标	数据来源
社会结构	每万人社会团体法人单位数	中国统计年鉴
	社区服务机构覆盖率	中国统计年鉴
	登记失业率	中国劳动统计年鉴
	工会密度	中国民政统计年鉴
	工会覆盖率	中国民政统计年鉴
	社会服务发展综合评估指数	中国民政统计年鉴
	社会团体参与率	WVS
社会互动	每万人社会捐赠款物	中国统计年鉴
	每万人行政诉讼数量	中国法律年鉴
	每万人行政复议申请数量	中国法律年鉴
	女性就业占比	中国劳动统计年鉴
	投票率	中国民政统计年鉴

(续表)

主要内涵	测量指标	数据来源
社会意识	平均每百人每年订报刊数	中国统计年鉴
	每万人交通事故数	中国统计年鉴
	志愿活动参与率	WVS
	民族自豪感	WVS
	居民幸福感	WVS
	信任水平	WVS
	人际信任水平	WVS

表 4-8 根据因子分析调整的我国社会资本的测量体系

主要内涵		测量指标	数据来源
社会结构	行政组织结构因子	登记失业率	中国劳动统计年鉴
		工会密度	中国民政统计年鉴
		工会覆盖率	中国民政统计年鉴
		社会服务发展综合评估指数	中国民政统计年鉴
		社区服务机构覆盖率	中国统计年鉴
	民间组织结构因子	社会团体参与率	WVS
		每万人社会团体法人单位数	中国统计年鉴
社会互动	公民行为因子	每万人社会捐赠款物	中国统计年鉴
		女性就业占比	中国劳动统计年鉴
		每万人行政诉讼数量	中国法律年鉴
		每万人行政复议申请数量	中国法律年鉴
	政治互动因子	投票率	中国民政统计年鉴
社会意识	外部认知因子	民族自豪感	WVS
		信任水平	WVS
		平均每百人每年订报刊数	中国统计年鉴
	内部认知因子	居民幸福感	WVS
		人际信任水平	WVS
		每万人交通事故数	中国统计年鉴

在这一测量体系中,我们分别用两个因子代表社会结构、社会互动和社会意识。每个部分的因子的内涵不尽相同,但是具有较强的互补性和逻辑说服力,基本上能够覆盖各部分的内涵。当然,考虑到样本量有限,加上数据可得性的问题,这一测量体系还存在诸多问题。但是,我们依旧相信,在当前数据条件的约束下,这一测量体系在逻辑上和统计上都较好地反映了我国社会资本的现状。

第二篇

社会资本与经济增长

第 5 章 社会资本与经济增长:理论概述

对经济增长的问题进行研究,一直以来是经济学界探讨的主要问题。既有文献大多关注的是物质资本、人力资本、生产技术和对外贸易等经济因素,而往往忽略了信任体系、行为准则和道德规范等社会和文化方面的因素,而这些社会和文化因素恰恰在促进经济发展中起着十分重要的作用。在考察不同国家或地区之间的经济发展差异问题时,"社会资本"这一概念越来越多地被经济学家所关注。尽管社会资本很难被准确地衡量,也很难被正式地引入到传统的理论模型中,但毋庸置疑,社会资本是经济长期增长的重要影响因素。正如一些经济学家经常提及的那样:"社会因素在起作用。"这种观点的提出为研究经济增长提供了一个新的视角。

20 世纪 80 年代以来,越来越多的学者开始利用这些社会和文化因素来解释不同国家或地区之间的经济发展差异,并提出社会资本是影响经济绩效的另一个重要的资本性要素。自 Bourdieu(1986)、Coleman(1988)和 Putnam(1993)以来,社会资本这一概念吸引了经济学家的广泛关注。Putnam(1993)在著作《使民主运转起来——现代意大利的公民传统》中首次用社会资本的概念解释了意大利南北部地区经济和政府绩效的差异。20 世纪 90 年代,世界银行也对社会资本问题给予了特别的关注。世界银行原副行长伊斯梅尔·萨拉戈丁(Ismail Sarageldin)(任期 1992—2000 年)在世界银行研究论文集的前言中写道:"越来越多的实证研究表明,社会资本对经济的可持续发展有着重要的影响。"那么,社会资本与经济增长之间的关系究竟如何? 社会资本在不同国家或地区之间是否存在显著差异? 社会资本是如何影响经济增长的? 这里,我们对社会资本与经济增长的关系做一个综述性的概况和总结。

5.1 社会资本与经济增长的关系

5.1.1 宏观层面

在社会资本与经济增长方面,具有代表性的文献是 Knack and Keefer

(1997)的论文。他们对社会资本在经济发展中的重要作用进行了实证研究。这篇文章中考察了信任和道德规范的决定因素,其中包括参与社会活动和正式组织的情况等,探讨了人际信任、道德规范和经济绩效之间的关系,以及社会资本所包含的不同维度对经济绩效的影响及作用渠道,最后对包括 Putnam(1993)和 Olson(1982)在内的关于社会行为和经济增长关系的不同理论进行了概括和总结。具体地,Knack and Keefer(1997)利用世界上 29 个市场经济体关于世界价值观调查(1980—1992 年)的数据,考察了信任和道德规范对投资率和经济增长率的影响。控制变量为投资品的相对价格、初始人均收入水平和中小学的注册学生比例等。研究发现,社会资本变量与人均收入增长率之间呈显著的正相关关系。其中,信任水平每增长 1%,人均收入增长率将相应地增长 0.08%,或者说信任水平每提高 1 个标准差,人均收入增长率将提高大约 0.56 个标准差;道德规范每提高 4 个百分点,人均收入增长率增长的幅度将超过 1%。为了纠正内生性问题和可能存在的测量偏差,他们进一步采用工具变量法进行了稳健性检验。选取的工具变量为一个国家内部属于最大特征群体的公民的比例,其中最大特征群体依国家的不同可能是民族、语言、宗教,或法律学生占所有受过高等教育学生的比例等,结果显示社会资本的影响是显著的。一个地区的信任和道德规范水平越高,经济业绩就越高。事实上,这与 Putnam(1993)的研究不同,Knack and Keefer(1997)发现,社区活动,即正式组织的参与人数与信任和经济业绩之间没有必然联系。此外,研究还发现,在那些收入水平较高且平等、制度建设比较完善、受教育程度较高,以及种族民主比较简单的地区,信任和道德规范水平比较高,经济发展也比较完善。

  Zak and Knack(2001)建立了委托—代理结构下的一般均衡模型,并分析了信任、投资与经济增长之间的关系。在该模型中,作为委托人的投资者和作为代理人的经纪人进行单期交易,在交易中存在道德风险问题,因为经纪人可能欺骗投资者,采取机会主义行为以获取全部收益。分析得到,在投资者与经纪人之间的社会距离,即在异质程度比较高、正式制度比较薄弱、非正式制度约束不尽完善的情况下,欺骗行为更有可能发生,而这时投资者的工资也比较低。随着社会异质程度的提高,投资率呈降低的趋势,这会对经济增长产生不利影响。由于信任水平的高低取决于整个社会的经济和制度等环境,因此社会中的人口差异、两极分化、不平等程度越严重,信任水平就越低。较低的信任水平不利于投资和促进经济增长。另外,信任水平过低将导致储蓄不足以维系经济增长,从而使经济陷入贫困陷阱。一般来看,贫困陷阱更容易发生在那些正式和非正式制度建设比较薄弱的国家中,因为在这样的国家中,违规者得不到相应的惩罚,机会主义行为较普遍,信任水平较低。进一步地,Zak and Knack(1998)采用世界价值观调查数据,通过对37个国家和地区1970—1992年的数据进行研究发现,信任水平最低的国家是秘鲁,仅为0.06;最高的是挪威,为0.61。在较富裕的国家中,投资品的价格较低,投资占GDP的比例比较高,信任水平也比较高。信任水平每提高7个百分点,投资的比例将提高1个百分点;信任水平每提高15个百分点,人均收入增长率将提高1个百分点。尽管根据经济趋同理论,落后国家的经济可能实现赶超,但其经济增长和赶超的速度与信任水平密切相关,过低的信任水平会导致经济陷入贫困陷阱。因此,在那些社会和经济等差异不大的较公平、平等和民主的社会,以及法律、社会制度比较完善,且能够有效抑制机会主义行为的社会中,信任水平比较高。较高的信任水平有助于降低交易成本,并有效地促进投资和经济增长。

此外,Helliwell and Putnam(1995)发现,在最初收入既定的情况下,1950—1990年间,意大利等"公民社会"比较发达的地区的经济增长率比较高,其中"公民社会"是一个包括投票参与率、报纸阅读率、偏好选票发生率,以及体育和文化社团的密度等指标在内的综合指数。Helliwell(1996)采用世界价值调查的数据,发现在17个OECD国家中,信任水平和社团参与率与一个地区的经济增长率呈显著的负相关。Greif(1994)发现,正式制度的发展有助于形成信任,并对中世纪跨地区贸易的发展有着重要的作用。Narayan and Pritchett(1997)对坦桑尼亚的乡村进行了考察,发现社区和社团生活比较丰富的地区的收入水平比较高。Degli Antoni(2005)利用Istat数据,采用信任度来衡量社会资本。尽管这是衡量社会资本的一种比较传统的方法,但是不同于以往的研究,这里的信任度指标包括工作争端中的法律诉讼数量、对银行账单和支票的争议数量,以及接受司法机关调查的人数等。研究发现,在意大利,社会资本与人均GDP增长率之间存在稳定的正相关关系。

5.1.2 微观层面

从微观层面来看,社会资本与生产能力在经济发展中的作用是相辅相成、相互补充的。在早期传统的农业社会中,生产方式主要是以家族为生产单位的小农经济,经济交易只局限于少数个人。信任产生于家族内部频繁的交易和自由流动的信息资源。与存在大量的匿名交易的西方发达经济相比,小农经济中的人们能够掌握关于交易对象的较充分的信息,社会资本水平比较高。然而,尽管传统社会能够通过重复交易、有效监管和自由信息等手段使人们有动力去遵守承诺,但这样一种社会结构是否能够促进现代生产方式的发展,是存在争议的。Platteau(2000)认为,尽管群体内部的信任在传统社会中广泛存在,但是信任并不会延伸到群体以外的人,以及匿名交易中。人们只信任他们熟悉的交易者,这将阻碍市场机制有效地发挥作用,因为交易只发生在相对较小的范围内。Kennedy(1988)对撒哈拉以南非洲地区进行了考察,发现当地的企业家非常不愿意与非亲属之间建立商业联系和相关的资金安排,因为他们担心对方可能进行欺骗或者并不是诚意地进行合作。类似地,Fafchamps(1996)发现,在加纳的公司中,相互的信任与合作同样仅存在于小范围的熟人之间,而且由于社会制度建设不完善,以及缺少正式的契约约束,企业家都尽可能地回避那些可能产生违约的交易。因此,现代市场经济的发展需要人们扩大交易的范围,从与群体内部的熟人之间的交易扩展到与群体外部的其他人之间的匿名交易,这就要求人们之间存在一定程度的信任,相信交易对方不会对自己采取机会主义行为。特别地,这里所强调的信任并不是来自客观的激励机制,例如重复交易的安排,而是来自人们的内在特征。

一般来看,一个国家或地区的行为准则、道德规范、文化信念等社会资本对经济发展有着重要的影响。这一观点至少可以追溯到Weber(1958),而且在近现代的经济理论中被广泛提及。比如Landes(1998)指出,在16世纪的西欧国家中,某些国家的经济发展水平比其他具有更好地理位置的国家还要高,其原因就在于文化的差异,而后者是受长期以来的社会传统所影响的。当然,也有一些经济学家认为,用文化因素不足以解释所有的经济事实,或者说,用人们具有某种行为的倾向来解释这种行为是一个同义反复的过程,没有任何意义。事实上,个人的行为,以及国家或地区之间的经济发展差异应该是可以用激励机制来解释的。

为了与以上研究进行区别,一些学者考察了文化信念本身是如何产生和发展变化的,指出人们的文化和信念是与其长期以来形成的性格特征密切相关的,并在模型中将其刻画为一个偏好演化的动态过程,从而避免了同义反复的问题。比如,Bisin and Verdier(2001)从人类进化学的角度提出,人们价值观的形成与父母的培养方式密切相关。在培育孩子们的价值观和行为偏好的过程中,父母常常关注某一种或几种特定价值观给孩子们带来的收益,而且父母常常依据自己的偏好和行为准则来对孩子们的行为进行评估。因此,尽管价值观的形成和演化过程取决于物质上的收益,但这并不是唯一因素,还取决于父母和孩子们采取这些行为偏好的主观感受。另外,在 Francois and Zabojnik(2004)的研究中,衡量行为准则和文化传统的重要变量是可信任度(trustworthiness)。可信任度高的人们会坚持遵守诺言,即使遵守诺言可能并不会使其收益实现最大化。具体来说,假设父母的价值观是很看重对孩子们信任度的培养,但是在社会中遵守诺言会产生较高的成本,或者说,孩子们采取机会主义行为会带来较高的收益。在传统的演化模型中,父母的价值观对演化选择过程没有任何影响,社会上将产生较多的机会主义行为。而在 Bisin and Verdier(2001),以及 Francois and Zabojnik(2005)的研究中,父母将灌输给孩子们遵守诺言的价值观,尽管这将带来较低的收益。

1. 偏好演化理论与社会资本

以上的偏好演化模型与社会资本理论有异曲同工之处。社会资本的核心是一种对其他人的关注和看法,且有助于通过双方的交流来实现共同收益的增加。在某种程度上,社会资本等同于社会中的信任水平,即可信任度。在社会资本比较丰富的社会中,人们是可信的。在正式的契约无法对人们的行为进行约束的情况下,如果人们之间是可信的,相信其他人不会采取机会主义行为来侵蚀他的利益的话,那么人们仍然愿意进行交易。

Francois and Zabojnik(2005)将偏好演化模型和社会资本理论引入到了对个人和公司行为的一般均衡分析中,认为社会资本和公司的行为是经济发展的重要因素。他们着重分析了公司的生产过程,其中生产能力和信任之间的自我强化和交互作用对生产有着重要的影响。假设投资者的收益取决于公司的行为。一个社会的整体可信任度与交易者双方的可靠性,以及公司所从事的生产类型密切相关,同时,可信任度和社会资本的演化又是受公司的生产决策所影响的。在容易产生机会主义行为的生产类型中,信任是至关重要的,因为可信任度较高的人能够获得额外收益,从而社会资本得以形成和维持;而在不容易产生机会主义行为的生产类型中,信任并不能够带来额外收益。这一理论可以解释为什么在技术水平相同的两个国家中,全要素生产率会呈现不同,因为对技术的使用需要承担对方采取机会主义行为的风险,而理性的公司能够承担这样的风险,因为他们相信对方是可信的,从而社会资本水平就比较高。这样,公司行为和社会资本之间就存在一个彼此加强的反馈过程,前一种情况相当于一个正反馈过程,会带来较高的生产能力和社会资本水平,而后一种情况相当于负反馈过程,会带来较低的生产能力和社会资本水平,从而也可以解释为什么较落后的国家中的社会资本水平比较低,而较发达的国家中的社会资本水平比较高。

特别地,Francois and Zabojnik(2005)的模型是建立在以下四个重要的假设之上的。第一,信任能够为人们带来价值,而且人们在年轻时形成的行为偏好和价值观是受父母所影响的,父母灌输这些行为偏好和价值观的目的是使孩子们的预期福利实现最大化。第二,每个公司都可以在两种生产能力之间进行选择。在传统的生产能力下,公司交易对象的可信任度是被忽略的,但是在新的生产能力下,交易对象的可信任度是至关重要的。第三,可信任度反映的是人们内在的相对稳定的人格倾向。随着客观环境的变化,公司的决策和行为会及时地进行调整,可是可信任度的调整却是相对缓慢的。第四,公司会对新出现的机会迅速地做出反应,而反应上的差异决定了最终的经济发展状态。比如,经济中即刻出现了更加有效的新机会,但是如果这一机会出现得过于迅速,使得人们也很难利用这一机会,那么将给经济发展带来负面影响。具体地,如果通过经济改革或调整催生了一种新的生产技术,那么激励机制将使经济中产生大量的机会主义行为,导致整个经济趋向于一个低信任水平和低福利水平的均衡稳态。而反过来,如果这种新的生产技术能够被政府或公司缓慢地引入到经济中,那么就会实现一个高信任水平和高福利水平的均衡稳态。

以上理论可以解释以下事实。在工业化进程的早期,西欧国家通过开发先进技术,使得生产能力得到持续增长,从而实现了健康发展的经济稳态,而与之相反,那些后工业化国家,例如相对落后的发展中国家,即便可以利用发达国家的先进技术进行赶超,也仍然处于经济落后的状态,其根本原因就在于信任、文化等社会资本的调整是一个缓慢的过程。事实上,生产力的发展和新技术的采用都是一个缓慢的、渐进的、优胜劣汰的过程,在这个过程中激励机制将带来社会资本的缓慢变化,从而使经济逐渐趋向于一个良好的均衡稳态。而对于落后国家来说,由于可以直接利用先进国家的技术,不需要再对新的生产技术进行投资,因此这种生产力上的变化是迅速和快捷的,但会对既有的社会资本的发展造成侵蚀,这不仅会导致新技术不能被有效地利用,甚至可能会导致经济发展的衰退。

"华盛顿共识"是1989年出现的、针对拉丁美洲国家和东欧转轨国家的一整套新自由主义的政治经济理论。20世纪90年代,作为市场经济过渡的重要政策组合,"华盛顿共识"在俄罗斯与中东国家得到了广泛的推行。其教条是主张政府的角色最小化,加快私有化和自由化,倡导"休克疗法"式的转型,并且要紧缩银根、保持财政收支平衡,对税率和汇率进行合理调节等。然而,"华盛顿共识"在这些国家中最终都没有取得成功,逐渐走向了失败,其原因在于这一政策相当于一种大爆炸式的"休克疗法",旨在较短的时间内提高生产力水平,而忽略了经济发展中的其他重要因素,例如制度和社会文化等。而与之形成对比的是演化制度学派,该学派认为,经济发展是一个渐进的、持续的和不断增长的过程,这是中国和越南等国家采取的改革之路,被认为是一种渐进主义或者增量主义的改革。改革的焦点是创造市场的制度基础,以鼓励企业家进入;制度变迁应该是全面的,不仅包括法律和金融体系的改革,还包括政府组织的改革、发展自我强化的社会规范,以及加强信任与团结合作的社会文化建设等。事实表明,推崇演化制度学派的国家的经济发展要好于实施"华盛顿共识"的国家。所以,经济政策的实施和经济发展的演化应该是一个渐进的过程,而不是一蹴而就的。演化制度学派在国际上获得了越来越多的肯定与支持。

5.2 社会资本对经济增长的影响途径

自20世纪90年代以来,大量的理论和实证研究显示,信任和社会资本是经济发展的重要驱动之一,信任和社会资本水平的提高能够显著地提高经济增长率。那么,社会资本影响经济增长的具体途径是什么？由于在前面的章节中,已经详细地探讨了社会资本与人力资本、正式制度、政府绩效和金融发展等在经济增长中的重要作用,这里将重点分析社会资本在促进国际贸易发展中的重要作用。

(1) 降低交易成本,提高投资率。一般认为,较高的信任水平和道德规范有助于促进生产和技术的创新,促进投资和资本积累和提高全要素生产率。Arrow(1972)曾指出,任何交易都有信任的因素在里面。人们进行投资,往往是出于使未来交易的数量和规模实现最大化的需要,那么很显然,信任可以对投资率产生直接影响。同时,信任也可以通过提高专业化水平、降低交易成本和增加跨国贸易等方式对投资率产生间接影响。Luhman(1979)也提到,信任能够简化现代社会的复杂性,能够减少交易中的风险和不确定性,这很显然有助于公司进行长期的投资行为。因此,信任能够通过降低交易成本,提高投资率和降低投资品的价格等途径,使整个社会达到一个更为稳定,甚至是可预测的状态。

为了探讨社会资本影响经济增长的可能渠道,Knack and Keefer(1997)在基本回归方程的基础上加入了投资占GDP的份额作为额外的解释变量,他们发现,信任和道德规范仍为正,但不再显著,这说明投资和资本积累应该是一个重要渠道。另外,如果在方程中采用人力资本变量,发现信任和公民规范的系数得到了提高,这说明社会资本也可以通过影响人力资本积累来对经济增长产生影响。特别地,Knack and Keefer(1997)考察了社会资本对投资份额的影响。在控制其他影响投资的相关变量后,他们发现,信任的系数为正,且在 0.05 的水平上单尾显著。如果信任水平提高 7 个百分点,那么投资占 GDP 的份额将相应地提高 1 个百分点。同时,道德规范指标也是高度显著的,该指标每提高 1 个单位,投资份额将提高大约 1 个百分点。以上结论是稳健的,不受模型设定、添加额外的解释变量和排除极端值等影响。另外,在小样本情况下,以上结论更为显著。

(2) 人力资本。包括受教育水平在内的人力资本在提高投资率和经济增长率方面的作用已被学者们广泛论证。在早期关于社会资本的文献中,Coleman(1988)就指出,社会资本是创造人力资本的重要因素,这一观点后来被 La Porta et al.(1997)、Putnam(2001)、Bjornskov(2009)和 Papagapitos and Riley(2009)等的研究所证实。一般来看,社会资本与人力资本之间是密切相关和动态发展的,两者之间存在正相关关系。从供给方面来看,在信任水平较高的社会中,人们之间便于合作与交流,这在一定程度上提高了人力资本的总供给;从需求方面来看,由于监管成本的下降,公司会增加对高教育水平的员工的需求。因此,较高的信任水平有助于人们获得良好的教育机会,有助于人们之间进行公平的竞争与合作,扩大既有人力资本发挥作用的半径,同时增加企业对高教育水平的员工的需求,也有助于人力资本水平的进一步提高。因此,信任水平的提高可以通过人力资本来促进经济增长。当然,也有一些学者质疑信任与受教育水平之间可能存在因果关系问题。

(3) 政府绩效。Helliwell and Putnam(1995)发现,在意大利,不同地区之间社会资本水平的差异是产生政府绩效差异的主要原因。在信任水平较高的地区,政府官员更加遵守社会制度与规范,更加具有责任感,与公众之间的关系较为平和和友好,而不是充满矛盾甚至是敌意。政府所出台的政策能够及时地反映公众的利益和诉求。在这样的地区中,即使政治意见产生分歧,也会比较容易达成一致,因为政治家和选民都对未来的政策充满了信心,相信未来的政策能够弥补他们当前所遭受的损失。同时,因为政治家能够及时地获得公众的需求,故可以根据需求的变化来推进相应的政治改革。因此,信任水平的提高能够带来高质量的政策供给、高效率的执政能力,进而带来政府绩效的提高,而较高的政府绩效是经济实现较快增长的重要决定因素之一。当然,正如人力资本与经济增长的关系一样,这里也存在因果关系问题,正如 Knack and Keefer(1997)指出的那样,信任可能产生于正式制度,比如较强的法律执行力度,可能带来整体信任水平的提高。

Bjornskov(2012)采用三阶段最小二乘法(3SLS)利用85个国家的数据,发现信任可以通过提高教育水平和增强法律执行力度来提高经济增长率。在实证研究中,他采用WVS中的信任问题来衡量不同国家之间信任水平的差异,用法治指数来衡量政府绩效,而对于人力资本的数量和质量,他采用了以下四个指标:(1)平均IQ水平;(2)中学的总入学率;(3)在成年人中完成中学教育的比例;(4)25岁以上成年人的平均受教育年限,并对其进行了主成分分析,构建了一个综合的教育指数。然而,在分析中可能遇到因果关系和内生性问题。因为信任具有长期的历史渊源,比如,美国第二和第三代移民的信任水平,在很大程度上来自他们父辈和祖父辈出生的国家的信任水平。当然,随着时间和经历的变化,信任水平也会发生缓慢地变化。为此,Bjornskov(2012)选择了四个工具变量:(1)所在国家是否为君主制度;(2)语言中是否可以省略主代词;(3)人口中天主教徒所占的比例;(4)人口中穆斯林所占的比例。

Bjornskov(2012)首先将可能的渠道变量与信任水平进行了相关性分析,发现教育指数、法治指数和投资率与信任之间都存在显著的相关关系,而开放度、政府支出和价格扭曲变量与信任之间没有相关关系。回归结果显示,教育指数和法治指数是信任影响经济增长的两个主要渠道。教育指数和法治指数都受信任的影响,信任水平的提高,能够带来教育指数和法治指数的提高。教育指数一方面可以直接对经济增长产生影响,另一方面也能够通过提高投资率而间接地对经济增长产生影响。这与既有研究是吻合的,即人力资本水平的提高有助于提高劳动生产率,因此可以看作是对物质资本投资的一个补充,同时教育指数也可以通过促进技术创新和进步,直接对经济增长产生影响。而尽管法治指数对投资率能够产生显著影响,但是并不对经济增长产生直接影响。因此,法治指数只能通过提高投资率对经济增长产生间接影响。平均上看,如果一个国家的信任水平提高1个标准差,即达到美国或德国的水平,那么在教育指数和法治指数这两个渠道的共同作用下,经济增长将提高大约0.5个百分点,其中大约有2/3来自人力资本,1/3来自法治效率。另外如果仅考虑直接影响,那么信任每提高1个标准差,将通过提升人力资本使经济增长提高大约0.42个百分点,通过提高法治效率使经济增长提高大约0.16个百分点。这与一些既有研究相一致。Zak and Knack(2001)的实证结果显示,信任水平每提高1个标准差,长期的经济增长率将提高大约0.6个标准差。Whiteley(2000)基于不同的信任指标,发现了类似的结论。Beugelsdijk et al. (2004)对信任与经济增长的关系进行了各种稳健性考察,发现信任每变化1个标准差,经济增长率的变化幅度为0.65—1.05个百分点。需要指出的是,长期来看,以上研究还可能存在内生性问题。比如,当前强有力的法律制度有利于维持既有的信任水平。即使出现可能的负面冲击,例如社会冲突、阶级矛盾恶化等,有效的法治体系也能够保证使对信任的负面影响尽可能地最小化。

(4) 金融发展。金融的本质是以当前的资产换取未来更多资产的承诺或契约,而金融行为是否发生不仅取决于契约的法律执行力,也依赖于借贷者对融资者的信任。事实上,任何一个金融契约都可以看作是委托人将资产托付给代理人,且其预期收益取决于代理人的行为,其本身就是信任的体现,金融契约的签订和执行都离不开交易双方的信任。从理论上看,信任应该与金融部门的规模、活动以及金融机构的效率之间存在正相关关系。信任水平的提高有助于扩大金融市场的规模和提高金融市场的有效性,从而促进经济发展。

(5) 正式制度。社会资本影响经济增长的一个重要渠道是与正式制度共同发挥作用。作为一种非正式制度,社会资本在经济中是和正式制度共存的,两者之间既是相互补充,又是相互替代的。一方面,社会资本和正式制度是相互补充的。社会资本是建立在正式制度的基础之上的。因为信任行为本身也是有风险和局限性的,所以对制度的需求也是不容忽视的。虽然信任可以完全产生于人际关系,但若没有正式制度的支持,信任也是不稳定的。另一方面,社会资本和正式制度也是相互替代的,较高水平的信任意味着对制度的需求较弱。对财产权利的有效保护、对少数人权力的控制和稳定的社会制度环境,都有利于人们通过非正式制度达成共识和妥协,从而减少对正式的社会和法律制度的需求。

(6) 国际贸易。越来越多的学者开始关注不同层面的制度和非制度因素对贸易流量和贸易模式的影响。其中,不完全契约理论为建立制度质量与比较优势的理论基础提供了思路。由于契约的不完全性,事前的专用性投资无法写入契约或无法向第三方(如法庭)证实,那么进行专业性投资的一方将不可避免地面临被"敲竹杠"的风险,从而带来较低的投资效率。而良好的制度环境能够有效地缓解不完全契约所导致的敲竹杠问题,从而在提高投资效率的同时,促进国际贸易的发展。

王永进和盛丹(2010)指出,将不完全契约理论与传统的贸易理论相结合的文献大体可以分为两类思路。第一,以Levchenko(2007)和Nunn(2007)为代表,认为除了传统的技术水平和要素禀赋,制度差异可以视为影响一国比较优势的第三大因素。在不确定的情况下,由于契约的不完全性,企业在产品的生产和销售过程中,将不可避免地面临机会主义行为,这将降低企业的预期收益,降低事前的专用性投资,导致投资的低效率。而由于某些行业对制度质量的依赖性更强,因此,随着制度质量的改善,这些对制度依赖程度较高的"契约密集型"行业将会获得更快的发展,使得制度质量较高的国家将会在契约密集行业拥有比较优势。第二,以 Vogel(2007)、Acemoglu et al. (2007)和 Costinot(2008)等为代表,制度质量在国家贸易中起着重要作用。制度质量将影响劳动分工和技术使用,进而影响行业间的相对劳动生产率,从而决定一国的比较优势。因为传统比较优势理论所强调的技术水平和要素禀赋等因素都是经济增长的结果,而这些因素都受到制度质量的影响。

较高的信任和社会资本水平有助于降低国际贸易中的交易成本,从而促进国际贸易的发展。无论是作为非正式制度的组成部分,还是作为影响正式制度有效实施的重要因素,信任对比较优势的影响不容忽视。一个完整的贸易交易过程通常包含三个阶段:联系阶段、签订合同阶段,以及合同执行阶段。在这三个阶段中,信任都起着非常重要的作用。在联系阶段,信任对于寻找可靠的商业机会和潜在的商业伙伴来说是非常重要的。在签订合同阶段,信任直接决定着双方如何签订该合同。信任在一定程度上可以消除契约不完全性的影响,增强专用性资产的投资激励,进而影响一国的比较优势。在合同执行阶段,信任是决定在多大程度上监督和强制合同执行的主要因素。在正式制度缺失的条件下,信任将通过直接规范人们的行为,来降低劳动分工的交易成本和促进生产率水平的提高,它不仅是对现有制度的有效替代,还在一定程度上影响正式制度效力的发挥,有助于正式制度质量的改进。因此,尤其是在不完全契约的情况下,信任能够在一定程度上弥补正式制度的不足,降低契约的签订和执行成本,从而提高生产和投资效率,促进对外贸易。

在促进国际贸易发展方面,信任和正式制度在一定程度上是可以相互替代的。Anderson and Young(2006)的研究显示,不同国家间司法体系的不同给处理国际贸易纠纷带来了一定的困难,而信任等非正式制度和渠道,可以为国际贸易的发展起到积极作用。McCallum(1995)和 Helliwell(1998)认为,不同国家之间在贸易主体距离、贸易政策和壁垒、国家规模、语言相似性等方面存在差异,这些差异会带来信任问题,从而增加贸易中不同阶段的成本,进而减少贸易量。Butter and Mosch(2003)的实证结果显示,正式信任和非正式信任均对双边贸易量有着显著的影响,而且这种影响是显著的。Guiso et al. (2009)指出,欧洲不同国家之间信任水平的差异会对国际贸易产生较大的影响。

特别地,Guiso et al.(2008)考察了历史和文化等社会资本变量对经济和政治绩效的影响,探讨了信任在欧洲不同国家之间的国别差异,并就其对经济增长的影响,尤其是双边信任对国家之间的贸易和投资的影响进行了实证研究。正如国家之间的贸易水平受人口间种族和基因差异所影响那样,国家之间的双边信任受宗教、种族差异、身体差异、战争历史等因素的影响。一般认为,人口之间的差异越小,信任水平就越高,这有利于国家之间信息和技术的交流和流动,故会促进经济增长。同时,风险投资家也更愿意投资于他们信任的国家中的新兴企业。实证结果显示,在考虑到交易成本、国家间距离和共同语言等变量的情况下,双边信任对国家之间的商品和服务贸易有着显著的积极影响。对出口国的信任水平在平均水平上每提高1个标准差,会带来10%的出口增长,相当于1.6个标准差。尤其是对于质量波动较大的商品来说,信任的作用非常显著。同时,为了解决因果关系和遗漏变量的影响,Guiso et al.(2008)用长期的历史文化变量作为信任的工具变量进行研究发现,以上结果是稳健的,同时信任的系数出现了较大幅度的提高,这意味着除了信任,历史文化因素很有可能也通过其他途径对交易产生影响。进一步地,如果信任能够对国家之间的贸易产生影响,那么也应该对对外直接投资(FDI)产生影响,而且与对外贸易相比,FDI属于较长期投资,其成功与否受相关契约和信任的影响比较大。为此,Guiso et al.(2008)考察了双边信任对FDI和间接资产投资的重要作用,发现文化、历史和社会等因素对FDI都有着重要影响。在对相关变量进行控制后,对目标国家的信任水平每提高1个标准差,FDI将相应地提高27%,同时对目标国家的股权投资比例也将显著地增加。因此,随着对交易对方信任水平的提高,投资者更愿意通过直接或间接的方式进行投资,而且信任在交易中的重要作用不仅存在于个体投资者之间,也存在于机构投资者之间。

赵家章和池建宇(2014)采用政府效率、制度质量、法制指标、腐败控制等因素作为正式制度的变量,采用信任作为非正式制度的变量,在控制了其他经济因素的基础上,考察了正式制度和非正式制度对我国对外贸易量的影响。实证研究显示,无论是正式的政治制度,还是非正式制度,例如信任,都显著地影响着中国与东道国之间的贸易量。在其他条件不变的情况下,中国与东道国的贸易总额同中国与东道国的制度差异呈显著负相关,同东道国的信任水平呈显著正相关。另外,对于正式制度较完善的国家来说,信任对中国贸易总额的影响就较小;对于正式制度较不完善的国家来说,信任对中国贸易总额的影响就较大。比如对于市场经济制度比较完善的 OECD 国家来说,中国与这些国家的贸易总额与东道国的信任水平的关系不大,但是东道国的政治制度的完善程度却与贸易总额密切相关,东道国与中国的政治法律制度差异越小,即两者的制度质量越接近,则贸易总额就越大。对于市场经济制度不太完善的非 OECD 国家来说,东道国的信任水平对中国的贸易总额有着显著的正面影响,而制度质量差异的影响并不显著。因此,中国应该根据不同制度因素的影响作用,对各种正式制度进行改革和调整,重视非正式制度建设,努力提升信任水平,促进对外贸易发展。

此外,王永进和盛丹(2010)以 63 个国家 222 个行业的出口贸易数据为样本,采用工具变量两阶段最小二乘法(IVTSLS)和倾向得分匹配方法(PSM)考察了信任对出口比较优势的影响。结果显示,信任水平较高的国家在契约密集度高的产品上拥有比较优势。在控制了要素禀赋、人均收入水平和金融发展指数等变量后,结论依然成立。Greif(1989,1994)和 Guiso et al. (2009)发现,信任与一个国家的国际贸易额和贸易特征密切相关。Rothstein(2003)、Kumlin and Rothstein(2005)发现,北欧国家的整体信任水平较高,且具有发达的社会福利制度,而发达的社会福利制度应该能够带来较快的经济增长。同时,Nanestad(2008)指出,这些高信任的国家有能力维持这样一个较高的社会福利水平,因为较高的信任水平能够在一定程度上减少道德风险和负面选择问题,但是这与经济增长之间究竟是什么样的关系,却是一个值得商榷的问题。

5.3 个人信任水平与投资收益

事实上,自 Arrow(1972)以来,大量文献研究发现,一个国家或地区的整体信任水平与其经济绩效之间存在单调的正相关关系,但是很少有研究考察投资者的个人信任与个人的投资收益之间的关系,这里的个人信任主要是指人们对其交易对象的信任度的信念。由于对于个人投资者来说,信任所导致的被欺骗的可能性和收入形成的机制都是与整体投资者不同的,因此,个人信任和投资收益之间可能并不是简单的递增关系,考察个人的信任水平与个人的投资收益之间的关系具有特别的意义。

一般来看,在进行投资决策时,信任水平较低的投资者常常过于保守,会放弃有利可图的投资机会,使得投资收益较低。信任水平较高的投资者常常过度投资,且经常被欺骗,也使得投资收益较低。因此,从个人角度来看,信任水平较低的投资者的投资收益,应该显著地低于中等信任水平的投资者的收益。投资收益随着信任水平的提高而提高,但是当信任水平达到一定程度时,将随着信任水平的进一步提高而呈现下降,故个人信任与投资收益之间的关系并非是单调的,应该存在一个能够使个人投资收益实现最大化的最优的信任水平。最优的信任水平应该与该地区人们的整体信任水平相吻合。

为了证实那些信任水平较高的投资者更容易被欺骗,Butler et al. (2009)实证考察了信任水平与被欺骗概率之间的关系。他们利用在欧洲社会调查中,一系列与过去的欺骗经历相关的问题,来研究信任对收入的影响机制。在该调查中,投资者需要回答在过去,是否曾在与银行的接触中、购买二手物品时、购买食品时和接受维修、修理等服务时遭遇过欺骗。具体地,投资者需要回答:"在最近五年中,你是否曾经遇到过下面这些事情,如果有,多少次?"备选答案为:(1) 你没有从银行或者保险公司那里得到你本应该得到的利益;(2) 你买了二手商品,但很快就发现这是残次品;(3) 你购买了一包食品,但是发现其中夹杂着过期食品;(4) 在接受修理服务时,你被收取了额外的费用。投资者需要在以下五种情况中进行选择:(1) 从没有;(2) 1次;(3) 2次;(4) 3—4次;(5) 5次或以上。调查结果显示,在所有四个方面中,60%—70%的答案集中在"从没有",说明大多数的被试没有被欺骗过,大约有22%的被试在购买二手商品和超过40%的被试在购买食物时被欺骗过1次或以上。

一般来看,那些对其他人过度信任的人应该更容易被欺骗,而欺骗的经历很显然会降低人们的信任水平,这一学习过程将导致信任与欺骗之间存在负相关关系,因此,如果进行回归分析,则可能产生因果关系问题。为了解决这一问题,Butler et al. (2009)采用工具变量法,证实了那些信任水平较高的投资者更有可能在以上四个方面遭遇欺骗。具体地,他们为信任水平选择了两个工具变量:一是投资者自身的信任度,用该投资者在工作中被给予的责任和自由度来衡量。二是在实证中将投资者区分为第一代或第二代移民,信任水平为该投资者出生所在国家的信任水平。因为出生国家的信任水平会深深地植根于投资者的信念中,可以看作是投资者的最初信任水平,尽管通过之后的文化传播过程,父母也会灌输给子女价值观和行为准则。研究结果显示,信任对被欺骗的影响是显著的。信任水平每提高1个标准差,投资者被银行欺骗的次数将增加1.5,约为样本均值的3倍;购买二手商品时被欺骗的次数将增加0.24,约为样本均值的62%;购买食物时被欺骗的次数将增加1.3,稍高于样本均值;在修理服务时被欺骗的次数将增加0.98,约为样本均值的1.7倍。因此,较低的信任水平能够减少投资者被欺骗的风险,但是信任水平的提高会增加这一风险,并降低投资者的收益,进而随着信任水平的持续提高,投资者的最终投资收益将下降。

另外,在不同的国家和地区,个人投资者之间的信任水平存在着较大的差异。个人的信任水平与其所在国家的历史文化因素、父母的价值观和个人的社会经历等密切相关。一般来看,包括信任、行为准则和道德规范等在内的社会资本是该地区长期的历史和文化积淀。比如,个人的信任水平往往是通过代际传导的,即一个人的信任水平是受他的父母、祖辈的信任水平所影响的,且在代际是相对稳定的。尽管投资者从一个国家移民到另一个国家,但是他们的文化信念和行为准则是不会发生改变的,而且在新的国家中将继续传递给其子女。这些文化信念和行为准则的改变是一个非常缓慢的过程,无论这些信念和准则是由父母最初直接灌输的,还是子女自己从父母那里承袭下来的。在长期上,投资者出生所在国家的信任水平会对他的信念产生重要的影响。因此可以认为,随着时间的推移,信任水平是相对稳定的,但是人们能够根据自己的经历对信任进行调整,使得信任水平可能发生缓慢的变化。基于此,在其他条件相同的情况下,来自高信任国家的投资者比来自低信任国家的投资者,更倾向于对其他人形成乐观的估计,更容易相信别人,同时也更容易被欺骗。对于移民投资者来说,来自出生所在国家的最初信念对第一代移民的影响较大,随着时间的推移,以及人们自身经历的逐渐积累和改变,存在一个学习的过程,使得最初信念对移民投资者的影响逐渐减少,这样,第二代和以后的移民的最初信念的影响将逐渐弱化。

1. 一个简单的模型

为了从微观层面考察资本市场中的个人信任水平和投资收益之间的关系,这里借鉴 Butler *et al*. (2009)的简单静态模型。假设投资者的最初资本禀赋是 E。每个投资者被随机安排一个企业。投资者可以将资本禀赋全部或者部分投资于这个企业,投资数额是 S,投资后的企业收益是 $f(S)>S$,其中 $S\leqslant E$。企业分为两种类型:比例$(1-\pi)$的企业是诚实的,会按照事先的契约规定,将收益中的 $0<\gamma<1$ 部分返还给投资者,留下剩余的$(1-\gamma)$部分,即给投资者的返还数额为 $\gamma f(S)$;比例 π 的企业是不诚实的,会侵占所有的企业收益,即给投资者的返还数额为 0。假设 $f(S)$ 是递增的凹函数,且 $f'(0)>0, f''(0)<0$。为了保证投资者面对诚实企业时的收益为正,令 $\gamma f(S)>S$,且$(1-\pi)\gamma f'(0)>1$,使当投资数额为 0 时,投资的预期边际收益大于不投资的收益,从而保证了唯一最优投资数额的存在。

投资者是异质的,且在信任水平上存在差异。假设存在连续的投资者,其信

任水平为 p，p 在区间 $[0,1]$ 上均匀分布，比例为 $p \leqslant \pi$ 的投资者的信任水平为 π。虽然投资者可以被企业欺骗，但是投资者本身不可以进行欺骗。首先，假设投资者对企业有正确的信念，认为被欺骗的概率为 π，在这样的信念下，投资者选择最优的投资数额能够使得投资收益实现最大化，即：

$$\text{最大化}_S : Y(S) = E - S + (1-\pi)\gamma f(S) \quad (5-1)$$

使得：
$$S \leqslant E \quad (5-2)$$

记 S_π^* 是最优的投资数额，那么投资者的最优收益为

$$Y(S_\pi^*) = E - S_\pi^* + (1-\pi)\gamma f(S_\pi^*)$$

接下来，投资者根据自己的信任水平对企业的行为进行预期，也就是说，信任水平为 p 的投资者认为被企业欺骗的概率为 p。在这样的信念下，投资者选择最优的投资数额能够使得投资收益实现最大化，即：

$$\text{最大化}_S : Y(S) = E - S + (1-p)\gamma f(S) \quad (5-3)$$

使得：
$$S \leqslant E \quad (5-4)$$

记 S_p^* 是最优的投资数额，那么投资者的最优收益为 $Y(S_p^*) = E - S_p^* + (1-\pi)\gamma f(S_p^*)$。值得注意的是，这里的实际投资收益取决于诚实企业的真实比例 $(1-\pi)$。

通过对模型进行理论分析，发现当投资者根据自己的信任水平对企业进行预期时，平均的投资收益 $Y(S_p^*)$ 是投资者信任水平的凹函数。当投资者对诚实企业的信念 $(1-p)$ 接近诚实企业的真实比例 $(1-\pi)$ 时，投资收益达到最大值。

由此，资本市场中个人投资者的信任水平和投资收益之间应该是非线性的"∩"形关系，如图 5-1 所示。图 5-1 是个人投资者的信任水平与投资收益之间的关系。只有那些对诚实企业的估计 $(1-p)$ 接近真实比例 $(1-\pi)$ 的投资者，才会获得最大化的收益。与中等信任水平的投资者相比，那些信任水平较低和较

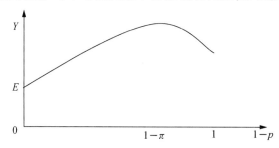

图 5-1　个人投资者的信任水平 $(1-p)$ 与投资收益 Y 的关系

高的投资者的投资收益都比较低。那些信任水平较低的投资者往往投资不足,尽管一旦被欺骗,他们的损失比较少,但是由于投资数额比较少,也失去了很多有利可图的投资机会,而后者的作用大于前者,从而使得投资收益比较低;那些信任水平较高的投资者常常会积极地参与到各项投资中,并能够获得较高的投资收益,但是由于对企业过度信任,会经常性地被欺骗并遭受损失,后者的作用也大于前者,从而使得投资收益也比较低。

对于一个国家或地区来说,当投资收益实现最大化时,最优的信任水平取决于该国家或地区诚实投资者所占的比例$(1-\pi)$,这一比例越高,图5-1中投资收益的最高点就越偏向右边。整体来看,如果不同的国家或地区的平均信任水平$(1-\pi)$存在差异,那么在其他情况相同的情况下,信任水平比较高的国家或地区的最优信任水平就比较高,且个人投资者的收益$Y(S_i^*)$也比较高,这意味着图5-1中最高点的左侧,相对比较宽阔,即在较大的区间内,信任水平与投资收益的关系函数是单调递增的。

2. 经验证据

Butler *et al.* (2009)利用ESS的数据,对个人投资者的信任水平与投资收益之间的关系进行了考察。EES与WVS和USGSS中关于信任的问题是一致的,但不同之处在于,ESS中的被试需要回答信任的强度水平,也就是说,需要将信任水平在0—10之间进行打分,其中0意味着完全不信任,10意味着完全信任。这样,利用ESS的数据就可以将信任水平和投资收益之间的关系进行量化考察。此外,ESS中还包括人们的性别、年龄、经济收入、家庭收入、社会地位等人口和社会特征方面的数据。

他们发现,信任水平在不同的国家之间存在显著的差异。通过将个人的信任水平与投资收益进行回归,发现两者之间呈现"∩"形的关系。当信任水平较低时,投资收益随着信任水平的提高而提高,直到信任水平达到7左右,投资收益实现最大化。接下来随着信任水平的进一步提高,当信任水平在8—9时,投资收益开始下降,但以较小的幅度在下降,当信任水平达到9—10时,投资收益呈现大幅度下降。在控制其他相关变量,例如受教育水平、性别、就业情况等之后,信任水平与投资收益之间的"∩"形关系仍然成立。

与最优信任水平的投资者相比,那些信任水平最高的投资者的收益要低大约7%,而那些信任水平最低的投资者的收益要低14.5%,这一数字非常接近于受过大学教育所带来的投资收益的增加(15.7%)。同时,信任水平最高的投资者的个人收益,比最优信任水平的投资者要低7%,意味着对最优信任水平的偏离将导致投资收益的显著降低。因此,过度信任和信任不足都会给投资者带来一定的损失。但是数据同时显示,即使是在低信任国家中,信任不足给投资者带来的损失也要远远超过过度信任带来的损失。

为了证明以上结果是可靠的,以及解决对 ESS 信任衡量可能产生的质疑,Butler et al.(2009)进行了下面的稳健性检验:第一,在回归中对投资者的风险态度和利他倾向进行了控制,原有结论仍然成立,这说明信任对投资收益的影响不仅仅是投资者的风险态度和利他倾向的反映。第二,一些学者质疑信任与收益水平之间存在因果关系。较低的信任水平所导致的较低的收益可能来自投资者过去所遭遇的被欺骗经历,这些负面的经历和回忆会降低投资者的收益水平,以及对其他投资者的信任水平。同时,高收入可能带来信任水平的提高,而不是相反,因为那些高收入的投资者往往具有较多,且尚需积累更多的社会关系,因此他们更倾向于去相信别人,换句话说,社会关系创造了信任。

然而,尽管这种因果关系可以解释信任与收益之间的递增关系,却无法解释为什么在信任水平较高的情况下,投资收益反而出现了较大幅度的降低。为了解决这一因果关系问题,Butler et al.(2009)将所有国家,按照信任水平的高低分为两组,分别考察了在低信任国家和高信任国家中,信任与收入之间的关系。研究发现,低信任国家中的最优信任水平低于高信任国家的信任水平。由于个人信任与投资收益之间是"∩"形关系,所以在低信任国家中,实现收益最大化的信任水平比较低。比如,当信任水平达到 7 时,实现收益的最大化,而在高信任国家,当信任水平达到 9 时,实现收益的最大化,这与前面的分析是一致的。同时,在低信任国家中,过度信任会带来较高的收益损失,那些完全信任别人的投资者的收益,比最优信任的投资者要低大约 10 个百分点,而在高信任国家,这一数字是 4.6 个百分点。第三,也有学者质疑,信任水平可能会与投资者自身的认知能力,以及社会经历相关。为此,Butler et al.(2009)将所有样本按照投资者的年龄和受教育水平分为两组,进行实证研究,发现信任水平与投资收益之间仍然呈现"∩"形的关系,这种关系是稳健的,不受投资者的过去经历和受教育水平等因素的影响。

另外,他们还利用经典的信任的实验研究方法,对个人信任与投资收益之间的关系进行了印证。研究发现,在信任博弈中,投资者自身的信任度与对其他人可信任度的预期之间存在着较强的相关关系,且两者之间的关系不随着实验轮次的增加而减弱,其中,投资者自身的信任度是受父母的价值观所影响的。另外,那些偏离最优信任水平的投资者的收益比较少。最优信任水平投资者的收益比信任不足的投资者要高出30%,比过度信任的投资者要高出20%。

　　需要指出的是,以上研究并不意味着,一个国家或地区经济增长的快慢是由其文化历史背景决定的。从经济发展史的角度来看,经济实现较快稳定发展有多种不同的路径,而仅仅依赖相对稳定的社会文化因素是不够的,且与经济趋同理论相矛盾。事实上,经济增长是一个各方面要素协调发展的过程,即取决于传统的物质资本、人力资本和技术创新等要素,也取决于包括信任和社会资本在内的正式和非正式制度的建设。比如,虽然对外贸易并不与信任直接相关,但是适当的贸易政策很显然会促进经济增长;再比如,法国是一个较为富裕的发达国家,但其信任水平却低于全球平均水平,马来西亚和菲律宾也是发展较为快速的国家,但其信任水平也比较低。

　　特别地,信任和社会资本对经济增长的影响在较落后的国家中表现得尤其显著。在这样的国家中,正式制度的发展不完善,比如,金融部门的发展比较落后,对私人财产的保护无效,合同契约的执行力不强,等等,使得作为非正式制度的信任,在促进经济增长方面就发挥着比较大的作用。另外,由于信任是受一个国家或地区过去的历史、文化等传统因素所影响的,因此信任水平很难在短期内得到显著提升,这就意味着与信任水平较高的国家相比,在信任水平较低的国家中,积极发展和完善正式制度建设非常重要,这是扩大交易规模、维持金融契约的正常执行和促进金融经济发展的重要保障。另外,大力发展教育、提高政府绩效、减轻和消除社会上不平等的现象等,也都对形成信任和促进经济增长有着重要的作用。

第6章 社会资本与经济增长：一个批判的视角

20世纪90年代起,在经济学和社会学领域,关于社会资本的文献开始大量涌现。Putnam(1993)考察了意大利不同地区的制度和经济业绩之间的差异,这些差异主要来自社会结构方面的不同,而这被认为是社会资本的一个重要方面。尽管这项研究在一定程度上引起了社会科学界的广泛争议,但是,该研究可以看作是对社会资本研究的一个里程碑,使得在接下来的十年里,这方面的研究得到了越来越多的经济学家的关注。比如,国际主流经济学期刊 *Quarterly Journal of Economics* 的编辑指出,Putnam(1993)是20世纪90年代在社会科学领域被引用频次最多的文章之一。

6.1 社会资本一定有助于经济增长吗？

尽管社会科学的发展已有相当长的历史,但是直到20世纪90年代,社会资本这一概念才开始获得经济学家的关注。对社会资本的研究主要建立在Bourdieu(1980,1986)、Coleman(1988,1990)和Putnam(1993,2000)的基础之上。自Putnam(1993)的研究以来,关于社会资本与经济增长之间的关系的研究陆续涌现,越来越多的学者开始关注社会资本的某一或某几个方面与经济增长之间的关系,其中经济增长大多是用人均收入来衡量的。学者们普遍认为,社会资本与社会网络、行为准则和信任等因素密切相关,它有助于人们进行有效的合作来实现共同的目标,对一个国家和地区的制度建设和经济增长有着重要的影响。那么,社会资本与经济增长之间的关系究竟是怎样的？研究结果一定都显示社会资本有助于经济增长和长期可持续发展吗？

从理论层面上看,社会资本与经济增长之间的关系是非常复杂的。从某种层面上看,经济增长与社会资本水平的提高是相互矛盾的。特别地,经济增长本身就可能有碍于社会资本的发展。如果人们在工作和消费上投入了大量的时间和精力,这很显然会促进经济的增长,但是人们就没有足够的时间来参与社会活

第6章　社会资本与经济增长：一个批判的视角

动了。所以，经济发展不利于社会资本的提高。Routledge and Von Amsberg（2003）发现，经济增长常常伴随着较频繁的劳动力流动，这将改变社会结构，增加社会异质性，并对社会资本造成不利影响，使得在那些经济增长较快且效率较高的大型社区中的社会资本很容易受到破坏，导致那些建立在彼此合作基础之上的经济交易难以维持。反过来，较差的劳动力流动常常意味着劳动生产率的降低，但却可以使那些基于信任与合作的交易更加频繁，从而增加社会福利。因此，如果社会资本水平提高带来的好处大于生产效率降低带来的损失，那么社会资本就会对经济增长产生积极影响。类似地，Alesina and La Ferrara（2002）发现，在社会异质程度较大的地区，人们的社团参与，尤其是那些需要成员之间进行广泛和频繁接触的社团，是比较低的，进而导致社会资本水平较低并阻碍了经济增长。

　　从微观角度来看，人们的社会行为和私人行为之间存在着内在的替代性。如果人们将足够的精力投入到生产和消费中，或者说，人们更多地从事私人的、全职的生产性工作，那么就会促进经济增长，但却不利于提高社会资本水平。如果人们从全职工作转变为兼职工作，则会提高人们参与社团的可能性，而反过来，延长工作时间会降低这一可能性。Costa and Kahn（2003）发现，在20世纪后半期的美国，由于有大量的女性参与到经济工作中，她们参与社会活动的时间就少了很多。事实上，将大量的时间和精力投入到工作和消费，即投入到私人行为中，可以看作是一种"防御型"选择，因为人们参与社会活动所带来的效用是不确定的，这一效用不仅取决于他的自己的参与程度，还取决于其他所有人的整体参与水平，以及相应的社会环境。比如，出于对较差社会环境的担心，人们很有可能防御性地参与私人活动，而不是参与能够带来正的外部性的社会活动。如果这种防御性行为是一种普遍性选择的话，那么社会中的私人行为就会很多，并以牺牲社会行为为代价。从历史的角度来看，在不同的国家和不同的时间里，人们的私人生产行为和社会行为都分别会在不同的范围内得到累积，两者之间在程度上的差异可以带来经济增长或经济落后。然而，政治学研究显示，社会参与有助于形成信任，并间接地促进经济增长。因此，我们可以这样认为，如果经济增长不利于社会参与和信任的形成，那么尽管经济可以在短期内实现较快增长，但从长期上看是不可持续的。

　　从实证研究的结果来看，这些研究大体可以分为两类：（1）研究发现，社会资本与经济增长之间存在正相关关系；（2）研究没有发现社会资本与经济增长之间存在正相关关系。甚至在一些情况下，社会资本与经济增长的实证证据是相互矛盾的。比如,Putnam(2000)和Costa and Kahn(2003)发现,在20世纪的美国,社会资本水平出现了大幅度下降。但是,很显然我们却不能否认美国经济在这段时间里实现了繁荣。尽管在这一期间,美国的社会资本水平究竟是否下降了也是广受争议的。Paxton(1999)分析了20年间美国社会资本的不同指标,发现从总体上看,社会资本水平出现了下降,人际信任水平呈降低趋势,但是对政府机构和社会组织的信任却并没有降低。

特别地,社会组织和社团行为对经济增长的作用得到了学者们的广泛关注。Putnam(1993)认为,与意大利南部地区相比,北部地区的政府绩效和经济发展水平比较高,这在很大程度上可以归因为相对丰富的社团行为。广泛的社团参与可以使成员之间形成相互合作、团结的友好氛围和公共意识,这有利于解决较小规模群体内部的集体行动问题。然而,如果该群体的经济目标与其他群体,或者群体外部其他人的目标和利益存在冲突的话,那么从整体上看,这种公共意识和社团参与就会对经济增长产生负面影响。亚当·斯密曾提到,即使人们仅仅是出于快乐和分散资产的目的来进行交易,但结果往往是价格水平的提高,导致大多数人的利益受到了损害。马克思也曾指出,在19世纪的法国,农民阶级没有能力推翻资本主义制度,其原因之一是在农民之间没有形成广泛的社会团体。

然而,Olson(1982)注意到,一些横向的社会团体会阻碍社会经济的增长,因为这些社团很可能是特殊利益集团,他们通过游说政府来满足自己的需求,给社会带来了额外的成本。Keefer and Knack(1993)尝试对以上假设进行实证研究,认为社团行为对经济增长的影响是具有两面性的。他们用"利益表达"变量来衡量一个社会团体向政府表达其政治偏好的能力。很显然,一个团体表达自己政治偏好的能力越强,就越能够对政府的行为进行有效的约束,但同时"利益表达"也给该团体提供了一个以牺牲社会利益为代价,为自己寻求私利的渠道。这两种影响是可以相互抵消的。与以上分析相一致,Keefer and Knack(1993)发现,"利益表达"对经济发展的影响并不显著。Keefer and Knack(1993)考察了社团参与密度对经济增长的影响,其中社团参与程度是指人们参与的社会团体的平均个数。研究发现,社团参与程度对投资和经济增长都没有显著影响。Helliwell(1996)利用17个OECD国家的样本进行研究发现,信任和社团参与分别都与经济增长呈显著的负相关关系,但样本中没有包括低收入和中等收入国家,而恰恰在这些国家中信任的影响应该是比较大的。Peri(2004)在衡量社会资本时,通过对社团参与程度、当地报纸的阅读人数和投票参与率进行主成分分析,发现公民投票参与率是一个较好的衡量指标。从整体上看,公民投票参与率与经济增长之间存在正相关关系,但这种相关关系主要来自南北方的差异,当考虑到地理因素后,这种关系就不存在了。

以上这些实证结论与 Putnam(1993)的研究有所不同,其中的一个解释是社会团体的存在,能够为群体内部成员谋取私利和采取寻租行为,这将给经济增长带来负面影响,这些负面影响在一定程度上能够抵消其正面影响。这就意味着,如果近些年来美国社会资本水平的衰退给经济增长造成了负面影响,那么这些负面影响要远小于信任和公民道德水平的提高给经济增长带来的积极影响。由于社会团体会给经济增长带来负面影响的理论是由 Olson(1982)提出来的,所以这类组织也被称为 Olson 型组织;而给经济发展带来正面影响的组织就被称为 Putnam 型组织。

一些学者采用世界价值观调查中的问题对公民的社团参与程度进行了衡量。在调查中,被试需要回答他们是否属于下列组织:(1) 为老年人、残疾人和需要帮助的人提供服务的社会福利组织;(2) 宗教或教会组织;(3) 教育、艺术、音乐或文化组织;(4) 工会组织;(5) 政党或政治群体;(6) 参与贫困、就业、住房和种族平等事务的当地社区组织;(7) 第三世界的发展和人权组织;(8) 与生态环境相关的组织;(9) 专业协会;(10) 形式多样的年轻人组织。其中,第(2)、(3)和(10)类组织具有 Putnam 型组织的特征,在这些组织中,人们之间彼此联系,且有利于形成信任和合作,不太可能形成利益分配联盟;而第(4)、(5)和(9)类组织具有 Olson 型组织的特征,该组织往往具有特定的利益目标。

6.2　一个批判的视角

在过去的三十多年里涌现出了大量的相关文献,从社会资本的不同角度来考察其与经济增长之间的关系。尽管当前对社会资本的研究有很多,但是理论界认为,这些实证研究的有效性是值得怀疑的,主要在于社会资本的概念比较模糊、对社会资本尚未形成统一的定义、长期缺乏合适的统计数据、没有一个统一的衡量尺度和被广泛认可的衡量标准、缺乏恰当的研究假设,等等。很显然,这些都不利于对社会资本进行理论和实证研究,因此,也不足以帮助人们理解社会资本对社会增长产生的影响。Solow(1995)指出,如果社会资本不仅仅是一个名词,而是与经济增长之间存在一定的相关性甚至是重要性的话,那么社会资本就是可以被衡量的,即便不那么精确。不难发现,在过去的一段时间里,实证研究中出现了很多种不同的衡量社会资本的方法,并考察了其对社会、经济和政治发展的影响,但是这些研究不是那么让人信服,甚至是相互矛盾的。在 Sabatini(2006)看来,归纳起来,既有研究在以下方面存在不足:

第一,尽管相关研究已有很多,但是对社会资本的定义仍然比较模糊。据 Coleman(1988)的研究,社会资本具有社会结构的某些特征,这些特征有助于处于该社会结构中的人们采取特定的行动,以实现既定的目标,而这在不存在社会资本的情况下,是很难实现的。因此,社会资本是具有生产性质的,且具有某些"积极"的特征,而这些往往随着不同的社会经济环境和人们需求的变化而发生改变。一种特定形式的社会资本对某些人和某些行为来说是有价值的,但对于其他人或其他行为来说可能就是无用,甚至是有害的。所以,对社会资本进行单一的、具有普遍意义的定义也是不太可能的,因此也很难找到一个合适的,被普遍接受的衡量方法。

第二,尽管对社会资本的概念存有争议,但是人们普遍接受社会资本是一个多维的概念。人们常常根据自己研究的目的和视角,关注于社会资本的某一或某几个方面。在实证研究中,人们往往根据特定的数据资源采用不同的视角和衡量方法。在不同的衡量方法中,由于样本数据的不同和问卷设计的差异,很难得出普遍性的结论,因此找到一个统一的衡量方法是非常困难的。另外,学者们也很难处理问卷调查中的衡量误差等问题。

第三,许多研究都是用间接指标来衡量社会资本的,这些间接指标包括犯罪率、未成年人怀孕率、献血率和高等教育参与率等。然而,这些间接指标并不能直接体现社会资本的理论内涵和主要成分,例如社会网络、信任和行为准则等。虽然使用间接指标是非常普遍的,但是,这容易使人们混淆究竟什么是社会资本本身,什么是社会资本所产生的结果,以及社会资本和其结果之间的关系究竟如何。因为事实上,这些间接指标都是社会资本所产生的结果,因此用这些指标来衡量社会资本,必然会发现社会资本与其结果之间存在显著的相关关系:只要这些结果被观察到,就必然存在相应的社会资本。事实上,人们倾向于把经济中任何有利于促进社会生产和社会福利的社会因素,都归因于社会资本。这就产生了一个逻辑问题:如果社会资本是那些能够有助于人们进行合作,并促进市场良好运转的一些特征,那么实证研究结果必然表明,社会资本有助于人们之间的合作,并会提高市场的效率,这就使得这方面的实证研究缺乏有效的解释能力。

第四,许多文献考察了不同国家或地区之间社会资本的差异及其对经济增长的影响,在这些跨国研究中,对社会资本的衡量是基于世界价值观调查中的信任数据,这一数据是通过对不同国家或地区的人们进行问卷调查得到的。世界

第6章 社会资本与经济增长:一个批判的视角

价值观调查中关于信任的问题是:"一般来看,你认为大部分人是可以被信任的,还是需要小心对待?"人们可以选择"大部分人是可以被信任的""必须小心"和"不知道"等答案。一个国家或地区的信任水平可以用在排除掉"不知道"这一回答后,回答"大部分人是可以被信任的"的人所占的比例来衡量。不难看出,信任是一个微观的认知型概念,是人们对其所处的社会情境的一种认知,与其在社会结构中所处的相对位置密切相关。然而,将每个人的回答进行简单的汇总并形成一个宏观的、社会的指标,便失去了调查中该指标产生时所依赖的特定社会情境和历史背景,因此用这些指标来研究宏观经济是没有意义的。Fine(2001)强调,如果社会资本是与其所处的情境密切相关的,而这些情境又是不断变化的,那么特定情境下的社会资本是不适用于其他情境的,或者说,基于特定情境下所得到的结果很难被拓展到一般情境。

第五,一些研究用社会网络,而不是信任来衡量社会资本,这也是不全面的,因为它忽略了一个重要的事实,即社会资本是一个多维的、动态的、与特定社会情境相关的概念。这些研究往往只关注单一的社会网络,例如自发组织的数量,认为这种特定的社会网络能够较全面地代表社会资本。但是我们不难发现,即使是仅关注社会资本的某一方面,即社会网络,其本身也是一个多维的概念,需要通过多个方面和多个指标来衡量。

第六,一些研究采用自发组织的数量或密度来衡量社会资本。人们倾向于认为,在那些横向社会网络比较发达和密集的地区,组织内部成员之间能够相互信任并遵守默认的行为准则,并产生溢出效应;而在横向社会网络欠发达的地区,人们很少有机会形成公民道德和价值观,导致信任水平较低。然而,学者们对这种方法的有效性是存在质疑的。首先,那些加入到自发组织中的人在信任、合作和互惠等方面,确实与没有加入到组织中的人存在显著的差异。但是,一种可能的解释是,这些差异可能来自人们本身在信任、合作和互惠等方面的不同,而不是加入组织后的改变,因为人们是自发地加入组织的。事实上,自发组织确实非常容易吸引那些具有相同和相似的价值观和行为准则的人,来实现共同的目标。其次,如果组织内部的成员具有不同的社会背景和文化,那么该组织的行为就应该更具说服力。但是,这样的自发组织就不是衡量社会资本的有效指标,因为在自发组织中,人们往往是同质的,具有相同和相似的价值观和行为准则。一般来看,那些具有较高的公民道德的人更愿意加入到自发组织中。最后,迄今为止,还没有一种微观理论能够解释这些社会网络与信任之间的关系究竟如何;不同社会组织中的信任水平是通过什么样的机制对整个社会的信任水平产生影响的,等等。因此,对这一问题我们要谨慎对待。

第七,社会资本的概念存在不同的层面和表现方式,但是在实证研究中,纽带型社会资本常常被忽略,这是一种比较强的家族或血缘上的社会联系。比如,人们的社区或社团行为,可能仅仅是为了追求狭隘的小范围或者是宗派的利益,这不利于提高人们的福利水平和促进经济增长。但是,这种纽带型社会资本在阻碍经济增长的同时,却有助于形成桥梁型社会资本,这能够缓解劳工的不安全感,改善人们的生活质量。Banfield(1958)也曾指出,缺少道德的家族主义是意大利南部地区经济发展比较落后的主要原因。但截至目前,关于纽带型社会资本的实证研究少之又少。

第八,一方面,关于社会资本与经济增长之间是否存在显著的正相关关系,还没有一致的结论;另一方面,即使这两者之间存在正相关关系,但社会资本对经济增长产生影响的形式和方向,或者说两者之间的因果关系,还值得进一步探讨。比如,可以认为,较高的经济增长率有助于积累正面的社会资本,而不是相反。意大利南部地区经济发展的落后可以被认为是缺少道德的家族主义广泛存在的原因之一。另外,大部分实证研究关注的是社会资本对经济增长的影响,而不是更大范围的经济发展问题。仅仅考察人均收入或人均GDP是难以衡量社会资本对人们的福利水平和经济增长的整体影响的。

下面,以Putnam(1993)为例,具体说明在实证研究中可能存在的问题。毋庸置疑的是,这项研究在社会资本的相关研究中具有重要意义,被认为是开创性的研究。该研究证实了社会资本与经济增长之间的正相关关系,发现社会资本指标与当地政府业绩和经济绩效之间存在着显著的正相关关系。在信任水平较低的意大利南部地区,人们往往是出于对狭隘的个人利益的追求,来与政府官员建立私人联系的,而在信任水平较高的北部地区,公民与政府之间建立的联系往往有助于整个地区的福利水平的提高。在此后Heliwell and Putnam(1995)的研究中,也发现类似的社会资本指标与经济业绩之间存在正相关关系,并能够在长期上促进经济增长。

在Putnam(1993)的研究中,社会资本是用四个指标来衡量的:(1)自发组织的数量。其中自发组织包括运动俱乐部和文化圈子等。(2)当地报纸的阅读人数。在意大利,阅读报纸是获得当地社区新闻的一种有效途径。那些经常阅读报纸的人能够获得更多的信息,更有可能参与到社区生活中来。(3)参与投票的人数。由于投票本身并不会给参与者带来直接的好处,与实现个人经济目标没有直接关系,所以参与投票可以看作是公民的参与精神、公共意识或文明程度。(4) 在政治选举中,偏好性选票的存在。从意大利的政治历史背景来看,偏好性选票是与政客建立关系,获得私利的一种途径,因此,偏好性选票的存在被认为是缺少民主性的指标。

然而,正如前面所指出的那样,这项研究在以下几个方面存在明显的不足,这些不足在其他研究中具有一定的普遍性。第一,这项研究是采用间接指标来衡量社会资本的,例如当地报纸的阅读人数、参与投票的人数和偏好性选票等。这些间接指标都不与社会资本的主要特征,即社会网络、行为准则和信任存在直接的关系。事实上,这些间接指标是社会资本所产出的结果。故这些研究混淆了社会资本概念本身与社会资本所产生的结果,实证结果也必然会发现社会资本与经济增长之间的相关关系。

第二,这项研究也采用社会网络,即自发组织的密度来衡量社会资本。即使这些社会网络对信任和经济增长可能存在积极的作用,但是直到现在,关于网络内部成员之间的信任是通过何种机制传递到整个社会的,还没有理论上的解释。另外,即使是仅关注社会资本的某一方面,即社会网络,其本身也是一个多维的概念,应该由多个指标来衡量。

第三,在这项研究中,在意大利那些经济发展水平较高的地区往往是由左翼政府支配的地区。在考察政府业绩和经济绩效时,应该将这一政治因素进行排除,故在对意大利以及所有类似的实证研究中,都有可能存在一些遗漏变量。进一步地,社会资本往往是内生于社会制度和经济绩效的,而不是社会制度和经济绩效的原因。为了克服可能存在的内生性和因果关系问题,在研究中最好采用结构方程的方法,该方法可以对社会资本和其产生的结果之间的关系进行比较好的评估。

最后,对社会资本衡量指标的质疑,也广泛地存在于其他研究中。比如,Knack and Keefer(1997)、La Porta *et al.*(1997)在进行跨国研究时,利用 WVS 中的信任数据来衡量社会资本。这项调查分别在几十个国家中随机抽取了 1 000 个被试,这些被试对于不同的国家来说是具有代表性的,但是将被试的认知进行跨国比较,却没有实际意义;Knack and Keefer(1997)发现,在 29 个市场经济国家中,信任、行为准则与横向的社会网络之间没有直接的关系,但却对经济绩效有着重要的作用,这意味着如果社会资本的减少会对经济增长产生负面影响,那么这主要来自对信任和合作的侵蚀,而不是横向的社区参与的减少;La Porta *et al.*(1997)考察了信任、收入和公司规模之间的关系,这些研究结果与 Banfield(1958)和 Fukuyama(1995)等的研究是一致的,都强调了社会资本与工业组织之间的关系。但是这些研究在衡量指标上都存在一个问题,就是将信任在国家层面上进行加总。正如前面所谈到的第四点不足,信任是一个微观的认知型概念,是与特定的社会情境和历史背景密切相关的,将其进行简单的加总脱离了其产生的背景,因此便失去了意义。

6.3 社会资本的不同类型与经济增长

为了全面和客观地分析社会资本与经济发展之间的关系,首先应该认识到,社会资本和经济发展这两个概念都是多维的。为简单起见,这里我们仅讨论社会资本与经济增长,而不是经济发展之间的关系。其次,对社会资本的研究一定不能脱离其所在的社会和经济情境。不同类型和表现形式的社会资本对经济增长的影响是不同的。

根据本书前面的研究,社会资本是与信任、行为准则和社会网络等密切相关的社会结构特征,它有助于人们进行有效的合作并实现共同的目标。社会资本的特征包含信任、行为准则和社会网络三个方面。社会资本可以分为两种类型:认知型社会资本和结构型社会资本。前者包含社会资本的前两个特征,即信任和行为准则。其中,信任是社会资本的重要组成部分;结构型社会资本主要包含社会资本的第三个特征,即客观的社会网络。在本章节中,我们首次分析认知型社会资本,即信任与经济增长之间的关系,接下来分析结构型社会资本与经济增长之间的关系。

5.3.1 认知型社会资本与经济增长

认知型社会资本主要包括信任和行为准则,其中,信任是社会资本的重要组成部分,一些学者甚至直接把社会资本理解为信任。因此,这里我们主要分析信任与经济增长之间的关系。

1. 信任与经济增长

在现实生活中,大量的经济活动都与人们未来的行为有关,这些活动的成本一般随着信任水平的提高而降低。正如 Arrow(1972)所指出的那样,事实上,每一项商业交易,尤其是持续一段时间的交易都有信任的成分在里面。这样的交易包括人们为了获取未来回报而提供的生产和服务;管理者为了对员工行为进行更好地监管而签订的雇佣合同;投资者进行的投资和储蓄;等等。一般来看,在高信任的社会中,人们花费在确保自己的资产不被滥用、自己的私人财产不被侵犯等上面的成本较少;契约合同的应用并不广泛,因为人们不需要对未来的每种可能都给出具体的规定;法律诉讼并不普遍;人们有更多的时间,且热衷于进行生产、技术创新和开发新产品等活动,因为企业管理者不需要投入太多的时间和精力对合伙人、雇员和供应商等的行为进行监管;等等。具体来说,信任与经济增长之间的关系,可以表现在以下几个方面:

第一,信任能够通过降低交易成本对经济产生影响。因为在经济,尤其是金融活动中,交易双方签订的是不完全契约,双方都存在欺骗对方的可能。为了尽可能地阻止这种行为,交易双方都就会动用一定的资源和时间,来监督和保证契约的执行,而由此产生的交易成本便会使潜在的交易者退缩,减小交易发生的可能性。而在高信任的社会中,人们只需要动用较少的资源就可以避免在交易中被欺骗,可以保护自己的财产避免被剥夺,并且也不需要过多地担心被其他人利用,故法律诉讼也不是很频繁。因此,较高的信任水平能够有效地降低交易成本,并对经济增长产生积极影响。

第二,信任有助于促进人力资本积累,并提高人力资本收益。较高的信任水平有助于使较贫困的人得到资助,并获得中学教育,因为与小学教育相比,中学教育的机会成本更高,故整体上的受教育水平将得到显著的提高。较高的受教育水平和公民意识将使政府官员更具有责任感,使政府出台的政策更能够反映公民的需求,这有利于对公共教育的供给和教育质量的提高,从而有利于提高教育的收益。同时,雇佣决策更多地依赖于受教育程度和教育资质,而不是血缘、亲缘、熟人等基于信任的强纽带联系,这很显然会提高接受教育给人们带来的预期收益。另外,较高的信任水平还有助于人们进行生产技术创新,因为在这样的社会中,企业家不需要将大量的资源浪费在监管合伙人、雇员和供应商等不正当行为等方面,从而能够把更多的时间和精力投入到新产品的创新和研发过程中。因此,较高的信任水平在促进物质资本积累的同时,还有助于提高人力资本的积累和收益。

需要指出的是,在实证研究中,信任与受教育水平,以及经济收入之间都有可能存在内生性和因果关系问题。比如,在那些收入水平比较高或增长较快的地区,人们会产生乐观的情绪,这有助于提高彼此间的信任水平。但是如果信任是经济增长的结果而不是起因的话,那么信任指标就应该滞后于而不是领先于经济增长指标。Knack and Keefer(1997)发现,信任与其后面年份的经济增长之间的相关关系,要强于与前面年份的经济增长之间的相关关系。类似地,如果受教育水平的提高会促进信任水平和公民道德规范的提高的话,那么教育指标就应该领先于信任指标,比如,无知和愚昧会导致彼此猜疑和不信任;学习和经验的累积可以降低对其他人行为不确定性的预期;学校教育可以帮助人们形成互惠和合作的意识;等等。但是数据显示,信任水平常常与当前,而不是过去的受教育水平密切相关。

第三,信任有助于增强政府官员的责任感,从而提高政府绩效。在高信任社会中,人们倾向于相信政府官员的行为,认为他们的承诺更可信,他们制定的政策更加可行。比如,人们相信银行关于稳定利率的承诺,相信关于固定汇率的政策取向,相信财政部关于在短期内不会调整税收政策的保证,等等。这样,人们就会在较长的一段时间内进行最优的投资决策,并关注较长期,而不是短期的最优生产能力,这在一定程度上也意味着信任有助于促进投资和提高经济绩效。Knack and Keefer(1997)对信任与政府绩效的关系给出了实证证据。如果用公民对政府行政能力的信心作为政府绩效的代理变量的话,那么信任水平每提高2个百分点,政府绩效会相应地提高大约1个百分点;如果用客观的行政效率指数来衡量政府绩效的话,那么信任与政府绩效也呈显著的正相关关系。此外,较高的信任水平在提高政府绩效的同时,也会提高投资者的信心,从而确保合同能够得到执行,收益能够得到保障。因此,信任与私人财产安全和契约的执行力度之间也存在显著的相关关系。

第四,信任与正式制度相辅相成、互为补充。在契约执行的过程中,人们之间的相互信任、道德规范和社会网络等社会资本在一定程度上可以起到正式制度的作用,故在高信任社会中,对正式制度的依赖程度往往较差。比如,在那些由于资产的匮乏而难以获得银行信用的地区,或者金融市场以及正式制度建设不完善的地区,依赖于人际信任的非正式信用市场可以促进投资的顺利进行;或者,当政府没有能力或不愿意对私人的财产权利和正式契约的执行提供保证时,人际信任在一定程度上可以发挥替代作用。

再比如,由于正式契约的制定和执行在不同国家之间存在着显著的差异,因此从国际贸易中获取利润是具有一定的风险和不确定性的。尽管某些国际组织在一定程度上会帮助处理相关的国际纠纷,但是经济纠纷的发生是不确定的,因此在寻求法律帮助时也面临着较大的不确定性。而此时,作为非正式制度的信任将充分发挥作用。较高的信任水平不仅将减少经济纠纷的发生,而且一旦经济纠纷发生,将有助于纠纷的顺利解决,故较高的信任水平对国际贸易的正常发展有着非常重要的作用。而反过来,如果与国际贸易相关的正式制度运行良好,那么信任的作用便可能不那么重要。Welter and Kautonen(2005)指出,由于各国之间的信任水平是不同的。在相对完善和稳定的制度环境下,例如德国,个人信任在商业关系中的重要性相对较弱,而如果制度质量较差,那么个人信任将起到非常重要的作用。

最后,信任对经济增长的影响程度与一个国家或地区的经济状况有关。一方面,在那些经济发展比较落后,法律、法规等正式制度建设不完善的国家中,金融契约得不到有效的执行,人们很难通过正式的渠道获得贷款,因此在经济发展比较落后的国家中,信任发挥着较为重要的作用,且信任的影响应该随着经济水平的提高而减弱;但是另一方面,经济发展带来的专业化水平的提高,使得交易行为更容易在陌生人之间发生,交易在时间和空间上得以延伸。信任在降低交易成本方面发挥着重要作用,因此在经济发展水平较高的国家中,信任的影响应该愈发重要。Knack and Keefer(1997)通过对29个市场经济国家进行研究,发现前一种理论在实践中较为普遍。对于经济发展比较落后的国家,例如在1980年人均GDP仅为1 000美元的国家来说,信任对人均收入增长率的回归系数为0.179,这一数值是包含所有样本国家的回归系数的两倍之多!

2. 公民意识、行为准则与经济增长

类似于信任,公民的合作意识和行为准则也会对经济绩效产生积极影响。团结、合作等良好的行为准则能够使人们克服集体行动困境,更加愿意提供公共产品,而且会对自身狭隘的利己行为产生约束。其中这种约束既包括内在约束,也包括外部约束,前者表现为人们自身的后悔、愧疚和负罪等心理,后者表现为一旦自身行为与集体利益相违背时,可能遭到集体的惩罚和排斥。由于公民意识和行为准则能够对机会主义行为进行约束,对合同进行有效的监管,因此合同的执行成本就比较低,从而有助于提高投资和其他经济交易的业绩。需要指出的是,在很多集体行动问题中,集体内部成员的合作意识和行为准则可能会对集体外部的其他人产生负面影响。因此,上述提到的合作意识和行为准则主要是针对整个社会的分配效率,即合作行为给社会带来的总收益大于总成本。比如,在经典的囚徒困境中,两个罪犯彼此合作后所获得的收益,要大于他们都选择不合作情况下的收益。彼此合作能够有效地解决囚徒困境,且没有给其他人带来额外的外部成本。

除了可以对经济活动产生直接影响,信任和公民道德规范,还可以通过政治、投资等渠道间接地促进经济增长。比如,公民意识、道德规范和社会凝聚力等,可以通过政治机制对政府绩效,乃至经济政策的效果产生影响。信任与合作可以影响公民的公共意识,以及政治参与的程度和特征。社会上公民对政治和公共事务的了解和广泛参与,可以对政治家和政府官员的行为形成约束,使得他们能够更好地服务于公众的利益,而不是私人利益。当然,这也会产生集体行动问题:那些自私、利己的公民不愿意获取相关的公共信息,常常拒绝参与公共事务。但是较高的信任水平有助于人们克服集体行动问题,以对政府官员进行有效的监管。一般认为,在信任水平较低、社会凝聚力较差、存在社会分化的社会中,经济政策的效率较低且不稳定,政府不能及时和有效地提供公共产品和服务,且对负面冲击的反应也比较迟缓,这些都会对经济绩效产生不利影响。Putnam(1993)指出,与南部地区相比,意大利北部地区的信任水平较高,公民意识较发达,地方政府能够提供更为有效的公共产品,因为在南部地区那些由公民发起的、与政府签订的契约合同更多的是关注人们的私人利益,而在北部地区这样的合同则更多的是关注更大范围的整个社会的福利水平。Knack(1992)对这一理论进行了实证检验,他利用1992年美国国家选举的数据进行研究,发现人际信任是人们参与政治事务的重要影响因素。在控制收入和教育等变量后,信任水平与人们参与政治、公共事务的程度,以及投票率之间存在着正相关关系。

如果信任和公民道德规范反映的是一个国家或地区长期的历史、文化现象,那么随着时间的推移,它们的变化应该是非常缓慢的。Knack and Keefer(1997)采用了不同国家在20世纪80年代初的信任和公民道德数据来解释国家间的长期经济绩效的差异,其中长期经济绩效是用接下来20—30年里的经济增长率、投资率或人均收入水平来衡量的。他们将样本数据分为两个时期:1970—1992年和1960—1992年。研究发现,1980年和1990年的信任之间的相关系数高达0.91,且在这一期间信任与经济增长率之间不存在相关关系。信任、公民道德规范和投资率之间的关系在长期和短期内没有显著差异。但是与短期相比,从长期看,信任对经济增长的影响要降低至少一半,尽管信任的系数仍在0.05的水平上单尾显著。Knack and Keefer(1997)指出,从长期看,信任与经济增长的关系较弱,这主要是源于样本选择问题,因为样本中存在三个信任水平较低的国家:尼日利亚、巴西和墨西哥。这三个国家在1980—1992年间的经济增长较慢,但是在60和70年代却获得了较快的增长。一般来看,在信任水平较低的国家,政府更倾向于将财政收入用于消费而不是生产性投资。因为资金提供者不会轻易相信政府对未来投资收益的口头承诺,因此为了获得投资,政府必须为资金提供者提供一些资源。而较低的信任水平导致资金提供者不会将这些资源用于本国的生产性投资,这样这个国家和地区就容易受到经济危机的冲击。一旦危机形成,较低的社会资本状况和较差的社会凝聚力,将进一步使得人们难以在应急的改革措施等方面达成一致,导致危机在短期内得以迅速恶化。

3. 一个理论模型

Zak and Knack(1998)在一个关于代理人的一般均衡模型中,讨论了信任与经济绩效之间的关系。在模型中,具有不同特征的代理人之间进行交易,并面临着道德风险问题。代理人可能选择相信交易对方,也可能选择花费一定的资源来调查交易对方是否可信。具体来说,单期投资者被随机安排一个投资经纪人,投资经纪人是投资者进入资本市场的唯一途径。假设经纪人比投资者对投资收益具有更加完整的信息,但是经纪人可能对投资者进行欺骗,故存在道德风险问题。同时,投资者根据自己的特征和对经纪人的推测,来决定对经纪人的可信任度,即选择用于调查和证实经纪人可信任度所花费的时间,从而降低经纪人进行欺骗所获得的效用,但成本是投资者要放弃一定的工资收入,因为一旦将时间用于调查经纪人,便不能从事生产性工作。在模型中,除投资者能够对经纪人进行调查之外,正式制度的完善、行为准则的约束等也能够降低经纪人进行欺骗的可能性。比如,在完善的正式制度下,经纪人一旦被发现进行欺骗,将缴纳一定的罚款。

在模型中,投资者 i 和经纪人 j 之间的距离为:$d(i,j):\text{IR}\times\text{IR}\to\text{IR}^+$。当 $d(i,j)$ 比较小时,投资者和经纪人之间的差异较小,故欺骗发生的概率也比较小。当引入社会约束 θ 后,两者之间的有效距离为:$D(i,j;\theta)\equiv\dfrac{d(i,j)}{\theta}$,其中较高的 θ 能够降低投资者和经纪人之间的差异,缩窄两者之间的有效距离。经纪人的可信任度可以从投资者的收益中得到反映,投资者的投资收益为:$\eta(e^i,p,D(i,j;\theta)):[0,1]\times\text{IR}^+\times\text{IR}^+\times\text{IR}^+\to[0,1]$。其中,$e^i$ 为投资者 i 用于调查经纪人可信任度所花费的时间,p 为正式制度,且有 $\dfrac{\partial\eta}{\partial e^i}>0, \dfrac{\partial\eta}{\partial p}>0, \dfrac{\partial\eta}{\partial d(i,j)}<0$ 和 $\dfrac{\partial\eta}{\partial\theta}>0$,意味着投资收益随着调查所花费的时间的增加而增加,随着正式和非正式制度的完善而增加,随着投资者和经纪人之间距离的增加而减少。在这样的设定下,投资者 i 的效用函数和预算约束为:

$$\text{Max}_{c^i,e^i} E\sum_{t=0}^{\infty}\beta^t U(c_t^i) \qquad (6\text{-}1)$$

使得:
$$c_t^i = w_t^i h_t^i + R_t a_t^i \eta^{ij}(e_t^i,p_t,D_t(i,j;\theta)) - a_{t+1}^i - \tau_t \qquad (6\text{-}2)$$

$$1 = e_t^i + h_t^i \qquad (6\text{-}3)$$

$U(c)$ 为满足稻田条件(inada condition)的连续递增、严格凹函数。其中,c^i、w^i、

a^i 分别为投资者 i 的消费、工资收入和投资财富,h^i 为投资者 i 从事生产性工作的劳动时间,τ 为维护正式制度所需的税收水平。投资的总收益为:$R=1+r-\delta$,r 为利息率,$\delta\in[0,1]$ 为资本的折旧率,$\beta\in[0,1]$ 为主观折现因子。同时,假设代表性公司的利润函数为:

$$\text{Max}_{K,H} F(K_t, H_t) - r_t K_t - w_t H_t \qquad (6-4)$$

其中,$F(\cdot,\cdot)$ 为满足稻田条件的新古典生产函数,K 为总资本,$H_t \equiv \int_0^\infty h_t^i d\mu^i$ 为总劳动时间,μ^i 为消费者。

基于上述条件,可以通过一般均衡分析来对投资者、经纪人和公司的最优行为进行描述。分析得到,投资者用于调查经纪人的最优时间 e_t^{i*},随着财富水平 a^i 的增加而增加,随着工资收入 w^i 的提高、正式制度 p 的完善和非正式制度 θ 有效性的提高而减少,随着投资者和经纪人之间异质程度 $d(i,j)$ 的增加而增加。也就是说,财富水平较高的投资者,为了保护自己的财富不被侵犯,更有可能放弃自己的一部分资源来调查经纪人的可信任度,而不是那么依赖于客观存在的正式和非正式制度。工资收入比较高的投资者,倾向于容忍经纪人的行为,因为用于调查经纪人可信任度所放弃的工资收入,即机会成本比较高。另外,在正式和非正式制度比较完善,能够对投资者的财产进行有效保护的情况下,用于调查经纪人可信任度的时间和资源投入比较少。最后,当投资者和经纪人之间的异质程度或距离比较大时,经纪人更有可能进行欺骗,因此投资者的时间和资源投入也会相应地增加。

信任可以定义为在经济中,投资者用于生产性工作的时间,或没有用于调查经纪人可信任度的时间的加总,即 $H_t = 1 - \int_0^\infty e_t^{i*} d\mu^i$。信任水平随着正式制度 p 和非正式约束 θ 的完善而提高,随着投资者之间异质程度 $d(i,j)$ 的增加而下降。特别地,由于经济增长的同时会带来工资和财富水平的增加,而前者能够减少用于调查经纪人可信任度的时间,后者会增加相应的时间。不难发现,当总资本 K 不是很大时,前者的影响要大于后者,即经济增长会带来信任水平的提高。另外,信任对非正式约束 θ 的敏感程度要大于对正式制度 p 的敏感程度,也就是说,当 θ 和 p 都分别提高相同的幅度时,θ 带来的信任水平提高的幅度比较大,因为尽管政府和正式制度的发展和完善也可以提高信任水平,但是存在一定的社会成本,例如税收支付 τ,而作为非正式制度的社会约束则不存在这样的成本。因此,为了提高全社会的信任水平,非正式制度建设相对而言更加重要。

投资者的最优投资水平$a_{i,t+1}^i$,既依赖于对经纪人欺骗行为的预期,也依赖于欺骗所带来的收益的变化。由于经纪人进行欺骗的可能性随着投资者和经纪人之间异质程度的增加而增加,因此,欺骗收益的变化也随着异质程度的增加而增加,最优投资水平$a_{i,t+1}^i$则随着异质程度的增加而减少。这样,与同质社会相比,存在工作歧视和收入差异较大的社会的信任水平比较低,且投资率也比较低。在政策成本τ不是很高的情况下,加强正式制度建设有利于提高投资水平。特别地,当η^{ij}是p的凹函数时,存在一个最优政策成本τ^*。如果实际成本超过τ^*,那么投资者收入减少的部分将大于由欺骗减少而带来的收入增加的部分,因此不利于投资。而且,当人们之间的异质程度和收入差距增加时,也会带来投资的减少和收入的下降。事实上,在差异化较大的社会中,即当$d(i,j) \to \infty$时,有$\eta^{ij} \to 0$,较低的投资水平甚至不足以维持正常的经济增长,甚至会导致经济发展陷入贫困陷阱。一般来看,贫困陷阱容易发生在正式和非正式制度建设比较薄弱的社会中。

进一步地,当社会上对投资者存在工资歧视,即某些人的报酬高于其所创造的边际价值,而另一些人的报酬低于其所创造的边际价值时,信任水平会下降。虽然工资下降将使穷人们花费更多的时间用在对经纪人进行的调查上,富人们较高的工资使得他们的调查时间减少,但前者的影响要显著地大于后者,因此,工资歧视和收入差距的增加,会通过e^i和$d(i,j)$的增加而导致整体信任水平的降低。一般来看,工资歧视和收入差距往往来自性别、种族、宗教和国籍等因素。在一个由很多群体组成的社会中,如果大量的交易都发生在特定群体内部,那么投资者会获得较高的收入和信任水平,因为大量的时间可以被用于生产,而不是去调查交易对方,而如果大量的交易发生在群体之间,那么就很有可能发生欺骗行为,并导致信任水平下降。从这个意义上看,在投资者类型比较接近,且彼此之间差异不大的同质社会中,信任水平和收入水平都比较高。因此,人口差异、两极分化、不平等等现象越严重,信任水平就越低,就越不利于投资和促进经济增长。

5.3.2 结构型社会资本与经济增长

前面我们已经分析,结构型社会资本分为三种表现形式:纽带型社会资本、桥梁型社会资本和连接型社会资本。不同表现形式的社会资本对经济增长的影响是不同的。其中,纽带型社会资本是指通过较强的血缘、种族或家庭纽带等建立起来的一种社会关系。在这种社会关系中,人们表现出比较强的群体忠诚和排他性,具体反映在家庭或家族内部关系的密度和质量、成员之间的空间地理距离,以及与家庭外部其他亲戚的联系程度等方面;桥梁型社会资本是指通过熟人、同事、朋友或朋友的朋友等联系起来的社会关系,这种社会资本能够把在重要方面彼此相似的人联系在一起,比如种族、年龄、性别和社会地位等,代表着人们对社会的参与程度,或者说"关系型商品";连接型社会资本是一种将处于不同社会组织、团体、年龄、种族,甚至是不同社会地位中的人们联系起来的社会关系,这是一种比较弱的社会关系,其产生积极的外部效应的可能性比较大。

1. 纽带型社会资本与经济增长

一般来看,较强的纽带型社会资本,即较强的血缘、种族或家庭联系,对经济发展和社会进步的影响是负面的。在传统社会中,这种以血缘、地缘为基础的亲属和老乡等社会联系非常普遍。这种社会关系的优势在于,人们之间彼此熟识,愿意付出努力并分享信息,在网络中具有较强的安全感。人们追求共同的、小范围的集体利益,在共享财富的同时,能够共同承担风险。比如,亚撒哈拉地区的洼地属于半干旱地区,那里的人们需要承担较高的气候变化风险,而在高地,雨水量非常充足。这样,在洼地地区纽带型社会组织就形成了很强的势力,而在高地地区则影响较弱,甚至形成了土地的私有产权。

当然,纽带型社会资本也存在一定的弊端,表现为人们没有追求财富最大化的动力。即使某种投资的社会回报比较高,但是由于网络内部阶层层级制度和亲情义务的存在,使得投资者不能独占全部的投资收益,因此私人回报比较低。从这个角度上看,一方面,保险市场要优于基于纽带型社会资本的小型社会网络,因为保险市场能够覆盖更多层面的人群,能够分散更多的风险。而另一方面,与较大范围的保险市场相比,存在于小型社会网络中的保险更有优势,因为在小型的社会网络中具有较低的道德风险和逆向选择问题,所以可以作为一种有效的共担风险的安排和平滑跨期消费的机制,但是它是以牺牲个人利益为代价的,即使整个网络的收益可能比较高。

考虑这样一种情况:假设一个社会是由很多小社会团体构成的,每个小团体都拥有较高的社会资本,成员之间彼此信任、积极合作并致力于实现该团体的经济目标,但这些小团体的经济目标却与整个社会的经济目标不一致。很显然,在这种情况下,较高的社会资本水平便不利于经济增长。在纽带型社会资本下,人们存在于血缘、种族和家庭等社会关系较为密集的群体中,倾向于追求小范围的宗派或群体利益,这常常不利于提高整个社会的福利水平,因此不利于经济增长。同时,这种强纽带关系本身也会随着经济发展水平的提高而逐渐瓦解。正如 Banfield(1958)所指出的那样,经济发展水平的落后在一定程度上会促成家族式管理得到发展,而经济发展水平的提高有助于信任的扩展和分工的深化,并实现家族企业向现代企业制度的转化。

纽带型社会资本与经济发展的关系可以表现为社会网络与市场机制的替代作用。某些特定的社会网络会导致市场不能良好地运行,甚至会阻碍市场的形成。在通过强纽带关系形成的社会网络中,出于在该网络中的地位和义务,网络内部成员不可能占有全部收益,因为收益很有可能被更多地分配给网络中地位更高的成员,所以人们没有足够的动力进行投资并创造价值,即使某项投资的未来收益可能比较高。另外,由于网络的封闭性,经济交易和金融活动主要局限在网络内部,劳动力流动常常受到阻碍,经济资源难以在不同的社会网络之间进行有效配置。因此,这种情况下的社会网络就成为经济发展的阻碍,而不是助推剂。

尽管一些社会组织坚持认为,他们为其成员灌输了合作和互惠等公共意识,但是大多数社会组织是根据不同的社会阶层、职业和种族等而形成的,在这种情况下,合作和信任仅仅发生在小范围的社会组织中,而在组织外部或不同的组织之间,则彼此充满了怀疑和不信任。比如,在德国的魏玛王朝统治时期,社会四分五裂、杂乱无章。社会主义者、资产阶级新教徒、天主教徒分别属于不同的社会组织,参与不同的社区活动和俱乐部。在这样的社会环境下,社会活动和社会资本的发展只会进一步增强私人利益集团的利益,而不是提高整个社会的福利水平。这在一定程度上可以解释,在实证研究中,尽管信任、合作和互惠行为等指标对政府业绩和经济增长有着积极影响,但是社会参与的影响却是模糊的。

2. 桥梁型社会资本与经济增长

尽管桥梁型社会资本以彼此认识或拥有相同的背景为基础,但是与纽带型社会资本相比,人们之间的关系相对疏远。人们可能具有不同的种族和社会经济地位,但却拥有共同的利益。桥梁型社会资本对经济增长的影响是比较复杂的。一方面,由于桥梁型社会资本是在纽带型社会资本的基础之上发展起来的,并通过纽带型社会资本得以强化,如果纽带型社会资本对经济发展的影响是负面的,那么桥梁型社会资本也会对经济发展产生负面影响,因为较强的家族式纽带在带来不尽道德的家族管理的同时,也会形成不尽道德的友谊,降低人们的安全感,基于这种友谊而形成的桥梁型社会资本很显然不利于经济发展。

另一方面,与纽带型社会资本相比,较弱的社会纽带是一种横向的连接机制,相当于在不同群体之间建立起连接的桥梁,这有助于网络内部与外部资源的连接,有助于促进信息共享、形成信任和完成合作,故有助于经济增长。正如Granovetter(1973)所指出的那样,那些能够在社会上得以扩散的因素,例如可以被分享的信息和知识,能够通过较弱的纽带,而不是较强的纽带影响到更多的人,并传播到更远的距离。如果一个人将信息传递给他的亲密朋友,然后这些朋友也分别告诉给他们的亲密朋友,并不断地重复下去,那么很有可能其中一些人会不止一次地获得这一信息,因为他们是通过较强的纽带联系起来的。在实证研究中,Peri(2004)利用市民参与率来衡量社会资本,发现从整体上看,市民参与率与经济发展指标存在正相关关系,但这种关系没有通过稳健性检验。在考虑到南北方地理因素的差异后,相关关系就不存在了。因此,尽管经济发展水平的提高,对桥梁型社会资本的形成和发展有着积极的推动作用,但连接朋友和熟人的桥梁型社会资本对经济发展的影响却是不确定的。

特别地,Granovetter(1985)指出,社会网络在经济增长中的作用取决于信任水平,只有那些能够产生广泛的信任的社会网络才能够有效地促进经济增长。事实上,这与信任问题非常相似,一个人是否信任对方,常常取决于这个人能否在自己力所能及的范围内通过其他人或其他途径,去证实对方的可信任度。于是,对其他人的信任水平就与自己能够在多大程度上对其他人的行为产生影响密切相关。Granovetter(1973)特别强调了具体的人际关系、社会网络等,在形成信任、抑制机会主义行为,进而达成交易和提高经济绩效方面的重要作用。一般来看,人们愿意和具有良好信誉的人进行交易,这就意味着交易行为绝不仅仅依赖于普遍的、客观的制度安排,因为这些制度安排并不能解决交易中遇到的所有问题。

Portes et al.(1993)通过对美国少数族裔企业进行研究,以及考察不同社会群体中的社会资本水平,发现社会资本水平在下列群体中比较高:(1)具有特别的、外在的宗教、历史、文化等特征的群体。这样的群体很容易遭遇其他群体的偏见和歧视,且人们进入和退出该群体的可能性也比较低。(2)经常遇到其他群体的对抗的群体。一般来看,这样的群体往往也很强大。(3)经常遭遇歧视和伤害,且很难获得社会肯定和经济发展机会的群体。(4)群体内部交流比较多,且经常给成员特别的鼓励的群体。一方面,以上这些群体的存在是具有一定积极作用的,它可以帮助其成员获得便捷的物质资源、心理上的支持和优越感,同时也可以降低交易风险和成员渎职的可能性。但另一方面,这些群体的影响也可能是负面的,它对其内部成员也施加了较高的要求,限制了个体成员的利益表达,不鼓励通过个人的努力获得自身发展,同时由于等级和阶层的存在,也容易产生少数人对群体共有资源随意占用的现象。

3. 连接型社会资本与经济增长

连接型社会资本与经济增长的关系,正如 Putnam(1993)在研究中所指出的那样,公民社会、自发的社会组织和网络对经济增长有着积极的影响。这些自发组织类似于"一个培养民主的学校",在其中合作和信任逐渐成为社会化行为。连接型社会资本与自发的社会组织和社会网络密切相关。在那些横向社会网络比较发达的地区,网络比较集中且强大,不同网络之间的交流和互动比较频繁,使得网络内部成员的溢出效应,即正的外部性得以释放,这有助于在全社会范围内的不同网络之间形成合作和规范,使社会资本得到良性循环并带来经济发展。而在那些社会网络欠发达的地区,则缺少形成文明和民主的机会,导致信任的匮乏和经济发展的落后。

连接型社会资本,这种弱纽带联系对经济发展的作用是不容忽视的。因为与强纽带联系相比,弱纽带联系可以将具有不同特征的人或组织连接起来,其覆盖的范围更广,具有更广泛的信息基础。比如,Granovetter(1973,1974)通过对美国马萨诸塞州一个小镇的专业技术工人进行调查发现,一半以上的人是通过个人关系找到工作的,这里的个人关系主要是指相互之间有联系的人,而不是亲密朋友。再比如,在我国农村,特别是在小村庄中,人们之间的联系较为广泛,这为人们去城市打工提供了便捷的途径。一个人去城市打工,很有可能是因为与这个人有较强联系的人已经到这个城市打工了。接下来,村庄里的其他人很有可能模仿这个人的行为,也去同样的城市和同样的工厂打工,因为一方面,第一个人的行为能够使相关的就业前景和信息传递到家乡,另一方面,他的老板出于降低道德风险和逆向选择的需要,也愿意雇用他的同村人。这就可以解释为什么很多城市的工厂会在不同程度上雇用同一村庄的工人。Carrington et al.(1996)指出,因为对于后面的人而言,在情感上适应新环境的成本较低。这同时意味着城市中一旦出现新的工作机会,最初可能并不受人们的追捧,但是随着时间和成本的逐渐降低,越来越多的人才可能愿意接受该工作。因此,正是这些弱纽带联系和社会网络的存在帮助了资源在有效范围内的合理配置。

也有研究认为,社会组织的密度和集中程度与经济增长之间存在负相关关系。Keefer and Knack(1997)通过对 29 个市场经济国家进行研究发现,社会组织中所形成的合作与互惠,在比较小的组织中表现得尤其显著。如果一个组织的经济目标与其他组织或者组织外部人们的目标相矛盾的话,那么该组织的存在和其行为就有可能会对经济业绩产生负面影响。这些组织很有可能通过游说

社会资本、信任与经济增长

政府,或者对政府进行行贿以实现自身的经济利益,且以牺牲整个社会的利益为代价,从而对经济增长有着负面影响。类似地,Olson(1982)也发现横向社会组织的存在会阻碍经济增长,因为很多社会组织都是一个特殊利益集团,他们通过对政府行为进行干预来实现自己的利益。

然而从整体上看,连接型社会资本对经济增长的积极作用是占据主导地位的,这一点得到了 Putnam(1993)的证实。在他对意大利的研究中,社会资本,主要是连接型社会资本是用下列四个指标来衡量的:自发组织的数量、当地报纸的阅读人数、参与投票的人数和政治选举中偏好性选票的存在,其中偏好性选票是民主滞后性的一个指标,因为这是政客之间建立关系并获取私利的一种途径。这些指标与当地的社会制度和经济绩效之间存在着显著的正相关关系。进一步地,在经济比较落后的南部地区,人们倾向于和政府官员建立狭隘的私人关系,这类似于纽带型和桥梁型社会资本,不利于经济的增长。而在经济比较发达的北部地区,人们之间充满信任与合作,连接型社会资本可以充分地发挥作用。事实上,社会资本对经济增长的影响也与政治因素密切相关。比如,在意大利不同地区的公民对自发组织的参与程度是有一定的历史渊源的。从历史上看,在那些公民觉悟和社会参与程度较高的地区往往是由左翼联合政府所统治的,例如中北部地区。在这些地区,人们的政治参与程度比较高,思想比较开放,并不局限于狭隘的小范围的宗派利益。

另外,经济增长在一定程度上也会削弱社会参与程度和信任水平,在这种情况下,尽管经济可以实现增长,但从长期来看是不可持续的。因为经济增长的过程常常伴随着较大规模的劳动力流动,这在带来社会异质性的同时,会对社会资本产生侵蚀。比如,在那些经济实现较快增长的地区,劳动力流动较为频繁,社会资本很容易遭到破坏,导致经济交易难以维持。而在劳动力流动比较差的地区,尽管劳动生产率不高,但是建立在合作基础上的交易却比较频繁,反而使得社会福利水平得到提高。

最后,社会资本,例如信任、行为准则和社会网络等都是可以自我强化和自我累积的。基本上所有的社会,尤其是面临集体行动困境的社会中都存在两种均衡:社会资本良性循环所带来的好的均衡,和社会资本恶性循环所带来的坏的均衡。在好的均衡中,合作、信任、互惠、公民参与和集体行动等广泛存在;而在坏的均衡中,背叛、猜疑、懒惰、剥削、孤立、无秩序和不景气等现象比比皆是。而且一旦社会经济处于某种均衡状态中,都会使这种状态自我发展和逐渐强化。

第 6 章 社会资本与经济增长:一个批判的视角

Sabatini(2006)从新经济社会学的视角,利用意大利的数据对社会资本与经济增长之间的关系这一理论问题给出了实证解释。他将社会资本分为三个层面,并利用结构方程方法考察了不同层面的社会资本与经济发展质量之间的因果关系。通过对 200 多种指标进行搜集和主成分分析,他为社会资本和经济发展的每一个不同层面都找到了一个综合的衡量指标,数据来自 1998—2002 年意大利国家统计机构对 20 000 个家庭的抽样调查。其中,社会资本是用具有共同利益的人们组成的正式和非正式网络来衡量的,这就避免了采用间接指标所带来的问题。经济发展质量指标包括人类发展指数、社会生活质量指标和城市生态系统的健康程度等,其中人类发展指数又包括预期寿命、受教育水平和人均收入水平等指标;社会生活质量指标包括公共卫生服务的效率、性别歧视、劳工安全和公立学校的基础设施建设等指标;城市生态系统的健康程度包括空气检测质量、人均水资源消费量、公共交通的效率、公园和公共绿地建设和具有 ISO 14110 资格认证的公司数量等指标。

研究发现,纽带型社会资本与人类发展和社会福利之间呈很强的负相关关系,且这种负相关关系是一一对应的。较强的家庭纽带有碍于人类发展,但同时这些强纽带本身也随着人类发展水平的提高而逐渐瓦解。较弱的社会纽带可以将不同群体中的人们连接起来,通过信息共享和形成信任,来促进经济增长,因此,桥梁型和连接型社会资本与人类发展和社会福利之间呈正相关关系。连接型社会资本与城市生态系统的健康程度呈正相关关系,桥梁型社会资本与社会生活质量也呈正相关关系。另外,尽管人类发展水平的提高对桥梁型社会资本和连接型社会资本都有积极的促进作用,但仅连接型社会资本对人类发展有正面影响,桥梁型社会资本对人类发展则有负面影响。

以上研究进一步印证了社会资本是一个多维的、动态的、与社会情境密切相关的概念。因此,对社会资本的理论和实证研究不能脱离其所处的社会情境。正如 Coleman(1988)所指出的,社会资本是通过它的功能来定义的。像物质资本和人力资本一样,社会资本是不可替代的,它与某些特定行为密切相关。一种特定形式的社会资本可能对某些行为有积极的促进作用,但是对其他行为可能是无用,甚至是有害的。

综上所述,社会资本与经济增长之间的关系是比较复杂的,并不是简单的单调递增的关系。不同类型和表现形式的社会资本对经济增长的影响是不同的。以信任为代表的认知型社会资本能够显著地促进经济增长。较高的信任水平有助于降低交易成本,是经济交易的润滑剂。在纽带型社会资本下,人们倾向于追求小范围的宗派或群体利益,这常常不利于提高整个社会的福利水平。连接型社会资本有助于在全社会范围内的不同网络之间形成合作和互惠,使社会资本得到良性循环并带来经济增长。而桥梁型社会资本的影响是比较复杂的,其影响取决于该类型社会资本发挥作用的主要机制。

因此,在对社会资本进行实证研究时,首先,应该承认社会资本是一个多维的概念,具有很多的层面。仅仅考虑社会资本的某一个或某几个方面是不全面的。尤其在进行跨国研究时,我们不能仅仅依赖于一个变量,例如信任水平。其次,应该承认社会资本的不同层面对经济变量的影响是不同的。比如,桥梁型社会资本是将不同社会网络连接起来的较弱的社会纽带,这类社会资本有助于知识的分享和经济社会的发展;而纽带型社会资本与追求狭隘的小范围宗派利益的较强的社会纽带密切相关,这类社会资本不利于知识和信息的分享,且很有可能与整个社会的福利水平相冲突。

社会资本可以看作是一把"双刃剑",它既可以是经济增长的源泉,也可能成为经济增长的障碍。因此,对社会资本与经济增长之间的关系应该进行客观和辩证地分析。社会资本对经济增长的积极影响主要体现在降低交易成本、减少信息收集成本、形成合作和信任,以及促进信息和知识的分享等方面。但与其他传统类型的资本的不同之处在于,其对经济发展也有明显的副作用,比如纽带型社会资本的强化,容易在社会上形成权力集团,影响正式制度的执行,进而造成社会福利的损失;封闭的社会网络会阻碍经济资源在更加广泛的范围内进行有效配置,从而带来社会效率的损失;等等。

第7章　社会资本、正式制度和经济增长

尽管经济学家已经认识到社会资本在经济中的重要作用,但是在经济发展中,社会资本是如何发挥作用的?社会资本影响经济增长的机制是什么?Solow(1995)指出,社会资本与经济增长之间的理论衔接并不明朗。Putnam(1993)承认,社会中的信任、行为准则和社会网络建设等能够促进经济的繁荣,但这些因素影响经济增长的机制还值得进一步探究。在本书接下来的部分,将分别从正式制度、人力资本、政府绩效和金融发展的角度来考察社会资本,特别是信任与经济增长之间的关系。这不仅有助于探究社会资本促进经济增长的作用机制,还可以为解释不同地区和不同国家之间金融发展水平的差异提供一个新的视角。

众所周知,一些国家和地区的经济发展比较迅速,而另一些国家和地区的发展相对落后。传统经济理论认为,物质资本投入和人力资本投入是影响经济增长的重要因素。然而随着制度经济学的发展,制度因素在经济发展中的作用开始被经济学家所重视。他们认为,地区经济增长的主要驱动是经济中运行良好的制度体系,比如法治体系、政府监管力度、金融和劳动力市场建设、技术进步和交流、教育培训计划,以及公司治理结构等。与此同时,学者们还关注了包括信任、社会网络和社会资本在内的非正式制度对经济增长的影响。事实上,一个国家和地区的经济增长必然离不开比较发达的社区建设、社会网络和信任等社会资本因素。这里,社会资本可以理解为不同地区、不同组织或经济中不同部门之间人们的联系程度,以及在此基础上产生的道德规范和行为准则,这些社会资本要素能够与传统的物质资本投入、人力资本投入等因素共同对经济增长产生持续性影响。

那么,如果把信任、社会网络和社会资本等因素看作是实现经济目标的非正式制度,它与正式制度的关系如何?非正式制度与正式制度在实现经济增长中的作用是如何体现的?两者之间是相互补充和相互替代的关系吗?当前,在研究经济增长问题时,既有研究大都错误地将包括信任和社会资本等在内的非正式制度与正式制度严格地区分开来。而事实上,正式制度与非正式制度是共同

存在的,且在很多情况下是交互作用的,因此,无论是从理论上还是实践上,都应该考虑这两者以及两者之间的共同作用对经济增长的影响,而不是只考虑其中的某一个因素。应该认识到,制度规范和社会资本,即正式制度与非正式制度都是影响经济发展的重要力量,它们之间的交互作用和平衡发展对一个国家和地区的制度建设,以及中长期经济发展有着重要的作用。

7.1 人际可靠性关系的来源：社会资本与正式制度

为了更好地阐释社会资本、正式制度对经济增长的影响,这里首先需要厘清社会资本与正式制度之间的关系。这两者之间的关系可以通过表 7-1 来刻画。表 7-1 是人际可靠性关系的来源。从纵向上看,表 7-1 中自右向左依次为可靠性关系的微观基础、中观基础和宏观基础。其中,微观基础着眼于特殊的、私人性的社会关系;而宏观基础着眼于整个国家、地区、行业或群体等较大范围内的社会关系或制度规范。宏观基础与微观基础之间的差异可以理解为普遍性与特殊性,或者一般性与私人性的差异。中观基础着眼于与个人,或者与个人所处的群体相关的社会关系,例如政府或非政府组织、中介机构和社会网络。从这个角度上看,中观基础相当于桥梁型社会资本,它介于微观与宏观之间,是连接普遍性关系和特殊性关系的一种媒介。比如,政府或非政府组织可以通过对人们的行为进行监管、公开交易信息、帮助建立信誉机制等途径促成信任的形成。当然,这些组织也有可能面临腐败和投机的诱惑,这就需要有更高级别的组织对其进行监管。

表 7-1　人际可靠性关系的来源

	宏观 (普遍性)	社会资本	微观 (特殊性)
利己性 (管控、激励)	合同、法律	声誉 中介机构	密不可分、依存关系
利他性 (仁慈、慷慨)	行为准则、规范		理解、同情、认同

资料来源:Nooteboom(2002)。

从横向上看,可靠性关系的来源分为利己性和利他性。从利己性角度来看,可靠性关系来源于物质激励或对投机行为的管控。人们之间能够产生信任与合作，是因为存在外在的约束和激励。在宏观层面，表现为合同的规定和法律的执行。在中观层面，表现为对声誉的考虑。比如，如果一个人的错误行为被其所处的群体或机构所知晓，那么将导致其信誉受到损害，并失去其未来在该群体或机构中获得好处的可能。在微观层面，表现为私人间密不可分的依存关系，比如公司间联姻、少数人控股、收买或贿赂其他公司的职员，甚至是宗派间的人质和间谍等。从利他性角度来看，可靠性关系来源于人们内在的慷慨或仁慈。在宏观层面，表现为在整个国家、地区、群体或者组织内部的无私的价值观、行为准则或规范等。而在微观层面的特定关系内部，表现为理解、同情、包容与认同等。鉴于信任的有限性，人们需要理解对方的行为，并试图与对方产生共鸣以实现互惠互利。不难发现，表 7-1 中的合同、法律属于正式制度的范畴，而其他部分属于非正式制度的范畴。

特别地，表 7-1 中人际可靠性关系的内在和外在约束是相互依赖和相互转化的。比如，左上与左下部分，即正式制度与非正式制度之间是可以实现转化的。一方面，那些已经形成文字和法律的正式制度，随着时间的推移有可能成为社会的共识和规范，逐渐转化为非正式制度，正如当前的法律很有可能成为未来的规范；另一方面，当前人们普遍遵守的规范，在未来也有可能以法律或法规的形式制定下来，逐渐实现由非正式制度向正式制度的转化。

在那些司法和法律系统，即表 7-1 中左上部分不尽完善的国家中，正式制度对人们合作行为的激励，以及对投机行为的管控都比较弱，人们倾向于寻找并利用其他途径来对其他人的行为产生信赖。比如，人们可能在特定的私人关系中发展出彼此依存、相互依赖的关系，即表 7-1 中的右上部分；或者形成一套被社会普遍认可的行为准则，即表 7-1 中的左下部分；或者在群体中试图建立一种相互理解和认同的人际关系，即表 7-1 中的右下部分。当然，人们也可以充分利用社会资本来实现对对方行为的约束或激励，即表 7-1 中的中间部分。在那些非正式制度不尽完善，缺少全社会范围内的道德规范和行为准则，即表 7-1 中左下部分的国家中，人们倾向于去依赖小范围内的社会关系，比如家族、部落、宗派团体等。比如，在意大利包括黑手党和财团等在内的小社会团体曾经非常发达，主要原因就在于当地正式制度的匮乏。同时，人们也倾向于去寻找政治和经济手段对特定的社会关系进行管控和约束，即表 7-1 中的右上部分。

人际可靠性关系来源于一个群体内部或不同群体之间，对正式制度和非正式制度的约束和激励。而很多发展中国家的市场和制度建设不尽完善，缺乏对人们行为的约束和激励,导致人际关系更多地体现为小范围群体内部的紧密联系,而这种联系是非常不稳定的,对经济增长的作用也非常有限。Nooteboom(2007)等人建立了计量经济学模型并对人际可靠性关系进行了经验研究,其中可靠性关系是用违约风险来衡量的,研究发现,与信任相关的变量是影响可靠性关系的最主要因素,与制度相关的变量是次要影响因素,且信任水平的提高可以显著地降低违约风险。综上所述,建立在中介机构和社会网络基础之上的社会资本在对正式制度进行替代的同时,也可以与非正式制度互为补充。社会资本既有助于正式制度的构建与执行,也有助于非正式制度的形成和完善。

7.2 社会资本与正式制度的内在联系

7.2.1 信任与正式制度

制度是要求大家共同遵守的办事规程或规范,它是能够激励或约束人们行为的一些规则或规范,并能够对违规者施加物质上或非物质上的制裁。经济学家诺斯认为,"制度是为人们之间的相互关系而人为设定的一些制约",包括正式规则、非正式规则,以及这些规则的执行机制这三种类型。正式规则即正式制度,指政府、国家或统治者等根据特定的目的和程序有意识创造的一系列政治、经济规则及契约等,以及由这些规则所构成的社会等级结构。非正式规则是人们在长期实践中无意识形成的,并构成了世代相传的文化的一部分,包括价值信念、伦理道德、风俗习惯和意识形态等因素。执行机制是为了确保上述规则得以执行的相关制度安排。以上三种类型便是制度的内涵,三者是不可分割的整体。为了与社会资本和信任相区别,本书中所谈及的制度主要指正式规则及其执行机制。

信任是人们交往中的一种内在倾向,是人际关系的基础,并在此基础上产生了社会资本。同时信任也是交往中的一种行为结果,它源于人际关系,故也源于社会资本。信任与人际关系中的风险密切相关。一般来看,信任行为的风险来自以下三个方面:(1) 自己遇到损失的可能性;(2) 被信任方的行为是不可预知的;(3) 被信任方采取投机行为给信任方带来的损失,要大于采取信任行为所带来的收益。所以,信任行为有利于减少对被信任方采取投机行为的担心,从而信任的价值就体现为能够降低人际关系中的风险和交易成本。

信任和正式制度在大多数情况下是共存的。信任是建立在正式制度的基础

第7章 社会资本、正式制度和经济增长

之上的。人际关系和正式制度的发展,有利于信任水平的提高。虽然信任可以完全产生于人际关系,但没有正式制度的支持,信任是不稳定的。只有那些值得信任的正式制度,才有助于形成人们之间的信任。这就可以解释为什么有些国家的正式制度有利于形成信任,而另一些国家中的正式制度不利于形成信任。

信任与正式制度之间是相互补充和相互替代的。一方面,这两者之间是相互补充的。一般来看,较高的信任水平与整个社会的制度环境之间呈正相关关系。这说明完善的法律体系、对财产权利的有效保护,以及对少数人权力的有效监管等因素对形成信任有着积极作用。同时,良好的制度环境为人们提供了一个公平的交易和竞争平台,这有助于对交易对方的行为进行识别,降低对方行为的不确定性,在提高信任水平的同时,有助于交易的顺利完成。

另外,对于包含政府管理、法律保护和等级制度等在内的正式制度来说,管理人际关系的风险是非常困难且成本高昂的,正式制度永远无法消除人际关系的风险,因此需要信任作为补充。而由于信任本身也是有其局限性的,所以对制度的需求也是不容忽视的。人们之间非正式的、建设性的信任,可以与正式制度互相补充,尤其是在比较复杂和不确定的情况下,能够共同解决社会中的争端和冲突。一旦一方的作用较弱,另一方的作用便会得到加强。

另一方面,信任和正式制度之间是相互替代的。较高的信任水平意味着对制度的需求较弱。对财产权利的有效保护、对少数人权力的有效监管,以及稳定的社会制度环境,有利于人们通过非正式制度达成共识和妥协,从而减少对正式的社会和法律制度的需求。比如,在对信任进行衡量时,大多数学者采用世界价值观调查的数据。然而,调查中,当对对方的行为进行预测时,人们的回答很有可能受其所处社会中的正式制度的影响,人们会考虑对方行为是否受相关法规和法律等正式制度的约束。在正式制度较匮乏的国家和地区中,由于人们所受到的约束较少,因此倾向于认为"信任"水平较低。而如果将信任定义为那些超越了行为约束的行为准则和规范,那么在这些国家和地区中,"信任"水平应该较高,因为正式制度的匮乏导致对作为非正式制度的信任的需求增加。

特别地,随着一个国家的工业化和经济的发展,信任的表现形式及对正式制度的需求也会发生变化。在处于工业化初期的国家和大部分发展中国家中,社会资本的基础是私人信任,表现为小范围内的高度私人化的人际关系。人们生活在较小且封闭的社区中,与其他社区相对隔绝,这不利于专业化分工和交易的开展。随着工业化的发展,信任逐渐超越社区的界限,发展为在较大范围内、连接多个社区的、私人化较弱的人际关系。人们会参与多个不同的社区,但参与程

度都较弱。人们之间的关系更多地依赖于法律、政策等正式制度条件,而不是私人信任。很显然,这有利于专业化分工和交易的开展,但同时也意味着需要高级且有效的政府监管来保证正式制度的执行。

最后,一个国家或地区的非正式制度的形成是受该国家或地区过去的正式制度所影响的,这里的正式制度包括政治、法律和经济制度等。一般来看,良好的社会文化产生于历史上的自由主义传统,而较差的社会文化是历史上僵化的专制制度带来的后果。在那些政治民主化程度较高,且对最高权力存在有效约束的政治制度的地区,社会资本水平比较高,同时经济发展水平也比较高。De Long and Shleifer(1993)通过研究发现,在1000—1880年间,政治上的专制统治严重阻碍了西欧国家工商业的发展。Acemoglu *et al.*(2005)发现,在1500—1850年间呈现的经济增长仅仅发生在那些能够对权力进行有效监管的政治体系中。过去的政治制度对当前的文化发展有着重要的影响。Greif(1994)对马格里布和热那亚的交易者的行为进行了对比分析,发现由于过去的政治制度以及文化传统存在着显著的差异,导致这两个地区的人们形成了不同的文化观念,且社会组织性质也存在着显著的不同。由于具有较强的集体主义传统,在马格里布的社会组织中,人们倾向于遵守共同的准则,那些与共同准则相悖的行为能够得到有效的抑制。而热那亚地区具有较强的个人主义传统,在其社会组织中也存在着一定程度的个人主义倾向。

7.2.2 社会资本与正式制度

社会资本与正式制度是两个不同的概念。社会资本是一种在人们之间自发形成的、非正式的社会联系。正如前文所谈到的,它的含义非常宽泛,似乎涵盖了人际关系的方方面面。社会资本有助于个人、公司或组织机构等实现其目标。社会资本发挥作用的基础是信任,以及正式和非正式的制度。虽然,社会资本主要是指人们之间非正式的,而不是正式的联系,但是,正式和非正式的联系是密切相关的,比如对产权的保护和信任之间就是既互相替代又互相补充的关系。

社会资本与正式制度的不同在于,社会资本仅与实现个人或群体的目标相关,而不是事先建立并要求其成员遵守的规则。它既不受权威机构的约束,也不以相关制度作为保障。虽然社会资本并不是由政府强加的,但是政府或政府所辖的组织的行为对社会资本发挥作用有着重要的影响。另外,社会资本在保证正式制度正常执行的同时,将进一步促进信任的形成。从某种程度上看,社会资本是以制度为基础的,并对制度的发展和完善有着重要的促进作用。

社会资本与正式制度并不是彼此排斥的,它们之间既相互替代又相互补充。社会资本能够促进特定的、私人的社会关系的发展,是形成非正式制度的保障,同时,也可以弥补正式制度的不足,是正式制度的补充。社会资本可以为正式制度的顺利实施提供有效的保障。当契约型约束不尽完善时,社会资本能够为人们的行为提供信誉的保障,这在那些制度不够完善的发展中国家中表现得尤其突出,因此,在这些国家中,加强社会资本建设就显得尤其重要。

一方面,社会资本的发展,伴随着信誉机制的形成,能够使人们之间形成相互信任甚至相互依赖的氛围,同时也可以对人们的行为进行有效的监管,保证规章制度的正常执行,调解人们之间的冲突,甚至联合起来对违规行为进行制裁。但是另一方面,在那些联系过于密切的小范围群体中,例如黑手党和财团组织,社会资本的过度发展也会加强和巩固集权者的统治,这是纽带型社会资本对社会造成的负面影响。这一点与Putnam(2000)的理论相契合。Putnam(2000)认为,社会资本可以具体地分为纽带型社会资本、桥梁型社会资本和连接型社会资本。其中,纽带型社会资本中的人们存在于血缘、家族和种族等社会关系密集的群体中,倾向于追求小范围的宗派或群体利益,这常常不利于提高整个社会的福利水平。而连接不同社会群体的桥梁型社会资本对经济业绩有着积极的影响,因为这种横向联系可以弱化纽带型群体对自身利益的维护,有利于形成群体内部和群体之间共同遵守的行为准则和道德规范,即表7-1中的左下部分。同时,桥梁型社会资本也有利于信息共享和促进创新。尤其是当这种社会资本以正式制度作为保障的话,其对经济业绩的积极作用会表现得更加明显。而若失去正式制度的保障,桥梁型社会资本便可能转化成纽带型社会资本,并对经济业绩产生不利影响。

7.2.3 社会资本与正式制度的共同演化

事实上,信任、行为准则和社会网络等社会资本与正式制度之间存在一个共同演化的进程。正式制度建设并不是与生俱来和一成不变的。随着交易规模的扩大和经济的发展,正式制度也在相应地发生变化。比如,最初的经济交易系统,即正式制度建设是不完善的,存在很多道德风险和投机主义的机会。这种正式制度可以通过对交易行为进行约束和监管,对违规行为进行惩罚来使自身变得更加有效和完善。在正式制度实现自我完善的进程中,如果市场中有足够多的诚实和可信任的交易者,那么交易是可以实现的。在这样的市场中,相互信任是交易的基础,因为交易者遭遇机会主义行为和被欺骗的概率比较小,人们能够承担一定的风险来完成交易。但是一旦交易达成,且随着交易规模的逐渐扩大,正式制度的弊端将越来越凸显,因为在既有的制度环境下,随着时间的推移,将不断滋生出新的机会主义行为,使既有的行为准则和道德规范受到侵蚀。出于对这些行为的规避,正式制度建设应该进一步改进和强化,并带动行为准则和道德规范的进一步完善。因此,当交易的规模较大和市值较高时,对制度改进的要求将会愈加迫切,使得制度因此能够得到显著的改善;反之,当交易的规模较小和市值较低时,制度的改进过程将会比较缓慢。

如果正式制度能够有效地防止人们出于利己动机而采取投机行为,并能够形成信任及促成交易的话,那么该制度就是有效的。在有效的制度保障下,即使那些可能采取投机行为的交易者也会诚实地进行交易。但是,这种有效的状态并不一定是能够实现的。在实现有效状态的过程中,不诚实的投机行为反而会使交易者获利,使得最初良好的行为准则和道德规范受到侵蚀。这样,在形成有效的正式制度,与形成良好的行为准则和道德规范之间就存在一个速度竞赛。如果正式制度建设缓慢,且不足以对投机行为进行有效的约束的话,那么既有的良好的行为准则和道德规范将会坍塌,并造成交易的停滞;而如果正式制度建设足够迅速且有效,那么良好的行为准则和道德规范就会进一步得到强化,使社会上形成彼此合作的交易氛围,这有助于交易规模的进一步扩大和经济的发展。这样,从长期上看经济中就有可能存在两种均衡:一种是有效的正式制度和较高的社会资本水平,并伴随着交易规模的扩大和经济的发展;另一种是无效的正式制度和较低的社会资本水平,并伴随着交易的萎缩和经济发展的滞后。

Bidner and Francois(2010)对不同国家的数据进行了考察,并对信任与正式制度的演进过程进行了经验分析,其中正式制度特指那些能够使交易顺利达成的制度,包括保证契约合同正式执行,且能够及时解决纠纷的法律制度,以及能够对政府和个人的私人财产进行界定和保护的产权制度等。通过对影响正式制度和信任的一些因素进行考察,他们发现,在规模较大的经济体中,建立有效的正式制度所带来的收益比较高。在对影响正式制度和信任的一些因素变量进行控制后,信任与经济规模之间呈显著的正相关关系。用人口数对数值来衡量的经济规模每提高1个标准差,信任水平将提高3.2个百分点,而在控制了正式制度变量后,信任水平将提高6.4个百分点。

有趣的是,以上结果与既有研究是不同的。既有研究认为,在大城市中,人们之间的信任水平比较低。正如Bjornskov(2006)所指出的那样,信任更有可能形成于小范围的社会网络,因此在规模较大的经济体中形成信任是比较困难的。

其原因在于,一般认为,那些规模较大的经济体更容易发展到经济稳态,在经济稳态中,人们具有良好的行为准则和道德规范,但不一定存在良好的正式制度,所以经济体的规模应该仅与信任,而不是正式制度之间存在正相关关系。也就是说,虽然规模较大的经济体更有可能实现较高的信任水平,但是经济体的规模却对正式制度没有显著的影响。在 Bidner and Francois(2010)的模型中,在那些规模较大的经济体中,投资制度建设的收益是比较高的,因此正式制度会以较快的速度使正式制度达到有效的状态。这意味着一方面,规模较大的经济体应该具有比较有效和完善的制度;但另一方面,较大的经济体具有较高的社会资本和信任水平,而信任作为非正式制度,与正式制度之间是相互替代的,因此与其他国家相比,正式制度达到有效状态时的社会资本水平反而可能比较低。基于这两方面的考虑,经济体的规模对制度建设的影响是不确定的。

7.3 社会资本和正式制度的共同作用

在实现经济增长的过程中,社会资本和正式制度发挥着怎样的作用?它们之间的相互关系如何?近些年来,学者们关于社会资本和正式制度对经济增长的影响的研究主要分为两大类:一类是关于制度的研究,指出对财产权利的保护、法律机制和对管理者权力的限制等正式制度是影响经济增长的重要因素。另一类是关于社会资本的研究,指出信任、社会网络、行为准则和道德规范,以及社区参与等被认为是促进经济增长的重要因素。这一章节将在分别探讨正式制度和社会资本对经济增长的影响的基础上,重点关注在经济发展中,社会资本和正式制度的共同作用。

7.3.1 正式制度对经济增长的影响

在经济增长领域,现代经济学家已经把研究的重点从早期的物质资本、人力资本和技术进步转向了制度因素,讨论了正式制度与政府监管等因素对经济增长的影响。学者们普遍认为,提供一种有效的产权制度是促进经济增长的决定因素。从宏观上看,合理的制度安排可以有效地提高生产要素的使用效率,减少交易中的不确定性和风险,降低经济活动中的交易成本和信息成本;从微观上看,合理的制度安排可以通过明确界定产权,对财产权利和知识产权进行保护,有效地激励微观经济个体发挥其才能,从而创造更多的价值。

其中,道格拉斯·C.诺斯(Douglass C. North)是最重要的代表人物。

North(1981)在其著作《经济史中的结构与变迁》中用传统经济学的成本—收益分析方法研究了制度及制度创新对经济增长的影响,他分析了产权、意识形态和制度等因素对经济发展的影响。其后,他与 Thomas(1992)在《西方世界的兴起》一书中认为,对西方世界的经济增长起决定性作用的是制度因素,有效的经济组织及明晰的产权制度是经济增长的关键。这方面的文献还包括对产权理论、交易成本理论和制定变迁理论等的研究。

继 North(1981)的开创性研究之后,一些学者先后从理论和实证的角度证实了良好的正式制度与经济增长密切相关,并对不同国家之间正式制度存在差异的原因给出了解释。比如,Alesina et al. (1997)、Rodrik(1998)和 Easterly(2000)认为,社会结构和正式制度可以通过有效地解决冲突和争端来促进经济增长。Knack and Keefer(1995)和 Hall and Jones(1999)指出,不同国家之间制度和政府政策的差异可以用于解释收入水平、生产力发展和经济增长等方面的差异。Vijayaraghaven and Ward(2001)、Rodirk et al. (2004)等人从实证的角度,肯定了对财产权利的保护和法律机制等正式制度在经济增长中的作用。此外,还有一些学者证明了三权分立制度、政治竞争和对管理者的约束等正式制度的重要作用。就我国学者的研究而言,林毅夫和刘志强(2000)通过实证分析,发现财政分权可以提高经济效益,从而促进经济增长。陈建青和扬甡华(2004)通过研究发现,制度变迁是技术创新和经济增长的源泉。张超(2007)也指出,我国的经济体制改革对人力资本的形成起到了关键作用,而人力资本的提高有助于促进经济增长。

以上研究普遍承认了正式制度建设在经济增长中的重要作用。但是,这些研究也存在着一定的局限性。第一,这些研究没有对可能存在的内生性问题进行深入的研究,因为正式制度建设与经济增长在某种程度上是相互影响的。第二,这些研究忽视了包括社会网络和普遍信任在内的社会资本的作用。比如 Acemoglu and Johnson(2006)在衡量制度变量时,虽然对法律执行力度和对产权保护力度进行了区分,但是没有考虑社会资本、信任等自我约束机制对经济增长的影响。Acemoglu et al. (2004,2005)通过模型分析了制度变化与经济增长之间的关系,但是没有考察群体行为是如何对正式制度造成影响的,也没有区分制度的不同表现形式对经济增长产生的不同影响。

与此同时,自 20 世纪 70 年代以来,随着新制度经济学、信息经济学和行为经济学等理论逐渐融入主流经济学的分析框架,信任问题与经济增长之间的关系得到了学者们的广泛论证。一些研究从理论和实证上讨论了信任、社会网络和社会资本在经济和社会发展中的重要作用。其中代表性的文献是 Knack and Keefer(1997)和 Zak and Knack(2001)的研究。Knack and Keefer(1997)的研究发现,经济增长与信任之间存在正相关关系。此后,Zak and Knack(2001)、Knack(2003)、Beugelsdijk et al.(2004)、Bengtsson et al.(2005)等的研究支持了以上结论。尽管大量文献肯定了信任对经济增长的积极作用,但是,社区参与对经济增长的影响还比较模糊。Farole et al.(2007)认为,"社区"是指人们通过人际关系网络形成的一个群体,在这个群体中,人们相互信任并团结合作,相当于非正式的社会资本。社区有助于使人们通过非正式机制形成共同的偏好和行为约束,比如习惯、道德规范和行为准则等,因此在分享信息和降低协调成本的同时,能够有助于群体中的人们采取集体行动实现共同目标。如果社区参与是影响信任的一个重要因素,那么社区参与也应该对经济增长有重要影响。Putnam(1993,2000)通过对意大利和美国进行研究发现,人们的社区参与水平的提高有助于促进信任的发展,但也有研究认为,以上因果关系是相反的,即信任水平的提高有助于提高社区参与水平。Beugelsdifk et al.(2004)通过研究发现,在欧洲,人们的社区参与水平与经济增长之间呈正相关关系,但尚没有其他研究考察社区参与和信任或经济增长间的关系。Bowles and Gintis(2002)和 Dulleck et al.(2004)认为,社区发展应该与社会中的制度建设之间存在互补性关系,但也没有相关的实证研究。

1. 正式制度研究应与社会资本相结合

可以看出,在既有的关于经济增长的文献中,一些学者强调社会中的正式制度是经济增长的主要驱动,比如对财产权利的保护、法律机制和对管理者权力的限制等因素,另一些学者强调社区发展和社会资本对经济增长具有重要作用。正如 Farole et al.(2007)所指出的那样,以往讨论经济增长的制度基础的文献大都将来自大范围的社会因素和小范围的社区因素严格地区分开来。也就是说,这些研究要么关注整个社会对交易行为的约束,即正式制度,要么关注存在于人们之间或小范围群体之间的非正式联系,即社会资本。很显然,这种方法割裂了宏观社会与微观社区之间的联系,而事实上,这种联系对制度建设和经济增长往往有着重要的作用。将正式制度与社会资本相结合的研究尚不多见,代表性的研究如下:

Farole et al.(2007)通过实证研究讨论了在什么情况下社区因素在经济发展中发挥着重要作用,在什么情况下社会制度发挥着重要作用,以及在什么情况下这两者共同对经济产生重要影响,并对这些因素进行了具体分析。他们利用1990—2000年间58个国家的样本数据,考察了社会资本、正式制度及其交互作用对长期经济增长的影响。其中,正式制度建设包括三个方面:与解决争端相关的制度、与提高微观经济效率相关的制度和与政策效果相关的制度。研究发现,正式或非正式的社会团体、稳健的制度环境等都对这三个方面有着重要影响,且在很多情况下这两者是相互促进的。社会资本、正式制度及其互动有利于发挥法律制度、产权制度和政府制度的效力,转而促进经济增长。

一般观点认为,从微观的角度,信任对经济增长的影响在正式制度欠发达的地区表现得比较显著;而从宏观的角度,社会资本水平的提高毫无疑问地会促进经济增长。Ahlerup et al.(2007)通过将微观和宏观这两个角度有机地结合起来,设计了一个不完全契约下生产者和借贷者行为的简单委托代理模型,用于考察社会资本和正式制度之间的相互作用,其中制度水平是用通过外在的法律制度来执行契约合同的概率来衡量的,社会资本是用生产者和借贷者采取信任行为而获得的额外收益来衡量的。研究发现,在正式制度水平较低的情况下,社会资本对总经济剩余有着积极的影响,这一影响随着制度水平的提高而不断减弱。在正式制度水平比较高的情况下,社会资本对经济增长没有显著的影响。正式制度与社会资本之间更多地表现为替代关系,而不是互补关系。进一步地,Ahlerup et al.(2007)通过对跨国数据进行实证考察,发现用信任来衡量的社会资本对经济增长的影响是非线性的。社会资本的边际影响与用政府质量指数来衡量的正式制度水平密切相关,其影响随着正式制度水平的提高而递减。比如,在正式制度水平前25%的国家中,社会资本每提高1个标准差将会带来1.1%的经济增长;而在正式制度水平后25%的国家中,社会资本每提高1个标准差仅会带来0.36%的经济增长。在正式水平最低的尼日利亚和最高的加拿大,相应的数字分别是1.8%和0.3%,因此正式制度与社会资本之间存在一定程度的相互替代关系。上述结论在考虑到社会资本、正式制度与经济增长的内生性,以及可能存在的因果关系等问题后,仍是成立的。需要指出的是,与以往的研究不同,Ahlerup(2009)发现,社会资本的提高并不是在任何情况下都能显著地促进经济增长的,因为社会资本与正式制度是密切相关的。在那些正式制度比较落后的欠发达地区,大力发展社会资本建设对促进经济增长是非常有利的。当前一些学者们开始担心在美国等西方国家,社会资本的退化会对经济增长造成阻碍,但是根据上述研究,只要在这些国家中正式制度建设足够完善,就能够保证有效的经济增长。

此外,Baliamoune-Lutz(2005)通过研究发现,社会资本对经济增长有着积极的影响,而正式制度对经济增长没有独立的影响,但这两者的交互作用对经济增长有积极影响。Bjornskov(2006)通过研究发现,较高的信任水平有助于提高政府治理水平，而 Rothstein(2000)却认为，是政府质量的提升才促成了普遍的信任，因此正式制度与信任之间可能存在因果关系。Bigsten et al. (2000)和 Fafchamps and Minten(2002)都发现，在包括对财产权利的保护和法律机制等在内的正式制度的水平较低的情况下，社会资本对经济增长的作用比较显著，这意味着从宏观角度来看，正式制度与社会资本之间存在一定的替代作用。表 7-2 是关于正式制度、社会资本和经济增长的部分研究总结。

表 7-2 正式制度、社会资本与经济增长的相关研究

作者	研究对象	社会资本	正式制度	研究结论
Beckmann and Roger(2004)	波兰的养猪农民	交易关系的存续时间、买方的投资	法律机制	社会资本足够有效时，农民不愿意诉诸法律
Beugelsdijk and Smulders (2004)	54 个欧洲国家的居民	社区活动的频率、家庭与朋友的重要性	无	经济增长与桥梁型社会资本之间(社区活动)呈正相关，与纽带型社会资本之间(家庭、朋友)呈负相关
Bigsten et al. (2000)	6 个非洲国家的生产企业	交易关系的存续时间	无	长期信任的人际关系有助于解决合同冲突。良好的制度能够激励人们从事风险较高的交易，当存在冲突时可以诉诸法律
Fafchamps and Minten (2002)	马达加斯加的农产品交易商	与熟人、亲戚和潜在的借贷者从事交易的数量	无	社会资本能够降低交易成本。熟人之间的交易对生产率有积极影响
Grootaert and Narayan (2004)	玻利维亚 4 个乡村的居民	当地社区的参与人次	市政机构的有效性和普遍性	在正式制度较匮乏的地区，社会资本对社会福利的影响比较显著
Guiso et al. (2004)	意大利居民	政治选举率、献血率和信任	初级审判完成的时间	社会资本水平较高的地区会更多地使用支票、股票、正式信用。这在法律制度较匮乏的地区，表现得更为明显

(续表)

作者	研究对象	社会资本	正式制度	研究结论
Johnson et al. (2002)	5个东欧国家的公司和消费者	关系型契约	对合同是否能够执行的判断	在正式制度较匮乏的地区,基于信任的社会关系更为普遍
Krishna (2001)	印度乡村	包含信任、团结、互惠、合作与工会参与的综合指数	政府能力、政治附庸关系、政党权力、乡村议会、年轻和受过教育的领导者的能力等	只有在正式制度的保障下,社会资本才会对经济增长产生积极影响
McMillan and Woodruff (1999)	越南生产企业的管理者	与社区和社会网络相关的人际关系	无	在那些法律执行力和对财产权利的保护较弱的地区,社会资本能够发挥重要作用。行为约束主要来自对当事人的监管、行为准则和协商谈判,而不是未来交易机会的丧失
Miguel et al. (2005)	印度尼西亚的不同省区	在节假日和纪念日的消费支出、对相互合作的认知、对民族特征的判断、正式的社会组织的数量等	无	社会资本的初始水平与未来的经济增长之间没有必然的联系

注:在 Ahlerup(2009)研究的基础上补充完成。

7.3.2 正式制度、社会资本对经济增长的共同影响

传统理论认为,物质资本投入和人力资本投入是影响经济增长的重要因素。随着制度经济学的发展,制度因素在经济发展中的作用开始被重视。近年来,学者们不仅关注正式制度,还关注包括社会资本在内的非正式制度对经济发展的影响。社会资本可以理解为不同地区、不同组织或经济各不同部门之间人们之间的联系程度,以及在此基础上产生的道德规范和行为准则,这些因素与传统的物质资本投入、人力资本投入等共同对一个国家或地区的经济发展产生影响。

一方面,社会资本可以看作是对经济发展路径的一种特征性描述,与实现特定的发展目标密切相关。在实现目标的过程中,良好的社会资本可以将不同地

第7章 社会资本、正式制度和经济增长

区和不同组织中的人们有机地联系起来,建立社会网络,在网络中人们彼此信任与合作,并形成了被广泛认可的规范和准则,以保证目标的顺利实现。当然,信任、社会网络和社会资本等非正式制度在经济发展中的作用也存在一定的局限性,它需要与正式的法律和市场制度互为补充。

另一方面,良好的正式制度建设有助于促进经济增长。那么,正式制度是通过什么渠道影响经济增长的?一般来看,良好的社会制度有利于人们投资于物质和人力资本,有利于先进知识的传播和技术的扩散,有利于生产者之间的沟通与合作,等等。同时,良好的社会制度也可以使人们的行为受到约束和激励,有利于形成普遍的信任,而信任是经济增长的一个重要影响因素。因此从这个角度上看,信任和社会资本可以看作是正式制度影响经济增长的一个间接渠道。正式制度可以通过与非正式制度共同发挥作用,来对经济增长产生积极影响。

1. 正式制度、社会资本对经济增长的作用机制

根据 Farole et al.(2007)的研究,"正式制度"是指人们在彼此交往和经济交易中需要遵守的正式的法律和法规,而人们之间的合作是建立在法律和法规的基础之上的。通过建立这样的法律和法规,或者说"游戏的规则",可以有效地降低其他人行为的不确定性,同时有助于提高经济效率。具体来说,正式制度主要包括与解决争端相关的制度、与提高微观经济效率相关的制度和与政策效果相关的制度等。基于此,正式制度、社会资本对经济增长的影响主要表现在三个方面:

首先,与解决冲突相关的制度与经济增长的关系。与解决冲突相关的制度是对人们之间经济关系的一些规定和安排。由于没有任何一种制度安排能够解决所有的问题,因此 North(1990)提出了"适应性有效"的概念,这是指制度安排应该适应政治和经济环境的变化。一般来看,在那些社区参与水平较高、社会资本比较发达的地区,冲突和争端比较容易得到解决。但若没有相应的制度安排,群体内的权力可能会过于集中,使得群体的排他性会愈发增强,群体之间的流动性下降,这不利于整个社会范围内的经济发展。

其次,与提高微观经济效率相关的制度与经济增长的关系。人们长期以来对微观经济环境的信心会直接影响到其在经济社会中的参与程度,这包括劳动力参与、资本市场参与和创新研发活动等。而人们的信心又是受宏观经济环境、经济结构特征,甚至是临时的经济和政治政策等制度因素所影响的。一般来看,一个国家和地区的社区参与、行为准则和社会资本等非正式制度发展得越完善,人们对经济发展的信心就越充足且持久,因为在这样的国家和地区中,交易成本比较低,企业发展和创新的劲头比较强,能够有效地提高经济效率。而在那些社

社会资本、信任与经济增长

区参与和社会资本等非正式制度发展得不完善的国家和地区,劳动力市场参与程度较低,寻租活动比较多,企业的创新潜力不足,其发展规模也受到抑制,这显然不利于经济的发展。只有在社会制度比较完善的情况下,交易机会和交易行为才比较多,且道德风险能够得到有效抑制,能够在提高劳动参与的同时,促进经济的增长。

最后,与政策效果相关的制度与经济增长的关系。从长期看,经济增长和与政策效果相关的正式制度的建设密切相关,例如经济收益的分配制度。分配制度是受正式制度和社会资本共同影响的。社区参与水平较高的地区很容易产生较强的群体主义,人们为了维护其所在群体的利益,不愿意将收益分配给群体之外的人。另外,尽管群体中的道德规范和行为规则会对人们的行为进行约束,但若没有正式的分配制度作为保障,收益分配很有可能向群体中较强势的成员倾斜,从而导致收入不平等和经济效率的低下。因此,虽然整体的经济规模可能会发生变化,但对经济收益的分配制度应该保持相对稳定。

这样,规模较大的经济体投资于制度建设的动机就更为强烈,因此经济规模与正式制度之间应该呈正相关关系。但是反过来,较快、较完善的制度建设有利于诚实、信任的行为准则和道德规范能够很好地维持,这反而会降低对制度建设的需求,因为有良好的行为准则和道德规范作为保障,即使是在正式制度水平较低的情况下,交易也能够顺利实现。由于制度建设也是有成本的,所以制度建设也不宜过快,应该刚好满足交易的需要,达到"有效"即可,从这个角度上看,经济规模与正式制度之间应该呈负相关关系。因此,尽管规模较大的经济体应该具有较高的信任水平,但是正式制度与经济规模和信任之间却不存在显著的相关关系。

综上所述,在经济发展中,社会资本应该与正式制度相互作用。两者的共同作用体现为,在消除某一方各自存在的可能给经济带来的负面影响的同时,也有利于各自发挥积极的作用。社会经济的发展需要将正式制度与非正式制度相结合。比如,在对经济中的稀缺资源进行配置和竞争时,在那些社会资本比较发达但正式制度相对匮乏的地区,容易出现冲突、争端和道德风险等问题,会带来经济效率的低下;而在那些正式制度比较完善但社会资本相对落后的地区,信息获取和交易的成本较高,人们的主观能动性较差,也会带来经济效率的低下。因此,一个地区的正式制度建设应该与该地区的社会资本发展相互配合,二者协调发展,才能够带来经济效率的提高。

Zak and Knack(2001)以41个国家为样本(其中大部分是发达国家)进行了

研究。研究中的自变量既包括信任,还包括正式制度。结果表明,在控制正式制度的情况下,信任与经济增长之间呈显著的正相关关系,但是他们没有进一步考察正式制度对这种关系可能造成的影响。类似地,Tabellini(2005)利用工具变量法,发现欧洲国家中信任与经济增长之间呈正相关关系,但是也没有考察正式制度的影响。Beugelsdijk et al.(2004)衡量并考察了一些与制度相关的变量,例如宗教和政治稳定性等因素,发现在对这些变量进行控制的情况下,Zak and Knack(2001)的结果是稳健的。在低信任社会中,信任对经济增长的边际影响是比较大的。另外,在对信任的研究中,学者们发现,社区参与因素和正式制度的联合作用更为显著,同时,正式制度的健全发展有助于提升与社区参与相关的社会资本水平,且正式制度建设与社区参与等社会资本是信任的重要决定因素。

此外,也有一些研究考察了人们对正式制度环境的信任水平,即制度信任与社团参与之间的关系。制度信任与横向的、专业的社团参与呈正相关关系,与小范围、和自身利益密切相关的社团,尤其是宗教社团参与呈负相关关系。这与Norris(2000)的观点不一致,后者没有发现社会资本变量与制度信任之间的相关关系。Norris and Inglehart(2004)则认为,在美国,对宗教团体的参与水平与制度信任呈正相关关系。Farole et al.(2007)发现,制度信任与民族和语言的异质程度也呈正相关关系,这意味着在那些异质程度较高的地区,对正式制度建设的需求更加强烈。同时,正式制度建设与人们的制度信任水平之间呈负相关关系。这意味着正式制度建设越完善,正式制度的约束力越强,人们对制度的信任和信心反而越弱,这与Dalton(2004)的理论相类似,即民主现代化的进程常常伴随着人们对政府与制度的信心缺失。当然,较高的社团参与和社会资本水平,可以有助于人们联合起来更好地表达利益需求,从而与正式制度相互补充共同促进经济发展。另外,在经济地理学方面,一些关于工业区和技术创新区的研究,证实了非正式的社区参与与正式制度对经济发展的影响。这些研究在强调群体规范、信任和合作等因素的同时,认为这些非正式制度应该与政治体制与正式制度实现有机地结合,这样才能在经济增长中更好地发挥作用。

2. 正式制度、社会资本与经济增长的动态协调发展

正式制度、社会资本与经济增长,这三者的发展是不能割裂开来的,彼此之间应该实现动态协调发展。一般来看,社会网络的形成最初源于人们相同或相似的文化价值观、经济利益和社会地位。在此基础上,网络中的人们便形成了共同的道德规范和行为准则,这些非制度因素与传统的物质资本投入、人力资本投入和技术等因素共同对该社会网络的发展产生影响。但仅依靠上述要素并不能

保证社会网络能够实现持续性的发展。随着时间的推移和社会网络的发展,一方面,那些最初的非正式规范和准则很有可能与现有的正式的法律、政治制度相冲突,于是需要在既有网络的基础上,发展出更大空间范围和更广泛层次的社会网络,以与现有的正式制度的发展相适应;另一方面,受网络自身规模的限制,社会网络的发展会不断地出现一些瓶颈和桎梏,于是需要对社会网络进行持续的投入和维护。这就意味着与其他类型的传统资本一样,在社会资本的发展过程中,也需要对其进行持续的投资并使其得到不断累积。

根据Chopra(2002)的理论,在社会资本形成的过程中,"社会企业家"(social entrepreneur)起着重要的衔接作用。社会企业家是经济和社会发展的必然产物。假设整个社会是由不同的部门,例如政府部门、非政府部门或其他组织机构等组成的,社会企业家存在于不同的部门中。通过将不同部门中的人们有机地联系起来并有效地解决可能遇到的问题,来保证社会经济能够持续发展。具体来说,在社会资本形成的初期,在认识到经济和社会发展水平亟待改善后,社会企业家会将不同部门的人组织起来,在保证人们既有经济利益的基础上,形成一整套被人们普遍认可的行为准则。随后,他们会引入传统的物质、人力资本等因素来使经济发展能够在空间和时间上得以持续。但是随着时间的推移,既有的行为准则可能与整个社会的法律和政治制度发展相冲突,这时社会企业家会重新将不同部门的人组织起来,并形成新的行为准则来适应正式制度的变化,或者社会企业家可以通过自己的行为对正式制度产生影响,使其能够适应经济的发展,从而使得社会资本在促进经济增长中的重要作用得以充分体现。

在较小的社会网络,例如一个乡村中,经济发展目标往往是在达到基本温饱的前提下,尽可能地使人们的生活水平得到改善。对于社会企业家来说,在这样小范围的社会网络内,将来自不同部门的人们连接起来,形成共同的社会网络和社会资本以实现共同的发展目标,是一件相对容易的事情。但是若将所有这些社会网络连接起来,形成一个较高层次的、全社会范围内的社会网络就会比较困难,因为这很有可能与既有的社会结构和正式制度相冲突。因此,为了使经济在较大范围内得以持续发展,政府就应该发挥一定的作用,对现有的正式制度进行适应性调整,使其与非正式制度的发展保持协调。只有那些能够满足人们生活并与社会发展相适应的正式制度,才能够保证经济实现全面和可持续的发展。

特别地,针对以上理论Chopra(2002)给出了两个发生在印度的案例。第一个案例发生在印度东部的比哈尔邦的伯拉毛地区。在该地区,人们的收入水平相对低下,但却存在大量的土地未被充分利用。那么,为什么会存在这样矛盾的现象？为什么自然资源会被闲置？应如何对该地区的土壤和水资源进行有效的管理和利用？Chopra(2002)指出，土地被闲置是由该地区财产所有权性质和投资规模限制这两方面因素造成的。该地区的土地所有权非常分散，每人平均只拥有很少的已退化的土地，然而若实现对土壤和水资源的有效利用，必须形成一定的土地规模，故解决这一问题的关键是改变财产所有权性质，或者制定相应的办法将土地集中起来。

1987年，在米什拉的组织下，一个非政府组织发起了一项旨在提高该地区社会资本水平和经济发展水平的计划。该计划使人们认识到，只有将分散的土地所有者联合起来，才可能采用技术手段对土壤和水资源进行科学管理，以实现规模经济。为了使该计划能够顺利执行，首先，对参与者进行了身份认定，并界定了他们在该计划中的土地和劳动等投入，同时也明确了他们所享有的权利。其次，合作后的收益应该首先在土地所有者和劳动者之间进行分配，之后留存一部分作为下一轮的再投资。特别地，在该计划中人们必须遵守一系列的行为准则与道德规范，这包括收益分配的完全透明和公开、所有投入都应获得回报、积极开发三级种植系统以适应经济需要，以及按时偿还消费贷款等。需要指出的是，其中某些行为准则与道德规范与印度既有的制度规范有所不同，比如在那些由政府发起的自愿捐赠土地计划中，土地收益分配是按照法令来执行的，而且借贷中的生产贷款，而不是消费贷款需要被优先偿还。最后，人们可以随时退出该计划，但如果已参与该计划的人们不进行合作，那么他在该地区将失去信任。

在该计划发展的初期，或者说社会资本形成的初期，需要经济中其他部门的投入来配合。比如，需要政府部门的财政资助，需要专家学者对土壤和水资源的管理进行技术分析，并根据地形修建蓄水和拦水灌溉系统等。而当该计划发展到一定阶段时，为了使土地价值得以充分体现，还需要新的社会网络，即更高级层次的社会资本将其与外在的市场联系起来。最后，该计划的顺利实施，还取决于相应的正式制度建设。正式制度的缺乏，会使非正式制度的局限性得以凸显，产生"搭便车"的问题和规模问题，导致该地区的经济发展回到最初的较低水平。因此可以看出，该项计划的成功发起和实施，既依赖于对与土地相关的财产权利的重新定义，对土地所有者的利益分配的规划，对土地投入、物质资本投入和人力资本投入的科学衡量，也依赖于相应的非正式制度和正式制度的完善。只有将分散的、处于不同群体的人们有机地联系起来，才能够形成共同的社会资本，并与正式制度建设相协调，解决当地的土地问题，在提高人们经济收入的同时促进经济增长。

第二个案例发生在印度西部的拉贾斯坦邦的乌代浦尔地区。尽管该地区属于半干旱地区,但是与前一个案例相比,该地区的经济发展却比较迅速。其主要原因在于较发达的社会资本,以及与正式制度的有机结合。在相当长的一段时间内,该地区的社会网络比较发达。为了对公共土地和水资源进行有效的管理和利用,经济中不同部门的人们能够自发地组织起来,在传统文化和既有正式制度的基础之上,建立起一套新的道德规范和行为准则。在社会资本和协同效应得以形成之后,该地区还得到了来自其他方面的资金和技术投入,例如政府部门和捐赠机构的初始财政投入和技术支持。特别地,人们的权利和义务得到了清晰的界定,因此人们有责任和动力去保护公共财产并有权分享收益,这样即使干旱来袭,也少有人从这里迁出,至少公共财产也会给人们提供基本的生活保障。一个地区的社会资本和非正式制度越完善,从该地区迁出的人口就越少。可见,该地区的经济发展主要得益于较发达的社会网络,在网络中,来自经济中不同部门的人们能够密切合作并形成协同效应,从而实现对公共财产的有效管理。

乌代浦尔地区的成功事例,随后被印度多个地区所效仿,尤其是那些从其他方面获得较少的资金投入和技术支持的地区。这些地区也尝试将人们结合起来形成一个新的较高层次的社会网络。在对人们的权利和义务进行界定的基础上,形成新的行为准则和道德规范。但是,在后续的发展中,这些地区却可能遇到一个新的问题:现有的社会资本与外部社会资本或正式制度之间会产生冲突,比如表现为法律、经济制度和早期的共同财产管理制度之间的矛盾。具体来说,新迁移到这个地区的移民,虽然具有合法身份,但由于他们早先不属于该地区,故没有对该地区公共土地的合法权利。随着时间的推移,这些移民越来越多,他们很有可能在某一时刻打破对土地权利的传统界定,这样该地区长期以来形成的既有的行为准则和道德规范,就会在短期内被打破。

从以上研究可以看到,当正式制度与非正式的社会资本能够协调发展时,它们对经济增长的积极作用就能够得到充分体现,同时也能够有效避免其中一方的负面影响。只有当正式制度建设比较完善,即人们的行为符合法律和社会规定,道德风险能够被正式制度有效约束时,社会资本对经济增长的积极作用才能够得到有效的发挥;类似地,只有当社区中的人们的主观能动性能够得到充分发挥,且人们能够遵守被普遍认可的道德规范和行为准则时,正式制度的作用才能得以体现。因此,那些正式制度与社会资本发展得比较完善,且两者能够均衡协调发展的地区,经济会获得长期持续的发展。

7.4 经 验 研 究

为了从经验上对以上理论提供支持,本章节对社会资本、正式制度与经济增长之间的关系进行了实证研究。根据前面的分析,采用的基本模型如下:

$$Y_i = \alpha + \beta_1 \times 信任_i + \beta_2 \times 正式制度_i$$
$$+ \beta_3 \times 信任_i \times 正式制度_i + \gamma X_i + \varepsilon_i \quad (7-1)$$

其中,Y 是因变量,为我国各省区 2001—2009 年人均 GDP 增长率,计算方式同 Barro and Sala-i-Martin(1991)的研究。GDP 以 2000 年不变价格计算,GDP 和年末人口数据取自《中国统计年鉴》。自变量是我国各省区的信任和正式制度水平,X 是相关的控制变量。由于信任和正式制度等数据获取的有限性,主要变量选用 2001—2009 年的面板数据,主要数据取自《中国统计年鉴》和《中国劳动统计年鉴》。

信任数据取自 WVS 对我国各省区信任水平的调查结果。WVS 的问题为:"一般来看,大部分人是可以被信任的,还是需要小心对待?"可选择的回答为"大部分人是可以被信任的""必须小心"或"不知道"。自 1990 年至今,WVS 在我国共进行过 4 次调查,分别在 1990 年、1995 年、2001 年和 2007 年,样本规模分别为 1 000 个、1 500 个、1 000 个和 2 015 个,其中 1990 年、2001 年和 2007 年的调查均准确地标示了回答者所在的省区,而 1995 年的调查只笼统地标示了东部、西部、北方或南方。此外,在 1990 年、2001 年和 2007 年的调查中,部分回答及回答者所在省区的数据存在缺失,剔除后分别得到有效回答 983 个、963 个和 1 873 个,共计 3 819 个,其时间分布见表 7-3。由于有效回答的有限性,信任被定义为合并 1990 年、2001 年和 2007 年的有效回答后,剔除选择"不知道"选项的回答者,各省区选择"大部分人是可以被信任的"选项的回答者所占的比例。这一定义是可行的,因为信任随时间变化的过程是缓慢的,Knack and Keefer (1997)发现,同时参与 1981 年、1991 年 WVS 的 20 个市场经济国家两次调查所得的信任程度的相关系数高达 0.91,Uslaner(2002)和 Bjornskov(2007)也发现,在非常长的时间范围内,信任是接近于稳定的,这一时间长度甚至长达半个世纪。虽然此前 WVS 的调查数据已被多个跨国研究所采用,如 Knack and Keefer (1997)、Zak and Knack(2001)等,但有些学者质疑该调查结果可能存在翻译困难、样本误差和回答偏差等问题。Knack and Keefer(1997)经过与独立的数据来源进行对比后发现,这些问题并未引入严重的噪音,而是比较准确地捕捉了人际普遍信任。Uslaner(2002)和Bjornskov(2007)也从不同的角度证明了该指标的合意性。

表 7-3　WVS 信任数据有效回答时间分布

年份	原样本	回答缺失	回答者所在省区缺失	有效回答
1990	1 000	15	2	983
2001	1 000	37	0	963
2007	2 015	142	0	1 873
合计	4 015	194	2	3 819

制度变量是用2001—2009年我国各省区的市场化指数得分来衡量的。关于对制度的衡量,有的学者认为应该包括市场化程度、非国有化水平和对外开放度三个层面,有的学者认为应该包括产权制度、市场化程度、分配格局和对外开放度四个层面。而樊纲等(2011)对制度的界定更为全面,他们对制度的界定是通过五个领域内的23个基础指标来实现的,这五个领域包括政府与市场的关系、非国有经济发展、产品市场发育程度、要素市场发育程度,以及市场中介组织的发育和法律制度环境。基础指标以2001年为基期,评分在0—10之间取值,但根据年度的变化,某些省区可能会超过10或小于0。市场化指数的评分越高,该省区的制度建设就越完善。

以下是模型中的其他控制变量:(1)储蓄率。在新古典经济增长模型中,经济处于稳定状态时的每单位有效劳动资本存量和每单位有效劳动产出受储蓄率影响,储蓄率越高,每单位有效劳动资本存量和每单位有效劳动产出就越高。因此,将储蓄率定义为资本形成总额占GDP的比例的均值,其中,资本形成总额是固定资本形成总额与存货变动之和。(2)人口增长率。在新古典经济增长模型中,经济处于稳定状态时的每单位有效劳动资本存量和每单位有效劳动产出受人口增长率影响,人口增长率越高,每单位有效劳动资本存量和每单位有效劳动产出就越低。人口增长率的代理变量为各省区2001—2009年年末的人口年均增长率,计算公式同人均GDP增长率。(3)初始人均GDP。根据经济收敛理论和新古典经济增长模型,一个经济体的增长速度与其初始状态密切相关。初始水平越低于其自身的稳态水平,增长速度就越快,从而偏好和技术相类似的经济体将会收敛到相同的状态。初始人均GDP为2000年各省区人均GDP的自然对数值。(4)国有化程度。根据Chen and Feng(2000)的研究,私有企业的发展状况能够对地区差距产生正面影响,故国有化程度为国有单位职工在从业人员总数中所占的比重。(5) 开放度。我国地区间的开放度存在着显著的差异,东部沿海地区在 20 世纪 80 年代就获得了开放机会,而中、西部地区直到 1992 年才获得类似的开放机会。以往研究表明,无论是用外商直接投资占 GDP 的比重来衡量开放度,还是用对外贸易占 GDP 的比重来衡量开放度,开放度均对生产率有着显著的影响。因此,将开放度定义为 2000 年对外贸易(出口＋进口)占 GDP 的比重,人民币兑美元汇率取年平均价。

数据显示,各主要变量在我国的不同省区之间存在显著的差异。比如,我国各省区中,人均 GDP 增长率的最大值为 23.27%,最小值为 3.25%,两者差距高达七倍之多。图 7-1 是我国 27 个省区的平均信任水平。信任水平的平均值是 0.55,意味着从平均上看,大约有 55% 的人认为其他人是可以被信任的。信任水平最高的省区是内蒙古,为 0.88;最低的省区是贵州和宁夏,仅为 0.38。图 7-2 是各省区的正式制度水平。其中,浙江、上海、广东和江苏的评分高达 9 以上,说明这些省区的市场化程度和制度建设比较完善,而青海的该项指标较低,为 3.02,西藏的该项指标最低,仅为 0.81。由于该项指标的取值一般在 0—10 之间,所以正式制度水平在我国各省区间的差异也是非常大的。

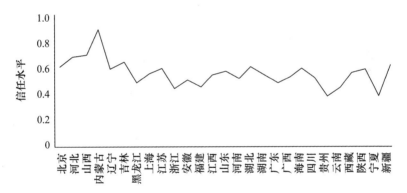

图 7-1　我国各省区的平均信任水平

根据前面的分析,信任的有效数据为 27 个省区,在面板数据中 $N=27, T=9$,且信任水平在相当长的时间里是缓慢变化的,故有理由认为个体效应与解释变量的相关性较弱,数据无法适用固定效应模型。首先对样本数据进行混合 OLS 回归和随机效应回归并进行对比分析,发现两者差异不大,进一步利用 Breusch Pagan 检验方法,可以判定随机效应模型要显著优于混合 OLS 回归。因此,表 7-4 仅报告了根据随机效应模型回归后的实证结果。

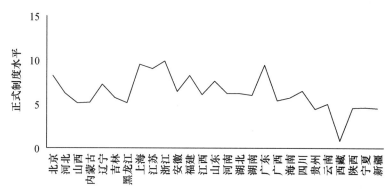

图 7-2 我国各省区的正式制度水平

表 7-4 信任对经济增长的影响

	1	2	3	4
信任	5.775***	5.276***	6.940***	6.292***
	(1.928)	(1.892)	(1.863)	(1.850)
储蓄率	0.063***	0.058***	0.076***	0.070***
	(0.013)	(0.014)	(0.014)	(0.014)
人口增长率	−1.497***	−1.511***	−1.614***	−1.632***
	(0.127)	(0.125)	(0.131)	(0.130)
初始人均GDP	1.586***	1.778***	0.959**	1.203***
	(0.303)	(0.392)	(0.380)	(0.431)
国有化程度		0.014		0.020
		(0.017)		(0.017)
开放度			1.666**	1.786***
			(0.667)	(0.658)
常数项	−8.762***	−10.868***	−4.663	−7.522*
	(2.819)	(3.921)	(3.141)	(3.985)

注:括号内表示相应估计的标准误。***、**、*分别表示在1%、5%和10%的显著性水平上显著。

表 7-4 中的方程 1—4 中,信任的系数对模型设定的改变并不敏感,添加可能影响经济增长的控制变量后,信任的系数最小为 5.276,最大为 6.940,且均显著。因此可以合理地认为,变量信任的效应并非只是捕捉了某些缺失变量的影响。方程 1 的控制变量为储蓄率、人口增长率和初始人均 GDP。在方程 2、3 和 4 中,分别加入了国有化程度和开放度作为控制变量,发现开放度对经济增长的影响比较显著,而国有化程度的影响不显著。以方程 3 为例,信任的系数是

6.940，且在1%的显著性水平上显著，这意味着信任水平每提高1个百分点，经济增长率将相应地提高0.069个百分点；或者信任水平每变化1个标准差，经济增长率将相应地变化0.258个标准差。从经济意义上看，如果贵州和宁夏的信任水平能够从最低的0.38提高到均值水平，那么这两个省区2009年的人均GDP增长率将分别从13.26%和10.61%进一步提高1.18个百分点至14.44%和11.79%。储蓄率的系数显著为正，意味着储蓄率每提高1个百分点，经济增长率将提高大约0.076个百分点。人口增长率的系数显著为负，意味着人口增长率每提高1个百分点，人均GDP增长率将降低1.614个百分点。以上结论均与预期相符合。根据新古典经济增长模型，储蓄率越高，稳定状态时的每单位有效劳动产出水平就越高，经济增长就越快；而人口增长越快，稳定状态时的每单位有效劳动产出水平就越低，经济增长就越慢。在原方程中加入国有化程度和开放度等控制变量后，发现仅开放度对经济增长有显著的影响，其系数为1.66。

下面，加入正式制度作为解释变量，来探讨信任、正式制度与经济增长之间的关系，并对比分析在不同的制度环境下，信任对经济增长的影响。样本数据表明，变量正式制度与变量信任之间呈负相关关系，相关系数为-0.094。表7-5报告了信任对正式制度的回归结果。当解释变量仅为信任时，变量信任的系数为-2.014，但不显著。在控制初始人均GDP和人口增长率变量后，信任的系数为-4.744，且在5%的重要性水平上显著，这意味着信任水平每提高1个百分点，导致用市场化指数来衡量的正式制度水平将相应地下降4.744个百分点。可见，信任作为一种非正式制度，与正式制度既互相联系，又互相补充。

表7-5 信任对正式制度的影响

	1	2
信任	−2.014	−4.744**
	(3.808)	(2.078)
初始人均GDP		3.083***
		(0.088)
人口增长率		−0.003
		(0.034)
常数项	7.361***	−20.058***
	(2.135)	(1.401)

注：括号内表示相应估计的标准误。***、**、*分别表示在1%、5%和10%的显著性水平上显著。

接下来,加入正式制度和正式制度与信任的交互项作为解释变量,考察其对经济增长的联合影响。类似地,首先对样本中的面板数据进行混合 OLS 回归和随机效应回归,并进一步利用 Breusch Pagan 检验方法,判定随机效应模型要显著优于混合 OLS 回归。表 7-6 报告了根据随机效应模型回归后的结果。在考虑到正式制度后的方程 1—4 中,信任对经济增长的系数均为正,且在 1% 的显著性水平上显著。变量信任的系数大约在 8% 左右,意味着信任水平每提高 1 个百分点,经济增长率将提高大约 0.8 个百分点。与表 7-4 相比,信任对经济增长的影响提高了大约 2 个百分点。由于信任与正式制度之间呈负相关关系,因此有理由认为,表 7-4 中的系数较低,是因为信任变量已经捕捉了正式制度的影响,所以在控制正式制度这一变量后,信任的系数得到了显著的提升,因此,这也从另一侧面证明了作为非正式制度的信任与正式制度之间的互补性。同时,正式制度对经济增长的影响也是独立的。方程 4 中正式制度的系数为 0.68,意味着正式制度水平每提高 1 个百分点,将会带来 0.68 个百分点的经济增长。在方程 1—4 中,正式制度的系数都显著为正,这说明正式制度的发展和完善对经济增长有着积极的促进作用,这与林毅夫和刘志强(2000)、杨宇和沈坤荣(2010)等人的研究相吻合。正式制度既可以决定人们的经济与其他行为,也可以决定一个国家的经济增长。我国正处于市场化转轨的过程中,改革的深化和市场化程度的提高很显然会释放被压抑的生产力,从而成为经济快速持续发展的强大推动力。从方程 5—8 中可以看出,在考虑到信任与正式制度的交互项后,信任对经济增长的影响仍显著为正,但正式制度的影响则出现了大幅度削弱,仅方程 6 中的系数在 5% 的重要性水平上显著。两者交互项的系数为负,但不显著,意味着信任和正式制度的联合效应对经济增长的影响很弱,但信任本身对经济增长的影响却没有减弱。这与前面的研究相印证,这一方面说明了正式制度对经济增长的作用与一个地区的信任水平密切相关;另一方面也在一定程度上说明了正式制度对信任发挥作用具有一定的挤出效应。

最后,将样本中的所有省区按照市场化指数的评分,即正式制度水平分为三组,分别进行回归分析,回归结果见表 7-7。其中,第一组包括制度水平较高的浙江、上海、广东、江苏、福建、北京、天津、辽宁、重庆和山东十个省区,平均得分为 8.385;第二组包括制度水平中等的安徽、河北、河南、湖北、江西、湖南、海南、广西、吉林和四川十个省区,平均得分为 6.038;第三组包括制度水平较低的内蒙古、黑龙江、山西、云南、宁夏、陕西、新疆、贵州、甘肃、青海和西藏 11 个省区,平均得分为 4.223。可以看出,这种划分方法与东部、中部和西部的划分比较相

表 7-6 信任、制度对经济增长的影响

	1	2	3	4	5	6	7	8
信任	8.489*** (1.966)	7.496*** (1.963)	9.114*** (1.947)	8.149*** (1.861)	10.711** (5.299)	11.663** (5.272)	10.102* (5.264)	11.333** (5.138)
正式制度	0.584*** (0.158)	0.743*** (0.167)	0.527*** (0.157)	0.680*** (0.161)	0.792 (0.504)	1.152** (0.519)	0.620 (0.509)	1.001* (0.512)
储蓄率	0.081*** (0.013)	0.069*** (0.014)	0.090*** (0.014)	0.079*** (0.014)	0.082*** (0.013)	0.071*** (0.014)	0.090*** (0.014)	0.080*** (0.014)
人口增长率	−1.416*** (0.125)	−1.368*** (0.125)	−1.506*** (0.132)	−1.481*** (0.130)	−1.421*** (0.125)	−1.364*** (0.125)	−1.511*** (0.133)	−1.471*** (0.131)
初始人均 GDP	−0.417 (0.611)	−0.251 (0.604)	−0.698 (0.619)	−0.560 (0.594)	−0.390 (0.596)	−0.230 (0.595)	−0.673 (0.609)	−0.534 (0.593)
国有化程度		0.046** (0.018)		0.048*** (0.017)		0.047*** (0.013)		0.050*** (0.018)
开放度			1.289* (0.666)	1.481** (0.644)			1.249* (0.662)	1.422** (0.647)
信任×正式制度					−0.411 (0.899)	−0.755 (0.902)	−0.188 (0.900)	−0.589 (0.887)
常数项	3.897 (4.341)	−0.334 (4.561)	5.749 (4.377)	1.551 (4.442)	2.480 (5.102)	−2.927 (5.471)	5.037 (5.240)	−0.532 (5.437)

注:括号内表示相应估计的标准误。***、**、*分别表示在 1%、5%和 10%的显著性水平上显著。

近。一般认为,我国东部地区的制度发展和制度变迁程度较为完善,中部地区其次,西部地区最弱。可以看出,变量信任的系数在方程5—6中为正,且在1%重要性水平上为正。在正式制度水平较高和中等的地区,信任对经济增长的作用很弱;而随着制度正式水平的降低,作为非正式制度的信任的作用逐渐得到发挥。在正式制度水平最低的省区,信任对经济增长的促动作用表现得尤其显著,其系数高达10.5左右。同时,不难观察到,在正式制度水平较高和中等的省区,正式制度的系数都为正且显著,而在正式制度水平较低的省区,其系数为正但不显著。制度建设对经济增长的促进作用,在正式制度水平中等的地区表现得尤其显著,平均上看,正式制度水平每提高1个百分点,将会带来大约0.9个百分点的经济增长,而这种促进作用在正式制度水平较低的省区就表现得较弱。

表7-7 不同正式制度水平下信任对经济增长的影响

	高		中		低	
	1	2	3	4	5	6
信任	4.063	4.045	−2.045	−2.362	10.507***	10.459***
	(4.544)	(4.264)	(4.618)	(4.666)	(1.936)	(1.856)
正式制度	0.743**	0.545*	0.933***	0.948***	0.120	0.175
	(0.294)	(0.283)	(0.338)	(0.340)	(0.218)	(0.236)
储蓄率	0.102***	0.152***	0.060**	0.061**	0.074***	0..072***
	(0.038)	(0.039)	(0.025)	(0.025)	(0.019)	(0.020)
人口增长率	−1.111***	−1.269***	−1.286***	−1.303***	−2.048***	−1.958***
	(0.247)	(0.237)	(0.142)	(0.146)	(0.307)	(0.356)
初始人均GDP	−2.251*	−2.542**	0.147	0.024	0.238	0.338
	(1.268)	(1.193)	(1.279)	(1.300)	(0.774)	(0.758)
开放度		2.127***		1.416		−3.796
		(0.674)		(2.374)		(5.153)
常数项	21.691**	22.508***	3.349	4.335	−0.021	0.590
	(9.307)	(8.736)	(7.668)	(7.873)	(5.962)	(5.845)

注:括号内表示相应估计的标准误。***、**、*分别表示在1%、5%和10%的显著性水平上显著。

从以上研究可以看出,作为非正式制度的信任和正式制度之间既相互联系,又相互补充,且它们之间的交互作用更多地表现为替代性。信任可以看作是正式制度的基础和补充,其对经济增长的影响与正式制度水平密切相关,且随着正式制度水平的提高而减弱。在正式制度水平中等和较高的省区,正式制度对信任的替代效应较为明显,正式制度对经济增长的影响比较显著,而信任的影响则较弱;在正式制度水平较低的省区,信任对正式制度的替代效应较为明显,信任对经济增长的影响显著,而制度的影响则较弱。以上结论在一定程度上与 Li (2003)、王永钦(2006)和 Ahlerup et al.(2007)的结果相一致。

以上研究表明:第一,信任水平的提高能够显著地促进经济增长。信任水平每变化 1 个标准差,经济增长率将相应地变化 0.258 个标准差。稳健性检验表明,信任对经济增长的影响不依赖于额外变量的加入和外生性假定等条件。第二,正式制度的发展和完善对经济增长也有积极的促进作用。正式制度水平每提高 1 个百分点,将会带来 0.68 个百分点的经济增长。第三,信任与正式制度之间既互相联系,又互相补充,但两者的联合作用对经济增长的影响较弱。第四,信任对经济增长的影响与正式制度水平密切相关,在正式制度水平中等和较高的省区,正式制度对信任的替代效应较为明显,而在正式制度水平较低的省区,信任对经济增长的影响显著,并能够产生对正式制度的替代效应。

以上为研究我国的经济增长提供了一个新的角度,架设了新的社会结构和社会特征视角,而不局限于经济视角。从理论上看,落后的地区或国家的经济要实现发展和赶超,就需要建立一整套完善的人际关系体系,这既包括正式制度建设,比如完备的法制体系、完善的法律法规,及其执行力得到保证等;也包括非正式制度建设,比如形成人们普遍认可的行为准则和道德规范、较发达的社会网络,以及发展中介机构使人们达成共识等。尤其是在正式制度相对匮乏的地区,对人际可靠性关系的需求则愈加强烈。

然而,为了建立超越狭隘的小范围利益的社会关系,形成全社会范围内的行为准则和道德规范,需要对信任与合作的社会关系进行投资。但是在实践上,建立有效的正式制度和非正式制度是比较困难的,尤其是在短期内难以实现,因为正式制度的匮乏会给投资带来较大的风险和不确定性,且不能保证所形成的社会关系在长期上持续有效,这使得投资便得不偿失,人们反而会更加倾向于寻求狭隘的小范围利益。因此从这个角度上看,或许实现经济发展的有效途径便是发挥作为中介机构和媒介的社会资本的作用,尤其是大力发挥连接型社会资本和桥梁型社会资本的作用,以加强不同群体、公司和社会组织之间的联系与合作。

第8章　社会资本、人力资本与经济增长

改革开放以来,我国的经济发生了翻天覆地的变化。但在此过程中,各省区的经济增长速度和收入水平却呈现出了较大的差异性。以2000年不变价格计算,2000年,我国东部地区的人均GDP为11 438.63元,中部地区为5 770.29元,西部地区为4 371.24元。东部地区为中部地区的1.98倍,为西部地区的2.62倍。到了2012年,东部地区的人均GDP为39 668.49元,对中部地区的倍数缩窄为1.71倍,对西部地区的倍数缩窄为2.46倍。尽管经济增长的差异性有所缩小,但仍显著存在。

那么,我国各省区之间经济增长存在差异的原因何在?很多学者在传统的解释框架下,基于物质资本和人力资本等要素对这一问题给出了部分回答。社会资本被认为是影响地区收入差异的一个重要因素。一国的经济增长不仅取决于资源禀赋、生产要素和技术进步等现实因素,也受信任等社会资本的影响。既有研究显示,一个国家的信任水平越高,收入水平就越高。但是社会资本是如何影响经济增长的?社会资本对经济增长的作用机制是什么?本章节将从人力资本的角度对这一问题进行探讨。

8.1　社会资本与人力资本

一直以来,经济学家都强调物质资本和人力资本在经济发展中的重要作用。物质资本,包括原材料、机器设备和厂房等,是其他类型的资本的物质基础。事实上,在物质资本中涵盖着人力资本的因素。正如物质资本将原材料转化为生产工具来完成生产一样,人力资本能够将人们所具有的生产知识和技能转化为有效的生产资源。而社会资本产生于人际关系,这些关系有助于人们完成共同的目标和促进生产。因此,社会资本与人力资本之间是密切联系的。

随着新制度经济学和信息经济学的兴起,学者们逐渐挣脱了传统经济增长理论的桎梏,认识到社会、文化、政治等因素对经济发展的重要性,开始探讨信任对经济增长的影响。Arrow(1972)将信任比作交易的润滑剂,并认为"事实上,

任何商业交易都有信任的因素在里面,因为任何交易都是在一定时期内完成的。可以合理地认为,世界上大多数的经济落后都可以用缺乏互信来解释"。North(1990)也提出了类似的观点,"第三世界国家历史上发生经济增长停滞和当前经济不发达的最主要原因是社会无法发展有效的、低成本的合同执行机制"。美国社会学家Putnam(1993)把意大利南、北部地区的经济增长差异归因于信任的结构、水平及程度不同所带来的政府绩效的差异。Fukuyama(1995)则视信任为文化影响经济的途径和表现形式,其"影响的机理在于信任直接影响了一个社会的经济实体的规模、组织方式、交易范围和交易形式,以及社会中非直接性寻利活动的规模和强度"。Knack and Keefer(1997)以29个市场经济国家为样本,以各国1980—1992年间投资占GDP比重的均值衡量了物质资本积累,并对信任进行了回归分析,发现信任的系数在5%的重要性水平上单尾显著。一个国家的信任水平每提高7个百分点,投资率将上升1个百分点。Easterly and Levine(1997)认为,信任主要是通过影响社会经济政策的质量,从而对经济增长产生影响的。Shleifer and Vishny(1997)利用跨国数据进行研究发现,信任可以通过提高司法效率和降低腐败等来促进经济增长。Zak and Knack(2001)通过建立一个异质投资者的一般均衡增长模型,发现信任可以通过降低交易成本来促进经济增长。

然而,在经济社会中,社会资本与人力资本是密切相关的。探讨社会资本对经济增长的作用,必然离不开对人力资本的探讨。一般来看,社会资本与人力资本之间是密切相关和动态发展的,两者之间存在正相关关系。较高的人力资本和受教育水平有助于形成密集的社会网络,进而有助于社会资本的形成,而较高的社会资本又能够进一步使人们获得良好的教育机会,从而促进人力资本的积累。

具体来说,信任可以从供给和需求两个方面对人力资本的积累产生影响。在供给方面,社会资本水平比较高的地区更容易形成一种良好的社会氛围,有助于制定和执行促进技术创新和经济增长的政策。较高的信任水平能够大大降低人力资本投资回报的不确定性,并增强个人投资人力资本的意愿。同时,较高的信任水平也有利于建设高质量的学校,促使政府提高提供公共教育的效率,从而为人力资本的积累创造良好的环境。正如Bjornskov(2006)所强调的那样,信任可以看作是一个国家的社会凝聚力,而社会凝聚力可以影响政府的教育支出,因此产生宏观的供给效应。

在需求方面,人际互信可增强陌生人之间的合作意愿,有助于企业、政府等组织在进行雇佣决策时打破固有的封闭的社会网络的限制,摒弃封闭的血缘、家族联系的狭隘观念,以及偏狭的个人认知和判断,从而更加看重个人的专业能力、学识水平、工作经验等,这不仅增加了对人力资本的需求,也提高了人力资本的回报水平。另外,为了有效地解决委托代理问题,高信任水平的国家更倾向于选择受过高水平教育的人从事复杂的工作,这样高信任水平会带来对高水平的教育的需求,并促进人力资本的积累,而人力资本的提高可以产生知识外溢,带来技术进步和创新,从而有助于提高生产率和促进经济增长。

同时,人力资本和受教育水平的提高也是社会资本积累的关键因素。一方面,作为一种制度环境,教育可以为不同阶层、职业的人们创造一个非正式的连接平台,建立起合作与信任的机制,并通过这种内在的影响机制使人们之间相互承诺,为社区或社会的发展做出间接的贡献。另一方面,教育水平的提高能够提升人们之间的信任度、互惠能力和容忍程度。相对于受教育水平较低的人群,受教育水平较高的人群能够更好地理解信任、合作与互惠给经济发展带来的积极影响。他们之间更容易进行交流和形成信任,更容易与周围的人建立良好的氛围。

另外,因为愚昧和无知会导致不信任,而通过学习、认知和学校教育可以降低对其他人行为不确定的预期,使得人们的行为举止更加规范、得体。从这个角度上看,受教育水平的提高有助于增强信任与合作的社会规范,或者说信任和社会资本水平的提高可以看作是教育给社会带来的正外部性。因此,教育投资不仅可以通过提高人力资本水平来促进经济增长,还可以通过提高全社会的信任水平、改善社会文化环境、增强社会凝聚力来间接地促进经济增长。

Coleman(1988)在他的代表性著作中,将社会资本视为人力资本生产的一个重要变量。为了创建社会网络,人们在耗费一些时间和精力的同时,也会得到相应的回报,而且那些耗费的时间和精力有时也会让人感到愉悦。正如研究人员通过努力工作所获得的工资收入,就可以看作是对他们教育投资的回报。Burt(1995)通过对美国的一些企业进行研究发现,在控制年龄、教育和经历等变量后,那些在社会网络中具有竞争性优势的雇员会获得较多的回报,这意味着投资于网络建设的一部分回报能够被投资者所获得,然而由于网络的外部性,投资者不会得到所有的回报。比如,如果甲与乙建立了某种联系,那么投资不仅可以提高甲与乙的收入,还会提高丙的收入,因为丙在事先也与乙建立了某种联系。

以上研究说明,存在于社会网络中的人际关系可以看作是人力资本的一部分。如果公司支付给雇员的工资是基于雇员为公司所创造的利润的话,那么公司不仅应该考虑雇员拥有多少常规的人力资本,例如受教育水平、工作经验和身体健康等,还应该考虑他们所拥有的社会联系或社会网络。然而,将社会网络从人力资本中分离出来,是非常困难的,因为一方面社会网络会带来大量的外部性,另一方面社会网络本身也是难以区分和界定的。当总量生产函数被合理地设定时,即使不存在网络的外部性,群体内部成员之间信任水平的增长也会带来全要素生产率的提高。

8.1.1 能够创造人力资本的社会资本

社会资本的一个重要作用是能够创造人力资本。特别是,当前的社会资本有助于创造下一代的人力资本,而无论当前的社会资本是来自家庭内部,还是来自家庭外部,即所在的社区和组织。这里我们将区分家庭内部社会资本和家庭外部社会资本。

1. 家庭内部社会资本

先看下面两个例子。英国著名哲学家和经济学家约翰·穆勒自三岁起,就开始从他的父亲詹姆斯·穆勒(James Mill)那里学习希腊文、拉丁文、代数和几何等知识。在童年时期,小约翰就能够与他父亲的老朋友杰里米·边沁(Jeremy Bentham)讨论他父亲的书稿。尽管他的父亲詹姆斯的学识可能并不比同时代的其他卓越人物渊博,约翰可能也并不具有惊人的天赋,但是不可否认的是,约翰取得了举世瞩目的成就,而这一成就的取得应该得益于童年时期,父亲在他的心智发展方面所付出的时间和精力,这便是社会资本的重要作用。

另外一个例子是在美国的一个公共学校中,家长需要为孩子们购买教材。老师们惊讶地发现,亚洲移民家庭往往会购买两本同样的教材! 一本教材为孩子所用,而另一本教材竟为父母所用。父母在家里自学教材,以便能够辅导孩子,使孩子们在学校取得好成绩。这样,尽管家长本身的受教育水平,即人力资本水平可能并不高,但是孩子们通过父母的辅导,学习成绩有了显著的提高。这也是社会资本的重要作用,通过与父母进行沟通与交流,孩子们获得了大量的社会资本。

以上两个例子说明的就是家庭内部社会资本。家庭内部社会资本主要是指家庭成员之间的关系。一般来看,学校教育给人们带来的成就不仅取决于学校的教育质量,还取决于个人的家庭背景,其中家庭背景包括三方面因素:金融资本、人力资本和社会资本。其中,金融资本是一个家庭所拥有的财富或收入水平,比如,能否为学生提供适宜的学习环境,能否购买相关的学习资料,等等。人力资本一般是指父母的受教育水平,较高的受教育水平有利于为学生提供一个良好的认知环境。特别地,社会资本,尤其是家庭内部社会资本在学生的智力发展中发挥着重要的作用。一般来看,家庭内部社会资本取决于父母所拥有的人力资本的多少。但是,人力资本只有通过合理的使用才能够创造出有价值的社会资本。比如,如果父母并不关心孩子们的学习和生活,或者父母将自己全部的人力资本投入在家庭外部的工作中,那么人力资本就不会对孩子们的智力发展产生影响。只有与社会资本相互补充,人力资本才能够充分地发挥作用,从而有助于孩子们获得较大的成就。

因此,父母所拥有的人力资本是家庭内部社会资本的来源。但是,孩子们究竟能够从父母那里获得多少社会资本,主要受下面两个因素影响:(1)家庭中是否存在父母或成人。如果不存在,则被认为是家庭内部社会资本的结构性缺失。比如,在单亲家庭中,父亲或母亲的缺失;或者父母的一方或双方在远离孩子的地方工作,这表现为空间上的缺失。在这些情况下,孩子们在成长过程中缺少父母、祖父母等长辈的陪伴,从而导致社会资本的缺乏。(2)父母或成人是否给予孩子们足够的关注。如果没有,则被认为是家庭内部社会资本的精神上缺失。即使家庭中存在父母或者长辈,但是如果这些成年人与孩子们的接触较少,那么家庭中的社会资本也会比较少。比如,将孩子们寄养在社区中,或者成年人热衷于和其他成年人交往,而忽视了自己的孩子,等等。因此,即使父母和长辈自身拥有较高的社会资本,但如果缺乏相应的途径灌输给孩子,孩子们也不能从中获得收益。

从孩子们的角度来看,父母与他们的关系是一种重要的社会资本。然而,由于社会资本本身具有公共品性质,使得对社会资本的投资往往不足。家庭内部社会资本的缺乏会对孩子们的教育质量产生消极影响。Colemen(1988)随机选取了公立学校的4 000名学生作为样本,在对家庭内部的金融资本、人力资本,以及社区中的社会资本进行控制后,考察了家庭内部社会资本对高中学生辍学率的影响。研究发现,如果一个孩子在家庭中有较多的兄弟姐妹,那么他从父母和长辈那里得到的关注就相对较少。平均上看,兄弟姐妹越多,每个孩子所获得的社会资本就越少。因此,可以用成年人和孩子的比例来衡量一个家庭内部的社会资本,该比例越高,社会资本水平就越高。实证结果显示,在考虑到家庭总体规模等因素后,孩子们的教育质量和智力水平,都随着家庭中孩子数量的增加而降低。在高中学生中,单亲家庭中的学生的辍学率要比双亲家庭高出6个百分点;有四个兄弟姐妹的家庭中的学生的辍学率要比有一个兄弟姐妹的家庭高出6.4个百分点。此外,父母对孩子有未来能够上大学的期待,也是一种重要的社会资本。结果显示,在不存在这种期待的家庭中,辍学率要高出8.6个百分点。将以上因素综合在一起,在那些有一个兄弟姐妹、父母对孩子有上大学的期待的双亲家庭中,学生的辍学率是8.1%,而在那些有四个兄弟姐妹、父母对孩子不存在上大学的期待的单亲家庭中,学生的辍学率高达30.6%。因此,与金融资本和人力资本一样,家庭内部社会资本对孩子们的教育质量有着重要的影响。

2. 家庭外部社会资本

当然,对人们自身发展有着重要作用的社会资本,不仅存在于一个家庭的内部,还存在于家庭外部的社区、团体、俱乐部或组织中。在社区、团体、俱乐部或组织这样的社会关系中,不同家庭中的父母们,以及父母与所在的群体之间存在着广泛的社会联系。家庭外部社会资本,可以用父母们所拥有的特定形式的社会资本的数量来衡量,这种特定形式即社会网络的代际封闭性。然而,在现实中很难找到关于代际封闭性的准确数据。Colemen(1988)采用了一个替代指标:由于搬家所导致的孩子们转学的次数。因为每次搬家,父母与当地社区既有的社会关系将被打破,所以那些频繁搬家的家庭所拥有的具有代际封闭性的社会资本将会减少。实证结果显示,在对相关变量进行控制后,从未搬过家的家庭中的学生的辍学率是11.8%,搬家一次的学生的辍学率是16.7%,而搬家两次的辍学率高达23.1%。

另外,对社会资本的衡量也可以通过学校的类别来实现:公立高中、宗教性质的私立高中和非宗教性质的私立高中。一般来看,宗教性质的私立高中与当地基于宗教组织的社区有着广泛的联系,学生的家长们在这样的社区中常常具有多重的社会关系,比如,他们信仰同一种宗教,且他们的孩子们在同一所高中学习。而独立的私立高中却与当地的社区没有社会联系,学生们的家长基本上也彼此不认识。尽管这些家长本身可能拥有较高的人力资本,但是关于孩子们去哪所私立学校是他们各自独立的决定,这就使得这类高中中的孩子们的家庭外部社会资本相对缺乏。Colemen(1988)考察了893所公立高中、84所天主教高中和20所其他私立高中的情况。结果显示,在控制其他相关变量的情况下,辍学率在公立高中为14.4%,在天主教高中为3.4%,在其他私立高中为11.9%。天主教高中的辍学率大约是公立学校的1/4,是其他私立高中的1/3。另外,参加宗教礼拜的频率也可以看作是家庭外部社会资本的一种表现形式。在公立高中,很少或从未参加过礼拜的学生的辍学率是19.5%,而经常去做礼拜的学生的辍学率仅为 9.1%。因此,家庭外部社会资本,例如是否为宗教性质的高中,以及是否经常参加宗教礼拜等,对辍学率乃至学校的教学质量都有着重要的影响,进而说明了社会资本在创造人力资本中的重要作用。

最后,一些研究对社会资本与人力资本之间的关系进行了实证考察。比如,La Porta et al.(1997)通过对不同国家的数据进行比较发现,信任水平的提高能够显著地提高教育绩效。信任水平每提高 1 个标准差,高中毕业生比例将提高 0.5 个标准差。Goldin and Katz(1999)认为,社会资本使人们能够有机会获得良好的公共教育,并在此基础上产生了稠密的社会网络。人们在网络中的社会互动能够使社会资本产生正的外部性,增加人力资本的积累。Dasgupta(2000)认为,社会资本有助于人际信任和社会网络的形成,而信任和社会网络能够影响人力资本的形成,因而社会资本可以通过影响人力资本来促进经济增长。进一步地,Bjornskov(2006)指出,一般来看,人力资本供给一般是受教育经费支出影响的,而后者又是受信任和社会凝聚力影响的,这样信任便会带来宏观上的供给效应;同时,为了解决委托代理问题,高信任水平的社会更倾向于选择受过高水平教育的人从事复杂的工作,这样高信任水平会带来对高水平的教育的需求。Parts(2003)认为,社会资本的作用相当于一个过滤器。金融资本和人力资本可以通过这个过滤器从父母、社区或组织机构传递给孩子,在带来较高教育绩效的同时,促进经济增长。Bjornskov(2009)提出了一个关于社会资本的内生增长模型,分析得出教育对要素集中导向变化的反应在高信任社会中表现得较为明显。同时,通过对 52 个国家 1960—2000 年的样本数据进行研究,发现在此期间,信任水平提高了 15 个百分点,带来平均受教育水平提高大约 30 个百分点,信任水平与受教育水平是正相关关系。Chou(2005)通过构造一个社会资本、人力资本与经济增长的模型,印证了社会资本对人力资本与经济增长的显著作用。Deng et al.(2012)发现,社会资本可以提高人力资本水平和政府效率,进而对经济增长产生积极影响。

8.2 人力资本与经济增长

自从霍华德·舒尔茨、加里·贝克尔和肯尼思·阿罗提出人力资本理论以来,越来越多的学者开始注意人力资本在经济增长中的重要作用,并展开了相关的理论和实证研究。一个国家或地区的人力资本水平、技术创新能力等,与其经济发展水平密切相关。20 世纪 80 年代,以保罗·罗默和罗伯特·卢卡斯等人

第8章 社会资本、人力资本与经济增长

为代表的经济学家,在新古典经济增长理论的基础上探讨了长期增长的可能前景,掀起了新增长理论的研究。Lucas(1988)在Uzawa(1965)早期研究的基础上提出了经济增长的理论模型。在Uzawa-Lucas框架中,总产出水平是人力资本存量的函数。从长期上看,经济的持续增长源于人力资本的永续增长。如果没有人力资本的长期增长,持续的经济增长是不可行的,而不同的人力资本积累速度是不同经济体的增长率和收入存在差异的主要原因。其中,这里的人力资本概念不同于传统意义上的受教育年限、毕业生人数和生产技能等指标,而相对倾向于知识资本。考虑分别生活在1900年和2000年的两个人,他们具有同样的受教育年限,但是,很显然后者具有更高水平的知识资本,可以带来更高的生产率,因为知识资本和人力资本会随着时间的推移不断得到累积,从而推动总产出的增加。

接下来,Romer(1990)提出了著名的内生经济增长理论,认为稳定状态下的经济增长率取决于人力资本水平,强调了知识外溢以及研究和开发等活动对经济增长的重要作用。人力资本存量对知识创新、模仿、吸收新技术等有着重要影响,进而能够促进经济增长。但与Uzawa-Lucas框架不同,该理论认为,人力资本的单次增长就能够带来经济的持续增长。当人力资本水平高于某一门槛值时,技术创新就会发生。然而,在绝大多数的内生经济增长模型中,人力资本存量都是外生决定的,Acemoglu(1997)和Redding(1996)放松了这一假设,考虑了人力资本的内生性,以及人们能够为自己所受的教育进行投资和公司能够为新产品的研发活动等进行投资的情况。这样,经济中便可能存在多重均衡,其中一种均衡是合作失败,即较低的人力资本水平与较低的技术创新水平的均衡。因为工人们投资于人力资本和公司投资于研发活动是密切相关的,随着对教育投资的增加,公司对研发活动的支出也会随之增加,进而带来技术创新水平的提高。综上所述,新增长理论认为,为了提高总产量和经济总量,不仅需要对研发活动提供直接的资本支持,还需要对包括教育在内的人力资本进行投入。人力资本投入在创造新技术和新产品的过程中发挥着重要作用,是经济增长的重要决定因素。Temple(2001)从劳动经济学的角度总结了教育对劳动生产率的重要作用,并利用国家间的数据进行了实证检验。

一些学者对人力资本对经济增长的影响进行了实证研究。早期研究发现,人力资本对经济增长的影响系数非常大,甚至难以置信。比如,Mankiw *et al.*(1992)的经典研究显示,从数值上看,在OECD国家中,如果将人力资本投资占GDP的比重提高10%,那么人均产量将提高6%;如果将人力资本投资的比重

翻一番,那么人均产量将提高50%！学者们认为,这些早期研究可能在样本选择偏差和模型设定等方面存在问题。Englander and Guiney(1994)同样对OECD国家的数据进行了研究,印证了人力资本变量对经济增长的重要作用,其中人力资本水平是用中小学入学率来衡量的。然而,Gemmell(1996)指出,用中小学入学率来衡量人力资本是存在一定的问题的,应该采用小学、初级中学和高级中学的毕业率来衡量人力资本,他发现,在OECD国家中,劳动力中初级中学的毕业生所占的比例与投资率之间存在显著的正相关关系,高级中学的毕业人数与未来经济增长之间也存在显著的相关关系。而在Hanushek and Kimko(2002)看来,不同国家的学校教育在性质和质量上存在显著的差异,因此用入学率、毕业率和受教育年限等指标来衡量人力资本水平,并进行国际横向比较是不合理的。为此,他们对不同国家的劳动力进行了数学和自然科学的测试,用测试成绩来衡量人力资本水平,并印证了教育对经济增长的重要影响。

然而,也有一些研究发现,一个国家或地区人们的受教育水平对经济增长有负面影响。对此,Temple(1998)认为,这是因为在这些研究中,受教育水平是用初始教育水平来衡量的。在这些受教育水平较低的国家中,研发和技术水平远远低于美国等发达国家,因此这些国家更有可能借鉴发达国家的先进技术进行赶超,使得经济在短期内迅速增长。在接下来的实证研究中,学者们用受教育水平的变化而不是受教育水平来衡量人力资本。Benhabib and Spiegel(1994)发现,在较富裕的国家中,受教育水平对经济增长有显著的影响,但是受异常值的影响,受教育水平的变化的影响却不显著。其中一个原因是他们假设与较高的受教育水平相比,受教育水平较低时,其对经济增长的边际影响比较大,而这一假设与经典的生产函数假设是违背的。De la Fuente and Domenech(2000)对测量偏差进行了纠正,发现在OECD国家中,受教育水平的变化与经济总产量的变化之间呈显著的正相关关系。在考虑到国家和时间等固定效应后,这一结论仍然成立。Bassanini and Scarpetta(2001)对以上研究中的数据进行了更新,并允许人力资本数据在短期内存在较大波动。研究发现,1971—1998年间,在21个OECD国家中,人均产量对于额外受教育年限的弹性系数是0.6,意味着当受教育年限为平均水平,即10年时,受教育年限每增加1年,人均经济产量将提高6个百分点。这与利用调查数据所进行的微观估计结果是一致的。Engelbrecht(1997)考察了25岁以上成年人的受教育水平与经济产量之间的关系。在控制研发支出等变量后,发现受教育水平的变化与经济总量的增长是密切相关的。在那些受教育水平比较高的国家中,经济增长比较快,因为较高的受教育水平有利于实现技术赶超。

此外,Barro and Sala-i-Martin(1995)利用跨国数据,证实了人力资本对经济增长的直接作用,认为人力资本可以视为最终产品生产的直接投入要素。Benhabit and Spiegel(1994)利用78个国家的数据进行研究发现,人力资本对经济增长的作用机制,在经济发展水平不同的国家中的表现是不同的。Islam(1995)和Cristina and Nunes(2001)发现,人力资本主要是通过技术创新和技术的吸收与扩散这两个途径来对经济增长产生促进作用的。Barro and Lee(2001)利用教育数量衡量了人力资本,发现男性中受过高等教育的人的比例对经济增长有显著的正效应。就我国的研究而言,刘迎秋(1997)分析了教育支出、劳动力再培训支出和保健支出这三种人力资本的重要构成在经济增长中的贡献,强调了人力资本投资的重要性。崔俊富等(2009)认为,人力资本与物质资本的投资比例过低会影响经济的长期稳定增长。魏下海(2009)基于分位数回归方法的研究表明,人力资本对生产率的增长效应在我国不同地区中的表现是不同的,在东部地区表现出了很强的即期效应,而在西部地区却不显著。高远东和花拥军(2012)将人力资本分为了基础型人力资本、知识型人力资本、技能型人力资本和制度型人力资本四大类,发现基础型人力资本和知识型人力资本可以通过影响生产率作用于经济增长,而技能型人力资本和制度型人力资本对经济增长的作用却不显著。

8.2.1 人力资本的私人回报与社会回报

人力资本与社会生产能力和经济增长之间的关系,可以通过人力资本的私人回报和社会回报来实现。从微观的角度来看,人力资本的私人回报表现为劳动力的受教育水平与工资收入之间的关系。这方面的经典研究是考察不同劳动力在工资收入上的差异。比如:$\ln w = \alpha + \beta_0 S + \beta_1 E + \beta_2 E^2$,其中$\ln w$是工资收入的自然对数,$S$是受教育水平,$E$代表年龄、工作经验或其他相关解释变量,$\beta_0$反映的是教育的私人回报。实证结果显示,随着时间的推移和不同国家之间的差异,β_0在5%—15%之间变动,且标准差相对较小。一般来看,那些受教育水平比较高的员工在工作中更有可能接触到,并熟练应用先进的技术,更能够提供较高质量的服务,更有可能在"干中学",因而在带来较高的边际产量的同时,能够获得较高的工资收入。而在Spence(1973)看来,公司重视员工的受教育水平,并不是因为较高程度的受教育水平有助于推动生产力水平的提高,而是因为受教育水平相当于一个信号传递机制,能够反映出员工的工作能力、决策能力和事业心等内在特质。如果员工的这些内在特质与受教育水平是相关的话,就意味着具有较高内在特质的员工的受教育水平比较高,因而工资收入应该与受教育水平也是密切相关的,即使在受教育水平对生产力没有直接影响的情况下,这一结论也是成立的。

经济中总产量的增长来自两个方面:作为主要增长源的投入要素的增长,和作为剩余增长源的生产效率的变化,例如技术进步等。在计算经济总产量的变化时,需要用每一种投入要素的变化,乘以该要素的边际产出或边际回报。具体地,为了考察受教育水平的提高给总产量带来的影响,在计算有效劳动力指数的变化时,可以将劳动力按照受教育水平、年龄和性别等进行分类,再乘以相应的边际产出。比如,用不同受教育水平下劳动力的数量变化,乘以相应的边际产出,后者为不同受教育水平下的平均收入水平。Jorgenson *et al.*(1987)的实证研究显示,在1948—1979年间的美国,劳动力投入的增长能够解释大约1/3的经济总产量的变化,其中劳动力投入既考虑了工作时间的变化,也考虑了劳动力质量的变化。尽管在这一时期,大量的女性和年轻人进入劳动力市场,从事回报较低的工作,这可能不利于劳动力质量的改善,但是人们受教育水平的提高则显著地提高了劳动力质量。事实上,在这一时期,劳动力质量的提高能够解释大约1/10的经济总产量的变化。Griliches(1997)发现,美国在20世纪50和60年代,受教育水平的提高,使得经济总产量年均提高了大约0.5个百分点;而在70年代,由于生产力的下降,教育水平的影响也出现了下降,仅为0.2—0.3个百分点。需要指出的是,以上受教育水平的改变是一种结构性的变化,主要来自教育政策的长期性变化。类似地,Maddison(1991)对法国、西德、日本、荷兰、英国和美国六个国家的数据进行了研究,发现在20世纪,这些国家的教育水平都得到了显著的提升,且在1950—1984年间,劳动力质量的提高使这些国家的年均经济增长率提高了0.1—0.5个百分点,其中劳动力质量包括劳动力的性别构成和受教育水平。Englander and Gurney(1994)对G7(七国集团)国家进行了综述分析,发现在20世纪60—80年代,人力资本水平的提高能够解释大约1/10—1/5的经济总产量的变化,而在那些劳动力就业水平呈现较快增长的国家中,人力资本对经济增长的作用存在低估。

以上讨论的主要是教育的私人回报,但对于政策制定者和实际工作者来说,人力资本的社会回报也是非常重要的。人力资本的社会回报是指人力资本可以对人均产量、人均经济收入和经济增长等产生间接影响。人力资本的社会回报是通过影响劳动力参与、投资、研发与技术创新、全要素生产率、社会环境和政治

第8章 社会资本、人力资本与经济增长

参与等途径来实现的。比如,教育可以通过改变劳动力参与率,例如女人参与工作的意愿,以及影响人们进行工作的非金钱回报来影响人们的工作时间和工作意愿,进而对经济产量产生影响。Mandiw et al.(1992)提出了一个包含两部门的内生增长模型。当经济达到稳定状态时,人力资本与物质资本之间存在一个均衡的比例,受教育水平任何程度的提高都会带来物质资本相应的提高。

人力资本在经济中的重要性不仅可以表现为提高生产力,还可以表现为提高个人素质、实现个人发展等方面,这也是社会回报的一个重要方面。Weiss(1995)在文章中指出,对教育的考量不应该仅关注生产力水平的提高。人们遵守行为规范,学习艺术、音乐等并不仅仅是为了提高劳动效率,而是为了使生活更加丰富,并成为更好的公民。特别地,大学的形成与教育的发展对一个国家或地区的发展起着重要的作用,其发展融合了教育、社会和文化等各方面因素。大学教育可以塑造出具有相同文化传统和相同价值观的优秀人才,如果这些人才能够成功地将这些价值观传递给社会,那么大学就为社会提供了具有正外部性的公共品,这有助于形成社会上的整体团结与合作的氛围,形成相互信任和互惠的良好的社会环境,从而在一定程度上促进该国家或地区的发展。学者们发现,从历史上看,大学是形成一个民族共同的文化和价值观的重要机构,且在民族解放运动中发挥着重要的作用。例如,在19世纪早期著名的耶拿战役之后,拿破仑开始对哈勒大学的自由解放运动进行镇压,这在很大程度上抑制了当时普鲁士文化的发展和繁荣。

Acemoglu(1996)通过构建一个微观经济的模型,说明了人力资本的社会回报,即人力资本的发展存在一定的社会外部性。在模型中,生产过程需要公司和工人彼此之间进行合作。在生产开始之前,公司和工人分别对物质资本和人力资本进行投资。但是在投资之前,他们并不知道未来合作伙伴的身份。假设公司与工人之间的匹配机制是不完美的,因为在寻求合伙人的过程中,存在一定的搜寻成本。如果一些工人决定对人力资本进行较多的投资,那么这在提高人力资本的同时,将会鼓励并有助于公司对物质资本也进行较多的投资。然而,由于匹配机制的无效,进行较多物质资本投资的公司,不一定能够与那些进行较多人力资本投资的工人进行合作,反而可能与那些没有进行足够的人力资本投资的工人进行合作。这样,后者就会从提高的人力资本水平中获得收益。这样,人力资本投资就会带来一定的外部性,人力资本水平的提高会使社会回报得到显著的提高。如果这一理论成立的话,那么在受教育水平比较高的城市中,人们的收益就应该比较高。Rauch(1993)假设,具有相同资质的两个人生活在美国的不

同城市,其中一个城市的人均受教育年限比另一个城市要高出一年,研究发现,受教育水平较高的城市中的平均工资水平要比另一个城市高出 3%。Acemoglu and Angrist(1999)进一步用美国各州之间教育水平的差异衡量了人力资本,发现从整体上看,人力资本的社会回报的规模与私人回报相接近。

尽管人力资本的社会回报是非常重要的,但在理论和实证上,对社会回报进行有效的衡量是比较困难的。Barro et al.(1991)指出,人们通过人力资本积累所获得的私人报酬存在外部性。那些具有较高劳动技能的人在提高自己的劳动生产力的同时,也能提高与其工作的其他人的劳动生产力,从而人力资本积累就可以通过提高全社会的全要素生产率来促进经济增长。Barro(2001)进一步指出,教育是影响经济增长的重要因素。较高的受教育水平可以创造出良好的社会文化氛围,这有利于经济的发展。Cipolla(1969)认为,在 17 和 18 世纪的工业革命时期,受教育水平作为文化和知识的催化剂对机械化生产和公司治理结构的创新等,都有着重要的作用。与那些教育体系发达的地区相比,教育体系比较落后的地区,当前的文化发展也比较落后,进而导致了当前收入水平的落后。Lazear(1999)证明了共同的文化和语言有助于交易的顺利完成。尽管在文化多元化的地区,交易仍然存在,但交易成本非常高且需要交易中介的存在,而社会资本水平的提高很显然会降低这些交易成本。Sandberg(1982)进一步发现,受教育水平对经济增长的影响在长期表现得尤其显著。在欧洲 21 个国家中,1850 年的居民受教育水平与 1970 年的人均收入水平之间存在显著的相关关系,但与当年的人均收入水平之间没有相关关系。

8.3 社会资本、人力资本对经济增长的影响

社会资本、人力资本对经济增长的促进作用主要是通过技术创新来实现的。一些研究考察了技术创新和经济绩效之间的关系,也有研究考察了社会资本对经济增长的影响。事实上,这两类研究是紧密联系的,因为社会资本水平的提高有助于技术创新,而技术创新又有利于经济增长,因此,人力资本,尤其是技术创新被认为是社会资本影响经济增长的一个重要渠道,尤其是在那些受历史因素影响社会资本水平较高的国家和地区,表现得尤其显著。一方面,社会资本能够促进技术创新。因为对新的有风险的项目进行融资,需要技术人员和资本提供者之间相互信任。只有这样,才能开发出更多的专利并投资于更高效的项目。另一方面,较高的技术创新和产出水平能够提高人均收入水平。因此,在那些人

们之间彼此合作和信任、社会资本比较发达的社会中,人们更加愿意为创新活动付出努力,从而能够更顺利地进行创新活动,并享受创新所带来的收益,故经济增长也比较快。

8.3.1 一个理论模型

在 Romer(1986)、Aghion and Howitt(1992)研究的基础上,Akcomak and Ter Weel(2009)将社会资本因素引入到了基本的生产函数中,建立了一个关于社会资本和技术创新的理论模型。假设人们生活在自给自足的经济中。个同经济体之间收入增长的差异取决于市场动机和对技术创新的应用。这与 Aghion and Howitt(1992)的观点是一致的,即技术创新是受市场动机和市场结构所影响的,而市场动机和市场结构又取决于该经济体的历史文化和制度水平,因为一般来看,社会资本存量是受历史文化和制度水平所影响的,社会资本水平的提高有助于技术创新。

假设地区 J 的总产出水平 Y^J 是人力资本投入(L^J)和物质资本投入(K^J)的函数,即:

$$Y = AK^{\alpha}L^{1-\alpha} \tag{8-1}$$

在不影响结果的情况下,可以省略上标 J。其中,A 是内生变量,反映该地区的综合技术水平。在这个模型中,物质资本和人力资本的报酬不变,也就是说,生产效率不会随着生产规模的扩大而提高,而只有提高技术水平,才能提高经济效率。进一步地,假设资本积累可以创造知识资本,即:

$$A = SK^{1-\alpha} \tag{8-2}$$

其中,S 是知识资本存量,意味着资本的边际产量为 $\alpha Y/K$,资本积累可以给本地区的人们带来额外的收益。结合式(8-1)和式(8-2),有:

$$Y = SKL^{1-\alpha} \tag{8-3}$$

知识资本积累可以看作是资本积累的副产品。如果将 L 标准化为 1,就可以得到标准的经济增长方程:$Y=SK$,这与 Romer(1986)的理论是一致的。

假设知识资本的增长率($\dot{S}$)等于研发活动的总投入(E)乘以研发活动发生的概率。其中,总投入为研发活动的总支出或者研发人员的数量,研发活动发生的概率取决于该地区的社会资本水平(V),即:

$$\dot{S} = \chi E^{\beta} S^{\lambda} V^{\phi} \tag{8-4}$$

为了简单起见,可以仅关注社会资本的影响,即:

$$\dot{S} \wedge V^{\phi} \tag{8-5}$$

其中，Λ 是常数，反映研发活动总投入和知识资本存量对知识资本增长率的影响。在式(8-5)中，$\phi>0$ 意味着研发效率随着社会资本存量的提高而提高，社会资本的提高有利于研发活动获得成功；$\phi<0$ 意味着社会资本的提高不利于研发活动的开展；$\phi=0$ 意味着社会资本与研发效率没有关系。另外，由于该模型主要关注的是不同地区之间收入水平的差异，而不是越来越大的增长差异，故假设$\phi<1$。这样，在一个平稳的增长模型中，总产出的增长率就取决于生产函数中的知识资本和人口增长率，其中人口增长率为0。因此，有 $0<\phi<1$，社会资本水平的提高能够使研发活动获得成功，提高生产效率，进而提高社会总产量。

不失一般性，假设公司由一个研发人员构成，且公司具有一些能够带来技术创新的新想法。研发人员 i 的效用函数为：

$$U_i = U(e_i, N^J, \rho_i, k_i) \tag{8-6}$$

其中 $e_i \in \{0,1\}$，$e_i=1$ 表示研发人员付出努力将新想法转化为知识成本；$e_i=0$ 表示研发人员不付出努力，N^J 是地区 J 中社会网络的发展程度，ρ_i 是研发人员的个人道德水平，可能为高(ρ_H)或为低(ρ_L)，且 $\rho_H > \rho_L$，k_i 是进行欺骗行为的成本。根据 Guiso et al.(2004)的研究，当欺骗成本低于门槛值 $\bar{k}_i$ 时，研发人员不会付出努力，即 $e_i=0$。其中 $\bar{k}_i = \bar{k}_i(N^J, \rho_i)$，$\bar{k}_i$ 是该地区社会网络发展和研发人员道德水平的函数。较高的个人道德水平和较发达的社会网络会抬高进行欺骗行为的门槛，故研发人员更有可能付出努力将新想法转化为知识资本。

从风险资本家的角度来看，他们只有在知道研发人员愿意付出努力的情况下，才会进行投资，且风险投资家与研发人员的合作只发生在单期，也就是说，一旦遭遇欺骗，风险投资家没有机会在下一期进行报复。假定当 $e_i=1$ 时，研发活动能够取得成功。研发人员 i 付出努力的概率取决于该地区具有较高道德水平(ρ_H)的研发人员的比例(Γ^J)和社会网络的状况(N^J)，其中 Γ^J 和 N^J 决定了该地区的社会资本水平。社会资本水平越高，风险投资家就越愿意对研发人员的新想法和新技术进行投资。风险投资家的投资水平 E_i 可以表示为：

$$E_i = f(\Gamma^J, N^J) \tag{8-7}$$

其中，$\partial E_i/\partial \Gamma^J > 0$，$\partial E_i/\partial N^J > 0$，$E_i$ 的可能取值为 E_i 或者 0。另外，投资后的预期产出为 $E(Y_i)=(1-\pi^J)Y_H + \pi^J Y_L \geqslant rE_i$，其中 $Y_H(Y_L)$ 是 $e_i=1(e_i=0)$ 时的产出，且 π^J 是 Γ^J 的函数，有 $\partial \pi^J/\partial \Gamma^J > 0$。因此，在社会资本水平比较高的地区，对研发的投资更有效率。社会资本水平是将新想法和新技术转化为知识资本的决定性因素。

当然，在对新产品进行开发和对新项目进行投资的过程中，风险因素是无处不在的。比如,信息不对称和道德风险、较高的监管成本,以及在竞争性市场中公司较高的内在资本约束等。而社会资本的引入,可以有效地降低这些风险,具体表现为以下三个方面:第一,社会资本可以通过影响 N^j 对技术创新产生影响。社会资本作为一种非正式的行为准则和道德规范,可以阻止人们的机会主义行为。比如,在信号博弈中,拥有较差项目的研发人员能够成功地模仿好项目研发人员的行为,这会导致对技术创新的投资不足。而社会资本能够有效地缓解这一问题,因为欺骗行为会影响到人们的声誉,并且较发达的社会网络能够提高研发人员付出努力的门槛值 $\bar{k}_i$。第二,社会资本可以通过影响 Γ^j 对技术创新产生影响。风险投资家在融资时会考虑公司的声誉。如果研发人员能够诚实地将新想法和新技术传达出来,那么会提高他们在风险投资家眼里的可信任度,有助于改变风险投资家对研发人员行为的预期,增加投资的可能性。第三,社会资本也可以对技术创新和总产出产生直接影响。如果研发人员和风险投资家之间能够形成一种合作和信任的氛围,那么将有助于风险投资家更为准确地搜集有关公司和项目的信息,有助于降低监管成本,并提高技术创新的投资效率。

综上所述,知识资本作为一个重要变量,在提高社会福利水平的同时可以促进收入的增长,而社会资本积累有助于推动知识资本的积累,从而进一步促进经济增长。具体来说,较高的社会资本水平有助于人们对新技术进行投资,推动技术创新。因为风险投资家对技术创新的投资是存在一定风险的,为了使投资获得较为确定的收益,风险投资家需要从技术研发人员那里得到一定的承诺。在那些社会网络比较发达,人们之间彼此信任和合作的地区,风险投资家更容易与研发人员达成共识,因此更愿意投资于较高风险的项目从而社会资本与技术创新之间的良性发展必然有利于技术进步、生产效率的提高和经济增长。

以上关于社会资本、人力资本和经济增长之间的关系,得到了实证研究的检验。Akcomak and Ter Weel(2009)考察了社会资本、技术创新和人均收入增长之间的关系。通过对欧盟 14 个国家 102 个地区 1990—2002 年间的数据进行研究,发现社会资本水平、技术创新投入和产出,以及人均收入水平等在不同的国家,甚至一个国家内部的不同地区之间都存在着显著的差异,且社会资本可以通过技术创新对经济增长产生间接影响。其中,对社会资本的衡量来自 2002 年的欧洲社会调查中关于信任的数据。在调查中,人们需要回答:"大部分是可以被信任的,还是需要小心对待?"人们可以在 0—10 之间进行选择,其中 0 意味着完全不信任,10 意味着完全信任。将人们的选择分别在国家和地区层面上进行加总,可以发现社会资本水平在不同国家和地区之间均存在着显著的差异。从国家层面上看,北欧国家的社会资本水平比较高,例如荷兰、瑞典和丹麦;南欧国家的社会资本水平比较低,例如希腊。社会资本水平的平均值和标准差分别为4.88和0.78。从国家层面上看,社会资本水平最高的是丹麦;社会资本水平最低的是西班牙。同时,社会资本水平最高值与最低值之间的比例在德国和英国大约是1.2,而在西班牙和意大利大约是1.6。对技术创新的衡量是通过两个指标来实现的,一个是技术创新的产出,即每百万居民申请专利的数量;另一个是技术创新的投入,即商业部门中研发人员的比例,这两个指标的相关系数高达0.7以上。数据显示,技术创新水平在不同的国家和地区之间存在显著的差异,北欧国家的技术创新能力要远高于南欧国家。实证结果显示:第一,社会资本水平与经济增长之间存在显著的正相关关系。社会资本水平每提高1个标准差,该地区的人均收入将相应地提高14个百分点。由于当前的社会资本水平是受过去的经济状况所影响的,在考虑到内生性和因果关系之后,发现研究结果是稳健的。第二,较高水平的社会资本有助于技术创新。一个地区的社会资本水平越高,该地区的技术创新的产出,即人均申请专利的数量就越多。信任与合作能够提高研发活动的效率,有助于带来更多成功的专利和创新技术。第三,一个地区的社会资本水平受过去的制度因素所影响,比如过去的文化水平、大学教育和政治制度等。尽管技术创新对经济增长有积极的作用,但是社会资本对经济增长的直接影响却不显著。第四,社会资本对技术创新有重要影响,而技术创新又是影响经济收入的决定性因素,因此,社会资本可以通过技术创新来对经济增长产生间接影响。例如,欧盟地区1990—2002年间经济收入变化中的15%可以用技术创新来解释。特别地,由于以上研究所选取的样本来自具有相同司法体系和社会经济制度的欧盟国家,所以研究结果具有一定的说服力。

另外,我国学者王金营(2004)发现,在过去二十多年里,我国的人力资本对经济增长的直接贡献率高达14%左右,这说明人力资本是我国经济增长的重要影响因素之一。蔡晓良和蔡晓陈(2007)利用2000年的信任水平衡量了社会资本,发现我国各省区的社会资本水平与教育经费和人均学杂费呈显著的正相关关系,与1997—2004年的文盲率呈显著的负相关关系,与高中及大专以上人口的比例呈显著的正相关关系。刘璐琳(2008)认为,较高的信任水平能够激励劳动者对教育投资的积极性,更容易吸引和留住人才,从而能够有效地促进人力资本积累。杨宇和郑垂勇(2008)利用我国现有数据,检验了社会资本的两个维度——认知维度和结构维度对人力资本积累和经济增长的影响。结果表明,这两个维度的社会资本都可以间接地通过影响人力资本积累而对经济增长产生影响。人力资本是社会资本影响经济增长的机制之一。刘长生和简玉峰(2009)构建了基于社会资本、人力资本的内生经济增长模型,利用面板数据,用信任作为社会资本的代理变量,从整体上和从不同区域对人力资本、社会资本和经济增长之间的内在机制进行了检验。研究发现,私人生产性教育支出和公共教育支出都有助于促进人力资本积累,但前者作用要大于后者。与政府培育的社会资本相比,人力资本的积累更有利于促进社会资本的积累,而社会资本的积累又对经济增长有着积极影响。尽管随着我国社会经济发展水平的提高,社会资本在经济发展中的作用越来越重要,但其发展存在着较大的地区差异性。

8.4 经验研究

根据前面对社会资本、人力资本与经济增长之间关系的理论分析,在经验研究中,所采用的基本模型如下:

$$Y_i = \alpha + \beta_1 \times 信任_i + \beta_2 \times 人力资本_i + \gamma X_i + \varepsilon_i$$

其中,Y 是因变量,信任$_i$ 和人力资本$_i$ 分别是我国各省区的信任水平和人力资本水平,X 是相关的控制变量。因变量为我国各省区 2000—2012 年的人均 GDP 增长率。

自变量为信任水平,取自 WVS 对我国各省区信任水平的调查结果。自 1990 年至今,WVS 分别于 1990 年、1995 年、2001 年和 2007 年在我国共进行过 4 次调查。由于有效回答的有限性,信任被定义为各省区合并 1990 年、2001 年和 2007 年的有效回答后,剔除选择"不知道"选项的回答者,选择"大部分人是可以被信任的"选项的回答者所占的比例。尽管该结果可能存在翻译困难、样本误差和回答偏差等问题,但 Knack and Keefer(1997)认为,这些问题并未引入严重的噪音,而是比较准确地捕捉了社会普遍信任。

国内很多研究使用了张维迎和柯荣住(2002)在 2000 年委托中国企业家调查系统对全国各省区的企业领导人进行调查所得的信任数据。在这里未采用该数据,原因如下:第一,从调查对象上看,张维迎和柯荣住(2002)的调查面向企业领导人,就普遍信任而言,其取样存在较大偏差。第二,从调查内容上看,张维迎和柯荣住(2002)的调查问题为"根据您的经验,您认为哪五个地区的企业比较守信用,并按顺序排列?"而一个地区是否"守信"与该地区居民是否可信存在差别。一个可信任度较高的地区可能因未与或很少与另一地区进行交易而被另一地区认为不守信,从而产生测量误差。第三,从调查结果上看,张维迎和柯荣住

(2002)是对最守信的五个地区的一个排序,并对这五个地区分别赋以5、4、3、2和1的权重计算得到了综合信任水平。然而,这种权重设计存在很大的随意性,因为不同水平的信任之间可能不是等距的,即排列于相邻名次的地区之间的信任差距可能是不一样的。

多数关于经济增长的研究都将人力资本视为一个重要的解释变量,使用的指标有:小学和初中入学率、受一定程度教育的人口占总人口的比例、在校学生人数,以及人均受教育水平等。Barro(1991)认为,比起投资于人力资本的流量,使用人力资本存量作为代理变量是更好的选择。故在经验研究中选取了各省区2000年的人均受教育水平作为该省区初始人力资本存量的代理变量,数据取自陈钊等(2004)的研究和《中国人口统计年鉴》。

其他控制变量如下:(1)储蓄率。借鉴Barro(1991)、Knack and Keefer(1997)等的做法,将储蓄率定义为2001—2012年资本形成总额(固定资本形成总额与存货变动之和)占GDP的比例的均值。(2)人口增长率。这里取各省区2001年至2012年年末的人口年均增长率作为人口增长率的代理变量,计算公式同人均GDP增长率。(3)开放度。定义开放度为2000年对外贸易(出口+进口)占GDP的比重,人民币对美元汇率取年平均价。(4)政府绩效。借鉴Mauro(1995)的研究,将2000年各省区每万名公职人员检察机关直接立案侦查案件数作为该省区政府绩效的代理变量,其中检察机关直接立案侦查案件主要包括各类贪污贿赂、渎职案件,公职人员指各级国有企业、机关、事业单位、社会团体的工作人员。一个省区的案件数越高,政府绩效就越差。(5)西部省份。2000年1月,国务院成立了西部地区开发领导小组,正式启动了西部大开发战略,其目的是"把东部沿海地区的剩余经济发展能力,用以提高西部地区的经济和社会发展水平,巩固国防"。西部大开发战略实施范围包括重庆、四川、陕西、甘肃、青海、云南、贵州、广西、内蒙古、宁夏、新疆、西藏、湖北恩施和湖南湘西,共12省2市。不考虑湖北恩施和湖南湘西,上述12个省区的该变量取值为1,其余为0。(6)初始人均GDP。定义初始人均GDP为2000年各省区人均GDP的自然对数值。(7)人口数。定义人口数为各省区2000年至2012年年末的平均人口数。

为了克服信任可能存在的内生性问题,借鉴既有文献,选择了两个工具变量:女性文盲率和知青数人口比。(1)女性文盲率。参考Akcomak and Ter Weel(2009)的研究,选取女性文盲率而非全体人口文盲率的原因在于中国历来有重男轻女的传统,女性文盲率的差异在边际上更能体现各省区对教育重视程度的差异。女性文盲率定义为1987年女性文盲、半文盲占12岁及12岁以上女性人口的百分比,数据取自《中国人口统计年鉴》。(2)知青数人口比。虽然不能否认"上山下乡"可能会通过一些渠道对个人的信任和道德观念产生正面影响,但梁平汉和李佳珈(2013)利用2006年中国综合社会调查数据,分析了知青"上山下乡"影响知青信任水平的渠道,发现在控制个人收入、教育、家庭等特征及加入省份虚拟变量后,相对于其他社会群体来说,知青的整体信任水平更低,尤其是"文化大革命"期间"上山下乡"的知青。在本书中知青数人口比定义为1962—1979年各省区知识青年"上山下乡"人数占1962年、1979年平均非农业人口的比例,其中海南、重庆的数据空缺,知识青年"上山下乡"人数取自顾洪章(2009)的研究,数据源为原国务院知青办,非农业人口数据取自《新中国五十年统计资料汇编(1949—1999)》。

数据显示,包括人均GDP增长率和人力资本在内的主要变量在我国各省区之间存在着显著的差异。其中,信任的均值为55.23,标准差为10.26,意味着从平均上看,选择"大部分人是可以被信任的"选项的回答者所占的比例略大于50%,且标准差是比较大的。首先,采用最小二乘法对经济增长进行回归分析,控制变量为储蓄率、人口增长率、开放度。信任的系数是0.060,且在1%的重要性水平上显著,意味着信任与经济增长之间呈显著的正相关关系。信任水平每提高1个百分点,经济增长率将提高0.060个百分点;或者信任每变化一个标准差,经济增长率将同向变化0.41个标准差,即0.616个百分点。

然而,上述方程可能存在内生性问题。第一,如果信任产生于因收入持续增长而带来的乐观情绪,那么收入与信任之间就可能存在互为因果的关系。第二,如果强有力的法治有助于社会在面临负面冲击时保护信任免受冲击,而这样的法治又未能很好地被衡量,则即使是在长期仍会存在内生问题。第三,具有较高信任水平的地区更容易也更能够有效地执行促进经济增长的政策,而未能将这些衡量政策有效性的变量纳入估计方程可能会使信任与误差项相关,从而产生内生问题。为了纠正内生性给估计结果带来的偏误,故选取了女性文盲率和知青数人口比作为信任的工具变量,进行了2SLS回归分析。过度识别检验结果表明,过度识别约束是合理的,女性文盲率和知青数人口比均是合意的工具变量,回归结果见表8-1。方程1—4的结果显示,信任对经济增长仍有显著的积极影响,但其系数由0.06下降至大约0.04,约为此前的2/3,这意味着信任水平每提高1个百分点,经济增长率将提高大约0.04个百分点。储蓄率和开放度对经济增长仍有积极的影响,储蓄率的系数约为0.05,开放度的系数约为0.02。人

社会资本、信任与经济增长

口增长率对经济增长的作用仍显著为负,大约为-1.9。以上结果与最小二乘回归结果基本一致,且在1%的显著性水平上显著。最后,对工具变量法进行Hausman内生性检验,结果表明变量信任的内生性不强,仅在重要性水平不低于9.8%时才能拒绝信任是外生变量的原假设,因此工具变量法并不显著地优于最小二乘法。

表8-1 信任对经济增长的影响:工具变量法

	1	2	3	4
信任	0.043*	0.047***	0.043	0.051**
	(0.024)	(0.018)	(0.026)	(0.022)
储蓄率	0.050***	0.054***	0.051***	0.049***
	(0.015)	(0.017)	(0.014)	(0.015)
人口增长率	-1.885***	-1.913***	-1.886***	-1.908***
	(0.199)	(0.180)	(0.195)	(0.180)
开放度	0.020***	0.020***	0.020***	0.020***
	(0.006)	(0.006)	(0.006)	(0.006)
政府绩效		-0.236		-0.328
		(0.258)		(0.265)
西部省份			-0.014	0.184
			(0.370)	(0.374)
常数项	6.539***	7.088***	6.528***	7.437***
	(1.950)	(2.054)	(1.802)	(1.693)
R^2	0.8827	0.8906	0.8825	0.8966

注:括号内表示相应估计的标准误。***、**、*分别表示在1%、5%和10%的显著性水平上显著。

为了考察信任、人力资本与经济增长之间的关系,以及人力资本是否为信任作用于经济增长的可能渠道,接下来采用温忠麟的中介效应检验法。该方法类似于传统的中介效应的依次检验法,即首先考察信任对经济增长的显著性影响,其次考察社会资本对人力资本积累的影响,最后在第一步的基础上加上人力资本变量,综合考察信任、人力资本等因素对经济增长的影响,并进行Sobel检验。为了准确地捕捉信任对人力资本积累的影响,借鉴既有研究,选取了初始人均GDP和人口数的对数作为控制变量。表8-2是人力资本与信任、初始人均GDP和人口数对数之间的相关关系。可以看出,相关系数都显著为正,其中信任与人力资本之间的相关系数为0.26。进一步地,对人力资本进行回归分析,结果见表8-3。可以看出,信任对人力资本积累的影响是显著为正的,这符合预期。信任水平每提高 1 个百分点,人力资本将提高 0.02 个百分点。作为控制变量的初始人均 GDP 对人力资本积累也有积极影响,但人口数的影响并不显著。

表 8-2 人力资本与信任等变量之间的相关关系

	信任	初始人均 GDP	人口数的对数
人力资本	0.260	0.667	0.283

表 8-3 信任对人力资本的影响

	1	2
信任	0.021**	0.022**
	(0.008)	(0.011)
初始人均 GDP	1.313***	1.301***
	(0.331)	(0.325)
人口数的对数		0.374
		(0.390)
常数项	−5.211*	−8.216
	(2.928)	(5.338)
R^2	0.4245	0.5111

注:括号内表示相应估计的标准误。***、**、* 分别表示在 1%、5% 和 10% 的显著性水平上显著。

接下来,在原有方程的基础上加上人力资本变量,考察信任、人力资本对经济增长的影响,并与前面的研究进行对比。从表 8-4 可以看出,信任水平对经济增长仍有正向影响,其系数与方程 3 中保持一致。储蓄率、人口增长率和开放度对经济增长的影响也与前面的研究相吻合。需要指出的是,人力资本对经济增长的作用在方程 1—3 中为负,在方程 4 中为正,但都不显著。这与 Knack and Keefer(1997)、Zak and Knack(2001)等的结果不同,但也能够与国内既有研究相互印证,如林毅夫和刘培林(2003)发现,初始人力资本存量的系数符号相悖于理论预期,甚至在有些情况下系数的显著性水平还比较高。蔡昉和都阳(2000)发现,在控制东部、中部、西部的地区虚拟变量后,初始年份人力资本禀赋的系数符号虽仍为正,却不再显著。对此,黄燕萍等(2013)给出的解释是我国现阶段的人力资本尤其是高级人力资本的经济效率还比较低,因此其对经济增长的贡献尚不如传统的资本和劳动力等因素。表 8-4 中信任的系数在方程 1—4 中都在 1% 的显著性水平上显著,而人力资本的系数都不显著。接下来,对表 8-3 和表 8-4 中的系数进行 Sobel 检验,得到相应的 Z 值为 0.77。因此,根据温忠麟的中介检验方法,虽然人力资本的系数不显著,但由于信任能够显著地促进人力资本积累,所以可以判定,人力资本可能构成信任影响经济增长的中介变量。

表 8-4　信任、人力资本对经济增长的影响:最小二乘法

	1	2	3	4
信任	0.061***	0.065***	0.061***	0.066***
	(0.018)	(0.021)	(0.018)	(0.021)
储蓄率	0.049***	0.054***	0.046***	0.045***
	(0.016)	(0.016)	(0.016)	(0.016)
人口增长率	−1.935***	−1.940***	−1.925***	−1.960***
	(0.203)	(0.254)	(0.213)	(0.261)
开放度	0.022***	0.022***	0.022***	0.022***
	(0.007)	(0.006)	(0.007)	(0.006)
人力资本	−0.026	−0.076	−0.019	0.023
	(0.069)	(0.248)	(0.074)	(0.244)
政府绩效		−0.339		−0.491*
		(0.286)		(0.272)
西部省份			0.096	0.367
			(0.381)	(0.373)
常数项	5.767***	7.051***	5.820***	7.240***
	(1.802)	(2.196)	(1.744)	(2.096)
调整 R^2	0.8950	0.9013	0.8954	0.9053

注:括号内表示相应估计的标准误。***、**、* 分别表示在 1%、5% 和 10% 的显著性水平上显著。

综上所述,较高的信任水平对经济增长有着重要的推动作用,信任每变化一个标准差,经济增长率将同向变化 0.41 个标准差,即 0.616 个百分点。较高的信任水平有助于防范经济活动中的风险、促进合作和提升资源配置效率,从而有助于促进经济增长。其中,人力资本是信任影响经济增长的渠道之一,信任水平的提高有助于人们获取有效的信息,调动人们的积极性和主动性,进而从微观和宏观两个层面来影响人力资本的质量、存量和现有人力资源价值的有效发挥,并对经济增长产生积极作用。

从以上研究可以看出,社会资本水平的提高能够对经济增长产生积极的促进作用,且社会资本可以通过人力资本积累对经济增长产生间接影响。社会资本的健康发展,有助于企业家和风险投资家共同合作开发新技术和新产品,有助于人们之间的相互信任和合作,进而促进经济发展。因此,如何有效地促进社会

资本积累,不仅是理论界需要探讨的学术问题,也对政府的公共政策有着重要的意义。

由于经济主体的人力资本积累与政府培育社会资本的公共支出,都有助于信任水平的提高,因此加强社会资本建设需要注重人力资本培育与政府干预行为的结合。具体来看,一方面,社会资本水平的提高依赖于全体社会成员整体素质水平的提高。形成良好的社会资本氛围主要取决于社会成员的行为方式,而行为方式主要受经济主体的个人素质,即人力资本积累的影响。另一方面,社会资本水平的提高也依赖于政府的作用。Steger(2002)指出,在保证基本的生理和生存需要的基础上,个人消费将通过教育和保健等生产性消费支出来提高个人的人力资本水平。由于受教育水平的提高不仅可以促进人力资本的积累,还可以促进社会资本的积累。因此,政府应该制定相应的政策来促进人力资本的积累,同时促成社会行为准则的健全,增强人们之间的合作,以提升整个社会的信任水平。另外,社会信用体系具有公共品的性质,为了避免其外部性对经济主体产生的负面影响,政府也需要采用行政和法制等手段。因此,在培育社会资本的过程中,必须要有政府的直接干预行为,将市场与政府有机结合是提高社会资本水平的一个重要手段。

需要指出的是,正如Akcomak and Ter Weel(2009)的研究所显示的那样,一个地区的社会资本水平是受其长期的历史文化和制度等因素影响的。即使是在同一国家内部,由于历史状况的不同也可能导致社会资本水平呈现显著的差异,进而导致技术进步和经济发展存在差异。因此,落后地区的经济发展不可能是一蹴而就的,在短期内技术创新和经济增长不可能实现跨越式发展,因为社会资本的形成是一个长期的历史进程。

同时,尽管人力资本在经济发展中发挥着重要作用,但以上研究并不意味着教育应该无限制地供给。事实上在某些层面上,存在"教育过度"的现象。比如,在达到某一层次的基础教育之后,对于某些人来说,进行更高层次的基础教育远远没有进行职业教育重要。因此,为了提高教育的效率,应该使教育更具有针对性,应该考察教育回报是如何随个人特征而发生变化的,并需要了解教育给不同特征的人们带来的回报上的差异。

第9章 社会资本、政府绩效和经济增长

自 Putnam(1993)以来,关于社会资本与经济增长之间的关系已被学者们广泛论证。Putnam(1993)率先把社会资本引入到了区域经济增长的差异中,正是社会资本的差异造成了意大利南、北部地区的经济差异。在另一篇经典的文献中,Knack and Keefer(1997)利用世界价值调查数据,对29个市场经济国家进行分析发现,包括信任在内的社会资本每提高1个标准差,将会带来2.04%的投资水平的增加和1.15%的经济增长。Zak and Knack(2001)认为,信任可以通过降低交易成本来促进经济增长。在高信任环境中,投资者用于证实经纪人是否诚实的时间较少,因此产出较高。Fukuyama(1995)指出,健全的中间组织和健康的社会资本是美国、日本和德国等国家经济发展和企业规模扩大的主要原因。

与此同时,经济学家 Temple and Johnson(1998)指出:"经济学家在分析经济增长的源泉时忽略了社会方面的因素,这导致经验预测与现实经济不一致……合理的社会安排是促进经济增长的重要原因。"其中"合理的社会安排"可以理解为与制度和法律等因素相关的政府行为和绩效。基于此,本章旨在传统解释框架的基础上,考察社会资本、政府绩效对经济增长的影响,并指出政府绩效可以作为社会资本影响经济增长的渠道。较高的社会资本水平能够使政府官员产生强烈的责任感并提供较高质量的政策供给,在提高政府绩效的同时显著地促进经济增长。

9.1 社会资本与政府绩效

在现实生活中,为什么有的政府比较稳定、行政效率高且具有创新性,而有的政府却政权更迭频繁、腐败渎职现象比比皆是且政策僵化?一直以来,对这些现象的解释都是着眼于选举制度、政治分化、行政能力、制度建设和社会经济现代化等因素。然而,社会资本理论的出现为解释政府行为和政府绩效提供了一个新的视角。

第9章 社会资本、政府绩效和经济增长

经济学家倾向于认为信任是一种人们进行合作的倾向。较高的信任水平会带来较大范围内的合作。在重复博弈中，信任表现为人们相信交易对方会进行合作，而不是采取理性的"针锋相对"（tit-for-tat）的策略。这种信念越强烈，合作的可能性就越大且时间越长久。在单期博弈中，人们也有进行合作的倾向，比如在独裁者博弈或最后通牒博弈中，即使预期到未来不会再与交易对方相遇，人们也相信对方会进行合作，并相信博弈的公平性。

信任和社会资本在社会的组织机构中发挥着重要的作用，这些组织机构既包括公司也包括政府，其中，信任和社会资本被描述为人们进行合作的倾向，有助于创造有效的社会产出，并避免无效的非合作结果，例如囚徒困境。特别地，信任在较大型组织中发挥着重要的作用，因为与进行频繁、重复交易的人们相比，对于那些不经常相遇或者陌生的人来说，信任对促进和保持合作尤为重要。在经常能接触到彼此的家族成员和合伙人之间，即使信任水平不高，声誉机制和惩罚机制的存在，在一定程度上也能够保证合作的实现，而在大型机构和组织中，例如在一所综合性大学中不同院系的行政人员之间，以及政府机构中不同部门的成员之间，人们彼此接触的机会不多，且很少存在频繁的工作联系，这样声誉和惩罚机制很难在成员之间发挥作用，因此如果没有信任，合作便很难实现。

其中，政府是最有代表性的大型机构和组织。政府中的行政人员既需要与大量的不经常接触的其他行政人员进行合作，也需要与基本上不会再有接触的社会公众进行合作，从而创造有价值的公共品。比如，在意大利那些信任水平比较高的地区，行政人员可以与其他行政人员以及公民之间进行有效的合作，从而有助于提高政府绩效。

另外，大型机构和组织还包括公民群体、社团和公司。群体和社团的存在与发展也离不开信任，因为这些群体和社团大部分都是自发形成的，其成功依赖于人们之间的合作。Putnam(1993)用社会参与程度来衡量社会资本，发现即使社会参与本身是受人们对其他人的信念所影响的，但是，公司的正常发展也离不开职工之间的相互信任。Fukuyama(1995)通过将信任水平较高的国家中的大型公共公司与信任水平较低的国家中的小型家族企业进行对比发现，职工之间，包括不熟悉的人们之间的合作是大型公司成功发展的重要因素，而这种合作常常是建立在信任的基础之上的。

9.1.1 社会资本对政府绩效的影响机制

社会资本的发展有助于人们之间进行合作，通过集体行动获得最优的社会

结果。一般来看,人们的信任与合作等社会资本可以通过以下途径,对政府绩效乃至一个国家或地区的政治制度产生影响。

第一,社会资本的提高能够增强政府官员的责任感,有助于政府官员规范自己的行为,满足人们的利益需求。在社会资本水平较高的地区,政府官员更有可能服务于人们的整体利益,而不是狭隘的小范围利益。事实上,任何一个政治制度的正常运行都离不开人们对政府的监督,而社会资本在这一过程中发挥着重要作用。在社会资本水平较高的地区,人们对社区生活和社会事务的参与程度较高。人们可以充分讨论政治和公共事务,并对政府行为进行评论。这样,在意识到自己的行为时刻受选民监督的情况下,官员们会更具有责任感,会规范自己的行为,并制定符合选民和公众利益需求的政策,否则在下次选举时,就有可能得不到选民们的支持。同时,在具有理性公众和竞争机制的较完备的民主制度中,选民们对政府的行为充分知情,一旦发现某位官员的行为不尽职,他们很有可能行动起来对其行为进行惩罚。

因此,社会资本可以通过规范政府官员和政策执行者的行为,来提高行政效率。这具体表现为以下两个方面。一方面,政府官员在履行职责时会更愿意与其他人进行合作。一般来看,统治阶级和政府官员需要制定法律法规、管理日常工作,以及对公众的需求及时做出反应。在那些社会资本水平比较高的地区,官员们更倾向于努力工作,彼此之间达成共识和妥协,而较少出现怠工或推诿,从而使得行政效率能够得到提升。

另一方面,政府官员能够更有效地管理公共机构。在现代经济中,尤其是在产品和服务的生产和分配过程中,为了规范和协调各方面工人的行为,政府需要建立较复杂的组织机构和相应的制度安排。而在这样的组织机构中,常常存在委托代理问题。组织中的高级管理者,即委托人需要对大量的中级和初级职工,即代理人的行为进行监管。在认识到管理者对自己的行为不尽信任的情况下,这些职工很有可能采取机会主义行为。这反而需要管理者投入更多的时间和资源用于对职工行为的监管,而不是用于有效的投资,从而导致该组织的效率低下。为了解决这一问题,一个传统的方法是建立相应的正式制度来降低监管成本,例如通过制定绩效工资或者对劳动者行为进行规范等方式来减少人们的机会主义行为。而社会资本的引入,相当于提供了一种非正式制度。由于人们都相信其他人会为了该组织的共同利益而努力工作,因此每个人都会努力工作,而不会采取机会主义行为。这样,通过影响职工对其他职工和管理者行为的预期,来使人们之间形成信任与合作的良好氛围,可以使得曾经用于对职工行为进行监管的时间和资源,重新用于生产性投资,使生产效率得到提高。而在社会资本水平较低的地区,人们之间彼此不信任,作为委托人的管理者需要投入大量的时间和资源对代理人即职工的机会主义行为进行监管。在这种情况下,职工们反而不会努力工作,导致生产效率的低下。

第二,社会资本水平的提高能够有效地克服集体行动问题和"搭便车"行为,有助于人们表达自己的利益需求。只有了解人们需求的政府,才会制定相应的政策来满足人们的需求,使得政府行为更加有效率。要形成一个有责任感的政府,关键在于以下两点:一是使政治行为和公共事务被社会公众所知,二是要提高社会公众的政治参与。因为尽管政府官员的行政能力较强,也能够充分地服务于人们的利益,但究竟什么是人们的整体利益,这就需要人们积极的政治参与,需要人们通过投票、选举等方式来表达他们的偏好和需求。同时,人们对政治活动的积极参与,也会对政府官员的行为构成监督,使政府能够更好地服务于公众利益,而不是私人利益。

这里,就会存在集体行动问题和"搭便车"行为。一般来看,人们可以对政府的行为进行监督,对官员的渎职和失误提出抗议,还可以通过投票和写信等途径来表达自己的观点,这些都属于集体行动的范畴。这些集体行动有利于提高政府业绩,但同时也会带来"搭便车"行为,因此那些自私的利己主义者将不付出任何努力,他们不会积极参与到投票、出席会议、抗议集会等活动中来,甚至也不会关心政府官员的行为而只是单纯地利用其他人的付出。如何解决上述问题,霍布斯学派认为,应该采用政府的强制手段,比如,如果人们按照法律规定支付公共品的一部分费用,那么人们的福利状况就会得到改善。但是,这种政府强制手段却不能够解决对政府行为进行监管的集体行动问题。要解决这一问题,就需要建立一种机制。在这种机制下,人们将自发地采取行动来制止政府官员的违规行为,同时避免官员擅自利用行政资源来获取私利。

解决集体行动问题和"搭便车"行为的一种重要手段就是提高社会资本水平。在那些人们之间相互信任,并能够实现合作与互惠的地区,社会公众更方便组成利益集团并向政府表达自己的需求。通过减少寻租行为、增强人们的公共意识和提高人们的政治参与水平,并对官员行为进行有效的监管,可以明显地减少"搭便车"的现象,以及显著地提高政府的业绩。而在那些"搭便车"行为频繁出现的地区,人们对政治和社会事务并不关注,不愿意通过选举或者申述等方式反对政府官员的渎职行为,这样政府官员就很有可能放纵自己,使自己的私人利益最大化。在一个信任水平和社会资本水平较高的地区,人们诚实正直,相互合作,政府官员和社会公众都具有较强烈的责任感,故不太需要对政府官员的行为进行监督,整个社会将实现一个合作的均衡状态。在这样的均衡状态下,不诚实和不负责任的行为很容易被察觉到,并需要接受惩罚。

与上述观点相一致,Purnam(1993)通过对意大利的社会历史进行考察,发现在发达和文明的地区,人们相信政府能够为他们提供有益的公共品,人们与政府之间的契约会充分地考虑到公共利益;而在较落后和不文明的地区,人们认为政府只提供私人产品,且人们与政府之间的契约常常过度关注对工作和特殊政策的需求。Banfield(1958)也对意大利南部一个较落后的地区进行了调查。在该地区中,旨在提高社会公共利益的集体行动不能发挥其应有的作用,导致了该地区政府的腐败和政策的失效,因为这些集体行动作用的发挥,依赖于人们的公共意识,以及人们之间的信任和忠诚,而这些在该地区是不存在的。人们不关心社会的公共利益,因为这与私人利益相违背。比如,尽管人们对当地的医疗和交通状况并不满意,但是却没有能力组织起来给政府提出建议。该地区唯一的自发组织是由25个上层阶级的男人组成的,主要关注的是该组织内部成员的利益,而对社区的公共事务却不予关注。该地区的人们更愿意贿赂和游说政府以获得特殊的优惠,或者更倾向于选举能够为他们提供工作和特殊政策的政党,而这与整个社会的发展和公共利益无关。

第三,社会资本水平的提高有助于人们提高道德水平,人们将自觉遵守法律和法规,以减少政府的行政成本。一方面,人们更加关注公共利益,而不是私人利益,比如,人们会考虑"我们的社区如何才能得到改善?"而不是"我如何才能变得更加富有?"很显然,这有助于人们对政府的行为进行监督,也有助于人们向政府表达其利益需求,由于人们更加关注集体利益,因此政府的行为便更有可能服务于社会公众的利益,而不是以牺牲公众利益为代价服务于少部分人的利益。同时,人们更容易对政府官员的行为产生认同,一旦政府产生腐败或渎职行为,人们更有可能通过政治参与改善政府的行为,而不是继续诋毁政府。另外,那些具有较高公共意识的人们会节省与当前消费相关的支出,也有利于政府对能够显著改善人们福利水平的计划进行投资。

另一方面,在处理政府和公众的关系时,社会资本水平的提高能够有效地降低相关政策和法规的执行成本。一般来看,在政府为社会公众提供有价值的服务的同时,也需要人们付出相应的成本和努力来配合。比如,政府通过向人们征税来对教育、公路、公安等公共服务进行支付;通过制定较为严格的规则来保证工作环境的安全、生活环境的舒适和食物和药品的健康等。但是,这些商品和服务都具有公共品性质,尽管人们愿意享受政府提供的服务,但是由于集体行动困境,理性的公众不愿意付出相应的努力,不愿意缴纳税款和承担遵守规则的成本。因此,为了使人们遵守相关规定,政府就需要设计一些执行机制。然而,社会资本水平的提高,可以改善人们对其他人行为的预期,因此有助于减少对政府执行机制的需求,同时减少政府的执行成本。比如,如果预期到其他人会缴纳税款或者遵守政府的行政规定,那么人们也愿意付出相应的成本,这样政府的执行成本就比较低;而如果预期到其他人不会缴纳税款或者违反相关规定,那么人们也不愿意付出成本和努力,这会导致政府的执行成本比较高。因此,社会资本能够通过改善对其他人行为的预期,来减少政府的行政负担,使政府能够对现有的行政资源进行有效的利用,从而提高政府服务的效率。

第四,社会资本水平的提高有助于促进政策创新,使政府政策更具灵活性。在那些人们缺少公共意识、缺少信任与合作的地区,统治阶级制定的政策常常一成不变,墨守成规。一旦社会上出现新的挑战、机遇甚至危机时,统治阶级就难以在较短时间内修改既有的政策,并对这些变化做出及时的反应。Putnam(1993)发现,在意大利那些社会资本比较发达的地区,政府能够对新出现的挑战和问题做出及时的反应,比如,提供家庭护理计划、私人医生,建立工作培训中心,实施投资激励和环保计划等;而在那些社会资本不尽发达,且过于依赖农业经济的地区,由于行政管理和政策的无效,政府不能够为农业发展提供足够的资金。

第五,社会资本水平的提高,有助于政府官员达成共识,且有助于不同政党之间形成妥协。在那些人们的公共意识较差和政治参与率较低的地区,人们在社会发展和公共事务等问题上,很有可能存在较大的分歧并出现争端,在政治上也容易出现分化和极端现象。而信任和社会合作的水平越高,一旦遇到争端和冲突时,持有不同政见的双方就越有可能达成妥协。比如,Putnam(1993)发现,在意大利那些社会资本比较发达的地区,政治家更愿意与反对党进行对话,并达成妥协。

减少政治观点上的两极分化,打破政治僵局是社会资本影响政府绩效的一个途径。较高水平的社会资本有助于解决政治冲突,尤其是在面临政治危机或新的政治挑战时,较高水平的社会资本有助于协调那些具有极端政见的人们,这一点在那些种族、宗教和阶级冲突比较严重的地区表现得尤其显著。为了解决这些冲突,一些国家采用了协商民主制度。尽管协商民主制度在比利时、瑞士、马来西亚和荷兰等国家得到了较快发展,但是在黎巴嫩、塞浦路斯等国家却遭遇了失败,其原因不仅在于协商民主制度的内在制度结构,还在于在不失去党内支持的前提下,不同的政党是否愿意遵守这一制度,以及为了遵守这一制度是否愿意达成妥协。因此,影响该制度的关键因素是该地区的社会资本水平。在一个存在冲突和分裂的社会中,人们社会生活的网络彼此割裂,这些网络所产生的社会资本必然不利于网络之间进行合作。由于互惠的心理需要,人们只愿意与网络内部的成员进行合作,认为与网络外部的成员进行合作是有风险的。在这种情况下,社会资本的累积只会加剧社会的分裂,不同的组织和政党之间很难达成妥协。而在社会资本水平较高的地区,情况则正好相反,因为人们知道,即使网络外部的交易遭遇失败,他们仍然可以回到网络内部来进行交易。这样,不同网络之间进行交易和合作的风险就得到了降低,使得网络之间的合作成为可能。因此,较低水平的社会资本不利于处于不同群体和网络中的人们之间进行合作,而较高水平的社会资本有助于人们之间进行合作,并通过建立协商民主制度,使民主在冲突较为严重和分裂的社会中发挥一定的作用。

9.1.2 社会资本对政府绩效的影响

从以上分析可以得出,在社会资本比较发达的地区,人们对社会公共事务比较关注,政府官员的责任感比较强,这有助于提高政府绩效。这一结论得到了实证研究的支持。其中,具有代表性的是 La Porta *et al*. (1997) 利用世界价值调查的数据进行的实证研究。他们考察了社会资本,尤其是信任在大型组织中的重要作用,并对政府和社会效率之间的关系进行了考察,其中政府的有效性指标来自投资者对司法系统有效性、腐败程度、行政质量和税收服从的主观调查。在人均 GNP 保持不变的情况下,信任水平每增加 1 个标准差,司法系统有效性将相应地增加 0.7 个标准差,腐败程度将减少 0.3 个标准差,行政质量将增加 0.3 个标准差,税收服从将增加 0.3 个标准差。在考虑到人均 GNP 后,信任的作用显著下降,这意味着在人均收入水平较高的富裕国家中,信任水平也较高。

Knack(2002)利用美国的数据,考察了社会资本对政府绩效的影响。其中,对政府绩效的衡量是基于美国 1999 年 2 月由 *Governing* 杂志发起的一项政府业绩调查项目,这个项目针对美国 50 个州的政府的财务管理、资本管理、人力资源、信息技术和对行政结果的管理五个方面进行了综合评分。所有评分的中间值是 B-,分数最低的是阿拉巴马州,评分为 D,分数最高的是密苏里州、犹他州、弗吉尼亚州和华盛顿州,评分为 A-。Knack(2002)将社会资本分为了三大类:与人际互惠与合作相关的社会资本、与人际联系相关的社会资本,以及与政

第 9 章　社会资本、政府绩效和经济增长

治社团参与相关的社会资本。其中第一类社会资本包括信任水平、志愿服务和调查反馈率等,很显然这类社会资本反映的是人际合作、互惠等友好行为,应该对政府绩效有着积极的影响。第二类社会资本反映的是人们之间的联系,包括民间社会活动和社会团体等。由于这些组织和机构的存在会对组织外部的人们造成积极或消极的影响,故其对政府绩效的影响是不确定的,其影响依赖于所涉及的社会纽带的特征,以及这些组织和机构的目标等。如果这些组织和机构能够形成公共意识,那么便可能对政府绩效有积极影响,否则便可能有负面,或没有影响。第三类社会资本意味着人们对"好的政治组织"的参与情况,该组织存在的目的就是提高政府的行政能力,因此该组织可以使政府更好地服务于公共利益,而不是私人利益,因此必然有助于提高政府绩效。

在实证研究中,Knack(2002)控制了人均收入、教育水平、人口数、政治分化程度和利益集团的密度和多样性等因素后,通过研究发现:首先,第一类与人际互惠与合作相关的社会资本与政府绩效之间存在正相关关系。比如,从事志愿服务的人数每增加 7 个百分点,该地区政府绩效的评分将提高一个级别。同时,该类社会资本水平的提升,有利于整体社会福利水平的提高,虽然人们可能需要付出一部分私人成本,但这可以有效地抑制"无原则的家族主义"行为,这种行为将给政府的行政管理带来严重的危害。其次,第二类与人际联系相关的社会资本与政府绩效之间没有显著的相关关系。尽管积极参与民间社会活动和社会团体无疑有助于形成合作和互惠的社会氛围,但这种氛围常常仅存在于该社会团体的内部。由于不同社会团体在组成成员、行为准则和存在目标等方面存在差异,大部分社团都具有排他性,这不利于不同社团之间的信任与合作,故很显然不利于形成公共意识和提高政府绩效。最后,第三类与政治社团参与相关的社会资本对政府绩效有积极影响。这些社团的参与率每增加 2 个百分点,会使政府绩效评分提高一个级别。进一步地,为了修正内生性和因果关系的影响,他们采用了该地区的宗教构成作为工具变量,发现回归结果是稳定的。

同时,一些学者从宏观层面考察了信任和公众参与等社会资本对政府绩效的影响。Putnam(1993)指出,社会资本水平的高低是意大利各地区政府绩效的决定性因素,社会资本指数与政府的经济业绩、政府对公众需求的反应等都密切相关。在那些公众对社会事务参与较广泛的地区,当地政府的绩效指数也比较高,能够提供更有效率的公共品。研究发现,信任水平每提高 1 个标准差,司法效率将提高 0.7 个标准差,政府腐败将降低 0.3 个标准差。Fukuyama(1995)认为,人们之间信任水平的提高,有助于提高包括公司在内的组织机构的绩效。

社会资本、信任与经济增长

Knack and Keefer(1997)发现,信任水平越高,政府的绩效就越高,其中对政府绩效的衡量来自人们对行政效率和腐败程度的看法,以及对政府的信心;而社会参与对政府绩效的影响是不确定的。Rice(2001)利用美国爱荷华州 114 个城市和乡镇的数据,发现当地政府的行政质量与社会资本价值指数之间存在正相关关系,但是与对小群体的参与程度之间没有相关关系。这里"社会资本价值"指数包括人际信任和对政府和社区事务参与程度等指标。Rice and Sumberg(1997)通过对美国各州情况进行考察,发现政府绩效是市民文化的函数。其中,政府绩效反映的是政府政策的本质,例如政策的灵活性和创造性,而不是政策所产生的结果;市民文化反映的是公共部门的绩效,包括公立图书馆的人均藏书量、公立学校中女教师的比例、政府中女性立法委员的比例和犯罪率等,而不是普遍意义上的信任和行为准则等。Bjornskov(2006)利用类似的数据,对 80 个国家的社会资本与政府治理指数之间的关系进行了实证研究,发现信任水平对政府治理指数有显著的正面影响,而协会活动和社会规范对政府治理的影响并不显著。

另外,信任水平不仅与政府业绩密切相关,还与社会中其他组织或机构的发展有着密切的关系。La Porta et al.(1997)发现,信任水平每增加 1 个标准差,人们的社会参与行为将增加 0.7 个标准差,专业社团参与行为将增加 1 个标准差,同时大型公司销售占 GNP 的比重将增加大约 0.5 个标准差。这一结论与 Putnam(1993)和 Fukuyama(1995)的研究是一致的,即信任有助于提高社会中所有较大型组织机构的业绩,而并非仅仅是政府业绩。同时,信任水平的提高也有助于推动全社会的综合发展,比如完善基础设施建设、降低新生儿死亡率、提高教育水平和降低通货膨胀率等。进一步地,他们用不同国家中信仰具有等级特征的宗教,例如天主教、东正教和伊斯兰教的人口所占的比例作为信任的工具变量,发现研究结果是稳健的。

最后,信任等社会资本也与一个地区或国家的政治稳定性密切相关。Amlond and Verba(1963)强调了市民合作对政治稳定性的重要作用。市民合作有助于制止统治集团的不恰当行为,能够使统治集团对公众的需求做出及时的反应。Paxton(1999)和 Inglehart(1997)从理论上证明了,一个民主的政府能够长期地存在下去必然离不开信任。现任政府愿意遵守既定的规则,因为他们相信,如果未来反对党上台也会遵守既定的规则。Inglehart(1999)用世界价值调查的数据衡量了信任水平,他通过实证研究发现,信任水平越高,人们对民主的支持就越高。

9.2 政府绩效与经济增长

一般认为,政府绩效水平的提高会显著地促进经济增长。很显然,政府机构的失职,甚至失灵不利于投资项目的开展,不利于企业家进行创业和创新活动。如果对物质资本、企业利润和专利等方面的财产、产权保护较差的话,则会降低人们进行投资和创新活动,以及获取国内外先进技术的动机和机会。North(1990)强调了司法体系保持有效的重要性,它能够保证合同的执行,从而提升经济业绩。Mauro(1993)指出,政府是由政治家构成的,不同的政治家之间会进行博弈。每个政治家都可以选择是否建立一个私人的行贿系统。如果执政政府的行贿价格比较高,就会带来经济业绩的恶化,政府也难以维持下去。在这样的机制下,执政政府以牺牲未来的利益为代价,使得当前自身的利益实现最大化,这就导致政府的执政时间大大缩短,同时社会将陷入一种腐败、政治不稳定和落后的经济增长的劣质均衡状态。

政府绩效对经济增长的影响主要是通过影响投资来体现的。根据内生增长模型,行政效率可以通过影响投资率对经济增长产生间接影响,或者通过在不同部门之间配置投资资源对经济增长产生直接影响。那些官僚主义很强、失去公众信任的政府,将导致专利和许可权等得不到及时和有效的运用,从而延缓了生产技术转化为生产力的过程,而较高的行政效率会带来较高的私人资本的边际产出水平,从而提高投资率。另外,腐败行为将导致生产资源在不同部门之间的错误配置,使得在稳定状态下的收入水平呈现下降。事实上,如果很多人都向官员提供"速度金钱"(speed money)或特权赎买,即用钱买效率时,就会逐渐在社会上形成一种氛围:除非对官员行贿,否则官员就会故意拖延许可证的发放,从而导致了社会上的官僚主义。因此,当经济水平低于稳定水平时,较高的腐败将带来较低的经济增长水平。

一些学者考察了政府绩效对经济增长的影响。Murphy et al. (1991)发现,在那些寻租活动比较多的国家中,经济增长比较缓慢。Shleifer and Vishny(1993)将腐败定义为政府官员出售政府财产谋取私利的行为,假设政府官员是政府生产的产品的垄断性卖者,他们利用微观的供求模型,在考虑到边际成本为正或为零、存在或不存在惩罚,以及官员之间的竞争等因素后,发现政府官员的贿赂特权或监督上的乏力,都有可能导致无穷大的腐败,而腐败对市场的扭曲作用要远远大于税收的作用。Brunetti et al. (1998)以73个国家超过3 800家企业的微观调查数据为依据,证实了缺乏可信任度的政府政策会对经济增长造成伤害。La Porta *et al*.(1999)总结了上述研究,认为好的政府已被证明促进了过去1 000年欧洲经济的发展,不同国家之间政府绩效的差异会带来经济增长的差异。

尽管学者们普遍承认政府机构的有效性能够促进经济增长,但是其对经济增长产生影响的机制和规模还没有定论。Mauro(1995)考察了政府制度有效性的九个指标:政治制度变化、政治稳定性、执政党被推翻的可能性、劳动力稳定性、与邻国关系、恐怖主义、法律系统有效性、官僚主义程度和腐败。这些指标在0—10之间取整数值,数值越高,有效性就越高。这些指标彼此之间呈显著的正相关关系。比如,腐败与官僚主义的相关系数是0.79,在控制人均GDP后,两者的偏相关系数是0.66,因为一般来看,在那些官僚主义猖獗,并使行政效率明显下降的国家中,腐败问题都很严重。同时,腐败也能够带来行政上的拖延。由于这九个指标呈多重共线且高度相关,很难对每一个指标的具体贡献进行识别,为此,Mauro(1995)创建了两个指数:前六个指标为政治稳定性指数。一般来看,行政效率越高,政治稳定性也就越高;后三个指标为行政效率指数,通过这一指数可以对政府的行政绩效和腐败程度进行更精确的衡量。这两个指数之间的简单相关系数是0.67,在控制人均GDP后,偏相关系数是0.45。一种可能的解释是,行政效率和政治稳定性共同受某些政府行为因素所影响。

Mauro(1995)通过创建政府绩效指数,分析了腐败和其他制度因素影响经济增长的途径,并试图对其影响进行量化。他通过利用20世纪80年代的数据对世界上70个国家的政府绩效指数进行分析后发现,从整体上看,与落后国家相比,发达国家的政府绩效指数较高。在那些经济增长较快的国家中,行政效率指数较高。比如,政府绩效指数最高的国家是新加坡,其腐败程度最低,政治稳定性最强;政府绩效指数最低的国家是扎伊尔,其政府腐败现象猖獗,投资率非常低。当然,样本中也有几个例外情况:比如泰国的腐败程度也比较高,但是该国家也一直保持着较高的经济增长水平;韩国也是一个经济增长较快的国家,但其政府绩效指数也比较低。特别地,腐败与投资、经济增长之间的负相关关系,从统计学和经济学的角度上看都是显著的。一个国家的腐败程度每降低1个标准差,将会带来投资率的增长,增长的幅度相当于GDP的2.9个百分点;行政效率每提高1个标准差,将会带来投资率的增长,增长的幅度相当于GDP的4.75个百分点。同时,腐败程度每降低1个标准差,行政效率每提高1个标准差,分别会带来人均GDP 1.3和0.8个百分点的增长。具体来说,如果孟加拉国能够将行政效率提高1个标准差,即达到乌拉圭国家的水平,那么其投资率将增长大约5个百分点,年均GDP增长率将提高0.5个百分点。因此,政府绩效可以通过影响投资率来对经济增长产生影响。较差的政府绩效有碍于私人投资的开展,因此不利于经济增长。在考虑内生性问题后,研究结果是稳定的。

另外,国内外关于社会资本、政府绩效与经济增长这三者之间关系的研究还较少。这方面的经典研究是 Ahlerup et al.(2007)和 Farole et al.(2007)的跨国数据研究。Ahlerup et al.(2007)通过运用非线性回归模型,用信任指数衡量社会资本,用政府质量指数衡量制度水平,发现在不同的制度水平上,信任的边际影响不同。当制度水平为0.25时,社会资本每增加1个标准差,经济增长率将提高1.1个百分点;当制度水平提高至0.5和0.75时,社会资本每增加1个标准差,经济增长率将分别提高0.68和0.36个百分点。Farole et al.(2007)通过运用58个国家的样本数据进行研究,发现社会资本、规范及其互动有利于发挥法律制度、产权制度和政府制度的效力,进而促进经济增长。

最后需要指出的是,在学术界政府的腐败行为对经济增长的影响是有争论的。Leff(1964)和Huntington(1968)等一些学者认为,政府腐败在一定程度上可以促进经济增长,这主要是通过两种途径来实现的。第一,贿赂可以通过"速度金钱"或者特权赎买来提高政府办事效率,避免行政审批上的拖沓,通俗来讲即用钱买效率。但是这种途径只有在那些官僚主义很强的政府中才能适用。第二,贿赂在某种程度上类似于"计件工资",那些收到贿赂的官员会更加努力工作。当然,以上这种理论的危险和弊端在于:特权被赎买后如何才能不创造新的特权?这便需要在一定程度上削减政府的权力。当然,另有大部分学者认为,政府腐败不利于经济增长。比如,Rose-Ackerman(1978)指出了抑制腐败行为的困难,尤其是在那些特权赎买比较盛行的国家。Murphy et al.(1991)发现,在那些政府官员拥有寻租权利的国家中,经济增长较为缓慢。一般认为,在较贫穷的国家中行政效率低下,腐败现象严重,政治上也欠稳定。随着时间的推移,这些制度上的无效会不断得到累积,从而导致未来经济增长水平的持续低下。当然反过来,经济水平的落后也会进一步导致制度上的无效,从而使经济发展进入一个恶性循环的状态。

9.3 经 验 研 究

9.3.1 模型设定

地区经济收敛问题一直是经济学研究的一个焦点。收敛的概念源于罗伯特·索洛的新古典增长理论,该理论假设资本的边际报酬递减,且技术具有公共品性质。收敛理论认为,一个经济体的人均收入距离其稳态水平越远,资本的回报率就越高,人均收入水平的增长就越快,从而能够实现不同地区之间经济增长的趋同。

根据新古典经济增长理论,对于不同的封闭经济体来说,若存在相同的偏好和技术,当达到稳定状态时,所有经济体将拥有相同的每单位有效劳动资本存量和每单位有效劳动产出,人均资本存量和人均产出增长率等于技术进步率。而在趋近稳定状态的过程中,Barro and Sala-i-Martin(1991)证明,初始的每单位有效劳动资本存量或每单位有效劳动产出较低的经济体将以更快的速度趋近稳定状态,即出现"收敛"现象,也称"绝对收敛"。绝对收敛可以用公式表示为:

$$\frac{1}{T}\log\frac{y_i(T)}{y_i(0)} = x + \frac{1-e^{-\beta T}}{T}\log\frac{\hat{y}^*}{\hat{y}_i(0)} \tag{9-1}$$

其中,$y_i(0)$和$y_i(T)$分别是经济体i在0时和T时的人均产出,x是技术进步率,β是收敛率,即趋近稳定状态的速度,这取决于偏好、技术等因素,$\hat{y}^*$和$\hat{y}_i(0)$是稳定状态时和0时的每单位有效劳动产出。可以看出,给定其他外生条件不变,在稳态状态时的每单位有效劳动产出$\hat{y}^*$和技术进步率x相同的情况下,不同的经济体趋近稳定状态过程中的人均产出增长率仅取决于初始每单位有效劳动产出。初始每单位有效劳动产出越高,人均产出增长率就越低。绝对收敛意味着,较贫穷国家或地区与较富裕国家或地区的人均经济增长率将随着时间的推移而趋于同一稳态水平。

不同于绝对收敛,条件收敛描述了向不同人均收入水平发展的趋势。条件收敛认为,不同的经济体可能有制度、文化等因素的差异,因而在达到稳定状态时的技术进步率和每单位有效劳动产出可能是不同的。条件收敛意味着,每一国家或地区的人均经济增长率随着时间的推移,将趋于各自的稳态水平,尽管各国、各地区之间的人均收入和贫富差距会缩小,但差距却有可能永远存在。条件收敛可以用公式表示为:

$$\frac{1}{T}\log\frac{y_i(T)}{y_i(0)} = x_i + \frac{1-e^{-\beta T}}{T}\log\frac{\hat{y}_i^*}{\hat{y}_i(0)} \qquad (9\text{-}2)$$

进一步地,假设不同的经济体不存在技术存量的差异,用向量 X_i 表示影响稳定状态时技术进步率和每单位有效劳动产出的因素,且 X_i 足以解释不同经济体存在的技术存量差异,同时允许存在常数项 α,并补充误差项 ε_i,则式(9-2)可写为:

$$\frac{1}{T}\log\frac{y_i(T)}{y_i(0)} = \alpha + \gamma X_i - \frac{1-e^{-\beta T}}{T}\log y_i(0) + \varepsilon_i \qquad (9\text{-}3)$$

式(9-3)即是接下来的主要计量模型。

9.3.2 数据分析

为了讨论社会资本、政府绩效和经济增长之间的关系,这里选取的主要因变量是我国各省区 2001—2013 年的人均 GDP 增长率。借鉴 Putnam(1993)、Knack and Keefer(1997)、La Porta et al.(1997)以及我国学者杨宇和沈坤荣(2012)等人的研究,用信任水平来衡量社会资本。因为一般认为,社会资本是主观的社会规范和客观的社会特征以及可能结果的混合物,其对经济增长的影响主要是通过两种不同类型的社会资本来实现的:认知型社会资本和结构型社会资本。前者包含信任、行为准则,后者包含社会组织和网络,人们可以通过这样的组织确定角色、分享信息和采取集体行动。而根据以往的研究,认知型社会资本,例如信任对经济增长有着显著的影响,而结构型社会资本,例如社区参与程度的影响却不显著。另外,Rice(2001)和 Knack(2002)发现,包括信任、志愿者数量和调查反馈率在内的认知型社会资本与政府绩效之间存在相关关系,而包括社区参与、俱乐部活动和走亲访友频率在内的结构型社会资本与政府绩效间不存在相关关系。因此,用认知型社会资本,即信任来衡量社会资本是合理的。

信任的数据取 WVS 对我国各省区信任水平的调查结果。WVS 曾于 2001 年和 2007 年我国在进行过 2 次调查,样本规模分别为 1000 个和 2015 个。由于有效回答的有限性,分别用这两次的调查数据来衡量 2001—2006 年和 2007—2013 年的信任水平。WVS 是当前较为普遍的信任测度方法,已被多个跨国研究所采用。尽管该结果可能存在翻译困难、样本误差和回答偏差等问题,但 Knack and Keefer(1997)认为,这些问题并未引入严重的噪音,而是比较准确地捕捉了社会普遍信任。借鉴 Mauro(1995)的研究,定义政府绩效变量为 2001—2013 年各省区每万名公职人员检察机关直接立案侦查案件数,其中检察机关直接立案侦查案件主要包括各类贪污贿赂、渎职案件,公职人员指各级国有企业、机关、事业单位、社会团体的工作人员。该指标反映的是政府腐败程度,指标越低,政府绩效就越高。

选取的其他控制变量如下:(1)储蓄率。这里定义储蓄率为2001—2013年资本形成总额(固定资本形成总额与存货变动之和)占 GDP 的比例。(2)人口增长率。这里取各省区2001年至2013年年末的人口增长率作为人口增长率的代理变量。(3)初始人均 GDP。定义初始人均 GDP 为2001年各省区人均 GDP 的自然对数值。(4)国有化程度。根据 Chen and Feng(2000)的研究,私有企业的发展状况能对地区差距产生正面影响。定义国有化程度为国有单位职工在从业人员总数中所占的比重。(5)开放度。定义开放度为2001年对外贸易(出口+进口)占 GDP 的比重,人民币对美元汇率取年平均价。

与前面的研究相似,数据显示,包括人均 GDP 增长率和信任在内的变量在我国的不同省区之间存在显著的差异。比如人均 GDP 增长率的最大值为 23.27%,最小值为 3.25%,两者之间的差距高达 7 倍之多。在回归模型中,$N=27, T=13$,根据面板数据的建模方法,有理由认为个体效应与解释变量的相关性较弱,且由于信任数据随时间变化得非常缓慢,无法适用固定效应模型,故对数据先后进行混合 OLS 回归和随机效应回归,并利用 Breusch Pagan 检验方法,判定随机效应模型优于混合 OLS 模型。无论采用随机效应回归还是混合 OLS 回归,信任对经济增长的影响都是显著的,且保持一致。以随机效应回归为例。变量信任的系数是 5.007,在 1% 的显著性水平上显著。在加入储蓄率、人口增长率和初始人均 GDP 等控制变量后,该变量的系数仍为正,意味着信任与经济增长呈显著的正相关关系。由于信任的取值在 0—1 之间,信任水平每提高 1 个百分点,经济增长率将提高大约 5 个百分点;或者信任每变化 1 个标准差,经济增长率将同方向变化 0.188 个标准差,即大约 0.5 个百分点。

有趣的是,回归结果显示,尽管初始人均 GDP 的系数均为负,但并不显著,这说明我国各省区的经济收敛效应并不显著,故与经济收敛模型(9-3)的预期存在差异,但是也与国内外一些既有研究相互印证。比如,De Long(1988)将样本数据从原有的工业国家扩展到非工业国家,发现不存在收敛现象。蔡昉和都阳(2000)发现,我国东部、中部和西部地区分别存在内部趋同,但地区间的差距却持续扩大。覃成林(2004)通过对改革开放以来我国经济增长的过程进行研究,发现 1990—1999 年,我国区域间的相对人均收入差距扩大,且东部地区的人均收入增长速度显著地快于西部地区。基于此,可以判断经济难以收敛存在以下

第9章 社会资本、政府绩效和经济增长

两方面原因:一方面,是市场扭曲和开发程度的差异。在我国,政府的政策调控对经济增长有着重要的影响。比如,特殊的优惠政策使得经济特区和沿海开放城市能够吸引大量的外资,从而有效地推动了经济增长;另一方面,这正说明了除了经济因素,信任、行为准则等社会因素在经济增长中也发挥着重要作用。

接下来是对社会资本、政府绩效与经济增长之间关系的实证研究。首先考察社会资本与政府绩效之间的相关关系,以及社会资本对政府绩效的影响,其次在上述模型的基础上加入政府绩效变量,并对比分析社会资本对经济增长的影响。表 9-1 报告了政府绩效与社会资本等变量之间的相关关系。腐败程度与信任水平的相关系数是 -0.257,且在 1% 的显著性水平上显著。腐败程度与初始人均 GDP 和人口增长率之间也呈显著的负相关关系。表 9-2 是社会资本对政府绩效的实证结果,其中政府绩效是用公职人员的腐败程度来衡量的。借鉴既有的研究,选取人口增长率和初始人均 GDP 作为控制变量。可以看出,无论是随机效应模型还是混合 OLS 模型,用信任来衡量的社会资本对政府绩效的影响都是显著的,且回归系数大约为 -4.9。信任水平每提高 1 个百分点,政府的腐败程度将相应地降低 4.9 个百分点。另外,人口增长率的提高,也有助于降低腐败程度,但初始人均 GDP 对政府绩效的影响不显著。

表 9-1 政府绩效与社会资本等变量之间的相关关系

	信任	初始人均 GDP	人口增长率
腐败程度	-0.257^{***} (0.0000)	-0.1659^{***} (0.0008)	-0.4191^{***} (0.0000)

注:括号内表示相应 P 值。***、**、* 分别表示在 1%、5% 和 10% 的显著性水平上显著。

因此,社会资本水平的提高有助于减少腐败,提高政府绩效。这与 La Porta *et al.*(1997)、Rice(2001)和 Bjornskov(2006)的结果相吻合。在社会资本水平较高的环境中,政府官员更有可能遵守行为准则和道德规范,在民主和政治的进程中提供较高质量的政策供给;同时,较高的社会资本水平也可以有效地避免公众对未来政策不确定性的担忧,使双方更可能采取一致的行动,带来政府绩效的提高。具体来说,社会资本可以通过以下两个渠道来对政府绩效产生影响:第一,较高水平的社会资本会带来较强的社会责任感,使政府的公共决策能够响应大众的偏好,而不是服务于小范围的特殊利益集团。第二,当人们的政治偏好存在较大的分歧时,较高水平的社会资本有利于政府协调各方面的利益,并带来政策和制度创新。

表 9-2 社会资本对政府绩效的影响

	随机效应回归				混合 OLS 回归			
	1	2	3	4	5	6	7	8
信任	-4.959**	-4.893**	-4.980**	-4.888**	-4.959***	-4.527***	-4.592***	-4.565***
	(2.152)	(2.090)	(1.980)	(1.921)	(0.786)	(0.737)	(0.764)	(0.715)
人口增长率		-0.107		-0.114		-0.695***		-0.702***
		(0.068)		(0.070)		(0.101)		(0.111)
初始人均 GDP			0.022	-0.001			-0.389**	0.045
			(0.347)	(0.337)			(0.164)	(0.156)
常数项	8.275***	8.318***	8.079**	8.331**	8.275***	8.560***	11.806***	8.158***
	(1.121)	(1.084)	(3.913)	(3.778)	(0.430)	(0.414)	(1.657)	(1.531)
R^2					0.0661	0.2585	0.0817	0.2587

注:括号内表示相应估计的标准误。***、**、*分别表示在1%、5%和10%的显著性水平上显著。

第9章　社会资本、政府绩效和经济增长

为了进一步探究政府业绩是否为社会资本影响经济增长的可能渠道,接下来在模型中加入政府绩效变量,考察其对经济增长的影响,回归结果见表 9-3。类似地,利用 Breusch Pagan 检验方法,判定随机效应模型要优于混合 OLS 模型。可以看出,用信任衡量的社会资本的系数仍然为正,且在 1% 的显著性水平上显著。社会资本对经济增长的显著性影响大约在 4% 左右,与前面的系数相比,不存在显著差异,这说明在方程中加入政府绩效变量对社会资本的系数影响不大,或者可以认为,前面社会资本的系数已经捕捉了政府绩效的影响。而 Shleifer and Vishny(1993)、Mauro(1995)和 Brunetti et al.(1998)的研究认为,在不考虑社会资本的情况下,政府绩效的提高可以显著地促进经济增长,因此,有理由认为,政府绩效是社会资本作用于经济增长的可能渠道。另根据温忠麟的中介效应检验法,可以判定政府绩效是社会资本影响经济增长的中介变量。

从整体上看,当社会资本作为解释变量时,用腐败程度来衡量的政府绩效对经济增长的影响不显著。在表 9-3 中,除方程 1 之外,腐败程度的系数为正,这与既有研究和经济事实相违背。虽然瑞士经济学家缪尔达尔曾指出,贿赂在某种程度上类似于"计件工资",那些收到贿赂的官员会更加努力工作;或者说,贿赂可以通过"速度金钱"或者特权赎买来加强政府的办事效率,特权被赎买后如何才能不创造新的特权,这便需要在一定程度上削减政府的权力。

以上研究表明,社会资本的提高能够显著地促进经济增长。用信任来衡量的社会资本水平每提高 1 个百分点,经济增长率将提高大约 5 个百分点。另外,政府绩效是社会资本影响经济增长的可能渠道。社会资本中的信任、社会网络和公民参与可以减少由于各经济主体信息不充分等原因造成的市场失灵和政府失灵。较高的社会资本水平有助于政府官员遵守行为准则和道德规范,使政府官员更具责任感,并提供较高质量的政策供给,提高政府的工作效率。而政府绩效的提高,有助于实现政府的公共政策目标,提高政府和私人的投资效率,从而促进地区经济发展。

本章从理论和实证的角度考察了社会资本、政府绩效和经济增长之间的关系。然而,以上研究尚存在需要进一步完善的地方。首先,本章认为,政府绩效是社会资本影响经济增长的可能渠道。然而,从理论上看,社会资本影响经济增长的渠道有很多,其中包括降低交易成本、促进物质资本和人力资本积累、促进科技和技术创新等。但在实证上,不同文献得到了不同的结论,比如 Akcomak and Ter Weel(2009)以欧洲地区为研究对象,发现技术创新是社会资本影响经济增长的唯一渠道;而在 Bjornskov(2012)以全球国家为研究对象的样本中,技

社会资本、信任与经济增长

表 9-3 社会资本、政府绩效对经济增长的影响

	随机效应回归					混合 OLS 回归		
	1	2	3	4	5	6	7	8
社会资本	4.970*** (1.490)	4.105*** (1.378)	6.524*** (1.508)	5.428*** (1.372)	5.039*** (1.779)	4.314** (2.068)	6.473*** (1.830)	5.572*** (2.060)
储蓄率	0.033*** (0.009)	0.022** (0.010)	0.052*** (0.010)	0.039*** (0.010)	0.030*** (0.008)	0.023** (0.010)	0.048*** (0.009)	0.039*** (0.010)
人口增长率	−1.260*** (0.116)	−1.258*** (0.115)	−1.396*** (0.119)	−1.399*** (0.117)	−1.317*** (0.093)	−1.283*** (0.098)	−1.455*** (0.097)	−1.421*** (0.100)
初始人均 GDP	−0.156 (0.217)	0.420 (0.329)	−0.756*** (0.263)	−0.057 (0.338)	−0.072 (0.203)	0.341 (0.362)	−0.659*** (0.246)	−0.120 (0.371)
腐败程度	−0.008 (0.078)	0.054 (0.077)	0.047 (0.077)	0.130* (0.077)	0.007 (0.072)	0.049 (0.081)	0.057 (0.073)	0.123 (0.083)
国有化程度		0.028** (0.014)		0.038*** (0.014)		0.022 (0.015)		0.033** (0.014)
开放度			2.122*** (0.546)	2.197*** (0.506)			1.891*** (0.459)	2.100*** (0.446)
常数项	9.115*** (2.188)	2.695 (3.591)	12.103*** (2.275)	4.022 (3.508)	8.367*** (2.130)	3.654 (3.673)	11.472*** (2.170)	4.924 (3.596)
R^2					0.3933	0.3980	0.4191	0.4288

注：括号内表示相应估计的标准差。***、**、*分别表示在 1%、5% 和 10% 的显著性水平上显著。

第9章 社会资本、政府绩效和经济增长

术创新的地位被受教育水平指标和法治程度所取代。Deng et al.(2012)发现社会资本可以通过提高人力资本水平和政府效率来促进经济发展。基于此,有理由认为,在同一时期的不同地区或不同时期的同一地区,由于人文和社会环境的变化,社会资本影响经济增长的渠道也应该是变化的。我国自改革开放以来,政治、经济、社会、文化等各方面一直处于较大程度的变动中,且不同省区的自然禀赋不同,社会资本影响经济增长的渠道可能并不稳定,因此,未来研究可以关注不同的历史时期,或者同一历史时期的不同地区中社会资本影响经济增长的机制,并进行比较分析。

其次,本章节认为,包括信任在内的社会资本水平的提高,有利于提高政府绩效。然而社会资本与政府业绩在某种程度上是互为因果的关系。政府行政能力和绩效水平的提高,也有助于给人们营造彼此信任和合作的氛围,使人们更愿意参与公共事务,并更具责任感。信任、合作与互惠等社会资本存量的多少与政府行为有着密切的关系。政府可以通过建立完善的法律体系、倡导公平文明的社会规范、宣扬社会诚信的价值观,以及严惩违法违规行为、加强社会制度体系建设等来促进社会资本的形成。因此在实证研究中,需要注意模型中的内生性问题。

最后,在实证研究中,如何对社会资本和政府绩效进行准确和客观的衡量,也是一个需要解决的问题。一些既有研究,例如 Mauro(1995)选择的政府有效性的九个指标,均是主观指数,来自对人们的采访和调查,这能够反映人们对政治不确定性的看法。当然,主观指标也存在一定的缺陷,因为这类指标完全依赖于人们的判断,容易出现一些人们的判断偏差。也有一些研究采用的是客观指数,例如用政治暗杀和政权更迭的次数来衡量政治的稳定性。然而,客观指数也存在一些偏差,比如,尽管自1945年以来意大利的政权更迭高达45次,但是国家却一直保持稳定。因此,究竟采用主观指数还是客观指数,需要具体情况具体分析。

考察社会资本对政府绩效的影响具有重要的政策含义和现实意义。这方面的研究为我国的经济发展提供了一个新的研究角度,即架设了社会结构和社会特征视角,而不仅仅是经济视角,并为旨在提高社会资本和信任水平的相关政策提供了有力支持。第一,以地区经济增长为例,除需进一步释放市场经济活力并推进对外开放外,西部地区还需立足于社会资本建设,改善信任环境,提高信任水平。2014年6月,国务院关于《社会信用体系建设规划纲要(2014—2020)》正式颁布和实施,这意味着我国的信用体系建设进入到了一个全新的发展阶段,这

将为提高我国的信任水平、促进我国经济健康发展奠定坚实的制度基础。

第二,推进国家治理能力和治理体系的现代化。当前,我国在经济结构和经济增长模式等方面还存在一定不足,并且仅仅依靠市场自身的力量是难以解决这些问题的。应该充分发挥国家和政府对经济活动的调控能力,但政府在经济活动中也不能大包大揽,必须重新审视和调整好政府在经济中的角色。在积极发挥政府作用的同时,适度收缩政府的经济职能,把经济发展的动能更多地让位给市场和社会。应同时提高政府政策供给的质量,进一步简政放权,打造简约型政府,为经济转型发展提供可靠的体制保障。特别地,对于不同的社会团体,政府的资助和优惠政策等应该存在不同。由于政府的政策会对社会团体的发展产生重要的影响,因此,政府应该对不同的社会团体及其行为进行清晰的识别,积极扶持和资助那些有助于提高人们福利水平和经济发展的社会团体。

第三,进一步加强法治建设,尤其是法治政府建设。应提高行政机关工作人员的法律意识和行政能力,推进办事公开,加大政府信息公开力度,完善绩效考核体系,并强化行政监督和问责,在降低行政成本和提高行政效率同时,促进经济社会健康发展。

党的十八届三中全会通过的《中共中央关于全面深化改革若干重大问题的决定》中指出,"经济体制改革是全面深化改革的重点,核心问题是处理好政府与市场的关系,使市场在资源配置中起决定性作用和更好发挥政府作用",同时该决定明确地提出了推进国家治理能力和治理体系现代化的政治任务。因此,考察社会资本、政府绩效与经济增长之间的关系,正确定位政府在经济增长中的重要角色,具有较强的现实价值和政策含义。

第 10 章 社会资本、金融发展和经济增长

一直以来,金融发展被认为是经济增长的重要推动力之一。发育良好的金融市场以及畅通无阻的传导机制有利于储蓄的增加以及储蓄向投资的有效转化,从而能够有效地降低信息成本和交易成本。大量学者对金融发展和经济增长的关系进行了系统性研究,从不同角度论证了两者之间的相关关系。约翰·G. 格利(John G. Gurley)和爱德华·S. 肖(Edward S. Show)在 20 世纪 60 年代提出了金融通过将储蓄转化为投资而提高社会生产性投资的观点。休·T. 帕特里克(Hugh T. Patrick)从"需求追随"和"供给领先"两个方面论证了金融体系在提高资本存量和新增资本配置效率,以及加速资本积累中的作用。罗纳德·I. 麦金农(Ronald I. Mckinnon)在 20 世纪 70 年代末提出并论证了金融抑制对经济增长的阻碍作用,以及金融深化和经济增长的关系。然而,自改革开放以来,我国地区之间金融发展的差距明显扩大,即使经济增长相同的不同地区之间的金融发展水平也存在明显的差距,那么,是什么因素导致了拥有相似自然资源禀赋和物质资本的不同国家或者同一国家不同地区之间的金融发展出现如此差异呢?

近些年来,一些文章对金融市场中的制度建设给予了特别的关注,考察了信息共享机制、对债权人的保护、股东权利、法律执行力度和对银行行为的监管等因素对不同金融发展指标的影响。比如,La Porta *et al.* (1998)从大陆法系和普通法系对投资者保护存在差异的角度解释了金融发展的差异。Rajan and Zingales(2000)认为,在法制建设比较弱的国家中,银行主导的金融体系能更好地促进经济增长,而随着法制的健全,市场主导型的金融体系更有优势。然而,以上这些研究都存在着一定的局限性,它们主要关注社会制度的一个方面,即正式制度对金融发展的影响,而针对作为非正式制度的社会资本和信任在金融发展中的重要作用,尚没有深入的研究。

随着社会资本这一概念被逐渐引入到经济学领域,经济学界开始关注社会资本在金融发展和经济增长中的重要作用。一个国家或地区的经济增长不仅取决于资源禀赋、生产要素和技术进步等物质因素,还受信任等社会资本的影响。

社会资本、信任与经济增长

Knack and Keefer(1997)指出,信任对一个国家或地区的经济发展有着重要影响,并强调了金融部门和金融发展的重要性。信任与经济增长之间的关系在落后国家中表现得尤其显著,因为在这样的国家中,金融体制不够发达,金融契约的执行力不强且财产权利得不到有效的保护,故信任在经济增长中的作用得到了充分的体现。同时,在信任水平较低的国家中,需要有效和强有力的制度建设来保证金融契约的执行和金融系统的正常运行,从而促进经济增长。

金融的本质是以当前的资产换取未来获得更多资产的承诺或契约,而金融行为是否发生不仅取决于契约的法律执行力,也依赖于借贷者对融资者的信任。由于信任是社会资本的重要组成部分,因此必将对金融发展水平产生影响。考察社会资本对金融发展的影响,不仅可以解释不同国家或同一国家不同地区之间金融发展水平的差异,还有助于进一步研究社会资本影响经济增长的作用机制。

10.1 金融的本质:信任

金融在经济中扮演着极为重要的资源配置的角色。金融的本质是信任,是以当前资产换取未来获得更多资产的承诺或契约。金融契约是关于信任的契约,其本身就是信任的体现。任何一个金融契约的签订和执行都离不开交易双方的信任。在金融契约中,当前债权人将资金交付给借款人,期望在未来会得到借款人的回报。事实上,任何一个金融契约都可以看作是委托人将资产托付给代理人,其预期收益取决于代理人的行为。为了避免代理人侵吞资产和采取机会主义行为,在契约中常常包含一些附加的限制性条款,例如担保和对抵押品的要求。然而,监管上的乏力、契约执行力较弱,以及在发生争端时对抵押品的占有纠纷等问题也都可能导致契约失去约束力,降低金融合同的有效性。这样,债权人的放贷能力直接取决于对贷款人偿债能力的信任水平。另外,即使契约能够得到执行,金融契约也不是完全的,因为没有任何一个契约能够保证借款人会偿还全部资金,所以信任在金融契约中发挥着不可或缺的作用。因此,在那些法律效率低下,合同执行力较弱和对债权人保护较差的国家和地区中,信任对金融发展的促进作用应该尤其显著。这样,金融契约和金融交易是否发生不仅取决于契约的法律执行力,还取决于交易双方的信任程度。从这个角度上看,信任和社会资本应该对金融发展有着重要的影响。

从理论上看,信任应该与金融部门的规模、活动,以及金融机构的效率之间存在正相关关系。信任水平的提高有助于扩大金融市场的规模和提高金融市场的有效性。在进行资源配置和资金分配时,由于会面临一系列风险,因此需要进行最优选择。由于存在较高的监管成本,资金所有者并不能对契约另一方的行为进行有效和全面的监管。债权人担心借款人会违约,存款人担心金融机构会采取机会主义行为,并侵吞所有存款,从而导致最初的资金提供者都得不到相应的保障。而这些风险在多大程度上存在且如何得到有效解决,直接取决于信任水平的高低。信任水平越低,这些风险发生的可能性就越大,意味着契约另一方采取机会主义行为的概率会提高,存款人和债权人的资金会得不到应有的偿还。较低的信任水平会使得存款人对金融机构的行为,债权人对借款人的行为产生怀疑,对契约另一方的承诺失去信任,这样存款人就不愿意将资金存入银行,债权人也对自己的贷款行为相当谨慎,他们就不再愿意将资金提供给对方,从而导致金融市场的规模比较小。

同时,在金融市场的有效性方面,信任也发挥着重要的作用。金融系统的有效性是指金融系统通过制度和市场设施建设,来降低由不完全信任而导致的较高的交易成本的能力。在风险较高的国家中,金融机构面临着较高的边际成本。随着风险的增加,净利息差额也随之提高,金融机构较高的边际成本会部分地转移给存款人和贷款人。而较低的信任水平常常会加剧金融风险,这样用净利息差额衡量的金融市场的低效率,就应该与信任水平呈负相关关系。

因此,社会资本影响金融发展的作用机制主要是通过信任来实现的。社会资本依靠规范和规则,传播其他行为人的信息,并通过重复交易来建立信任,可以减少"机会主义"和"搭便车"等行为,从而促进集体行为与合作。同时,在社会资本比较发达的国家或地区,社会网络比较发达,道德水平比较高,因此人们更加信守承诺,违规者也更容易受到惩罚,这样信任水平就比较高,故金融市场的效率较高,规模较完善。

10.1.1 金融市场中的信息不对称和不完全信任

与一般的商品交易市场相比,以资本作为交易对象的金融市场存在的最主要问题就是信息不对称和不完全信任,如何有效地解决这两个问题直接关乎金融市场的正常高效运行。尽管20世纪中期,一些经济学家已经认识到信息不对称在经济中的重要影响,但是直到80年代,学者们才开始系统地研究信息在不同投资者之间的不对称分布,并使之逐渐成为金融学研究的一个焦点。Greenwald and Stiglitz(1987)探讨了信息不对称问题,认为应该对金融市场中的不完美现象进行深入的研究,其中不完美现象主要来自信息成本。信息不对称是指在市场上人们认为自己处于信息劣势,而交易的另一方在行为选择和激励等方面比自己拥有更多的信息。信息不对称将带来道德风险和逆向选择等问题,这会使投资者之间产生歧视,导致在融资时的信贷配给,故在降低投资者净收益的同时,导致金融市场的无效。信息不对称理论对于分析在风险情况下的投资者行为,理解金融市场中的委托代理问题,解释金融机构在降低投资风险等方面的作用,以及在提高金融市场效率等方面有着重要的意义。

除了信息不对称,不完全信任也是金融市场中的一个重要问题。随着经济行为的日益多样化和专业化,人们在进行理性决策时面临着越来越多的不确定性,且人们的决策越来越多地依赖其他人的行为,其中,一个重要的不确定性来自人们之间的不完全信任。不完全信任是指人们认识到交易过程中,另一方会采取机会主义行为,通过故意违反合同的承诺,或者故意隐藏相关信息等方式来追逐不正当的超额收益。当然,信任是指人们预期并相信对方会遵守合同的约定,且会尽全力来保证合同的顺利执行和实现。

在金融交易中,人们用当前对实际资产的要求权来换取在未来某一时间能够获得更多资产的承诺。在很多情况下,这些交易是匿名的,人们在交易前需要确认交易对方是否会充分利用信息,并努力履行合同的规定。在经济发展的初期,小型社区中的人们通过较强的社会纽带联系起来,彼此之间的关系非常密切。尽管金融交易,尤其是那些持续时间相对较长的金融交易的发生是存在一定成本的,但是交易仍较为频繁。而在较大型和综合的社区中,人们之间的联系相对较弱,且存在大量的信息不对称问题。为了保证金融交易的顺利进行,金融组织和机构可以采取专业化行为来减少不完全信任行为,及其所带来的相关成本。它们可以通过搜集信息来提高资金的使用效率,和识别投资者的信任水平,并鼓励投资者履行承诺并对其行为进行监管,在解决信息不对称问题的同时构建投资者之间的信任桥梁。同时,还可以通过加强基础制度建设,使投资者的行为符合合同规定,这包括采用先进的交易技术、加强管理和监督、提高法律效率和加强法律执行力度等。

特别地,在不完全信任下,信息在金融交易中发挥着重要的作用。不同资产之间的差异体现为所包含信息的差异,具体表现为:(1)资产质量的不同;(2)资产所有者信任水平的不同。在竞争性均衡中,资产的收益能够反映出资产的交易成本,而交易成本是与资产的内在质量、资产所有人的信任水平等因素密切相关的。一些资产的交易成本较高,是因为接受这些资产需要获取更多的信息,或更长的信息搜寻过程。而金融系统的作用就在于能够降低与不完全信任相关的交易成本。一般来看,只有当人们之间是彼此信任的,愿意披露自己所拥有的相关信息和交易动机,才能够保证实现对称信息。而社会资本内涵中的信任、行为准则和社会网络等因素正是解决信息不对称问题的关键。

值得一提的是,用不完全信任理论也可以解释货币的存在和价值。传统金融学认为,市场是完美的,货币是没有价值的,其存在是无关紧要的。但是 Gale(1978)证明了即使是在完美的市场中,人们能够对未来的所有可能情况进行完美的预测,但如果人们之间不信任,认为交易对方会进行欺骗或采取机会主义行为,不相信对方能够在未来按规定履行合同,那么货币就是一种有效的价值储存手段。

10.2 社会资本的内涵与金融发展

从社会资本的内涵来看,社会资本可以通过信任、行为准则和法律制度以及社会网络等对金融发展产生影响,其中,行为准则和法律制度是社会资本存在的基础,信任和社会网络则是社会资本的重要组成因素。社会资本有助于降低交易成本、促进合作,以提高金融系统的运行效率,并使相关个体或组织获得收益。

10.2.1 法律制度和行为规范

与传统交易市场中即及时交割货款不同,金融市场中的一个重要特性就是跨期支付及相应的时间成本。跨期支付的发展和时间成本的节约,使得金融产品的种类更加多样化,从传统的存贷款、股票、债券、基金等金融产品,发展到了近些年来较快发展的信托、证券化等种类繁多的金融衍生品和创新产品,且金融市场的灵活性更强。然而,金融市场自建立以来就一直受到严格的法律制约,金融产品和金融市场的正常运行必然离不开法律制度作为重要保障。如果法律制度建设较弱或监管不力,就有可能使金融市场产生波动,甚至带来金融危机。因此,法律制度对金融市场发展的影响是不容忽视的。而社会资本是内嵌于法律制度的,是法律制度的重要补充。在法律制度作为前提和保障的基础上,行为准则和规范能够指导人们成为更有责任的公民,有助于建立一个更为宽容与和谐的社会,从而提升金融市场,乃至整个社会的效率和发展质量。

10.2.2 信任

除时间因素外,信息对金融市场具有至关重要的意义。以股票为例,利好或利空信息,甚至是尚未被证实或证伪的消息对股价的影响都是非常大的。金融市场的风险一方面来自金融市场的逐利特性与风险特性的共存,一方面来自信息的不确定性和不对称性。而信任,作为社会资本中的重要因素,对降低信息不确定性和不对称性有着较大的作用。在较高的信任水平下,交易双方能够为彼此提供更为准确和稳定的信息。比如,负责任的企业会努力建立更好的市场信任体系,培育声誉资本,这能够在降低交易成本的同时,提高社会和经济的效率,这对于公司的正常运营,以及股东的投资收益是非常有利的;再比如,在借贷市场,银行等金融机构常常是根据贷款人的信誉来决定是否给予贷款以及贷款数额的,其中信任是重要的考量因素。需要指出的是,在某些特定的群体中,信任对金融契约的影响可能是模糊的。比如,纽约大部分的珠宝商都归属于犹太正统教派,他们在融资时能够实现信息共享,故不需要签订任何金融契约。当然,从整体上看,一个社会中的普遍信任水平,以及不同群体之间的信任对于金融发展和金融市场的正常运行有着重要的作用。

10.2.3 社会网络

社会网络,尤其是在我国这样的熟人社会中,其影响是非常大的。一般来看,具有共同的文化传统和价值观,和互为捆绑利益的人们,倾向于形成一个群体。在群体中,人们彼此之间的猜忌较少,具有较强的信任水平,这使得群体内部的交易成本大大降低,合作也更容易完成。同时,群体内部的多次交易有助于形成较为稳定的合作,并为合作各方带来利益。在金融市场中,交易是无处不在的,社会网络的存在有利于交易的正常进行,有助于交易各方维系其在该网络中的地位并获得相应的收益。

10.2.4 一个理论模型

Guiso $et\ al.$ (2004)提出了一个关于社会资本、信任和投资者金融决策的理论模型,以探究社会资本对投资者的股票投资等金融决策的影响。假设投资者 i 的股票需求函数为:

$$S_i = f(\mathrm{ER}, \varphi_i) \tag{10-1}$$

其中,S_i 是投资者 i 投资股票的金额,ER 是投资的预期收益,φ_i 是影响投资者金融决策的个人特征,例如风险偏好等。股票投资存在一定的信任风险,因此在投资决策时,投资者不仅需要对帮助他们购买和持有股票的经纪人及金融机构保持信任,还需要对公司提供的数据,以及运营公司的管理者保持信任。假设股票经纪人以 π 的概率侵吞投资者的所有投资,那么股票投资的预期收益为 $ER=\pi \times 0+(1-\pi) \times R=(1-\pi) \times R$。

投资者对经纪人的信任程度取决于对经纪人行为的预期。假设经纪人 i 的投资效用函数为:

$$V_i = V(a_i, X^J, N^J, \theta_i, k_i) \tag{10-2}$$

其中,$a_i \in \{0,1\}$ 意味着侵吞($a_i=1$)和不侵吞投资($a_i=0$),X^J 代表经纪人所在地区 J 的法律执行力度,N^J 代表地区 J 的社会网络水平,θ_i 代表经纪人 i 的道德规范,k_i 代表经纪人 i 侵吞投资的固定成本,其分布 $F(k)$ 在不同的地区之间是相同的。一般来看,经纪人侵吞投资所获得的效用随着法律执行力度的提高、社会网络的愈加发达、道德规范水平的提高和固定成本的提高而下降,即 $\partial V/\partial X<0, \partial V/\partial N<0, \partial V/\partial \theta<0, \partial V/\partial k<0$。假定存在一个门槛成本 $\bar{k}_i = \bar{k}(X^J, N^J, \theta_i)$,当 k_i 低于门槛成本 $\bar{k}_i$ 时,经纪人会侵吞投资,即:

$$a_i^* = \begin{cases} 1, & \text{当 } k_i < \bar{k}_i \\ 0, & \text{其他情况} \end{cases} \tag{10-3}$$

由于 $\bar{k}$ 随着 X^J、N^J 和 θ_i 水平的提高而降低,故在那些 X^J、N^J 和 θ_i 比较高的地区,侵吞投资的经纪人比较少。为简单起见,假设有两类经纪人 $\theta_i \in (\theta_L, \theta_H)$,其中 θ_H 代表不侵吞投资的经纪人,θ_L 代表侵吞投资的经纪人,且经纪人类型因所在地区的不同而不同。

在这样的假设下,实现均衡状态时地区 J 中经纪人侵吞投资的概率为:

$$\pi^J = p^J \times F(\bar{k}(X^J, N^J, \theta_L)) + (1-p^J) \times F(\bar{k}(X^J, N^J, \theta_H))$$
$$= h(p^J, X^J, N^J) \tag{10-4}$$

其中,p^J 代表地区 J 中 θ_L 类型经纪人所占的比例。将 π^J 代入投资者 i 的股票需求函数中,可以得到:

$$S_i = f((1-\pi^J) \times R, \varphi_i) = l(p^J, X^J, N^J, \varphi_i) \tag{10-5}$$

由于 $\partial \pi/\partial X<0, \partial \pi/\partial N<0, \partial \pi/\partial p>0$,有 $\partial S/\partial X>0, \partial S/\partial N>0, \partial S/\partial p<0$,意味着投资者在金融决策中股票投资的比例随着法律执行力度的提高、社会网络的发达和经纪人道德规范水平的提高而提高。

特别地,以上模型不仅适用于投资者对股票资产的需求,也适用于对银行业和金融机构的各项存款、各项贷款和保险等其他金融产品的需求。通过对个人的金融行为进行加总,可以分析一个国家或地区的整体金融发展水平。因此可以得到,社会资本水平越高,社会道德规范水平越高,法律机制越有效,金融发展水平就越高。

10.3 社会资本对金融发展的影响机制

一般来看,在社会资本比较发达的地区,信任水平比较高,这有利于人们签订和执行金融契约,能够对一个地区或国家的金融行为和金融发展产生积极影响。反过来,发达的金融体系和较高的金融发展水平也有助于提高人们的信任水平。在高信任水平的社会中,人们愿意参与各种社会组织和机构,愿意签订金融契约并从事金融活动,这很显然有利于扩大金融机构的规模和提高金融系统的运行效率。

具体来说,社会资本对金融发展的促进作用主要受以下两个因素影响:法律制度和受教育水平。一方面,如果社会资本对金融发展的影响是通过信任来实现的,那么在法律制度不尽完善和效率低下的地区,社会资本的影响就应该比较大,因为在这样的地区,制定和执行金融契约往往需要更长的时间,涉及更多的时间成本。这样,贷款人在决定是否为借款人提供资金时,就不仅需要考虑法律制度是否完善,还需要考虑该地区人们的道德规范和信任水平。比如与美国和瑞典相比,意大利的法律制度比较落后,因此社会资本对金融发展的影响在意大利则表现得更加显著。

另一方面,社会资本对金融行为的影响,以及金融行为对信任的依赖也与投资者的受教育水平密切相关。尤其是对于那些受教育水平较低的投资者来说,信任和社会资本的作用尤为重要。考虑两个投资者甲和乙。投资者甲具有较高的教育水平,能够熟练掌握投资和金融的相关知识,而投资者乙的受教育水平较低,不具有相关的投资知识,不能理解金融契约的具体规定和内容。在这样的假设下,乙的投资决策将更多地依赖于对交易对方或其他人的信任程度,因为他很难准确地区分投资和欺诈行为。尤其是面临较复杂的金融决策,例如对资产组合进行管理时,他更不具有足够的能力和相关信息来做出正确的决策,故常常需要委托其他人代其管理资产或进行金融决策,因此,信任和社会资本对受教育水平较低的投资者来说,就变得尤为重要。

另外,投资者的金融行为和金融契约的获得和使用,也与该投资者所在的地区密切相关。投资者的金融行为不仅受其所在地的社会资本水平的影响,还受其出生地的社会资本水平的影响,因为一方面社会资本的形成是受历史和文化因素所影响的,另一方面,人们在对其他人的行为进行预期时,往往会依赖自己过去的经历。

下面,本章将从微观和宏观的角度探讨社会资本对金融发展的影响。

10.3.1 微观层面

在一个社会中,社会资本能够起到信息共享、风险分担、平滑消费、减少机会主义行为和改善集体决策等作用。前面提到,社会资本的内涵包括信任、行为准则和社会网络三个方面。一些学者从微观层面,考察了信任、行为准则和规范,以及社会交往和网络等对金融发展的影响。

1. 社会资本与个人投资决策

一个地区或社会的社会资本水平对投资者的金融决策有着重要影响。较高的社会资本水平有助于人们从事金融活动,并与金融机构建立密切的联系。比如开立银行账号、申请贷款和签订金融契约等。事实显示,在进行投资决策时,投资者不仅需要考虑不同资产间的风险差异,还需要考虑不同资产被侵吞和没收的概率,即不同资产所包含的信任因素。当社会资本水平比较低时,人们倾向于较少地投资于信任密集型资产,例如股票,而较多地投资于信任密集度较低的资产,例如持有现金;相反地,当社会资本水平比较高时,人们倾向于较多地投资于信任密集型资产,而较少地持有现金。此外,市场上支票支付的预期收益取决于支付方的信任水平,而这一信任水平是受其所在地的社会资本水平所影响的。支票的广泛使用意味着接受方对支付方的资金状况是充分信任的,相信支付方的银行账户中有足够的资金。因此,在其他条件相同的情况下,社会资本水平比较高的地区应该更加广泛地使用支票。

人们之间的借贷行为也与一个地区的社会资本水平密切相关。一般来看,借贷行为的发生源于贷款者对借款者的信任,贷款者相信借款者会按照金融契约的规定偿付借款。在社会资本水平比较高的地区,借贷行为的发生比较频繁,所提供的个人贷款数额较高,且个人贷款申请被拒绝的概率也比较低。但是,对于非正规金融或民间融资来说,信任的作用却是不同的。民间融资是主要发生在亲戚和朋友之间的借贷行为,与一个地区的社会资本水平呈负相关关系。在社会资本水平较低的地区,民间融资活动比较多。原因如下:第一,由于非正规金融是正规金融的替代品,当后者难以获得或比较昂贵时,就产生了对非正规金融的需求,或者说,当社会资本水平较低、信任比较匮乏时,正规金融活动很容易受到侵蚀,于是对非正规金融的需求便得到增加。第二,从贷款供给侧来看,也存在替代效应。当社会资本水平比较低时,最有可能提供信任密集型产品,或者说最有可能提供贷款的往往是关系比较密切的亲戚和朋友。第三,在对社会上其他人不信任的同时,人们常常表现为对自己所在的小群体,例如家族存在高度信任。Banfield(1958)用"非道德的家族主义"描述了这种对家族内部成员高度信任和对家族外部成员不信任并存的现象,这种现象导致本应该在社会范围内发生的交易仅仅发生在小范围的家族内部。

此外,Bossone(1999)从理论的角度讨论了信任是如何影响金融市场中的交易成本的,以及在面对信息不对称问题时,金融机构、个人和政府的资产配置决策和政策选择。他通过建立一个在不完全确定且不完全信任情况下的最优资产需求函数,考察了当实现一般均衡时,投资者的最优跨期决策,并探讨了金融系统的运行效率对资产定价和资源配置的影响。假设存在一种金融资产 Q,其名义收益率是 r^Q。在不完全信任的情况下,资产 Q 的价格等于其市场价格 p^Q 加上(减去)每单位资产的溢价(折价) d^Q。分析得出,如果金融系统的有效性不高,那么资产 Q 的折价幅度 d^Q 就比较大,因为交易对方不仅需要对资产 Q 进行估值,还需要对资产持有人的信任水平进行评估,这导致最优的交易时间和交易成本都会增加。在这样的经济中,均衡状态下投资者的当前消费和投资于流动性资产的比例就比较高。因此,对于发展中国家来说,旨在提高金融有效性的改革对促进资本积累有着积极的作用。

社会网络和社会交往也是人们投资决策的一个重要影响因素。Ellison and Fudenberg(1995)认为,当人们对经济决策所涉及的成本和收益无法把握时,便会更多地依赖口头信息,这意味着社会交往在投资决策中具有重要作用。Hong et al.(2004)在一个投资组合分析框架下考察了影响投资者投资决策的重要因素,包括参与成本、初始财富和投资者的个人特征等。分析得出,在其他条件相同的情况下,与非社交型投资者相比,社交型投资者的市场参与程度较高,且对外部参数较为敏感,比如,网络技术的提高会降低市场的参与成本,从而提高投资者的市场参与程度。利用美国数据的实证研究显示,社会交往与股市参与率之间存在正相关关系,其中社会交往指标是用参加宗教活动的次数和与邻居交往的次数来衡量的。较频繁的社会交往有利于分享信息和降低信息成本,从而使更多人的参与股市。Ivkovic and Weisbenner(2007)发现,个人购买股票的行为与其邻居的购买行为是呈正相关关系的。Brown et al.(2008)实证检验了以口头传播为主要形式的社区效应对人们参与股票市场的影响。研究发现,一个人参与股市的程度与他所在社区的股市参与率之间存在因果关系,其所在社区的股市参与率越高,他就越愿意遵守该社区的行为规范并参与股市。Brown and Taylor(2010)以英国为例,也发现了社会交往与股市参与率之间的正相关关系。在他们的研究中,社会交往指标是用信任水平、去教堂的次数、参加俱乐部的个数、拜访朋友的次数,以及是否是运动俱乐部成员来反映的。除了考虑到国家之间的信任水平差异,Georgarakos and Pasini(2011)从家庭层面证明了信任和社会交往对股市参与的重要作用。在欧洲国家,一些家庭的净财富大致相当,他们持有股票水平的差异主要来自在信任和交往水平上的差异。

2. 社会资本与家庭理财行为

一般认为,金融契约和金融产品的获得和使用受很多因素的影响,为了对这些因素加以控制,Guiso et al.(2004)关注了处于相同制度下的同一国家中的不同地区的金融发展问题。他们通过考察意大利南、北部地区金融发展的差异,发现一个地区的社会资本和信任与该地区的金融发展指标是高度相关的。他们利用选举参与率和自愿献血率来衡量社会资本,考察了社会资本对人们的家庭理财行为和金融决策的影响,及其在促进区域金融发展中的重要作用。数据显示,选举参与率和自愿献血率在意大利的不同地区之间均呈现出显著的差异。这两个指标之间的相关系数高达 0.64。尽管从平均上看,1946—1989 年间的选举参与率高达 80%,但是有 25%的数据低于 72%,有 25%的数据高于 86%。在意大利北部地区,即亚平宁山脉北部地区,选举参与率最高,中部地区次之,南部地区最低,且在这些地区内部也存在较大的差异。平均自愿献血率为每百人 3 袋血,即 48 盎司,而在有的省份自愿献血率为 0,有的省份则高达每百人 11 袋血,即 176 盎司。在 Guiso et al.(2004)的研究中,投资者的金融决策,即金融工具的获得和使用包含以下四个方面:(1) 对支票的使用。在意大利有大约一半的人不使用支票。(2) 资产组合的选择。在进行加权平均后,意大利人持有现金的比例较低,仅占金融财富的 2.4%。(3) 投资于股票的比例。平均上看,意大利人仅将金融财富的 3%投资于股票,这说明了当时的股票市场在意大利经济中的作用是有限的。(4) 获得贷款和非正规金融的能力。大约有 1%的人们在申请贷款时被拒绝,2%的人们在申请时感到心灰意冷而主动撤销申请,3%的人是从亲戚和朋友等非正规金融机构得到贷款的。

研究发现,一个地区的社会资本水平与人们持有现金的比例呈显著的负相关关系,与投资股票的比例呈显著的正相关关系,与使用支票的概率呈显著的正相关关系,与从正规金融处获得贷款的概率呈显著的正相关关系。具体地,如果人们从社会资本水平最低的省份移居到最高的省份,那么使用支票的概率将会提高17%—20%,相当于样本均值的1/3;持有现金的比例将会降低27%;在贷款申请时被拒绝的概率将会降低2%;从亲戚和朋友等非正规金融处获得贷款的概率将会降低大约2%—3%。因此,在那些社会资本水平比较高的地区,人们倾向于将金融资产中的大部分投资于股票,而较少地保留现金;人们更愿意使用私人支票,且在有资金需求时,愿意申请并较容易获得信用贷款。以上结论在考虑到法律执行力度、受教育水平和人均GDP等控制变量后仍然成立,而且也不受遗漏变量的影响。因为研究还发现,在那些法律执行力较弱的地区,和在受教育水平较低的人们之间,社会资本对金融决策的影响表现得更显著。因为受教育水平较低的人对金融契约和金融产品的理解和应用是有限的,因此只能更多地依赖信任来完成金融交易。同时,那些移民投资者的金融决策和行为,尤其是从亲戚和朋友处获得贷款的非正规金融行为,仍然受他们出生地的社会资本水平的影响,因为社会网络更容易形成于他出生和成长的地方,而不是后来生活的地方。

10.3.2 宏观层面

1. 社会资本与金融市场规模和效率

信任可以通过降低银行的间接成本、降低利息差额和加强对金融行为的监管等途径来提高金融机构的运行效率、完善金融市场功能和促进金融发展。Calderon *et al.*(2002)利用世界银行的数据,考察了信任与金融市场的规模、效率以及金融发展之间的关系。他们用银行管理费用和净利息差来衡量金融市场的效率,即金融机构将现金从储蓄转化为投资的能力;用存款、银行资产、银行贷款和全部贷款占GDP的比重来衡量金融市场的规模;用股票市值和交易量来衡量股票市场的发展水平,研究发现,在控制经济规模、人力资本、通货膨胀和法律制度等因素后,较高的信任水平与金融市场的深化、较低的利息差和间接成本,以及更有活力的股票市场密切相关。信任可以通过增强竞争与提高效率,来促进股票市场和金融市场的发展。

Calderon *et al.*(2002)将研究范围扩展到了国家层面,探究了信任对金融发展和金融制度有效性的重要作用。他们同样采用了世界银行的数据,对1980—1995年间不同国家的信任水平进行了考察,发现信任是金融发展的一个重要影响因素。他们利用世界价值观调查1982—1984年和1990—1993年的数据衡量了不同国家在1980—1994年间的信任水平,而金融发展水平是用金融市场的结构、效率和发展水平来衡量的,包含两类指标:(1) 金融市场的规模和行为;(2) 金融市场的效率。前者主要是金融部门持有的流动负债占 GDP 的比重,衡量指标为:流动负债占 GDP 的比重、存款银行中资产占 GDP 的比重、存款银行中私人借贷占 GDP 的比重,以及金融系统中私人借贷占 GDP 的比重等。后者主要指金融机构在存款人和投资者之间转移资金的能力,衡量指标为银行的间接成本和净利息差额。研究发现,信任与第一类金融发展指标之间呈显著的正相关关系,信任与流动负债占 GDP 的比重之间的相关系数是 0.33;与存款银行中资产占 GDP 的比重之间的相关系数为 0.33。信任与第二类金融发展指标之间也呈显著的正相关关系。同时,较高的间接成本和较高的净利息差额意味着金融系统的无效,这两个指标与信任之间呈负相关关系,与间接成本的相关系数是 -0.532,与净利息差额的相关系数是 -0.529。信任水平的提高能够降低间接成本和净利息差额,从而提高金融系统的运转效率。在对经济规模、人力资本、宏观经济稳定性和法律效率等变量进行控制后,发现在信任水平比较高的地区,金融市场的制度建设比较完善,金融发展水平比较高。另外,较高的法律执行效率和较低的通货膨胀率也有助于提高金融发展水平,而且在法律效率比较弱的地区,信任对促进金融发展的作用尤其显著。

然而,以上研究可能存在内生性和因果关系问题,因为发达的金融体系和较高的金融发展水平也能够提高人们的信任水平,这有助于人们参加社会组织和机构并从事金融活动,从而促进金融发展。为了克服这一问题,Calderon et al. (2002)采用东欧国家的地区虚拟变量、语言分化程度和人均使用电话数量作为信任的工具变量,进行了稳健性检验,发现信任水平与法律执行效率的提高对金融系统的发展有着积极影响,但这两者交互项的影响是负的,意味着信任作为一种非正式制度,与法律等正式制度的作用是相互替代的。在控制法律执行效率等变量后,信任水平每提高 1 个标准差,金融市场的规模,即流动负债占 GDP 的比重将提高 19 个百分点,存款银行中资产占 GDP 的比重将提高 17 个百分点,借贷规模将提高 17 个百分点。同时,金融市场的效率,即净利息差将相应地降低 1.2 个百分点。

此外,Marchionne and Niccoli(2012)剖析了社会资本与金融深化的内在联系,并从社会资本的角度对 2007—2009 年的金融危机做出了解释,认为金融危机的发生与社会资本的衰退密切相关。过度的金融深化对经济的影响是有害的,因为金融衍生品需要大量出现,以及金融市场的过度投机与繁荣将使得更多的资源从生产领域涌入金融领域,这样在生产领域的合作与协调会逐渐减少,将带来信任和社会资本的衰退,进而不利于经济增长。

就我国的研究而言,张维迎和柯荣柱(2002)基于中国跨省的调查数据,考察了信任对企业规模分布、发展速度、引进外资,以及一个地区经济增长的影响。卢燕平(2007)选取自愿免费献血率作为社会资本的代理变量,通过实证研究发现,社会资本与我国的金融发展水平指标之间呈正相关关系。张俊生和曾亚敏(2005)选取自愿无偿献血率和各地区的守信用程度作为社会资本的代理指标,对我国各省区的社会资本进行了衡量,发现社会资本水平的提高能够显著地促进各地区的金融发展。比如,社会资本对各地区的保险业务、个人信贷以及证券资产投资等的发展都有积极的作用。皮天雷(2010)也发现,社会资本对我国各地区的金融发展具有显著的正效应,社会资本水平的差异是我国地区间金融发展不平衡的原因之一,同时社会资本也是法律制度的一种有效替代机制。

2. 社会资本与非正规金融

尽管正规金融的发展固然重要,但是非正规金融的发展也不容忽视。非正规金融,即民间金融是指政府批准并进行监管的金融活动,即正规金融之外所存在的游离于现行制度法规边缘的金融行为,表现为民间集资、私人借贷、私人钱庄、合会、农村合作基金会和非银监会推动的资金互助组织等形式。Allen et al.(2005)指出,在社会上金融和法律环境尚不完善的情况下,我国的私人部门的发展能够依然保持强劲且在经济增长中的贡献较大,其原因在于非正规金融的发展。作为替代性的融资渠道和治理机制,非正规金融是建立在声誉和社会关系基础之上的金融活动,能够在一定程度上促进经济增长。

比如,在前面谈到的 Guiso et al.(2004)的研究中曾指出,生活在低社会资本水平地区的人们更有可能从朋友和亲戚处获得贷款,而随着社会资本水平的提高,这种非正规金融行为会相应地减少。这与 Banfield(1958)和 Fukuyama(1995)的研究相吻合,即在社会资本水平较低的社会中,由于普遍信任水平不高,人们更加依赖小范围的高信任关系,或者说人们之间的交易常常局限于家族和朋友等小范围群体中。钱水土和陆会(2008)发现,在非正规金融市场中借贷主体之间的信任水平越高,越有利于交易的达成,从而非正规金融也更受农户的偏好。Kumar(2009)指出,内生于乡土社会的民间借贷是基于互惠和信任的社会偏好产生的,是一种自我履约行为,而不是依赖于现代的金融契约,这样嵌入于社会资本中的信任机制就充当了法律制度的一种替代机制。Turvey et al.(2010)基于我国农户的调查发现,农民的信任度越高,其参与非正规金融的概率就越高。以上研究主要讨论了社会资本和信任对金融工具的使用和可获得性的影响,而金融工具的规模和使用效率是一个国家或地区金融发展水平的反映,从而肯定了社会资本对金融发展的促进作用。

此外,较高的社会资本水平也有助于促进风险资本的发展。Bottazzi et al. (2011)采用欧洲微观风险资本数据,对信任在风险资本投资中的作用进行了研究,发现在控制公司固定效应、地理距离以及信息和交易成本后,信任对风险资本的投资决策有着重要影响。另外,信任与金融契约之间存在"互补效应"与"替代效应"。替代效应意味着相对完全的金融契约能够弥补信任的不足,而互补效应意味着在交易过程中,只有存在充分的信任,交易双方才能够签订相对复杂和完全的契约。当然,信任的缺失也不能完全用合同来弥补,即使拥有良好的法律法规制度和完全的契约,也不能克服信任的缺失。

10.4 社会资本与股票市场参与

考虑这样一种情况:在大街上看到一些人在玩纸牌游戏,你会参与吗?进一步地,如果在观察一段时间后,你对该游戏的收益分布有了较为准确的认识,你会参与吗?很有可能,你的答案都是否定的,因为你可能对该游戏是否公平存在猜疑,或者说你可能对游戏的玩家不信任。

在股票市场中也是如此,股票投资相当于一种游戏。在进行投资决策时,投资者不仅需要在给定信息下进行风险收益分析,还需要相信市场上信息的可靠性,相信股票市场的公平性。众所周知,美国安然事件的发生不仅改变了人们对收益的预期,还对投资者和社会公众的信心产生了重创。股票市场中的信任可以定义为,在股票市场上投资者认为不会被欺骗的主观概率。这个主观概率一方面依赖于金融市场的客观特征,例如对投资者保护的能力、法律执行力度等;另一方面依赖于投资者的主观特征和信任水平,比如,历史、宗教、教育和文化等方面的差异,会导致投资者在信任水平上存在较大的差异。尤其是当对股票市场不熟悉或者缺乏市场的数据时,投资者的主观信念对其投资决策尤为重要。尽管随着时间的推移,投资者的经验日益丰富,投资数据也不断地获得更新,但投资者的主观信息却很难在短期内改变。如果信任水平非常低,那么很少有投资者愿意参与到股票市场,导致人们很难获得最新的信息来更新自己的既有信念。需要指出的是,这里的信任水平既包括对整个社会的普遍信任水平,也包括投资者对股票市场的信任。进一步地,如果这种低信任是根深蒂固的,那么投资者就会很难接受,或者忽视其他最新的信息。

10.4.1 信任与股票市场的有限参与之谜

传统资产选择理论认为,所有的投资者都将一定比例的财富投资于所有的股票,然而在现实中,许多家庭和个人并没有参与股票市场的投资,或者投资组合分散不足和投资的比例过低,这些现象被称为股票市场的有限参与之谜。Guiso et al.(2005)从信任的角度,对股票市场的有限参与之谜进行了解释。他们认为,投资者是否购买股票的决策取决于投资者所感知的风险的大小,而投资者对风险的感知不仅依赖于股票市场的整体环境、股票的客观个体特征,还依赖于投资者本人的个人特征和主观的信任水平,投资者需要考虑因被欺骗而遭受损失的风险。

具体地,他们通过建立一个理论模型,来考察信任对投资者资产组合决策的影响。考虑一个简单的两资产模型:安全资产的确定收益率为r_f;风险资产,例如股票的收益为$\tilde{r} \sim N(\bar{r}, \sigma^2)$,且$\bar{r} > r_f$。投资股票是有风险的,比如发行股票的公司可能是个骗局,或者公司管理者可能侵吞所有投资收益,或者股票经纪人可能独占资金而不进行投资,等等。假设投资者遭遇欺骗并失去所有收益的概率为p,也就是说,对股票的信任概率是$1-p$。假设股市参与成本为0,那么投资者将使下面的效用函数实现最大化:

$$\text{Max}_\alpha (1-p)EU(\alpha \tilde{r} W + (1-\alpha) r_f W) + pU((1-\alpha) r_f W) \quad (10\text{-}6)$$

其中,W是投资者的初始财富,α是投资于股票的份额,第一项和第二项分别为投资者没有被欺骗和被欺骗后的预期效用。式(10-6)的一阶条件为:

$$(1-p) EU'(\alpha \tilde{r} W + (1-\alpha) r_f W)(\tilde{r} - r_f) \leqslant + pU'((1-\alpha) r_f W) r_f \quad (10\text{-}7)$$

左边是对风险资产额外投资1美元所带来的边际效用,相当于以$(1-p)$的概率获得$\tilde{r} - r_f$的超额收益,右边是被欺骗后投资者的边际损失。不难发现,当$\alpha=0$时,右边的数值大于左边,投资者不会对股票进行投资。只有当投资者具有较高的信任水平,即$(1-p) > (1-\bar{p})$时,投资者才会购买股票,其中$\bar{p} = (\bar{r} - r_f / \bar{r})$是门槛概率,即当$p > \bar{p}$时,投资者不愿意投资。因此,投资者购买股票的必要条件并不依赖于其财富水平,而且财富与信任水平并不相关,从而可以解释为什么那些很富有的投资者对股市的参与水平较低。Guiso et al.(2005)利用美国二战后的数据,发现股票市场的平均收益$\bar{r}$为12%,安全资产r_f的收益为5%,这样门槛概率$\bar{p}$为6.25%,意味着当认为被欺骗的概率大于6.25%时,投资者不会购买股票。

另外，随着 p 的提高和信任水平的降低，式(10-7)左边的数值会随之减少，右边的数值会增加，投资于股票的份额 α 会不断地进行调整，当取等号时，存在一个最优的投资份额 $\alpha^* > 0$。由于效用函数是凹函数，所以如果投资者购买股票，那么随着信任水平的提高，最优的投资份额也会随之增加。假设投资者的效用函数为指数形式，绝对风险回避系数为 θ，那么最优的投资份额为：

$$\alpha^* = \frac{(\bar{r} - r_f)}{\theta W \sigma^2} - \frac{p\, r_f}{(1-p) A \theta W \sigma^2} \tag{10-8}$$

其中，$A = \exp\{-\theta(\alpha^* \bar{r} W - \theta(\alpha^* W)^2 \sigma^2)\}$，$\frac{(\bar{r} - r_f)}{\theta W \sigma^2}$ 是当不存在欺骗行为，即 $p=0$ 时的最优投资份额。由于 A 是 α^* 的严格递减函数，因此随着 p 的增加，α^* 将会降低。

进一步地，在考虑固定参与成本的情况下，可以发现参与成本越高，对信任水平的要求就越高，因为购买股票的吸引力会减弱。同时，固定参与成本的引入也会改变投资者购买股票的门槛财富，即最低的财富水平。假定 $0 < p < \bar{p}$，且 α^* 为投资者在支付固定参与成本后，购买股票的最优份额。当购买股票的预期收益大于不购买股票且将全部财富投资于安全资产的收益时，投资者愿意支付参与成本 f，并投资股票，即：

$$(1-p)\mathrm{EU}(\alpha^* \tilde{r}(W-f) + (1-\alpha^*) r_f(W-f))$$
$$+ pU((1-\alpha^*) r_f(W-f)) > U(r_f W) \tag{10-9}$$

令 α_p^* 为被欺骗概率为 $p \in [0,1]$ 时，投资者参与股市后的最优投资份额，$\hat{r}_p$ 为投资股票的确定性等值收益，有 $\mathrm{EU}(\alpha_p^* \tilde{r}(W-f) + (1-\alpha_p^*) r_f(W-f)) = U(\alpha_p^* \hat{r}_p (W-f) + (1-\alpha_p^*) r_f (W-f))$。可以得出，投资者愿意购买股票的最低财富水平，即门槛财富为：

$$\bar{W}_p = f \times \frac{\alpha_p^* \hat{r}_p + (1-\alpha_p^*) r_f}{\alpha_p^* (\hat{r}_p - r_f)} \tag{10-10}$$

$\bar{W}_p$ 随着 p 的增加而增加，意味着由于投资者需要支付参与成本，且只有 $(1-p)$ 的概率才能获得正的收益，因此在引入信任之后参与成本对股市参与的作用被放大了，相当于原来的 $1/(1-p)$ 倍。

那么，门槛财富水平对信任变化的反应如何呢？假设投资者的效用函数为指数形式，初始财富为 1，相对风险回避系数为 5，固定参与成本为财富水平的 0.1%，$\bar{r}$ 为 112%，r_f 为 105%，可以得出，与完全信任情况下的门槛财富水平相比，当被欺骗的概率仅有 0.5% 时，门槛财富水平将提高 25%；如果被欺骗的概率上升至2%或3%,那么门槛财富水平将分别达到原来水平的2.7倍和5.2倍!因此,较低的信任水平会降低投资者参与股票市场的意愿,且信任对股市参与的影响还与参与成本有关。在不存在参与成本的情况下,低信任仅会降低股票的预期收益;在存在参与成本的情况下,低信任不仅会降低投资者购买股票的意愿,也会降低投资于股票的份额。这样,从信任的角度就可以解释为什么在美国即使是很富有的投资者的股市参与水平也较低。

接下来,为了将信任与风险因素对投资决策的影响进行区分,并考察信任对最优投资的影响,Guiso et al.(2005)考虑了一个存在两种风险资产的模型。假设两种风险资产的收益具有相同的独立分布,即$\widetilde{r}_1 \sim N(\bar{r}, \sigma^2)$,$\widetilde{r}_2 \sim N(\bar{r}, \sigma^2)$。每种股票的欺骗概率$p$是相同且独立的,每种股票的投资成本$c$也是相同的。在这样的假设下,如果投资者将全部财富投资于第一种股票,那么他的预期效用为:

$$(1-p)EU(\widetilde{W}_1) + pU(0) - c \tag{10-11}$$

当然,投资者也可以将财富分散地投资于两种股票,由于两种股票的收益分布是相同的,所以最优的决策应该是将财富平均分配给这两种股票,那么他的预期效用为:

$$(1-p)^2 EU\left(\frac{1}{2}\widetilde{W}_1 + \frac{1}{2}\widetilde{W}_2\right) + p^2 U(0) + p(1-p)EU\left(\frac{1}{2}\widetilde{W}_1\right)$$
$$+ p(1-p)EU\left(\frac{1}{2}\widetilde{W}_2\right) - 2c \tag{10-12}$$

这样,只有当式(10-12)>式(10-11)时,投资者才愿意购买第二种股票来分散投资,即:

$$(1-p)[D + pV] > c \tag{10-13}$$

其中,$D = EU\left(\frac{1}{2}\widetilde{W}_1 + \frac{1}{2}\widetilde{W}_2\right) - EU(\widetilde{W}_1)$,$V = \left[EU\left(\frac{1}{2}\widetilde{W}_1\right) + EU\left(\frac{1}{2}\widetilde{W}_2\right)\right] - \left[EU\left(\frac{1}{2}\widetilde{W}_1 + \frac{1}{2}\widetilde{W}_2\right) + U(0)\right]$,意味着如果分散化后的收益大于购买第二种股票的成本,那么在已经拥有一种股票的情况下,投资者愿意购买第二种股票。其中,D表示分散化投资带来的收益,随着投资者风险厌恶程度的提高,D也会相应地增加,投资者更愿意购买第二种股票。V表示欺骗风险被分散后的收益,或者说欺骗发生在一种股票上的分散投资的收益,因为如果第一种股票发生欺骗,那么收益为$EU\left(\frac{1}{2}\widetilde{W}_1\right)$;如果第二种股票发生欺骗,那么收益为$EU\left(\frac{1}{2}\widetilde{W}_2\right)$;如

果没有将欺骗风险分散,那么投资者将有相同的机会获得 $EU\left(\frac{1}{2}\widetilde{W}_1+\frac{1}{2}\widetilde{W}_2\right)$ 和 $U(0)$。不难发现,当 $D>V$ 时,式(10-13)左边的一阶导数为 $-D+(1-2p)V<0$,意味着分散化收益随着信任水平的提高而增加。另外,当 $D>C$ 时,即分散化后收益大于成本时,在 $p=0$ 时,有 $(1-p)[D+pV]>c$,也意味着投资者的分散化投资随着信任水平的提高而增加,且随着被欺骗概率 p 的增加,分散化程度会有所降低。

进一步地,将以上模型扩展到 N 种资产,假定每种股票的收益服从独立同分布 $\widetilde{r}_i \sim N(\bar{r},\sigma^2)$。在最优情况下,投资者将财富均匀地分配给 N 种资产,那么投资者将使下面的效用实现最大化:

$$\text{Max}_n \sum_{g=0}^n C_n^g p^g (1-p)^{n-p} \times E\left[-e^{-\theta(W/n)\sum_{i=1}^g \widetilde{r}_i}\right] - cn \quad (10\text{-}14)$$

其中,g 是投资者购买但没有遭遇欺骗的股票的数量,$C_n^g=\dfrac{n!}{g!(n-g)!}$ 是 g 种股票没有被欺骗的概率。由于收益呈正态分布,可将式(10-14)写成:

$$\text{Max}_n \sum_{g=0}^n C_n^g p^g (1-p)^{n-p} \times \left[-e^{-g\theta(W/n)\bar{r}+\frac{1}{2}g^2\theta^2\left(\frac{W}{n}\right)^2\sigma^2}\right] - cn$$

和

$$\text{Max}_n -\left[p+(1-p)e^{-\theta(W/n)\bar{r}+\frac{1}{2}\theta^2\left(\frac{W}{n}\right)^2\sigma^2}\right]^n - cn \quad (10\text{-}15)$$

令 $Z=\left[p+(1-p)e^{-\theta(W/n)\bar{r}+\frac{1}{2}\theta^2\left(\frac{W}{n}\right)^2\sigma^2}\right]$,那么上式的一阶条件为:

$$-Z^n\left[\log Z+\frac{Z-p}{Z}\left(\theta\frac{W}{n}\bar{r}-\theta^2\left(\frac{W}{n}\right)^2\sigma^2\right)\right]=c \quad (10\text{-}16)$$

通过对参数赋值和对模型进行模拟,可以得到图10-1。图10-1是最优的股票投资份额与信任水平之间的关系,其中横坐标为信任水平,即 $1-p$,θ 为投资者的绝对风险回避系数。可以发现,最优的股票投资份额随着信任水平的提高而提高,同时也随着风险厌恶程度的提高而减少,故信任和投资者的风险厌恶程度对股票投资的影响是有区别的。

对以上模型进行分析得出,那些信任水平不高的投资者不太可能购买股票和风险资产,且一旦购买股票,投资者的比例也比较低。在参与成本为零的情况下,较低的信任水平可以解释对股票市场的参与程度普遍不高的现象。进一步地,低信任水平会放大参与成本对股市参与程度的影响。比如,如果投资者认为被欺骗的概率提高3%,那么使他投资于股票市场的门槛财富水平将提高五倍!Guiso et al.(2004)用这一理论解释了为什么美国那些富有的投资者的股市参与水平不高,以及为什么股市参与在不同国家之间存在着显著的差异,并分别用

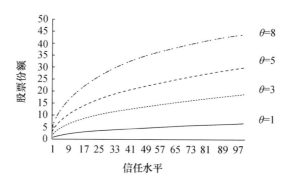

图 10-1 投资者的信任水平与最优股票投资份额

荷兰、意大利以及跨国数据对以上理论进行了实证验证。

他们发现,在对投资者的金融财富水平、收入和个人特征,例如风险承受程度、模糊厌恶程度和乐观主义等因素进行控制后,与不信任其他人的投资者相比,信任的投资者直接投资于股票市场的概率将提高6.5%。在进一步考虑到间接投资以及所有风险资产的情况下,这一概率将提高8.5%。同时,信任不仅会影响投资者购买股票的可能性,还会影响到一旦购买后,投资于股票的份额。与其他投资者相比,信任的投资者购买股票的比例要高出3.4个百分点。

特别地,信任对投资决策的影响与投资者的受教育水平密切相关。那些受教育水平较高的投资者具有较充分的信息,且受周围环境的影响比较小,因此信任的影响随着受教育水平的提高而减少。研究显示,对于那些受教育水平较低的投资者来说,较高的信任水平能够使投资者购买股票的概率提高6个百分点,而对于受教育水平较高的投资者来说,这一概率仅会提高1.4个百分点;一旦参与股票市场,受教育水平较低的投资者购买股票的比例大约为受教育水平较高的投资者的两倍。另外,投资者对其他人或股票市场的信任不仅取决于社会上的一般信任水平,还取决于对其他人或股票市场的特殊信任。Guiso $et\ al.$ (2005)进一步搜集了意大利银行问卷调查中关于投资者对银行的信任数据,研究发现,与不信任的投资者相比,对银行充满信任的投资者投资于股票的概率要高出16个百分点。

对于一个国家来说,如果整体上的信任水平较低,那么在任何给定收益下,投资者的投资意愿都会有所降低,因此为了吸引投资,市盈率应该下降,这样就很少有公司愿意向私人投资者发行股票。Guiso $et\ al.$ (2005)用意大利的选举参与率来衡量信任水平,考察了信任水平与公司所有权结构之间的关系,发现在那些信任水平比较低的地区,公司不愿意扩大所有权结构,公司仅由1名股东所有的概率与信任变量之间呈显著的负相关关系。利用跨国数据研究发现,直接投资股票的比例最高的国家是澳大利亚,为40%,最低的国家是土耳其,仅为1.2%。如果土耳其的信任水平能够提升到均值水平,即比利时的信任水平,那么所有权结构的集中度将降低大约11个百分点。同时,受信任水平的影响,在土耳其参与股票市场的人数比例仅为2%,而在澳大利亚,这一比例为40%。以上研究意味着,较低的信任水平降低了投资者对股票的需求,因此在那些信任水平较低的国家中,对于公司来说,发行股票应该是比较困难的,这也与实证研究相一致,在对法律制度、投资者保护等变量进行控制后,发现信任与股票市场参与之间呈显著的正相关关系,与公司所有权分散程度之间呈显著的负相关关系。

最后,需要指出的是,当然还有其他因素也有可能影响到投资者的股市参与水平,这些因素包括:(1) 固定参与成本。一些研究认为,固定参与成本的存在是股市参与水平较低的原因,因为一般来看,投资者的财富水平与参与率之间是正相关的,但是用固定参与成本并不能解释为什么富有投资者的参与水平反而很低这一现象。另外,数据显示,富有投资者参与股票市场的比例在不同国家之间存在显著的差异,如果用参与成本来解释的话,那就意味着参与股市的门槛成本在不同国家间也存在较大的差异,而这与事实是违背的。而信任水平在不同国家之间是存在差异的,因此用信任来解释是合理的。(2) 风险承受程度。当存在投资成本的情况下,投资者购买股票的数量随着信任水平的提高而增加,但随着风险承受程度的提高而减少,这意味着信任的作用与风险厌恶程度的作用是不能等同的。(3) 损失厌恶程度。Ang et al. (2004)用损失厌恶心理来解释股市参与程度。一般认为,厌恶损失的投资者应该更多地购买保险,而事实显示,信任水平不高的投资者购买的保险比较少。另外,Osili and Paulson(2005)指出,在收益分布相同的情况下,美国移民者投资股票的决策取决于股票来源国家的社会制度水平。这与Guiso et al. (2004)的研究相吻合,即人们倾向于用他们出生地的信任环境来推测当前生活环境的信任水平。而对于损失厌恶倾向,则不存在以上事实。(4) 模糊厌恶心理。Dow et al. (1992)、Routledge and Zin (2001)指出,当投资者是模糊厌恶的,且具有Gilbos-Schmeidler的使最小效用函数最大化的倾向,那么即使不存在摩擦的市场,投资者也不愿意参与股票市场。(5) 其他因素。Puri and Robinson(2005)指出,那些乐观且预期自己寿命较高的投资者投资于股票的份额较高;Domintz and Manski(2005)指出,股市参与水平受投资者对股票绩效的主观预期的影响。但在控制乐观主义和预期等相关变量后,Guiso et al.(2004)发现,信任的影响仍是显著的。

不难看出,信任与以上因素是不同的,用信任来解释股市参与是具有一定说服力的。首先,从理论上看,模糊厌恶、损失厌恶等心理是作为效用函数的一个参数被引入到模型中的,现实意义不强且在实证研究中,也很难被准确地衡量。而信任水平与投资者的个人特征、所在地区的历史文化等因素密切相关,更为重要的是,近几十年来信任指标在社会学和经济学的一些问卷调查中已经能够被较准确地衡量。

其次,用以上因素难以解释股市参与水平在不同国家之间的差异,因为虽然这些因素,比如损失厌恶、模糊厌恶等也是受历史文化等因素所影响的,但这些因素在不同国家之间并没有显著的差异。而同样受历史文化影响的信任水平在不同国家之间存在显著的差异,故可以解释市场参与水平在不同国家之间的差异。

再次,一般认为,在信息不完备或者对投资不理解的情况下,人们的投资决策往往会依赖于信任水平,或者说,人们对信任的依赖程度应该与信息和受教育水平呈负相关。那些具有较多信息,或者受教育水平较高的人们的决策要相对地独立于信任水平,这在实证研究中得到了检验。

最后,信任水平也可以解释本土偏差,即投资者倾向于将大部分资金投资于本国、本地区或者本公司的股票。比如,Huberman(2001)通过对美国七家地区性电话公司的股东记录进行考察,发现除蒙大拿州外,股东持有当地公司的股票数量,都远远高于持有其他地区性公司的股票数量。Cohen(2005)发现,在美国,雇员将401(k)计划证券组合中的大部分都投资于本公司股票,而不是像传统金融学理论要求的那样进行分散化投资。传统金融学对本土偏差的解释是信息有限性,但是随着跨国金融机构和金融公司的发展,以及全体经济一体化的深入,这种解释越来越站不住脚。而信任这一概念为解释本土偏差提供了一个新的视角。信任和信息是互补的,一方面,在对本地股票的投资中,低信任的负面影响应该是有限的,因为较多的当地信息可以克服低信任带来的障碍;另一方面,高信任有利于信息的获得和传播,从而可以对本土偏差进行解释。另外,Hong et al.(2004)也发现,那些社会交往比较多的投资者,例如经常去教堂或拜访亲朋好友的投资者更有可能购买股票,因为这些投资者的信任水平比较高。

10.5 经 验 研 究

由于不同国家之间金融合同的采用和金融行为的实现是受多种制度性因素所影响的,而这些因素在研究中很难被控制,故本书主要关注在我国内部的不同地区之间,社会资本和信任对金融发展的影响。由于我国地域上的广袤和地区间文化上的巨大差异,因此有理由认为社会资本和信任水平等在地区间存在着较大的差异,这必然会对地区间的金融发展和经济增长产生一定的影响。

社会资本是一个较为松散的范畴且包含的内容十分广泛,对社会资本进行全面有效的衡量是十分困难的,因此至今还没有一致认可的指标。比如,Putnam(1993)用一个地区居民的选举参与率、对社团的热衷程度、慈善事业水平和公德心等指标来衡量社会资本。Guiso et al. (2004)用选举参与率和自愿无偿献血率来衡量社会资本。然而,以上这些数据在我国却不适用且不可得。由于在金融领域,社会资本对经济的影响主要是通过信任来实现的,因此这里选择用社会资本的重要维度,即信任来衡量社会资本,并考察其对地区金融发展的影响。信任的数据来自张维迎和柯荣住(2002)的调查数据。数据来源是"中国企业家调查系统"对全国31个省、自治区和直辖市的15 000多家企业的领导者和管理者发出的调查问卷,在该问卷中,被试需要对所有省区的守信程度进行排序,在此基础上,计算出该地区守信用程度的位次。从本质上看,信任是经过社会学习而形成的相对稳定的个人人格特质的表现,且与遗传、民族、种族和文化传统等因素密切相关。Fukuyama(1995)曾指出:"信任与社会资本不像人的资本一样可以从理性的投资决策中获得,而是从宗教、传统和习俗中产生的。"因此,从这个角度上看,不同地区的信任水平在特定的历史时期是相对稳定的,因此在研究中选用这组调查数据是可行的。

为了全面衡量各地区的金融发展水平,在参照国内外学者研究的基础上,选取了以下四个指标:各地区银行业金融机构各项存款余额(记为"存款余额")、各地区银行业金融机构各项贷款余额(记为"贷款余额")、股票市场总值(记为"股市总价")和全部保险机构的保费收入(记为"保费收入"),单位均为万亿元。当然,除社会资本外,一个地区的金融发展水平必然还受其他多种因素的影响,比如地区的综合经济发展能力、居民普遍的受教育水平和法律有效性等。为了尽可能控制其他因素的影响,选取的控制变量如下:用国内生产总值(GDP)来衡量一个地区的整体经济实力;用大专及以上人口数占总人口的比重(Educ)来衡量受教育水平;用收到行政复议申请数占GDP的比重(Court)来衡量法律的相对效率等。其中 Court 变量的数值越大,说明法律的有效性越差。

数据显示,在我国不同的地区之间,信任和社会资本水平存在着很大的差异。这种差异一方面可能是各地区经济、文化和法制等发展不平衡的结果,另一方面又不可避免地会对经济、文化和法制等产生重要影响。同时,金融发展水平各项指标都存在巨大的地区间差异。比如,银行业金融机构的各项贷额的最大值是 3.78 万亿元,最小值是 234 亿元,两者之间的差异高达 150 多倍,存款余额之间的地区间差异也有 60 多倍。

表 10-1 是主要研究变量的相关性分析结果。可以看出,信任和金融发展水平的四个指标都是高度相关的。信任与银行业金融机构各项存款余额的相关系数高达 84.32%,与各项贷款余额的相关系数是 80.55%,与股票市场总值和保费收入的相关系数也都在 65% 以上,而且都在 5% 的水平上显著为正。这与前面的分析是一致的,即社会资本变量与金融发展水平之间存在较强的相关性,而且两者之间是相互影响和相互促进的。此外,金融发展与各地区的 GDP 和受教育水平也呈显著的正相关关系,与法律的无效性呈负相关关系,但在统计上不显著。

表 10-1　金融发展与信任等变量之间的相关系数

	存款余额	贷款余额	股市总价	保费收入	信任	国内生产总值	受教育水平	法律效率
存款余额	1.0000							
贷款余额	0.9571* (0.0000)	1.0000						
股市总价	0.6000* (0.0004)	0.4589* (0.0094)	1.0000					
保费收入	0.9445* (0.0000)	0.9011* (0.0000)	0.4141* (0.0206)	1.0000				
信任	0.8432* (0.0000)	0.8055* (0.0000)	0.6523* (0.0001)	0.7266* (0.0000)	1.0000			
国内生产总值	0.8416* (0.0000)	0.8693* (0.0000)	0.1758 (0.3442)	0.9407* (0.0000)	0.5884* (0.0005)	1.0000		
受教育水平	0.4958* (0.0046)	0.4257* (0.0170)	0.7692* (0.0000)	0.2951 (0.1070)	0.7410* (0.0000)	0.0828 (0.6578)	1.0000	
法律效率	−0.1684 (0.3651)	−0.1397 (0.4535)	−0.1536 (0.4093)	−0.1168 (0.5316)	−0.1897 (0.3067)	−0.1321 (0.4787)	−0.1861 (0.3162)	1.0000

注:括号内表示相关系数的 p 值,* 表示在 5% 的水平上显著。

资料来源:崔巍,"我国区域金融发展的差异性研究——基于社会资本的视角",《经济学动态》,2013 年第 9 期。

第 10 章 社会资本、金融发展和经济增长

衡量金融发展水平的四项指标与社会资本之间的回归分析结果见表 10-2。可以看出,地区间的金融发展与信任之间存在显著的正相关关系。信任水平每提高 1 个单位,银行业金融机构的各项存款余额就会提高大约 240 亿元,各项贷款余额就会提高 155 亿元。相应地,如果信任水平提高 1 个标准差,那么各项存款余额就会显著地提高大约 0.84 个标准差,贷款余额就会显著地提高 0.81 个标准差。因为从本质上看,银行业和金融机构的行为是一项高信任聚集的金融契约,更需要契约双方较高的信任水平和社会资本水平。同时,这也反映出在社会资本中居民对政府的信任,即相信政府不会让银行等金融机构破产。股票市场的发展也与包括信任在内的社会资本有着密切的关系。一个地区的信任水平越高,股票市场总值也就越高。信任水平每提高 1 个单位,股票市场总值就会相应地提高 229 亿元。但是,在加入国民生产总值、受教育水平和法律效率等变量后,该指标在统计上不显著。这可能是因为我国的股票市场尚不规范、相应的法律法规体系尚不健全、投资风险比较大造成的。一方面由于我国股市以中小投资者为主,且投资理念不成熟,导致投资者对股票市场的信任程度较弱;另一方面,相对于银行业来说,股票市场的金融契约对信任的要求相对要弱一些。信任水平对保险市场发展的解释作用也比较显著。信任水平每提高 1 个单位,保险公司的保费收入会相应地提高大约 380 亿元。这可能是因为居民对保险公司信任水平的提高,一方面有利于有效解决骗保等道德风险问题,另一方面也有利于解决投保容易和理赔难的问题。

此外,较高的国民生产总值也对一个地区的金融发展水平,尤其是金融机构的各项存款、贷款余额和保费收入有着重要的促进作用,且在统计上是高度显著的。由于 GDP 是衡量一个地区整体经济实力的重要指标,因此经济实力越强,由各项存款和各项贷款这两个指标来衡量的金融发展水平就越高,由保费收入来衡量的保险市场的发展水平也越高。比如,在给定信任和受教育水平等因素的情况下,GDP 每提高 1 个标准差,金融机构的存款余额会相应地提高 0.65 个标准差,贷款余额会提高 0.70 个标准差。同时,地区间金融发展水平与受教育水平也是相互影响和相互促进的。受教育水平对股票市场总值和金融机构的存款余额这两个指标的解释作用尤其显著。提高人们的受教育水平,有利于提高居民的公德心和素质修养,间接上可以促进地区内部人力资本的发展,从而推动金融和整体经济的发展。此外,用各地区收到的行政复议申请数来衡量的法律效率对金融发展的解释不显著。这一方面可能是我国的法制体系和法律规范达不尽完善,另一方面是因为考虑行政复议申请数这个指标可能在统计上存在

表10-2 信任与金融发展水平的回归结果

	存款余额	贷款余额	股市总价	保费收入
信任	0.0243***	0.0155***	0.0229***	0.0380***
	(8.45)	(7.32)	(4.63)	(5.70)
	0.0086**	0.0053*	0.0047	0.0065
	(2.05)	(1.80)	(0.45)	(1.04)
国内生产总值	1.0684***	0.7639***	0.0843	2.5637***
	(6.64)	(6.75)	(0.21)	(10.73)
受教育水平	6.2388*	3.1547	22.4708***	7.0529
	(1.90)	(1.37)	(2.75)	(1.45)
法律效率	0.2111	0.3274	0.0233	1.1414
	(0.26)	(0.56)	(0.01)	(0.93)
调整 R^2	0.7010	0.6368	0.5470	0.9275
	0.8922	0.8801	0.4057	0.5117

注：括号内表示相应估计的 t 统计量。*、**、*** 分别表示 t 统计量在10%、5%和1%水平上显著。

资料来源：崔巍，"我国区域金融发展的差异性研究——基于社会资本的视角"，《经济学动态》，2013年第9期。

偏差。

因此,社会资本对一个地区的金融发展有着重要的影响,而且这两者之间是相互影响和相互促进的。较发达的社会资本、较严格的道德规范和较高水平的信任,有利于提高地区金融机构的各项存款余额、各项贷款余额、股票市场总值和保费收入等,从而有利于扩大金融市场的规模,和提高金融市场的有效性。在考虑到国民生产总值、受教育水平和法律效率等因素后,社会资本的这种促进作用在银行业和金融机构中表现得仍然显著。另外,国民生产总值越高,人力资本越发达,也越有利于促进金融市场的发展。

从不完全信任理论的角度可以看出,金融可以看作是旨在降低交易成本的一系列金融产品、市场规范和制度设施建设等,而交易成本之所以存在是因为交易双方彼此不完全信任,不能保证对方会认真履行合同。这样,金融机构的出现就相当于建立起人们之间信任的桥梁,如果金融机构能够降低由不信任所带来的交易成本,那么金融机构就是有效的。为了提高金融系统中的信任水平,公共部门和金融机构应该加强和完善金融制度和设施建设,比如法律制度、金融监管、对支付和交易的安全保障系统等。但是需要注意的是,尽管这些手段是必需的,但如果这些手段与投资者的个人动机相违背的话,那么就很难实现。因此,提高金融系统有效性的根本途径就应该是在采用市场手段的同时,提高信任水平。在此过程中,金融系统可以逐渐形成信誉资本。在竞争的市场环境中,投资者需要对好的信任桥梁和坏的信任桥梁进行区分。金融系统有动力去建立好的信任桥梁,形成好的声誉,并将好声誉反馈给市场,因为通过对信任行为进行回报,对不信任行为进行惩罚,声誉资本的引入可以将金融系统的未来收益与其商业行为密切相连。一个金融机构的声誉资本包含一系列变量,这些变量包括:金融机构的长期目标、经济绩效、管理和控制金融风险的能力、提供服务的质量、操作透明性、从业人员的道德规范,以及金融监管的质量和法律执行力度等。这些变量能够传递给社会该机构履行承诺和义务,以及有效解决信息不对称问题的能力。这样,好的金融系统会逐渐累积起较高的声誉资本,使得投资者相信该机构会尽力保证金融契约的执行。

从公司的角度来看,Klein and Leffler(1996)研究了公司按照承诺生产高质量产品,而不是进行欺骗行为的条件。他们指出存在一个价格溢价,在这个价格水平上,消费者对公司的价值评估要高于公司进行欺骗行为所带来的一次性较高收益,公司会遵守承诺。同时,公司会累积起声誉资本,声誉资本的存在可以节省投资者对公司信任水平进行评估的成本,同时使投资者愿意支付一个较高的溢价来获取较高质量的产品,因为声誉资本可以降低不完全信任和不完全信息下的信息获取成本,从而提高资源配置效率。较高的风险溢价意味着该银行的声誉资本较低。声誉资本也相当于一种抵押品,一旦公司没有遵守承诺出现较低质量的差评,那么声誉资本就会消失。比如在银行业,存款保险安排的引入使得投资者更加关注银行的真实经济状况,而不是存款者的资产状况。一般来看,保险溢价是与银行风险相关的,且被存款者所关注,投资者有动力去搜集信息,并以此来对银行的信任水平进行评估。

这一章节的研究为我国地区间的金融发展提供了一个新的角度,架设了新的社会结构和社会特征视角,而不仅仅是经济视角。要提高地区的金融发展水平,除了要继续完善法律法规建设,完善产权制度建设和加大投资者权益保护力度,还要大力进行社会资本的建设,并提高信任水平。在考虑地区金融发展问题时,作为一种非正式制度,信任与正式制度的作用是相互补充的,这意味着当信任水平比较低时,加强正式制度建设、提高法律的约束力是保证金融发展的关键因素。另外,在金融活动中,交易双方都涉及信息不对称问题,因此通过各种关系渠道获得正确的信息,使交易双方达成信任的共识,就成为金融活动能够成功运转的核心。

从政策意义上看,提高金融系统中的信任水平,除了需要加强金融系统的制度和设施建设,还应该从投资者和金融机构的主观动机入手,加强金融机构对声誉资本的投资,并建立彼此信任的、与投资者的自身利益相吻合的长效机制。具体来说,表现在以下几个方面:

首先,从监管的角度。提高金融机构的特许经营权价值是金融系统改革的重要举措。特许经营权价值是指银行等金融机构拥有的金融特许营业牌照的价格,较高的价值会增加金融机构由于破产而失去特许经营权的成本。特许经营权的增加能够减少金融机构的道德风险,同时又有助于激励金融机构进行贷款监督和谨慎经营,从而使特许经营权价值进一步增加。只有特许经营权净价值为正的金融机构才愿意投资于声誉资本。对于长期以来实行金融抑制,或者较落后的经济体来说,对市场竞争进行约束有助于增加国内金融机构的特许经营权价值。比如对于银行来说,实行存款利率管制或者银行业准入或退出限制等保护措施,可以提高其利润水平。这些约束措施一般是以声誉资本标准为依据的,这些标准包括对金融资本的最低要求、有效的监管措施和风险管理能力等。在这些约束措施存在的情况下,监管者可以利用声誉资本标准来促进市场的竞争,并在出现收购、兼并和重组等情况时进行核准和审批。但是如果声誉资本是

第10章 社会资本、金融发展和经济增长

外生变量决定的,那么在完全竞争的市场中,确保信任的价格溢价就是内生变量,且以上约束措施就不再是必要条件。

其次,从经济资本的角度。经济资本是金融机构中声誉资本的一个核心成分。尽管《巴塞尔协议》中对金融机构和银行的资本充足率做出了明确的规定,认为银行应该积累资本以应对风险。但是随着金融系统,尤其是新兴经济体的发展,在动态的风险管理系统中,银行应该采用动态的资本比率,一些具体的监管要求包括:为了防止对潜在的损失低估,一旦实际损失超过预期时,银行应该预留更多的资本;银行必须按时披露市场和信用风险信息;等等。另外,银行应该有能力选择适当的资本比率,这一比率应该是在增加每单位资本所带来的成本和边际声誉收益之间的一个有效权衡。

再次,从信息的角度。在竞争的市场中,与金融机构相关的高质量信息会提高金融机构的特许经营权价值,从而有助于对声誉资本进行投资。由于金融机构的声誉资本是通过信息传递给市场的,因此金融系统改革的关键是改进信息的产生和传播机制。事实上,市场中的投资者有寻求和提供信息的激励。出于对损失的担心,投资者会搜集信息来寻求信誉良好、具有较高信誉资本的金融机构,从而产生了对信息的需求,而这种对信息的需求反过来有助于金融机构提供可靠的信息,提高自己的声誉并进一步提高特许经营权价值。相应地,市场上出现了一些专业的信息服务机构,比如一些证券承销商和信用评级机构,这些机构为披露声誉资本,和信息在金融机构和投资者之间流动提供了有效的渠道。当然,政府在其中会发挥一定的作用。比如,在这些机构建立之前政府可以首先提供信息服务;可以对这些机构进行资助;可以帮助一些金融机构建立信息服务机制以使其更好地服务于其他金融机构和消费者;也可以帮助建立一些基础设施以促进信息的快速和便捷流动。

最后,从自我监管的角度。在金融市场上存在很多金融机构和银行,其特许经营权价值与它们的相互行为密切相关。为了提高特许经营权价值,这些金融机构愿意采取一些自我监管措施来进行彼此监督,鼓励彼此之间的友好行为,并对不适当的行为进行相应的惩罚,同时会通过建立长期合作的关系来鼓励诚实和审慎的行为,从而有助于培育声誉资本。比如,在一些金融机构之间形成了比较成熟的自我监管组织或自律组织,这些组织通过制定一些规则和约束,来对组织中成员的行为进行一线监管。如果组织中的成员,即金融机构能够遵守彼此之间的事先承诺,例如相互借贷和抵押品共享,那么就既有利于实现自律组织的目标,也有利于在遇到问题时,及时地解决问题。一旦组织中的一个或几个成员

出现流动性危机或债务危机时,自律组织中关于流动性和损失共享的安排能够使其他成员在一定程度上受到保护,另外,关于流动性和损失共享的安排也有助于成员之间遵守承诺、彼此监督和对违规行为进行惩罚。当然,尤其是在发展中国家,制度性资源的稀缺、同质金融机构的缺乏等因素会给金融自律组织的发展带来一些问题,比如,在某些情况下甚至会形成垄断组织,对金融系统本身的竞争造成侵害。所以,自律组织的存在离不开政府的监管。自律组织的设立需要政府机构的批准,政府允许部分金融机构组成自律组织,并对金融市场的运行进行监管,当然这些自律组织的日常活动也要接受政府的检查、监督和指导,尤其是在自律组织的行为与其目标发生违背时,政府应该出面干预。政府应该确保自律组织的规章和行为有助于促进市场竞争。

特别地,社会资本对金融发展的重要作用受该地区的法律制度建设和受教育水平的影响。在法律制度建设较弱和受教育水平较低的地区,社会资本的影响就比较大。这样,为了促进地区的金融发展,社会资本较低的地区就应该加大法律制度建设,提高法律的执行效率,大力发展教育,提高人们的受教育水平。但在现实生活中,似乎很难做到这一点,因为大量的事实表明社会资本水平较低的国家的法律制度建设也很薄弱。比如在 Knack and Keefer(1997)的 28 个国家的样本中,信任与法律效率之间的相关系数高达 0.83;在 Guiso et al.(2004)对意大利的研究中,社会资本与法律制度的无效性之间的相关系数为 -0.63。正如 Putnam(1993)和 La Porta et al.(1997)所讨论的那样,较低的社会资本不利于一个国家和地区的制度建设,这必然会降低司法效率。另外,由于信任水平与投资者的股市参与水平和公司的所有权结构密切相关,因此为了避免所有权过度集中,应该洞察影响投资者信任水平的一些因素以提高信任水平,同时应该大力发展教育,受教育水平的提高在一定程度上能够缓解低信任所带来的负面影响。

发展社会资本、提高信任水平对金融发展和经济增长有着重要的推动作用,且在我国具有重要的现实性和迫切性。随着我国经济的日益发展,在当今的市场经济条件下,不得不承认在商品和商业交易中存在着相互欺诈和造假的现象,甚至出现了较为严重的经济秩序困境和信任危机。而社会资本一旦遭到破坏就很难再重新建立,保护与加强社会资本建设是我国经济可持续发展的重要保障。针对我国的情况,加强社会资本建设的主要建议如下:一方面,政府应该加大对社会资本的投资力度,而不应仅仅关注对物质资本和人力资本的投入。社会资本具有自我强化和自我积累的倾向,而且社会资本具有公共品的性质,并不是短时间内可以培养的,它需要社会和政府的不断努力,坚持正确的引导和教育,才能逐步建立起稳固的思想意识。另一方面,提高投资者的素质和道德水平,培养投资者的自我教育和自我组织能力,鼓励投资者广泛参与横向社会,可以有效地加强信任建设和提高诚信水平,这对于整合社会资源,为经济现代化营造良好的生态环境,特别是对我国正在建设中的金融市场,具有积极的现实意义。

虽然关于社会资本与金融发展的研究已经取得了一些进展,但以下问题还值得进一步研究:(1) 社会资本的衡量问题。由于理论界对社会资本、信任的概念还比较模糊,目前还没有形成一个统一的衡量指标。本章节选取的是张维迎和柯荣柱于2002年测算的截面数据,但这在某种程度上无法反映出各地区信任水平的动态变化。(2) 比较性研究问题。虽然一些实证研究考察了社会资本在金融发展中的重要作用,但是考虑到样本国家比较有限,利用大量的跨国数据进行比较研究的文献尚不多见,因此研究的普适性不强。另外,研究发现,社会资本在不同国家之间有所差异,但是这些差异存在的原因何在并不清楚,只有弄清楚这些原因,才有可能提出相关政策来提高社会资本水平,并促进金融发展。(3) 社会资本影响金融发展的内在机理。既有研究主要是针对社会资本对金融发展的影响进行的实证检验,而未能充分研究其产生作用的途径与机理。设计出社会资本影响金融发展的中介目标,并清晰地揭示社会资本的影响机制和作用机理是下一步的研究思路。

第11章 社会资本研究的未来

社会资本问题的提出,为经济学家和社会学家提供了较为丰富的理论和政策框架,有助于解释一个国家和地区的经济和社会发展。尽管这一概念最初来自社会政治学的范畴,但现在,已发展为经济学、社会学、政治学、历史学和人类学的跨学科和多领域的研究视域。当然到目前为止,关于社会资本的研究还存在广阔的发展空间,在进行相关的理论和政策研究的同时,还应该加强这方面的实证研究。

11.1 研究小结

从前面的分析中可以看出,对社会资本给出一个统一的定义,和一致认可的衡量方法是非常困难的。但是通过对社会资本的内涵和经济学属性进行分析,可以在理论发展和政策启示等方面取得以下共识:第一,社会资本这一概念具有很强的理论基础。涂尔干、韦伯和齐美尔等人都强调了不同类型的社会关系对经济政策结果的重要影响。为了从社会结构层面来对经济结果进行分析,应该对社会关系的不同类型和组合进行识别,考察社会资本形成的社会环境、历史因素,以及社会资本的持续性等。通过对社会资本的融合性、连接性、协同性和组织健全性等经济学属性进行分析,有助于解决这一问题。

第二,对社会资本进行定义,应该关注其来源,而不是所带来的结果。事实上,针对任何一种来源,社会资本都会带来一定的收益和成本。比如,信任、互惠、公平和合作都是社会关系的特定组合所带来的收益,这些收益无疑对促进和加强制度建设,提高经济绩效有着积极的作用,而且同时它们也是内生于经济关系中的。社会资本所带来的结果可以看作是社会关系特定组合的表现形式,而不应该与社会资本本身相混淆。一方面,从长期上看,不同类型的社会关系的组合能够带来不同的经济发展结果,而且随着时间和社会环境的变化,经济发展对不同组合的需求是发生变化的,故不同类型的社会关系的重要性也会发生变化。另一方面,在特定的时间和需求下,特定类型的社会资本发挥着主要作用,而其他类型的社会资本则很难发挥作用,故不存在一个社会关系的"最优组合"。因此,只有自上而下的资源和自下而上的努力之间形成一种动态和合作的关系,才能充分利用现有的社会资源,来克服当前的发展困境以实现共同的目标。

第三,由于持续的经济发展来自社会关系不同类型的有机组合,因此政府和社会的关系从本质上看并不是一个零和博弈,而是正和博弈。政府绩效水平的高低,尽管是一个实证问题,但是与政府机构的完整性、可行性、执政能力,以及其与公民之间的关系密切相关。政府对经济和社会的监管不足和监管过度都是对经济发展不利的。

第四,在经典的经济增长函数中,应该引入社会资本这一重要的变量,其作用在于能够加强、维持甚至削弱既有的物质资本和人力资本的作用,因为社会资本具有很多不同的性质,这些性质在宏观和微观层面的不同组合既有可能对经济增长产生积极影响,也有可能产生消极影响,而且任何一种组合方式都存在一定收益和成本。另外,随着时间和社会经济环境的改变,这些社会关系的产生条件也会发生变化,使得这些成本和收益也相应地发生改变。因此,政策制定者应该找到创造、培养和维持特定社会关系的有效机制,从而有助于建立一个动态发展和平等繁荣的社会。

第五,在不同国家中经济发展、人们生活状况的差异,不仅来自文化和偏见的差异,更重要的是来自其历史和制度的发展过程,以及社会关系在不同层面、维度之间的相互协调和联系等方面的差异,即社会资本的差异。事实上,政府的组织特征、政府与公民之间的联系,以及社会群体的发展等,都是影响一个国家或地区经济增长的重要因素。Greif(1994)曾指出,过去、现在和未来的经济增长不仅是技术、偏好和发展的函数,而且是一个复杂的动态过程,其中社会的组织结构起着重要的作用,而社会组织结构本身又反映了历史、文化、政治、社会和经济的发展过程。

因此,良好的经济、社会发展结果取决于社会资本在微观和宏观层面上的有机结合。在这样的社会中,积极的社会关系广泛地存在于:(1) 当地社区内部;(2) 当地社区和外部群体之间,这些外部群体与外部公民社会存在着广泛的联系;(3) 公民社会与政府机构之间;(4) 政府机构内部。为了实现这一良好的结果,社会资本的四个经济学属性,即融合性、连接性、协同性和组织健全性都需要得到满足。这些自下而上和自上而下的机构内部以及机构之间的相互联系,有助于形成正确的社会关系。而如果社会关系是错误的,也就是说,如果以上四个属性中的一个或几个不能得到满足,那么经济发展结果就不是最优的。比如,长

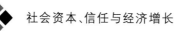

期的贫困、不平等、种族歧视和失业等因素都不利于建立和保持有助于实现经济持续发展的社会关系。只有将这些自上而下和自下而上的社会关系进行有机的融合,才能确保经济的健康发展。

11.2 政策含义

由于社会资本包含不同的形式和维度,因此受到了持不同政治立场的人们的青睐,因为社会资本理论可以解释并调和各种不同的经济、政治政策和主张。一方面,一些保守主义人士认为,从本质上看,政府和社会的关系是零和博弈,两者是此消彼长的关系。政府的作用越大,其他社会制度和组织的作用就会相应地弱化;或者说,如果社会资本的本质来自文化,那么政府的过度干预就会破坏社会资本的本质,政府对经济的干预有碍于社会资本的发展,而解散政府或释放政府权力有助于社会资本的发展。而另一方面,Putnam(1993)对意大利南、北部地区政府业绩差异的研究,说明了政府行为对社会发展是没有关系的。如果社会资本是路径依赖的,也就是说,如果社会资本深深地植根于该地区的历史和文化之中,那么政府干预就应该对社会发展没有影响。从这个角度上看,那些认为体现美国公民民主的社会资本呈现衰退现象的学者们不用过于担心,因为美国历史是建立在传统的共和思想,以及较高程度的公民政治参与的基础之上的。当然也有一些积极推崇社会资本的自由主义者认为,政府和社会的关系并不是零和博弈,而是正和博弈。在防止市场失灵,保证法律得到正确执行的同时,政府应该积极地营造一个稳定的、良好的社会环境,使得社会充满活力和实现繁荣。同时,积极广泛的社会参与也有利于人们对政府行为产生约束,有利于人们获得信息和发展潜能,从而提高社会整体的福利水平。

从整体上看,社会资本,或信任水平的提高可以促进经济增长,提高经济运行效率。事实上,经济发展的深层次原因是人们之间信任的形成和发展。一旦社会中不存在普遍信任,那么市场中可能仅仅存在现货交易。正如信任一样,对社会资本进行适当的引导,有助于建立和形成信任;而如果社会资本被误导或者在错误的范围内发挥作用,则不利于经济增长,甚至会导致经济倒退。比如,公司之间达成垄断协议或共同策划商业阴谋,不同利益集团游说政府以寻求竞争中的庇护,歧视少数族裔企业,等等。社会资本可以看成是人际社会网络。在社会网络中,人们相互强制并遵守协议,使得信任得以产生和维持。信任是进行合作的关键,从这个角度上看,社会资本只是形成信任的一个重要方式。

第11章　社会资本研究的未来

就我国当前的情况而言,加强社会资本建设、构建良好的社会信用体系是实现我国经济健康发展的重要因素。随着我国经济的发展,信任和社会资本建设越来越受到人们的重视。党的十六届三中全会明确提出"要增强全社会的信用意识,形成以道德为支撑、产权为基础、法律为保障的社会信用制度"。

加强社会资本建设,也为完善我国的市场经济信用体系指明了方向。比如,"温州发展模式"就体现了社会信用对经济发展的积极作用。改革开放初期,由于曾出现大面积的产品质量问题,"温州"一度成为假冒伪劣的代名词,在一定程度上使其经济发展受到了严重的阻碍。在努力克服产品质量问题后,今天的温州已成为我国民营经济发展的先发地区,被评为"中国品牌经济城市"和"中国旅游竞争力百强城市",为其经济发展提供了巨大的推动力。然而,从整体上看,我国社会信用体系尚未完全建立,个人信用尚未在经济发展中体现出应有的价值。因此,加强法律法规建设,提高公民的整体素质并完善社会信用体系仍是一项艰巨的任务。

当然,如何提高社会资本的水平,要远远比认识到其重要性困难得多。比如,Knack(2000)发现,一个地区的宗教构成对社会资本有着重要的影响,但是很显然宗教构成在一定时间内的变化是非常缓慢的。Banfield(1958)发现,在其他条件都合意的情况下,需要至少三代到四代人才能恢复和复兴在过去一个多世纪里已经衰退的社会资本。Rice and Feldman(1997)的证据显示,那些移民到美国的欧洲人在几十年内仍然保持着欧洲的文化传统。比如,斯堪的纳维亚人的后代比美国人更值得信任,因为一直以来,斯堪的纳维亚被认为是世界上值得信任的民族。

总之,考察社会资本对政府绩效的影响具有重要的政策含义和现实意义。这方面的研究为我国经济发展提供了一个新的研究角度,架设了社会结构和社会特征视角,而不仅仅是经济视角,并为旨在提高社会资本和信任水平的相关政策提供了有力支持。以地区经济增长为例,除进一步释放市场经济活力并推进对外开放外,西部地区还需立足于社会资本建设,改善信任环境,提高信任水平,唯此,才能逐步缩小与东部地区的收入差距;而中部地区则应采取积极措施维持信任优势,巩固和加强市场制度建设。

2014年6月,国务院关于《社会信用体系建设规划纲要(2014—2020)》正式颁布和实施,意味着我国的信用体系建设进入到了一个全新的发展阶段,这将为提高信任水平、促进我国经济健康发展奠定坚实的制度基础。政府应该积极部署加快建设社会信用体系,构筑诚实守信的经济社会环境;应该积极宣传诚信价值观,营造诚信的社会风尚,这对于整合社会资源,为经济现代化营造良好的生态环境具有积极的意义。

11.3 未来研究方向

现如今,社会资本已经被赋予了很多种不同的含义,被很多社会学、政治学和经济学家所采用。但是对社会资本的发展历史、概念和内涵,以及与经济发展相关的理论和实证的研究,都还存在着一些不足。

第一,社会资本的衡量问题。由于社会资本的含义广泛,对其尚未形成一个被普遍认可的定义,因此对其进行合理的衡量始终是一个难题,当前学术界尚未形成一个统一的衡量方法。在理论层面,因为社会资本包含不同的形式和维度,故学者们分别从不同的角度给出了不同的定义,比如,理性选择学派认为,社会资本是一种信息资源,是理性的人们通过合作获取共同利益的必然结果;Coleman(1988)强调了社会准则的"封闭性",当两个或多个人为了实现共同利益而进行合作时,会形成一种相对封闭的社会规范;以Durkheimians(1893)为代表的法国实证主义的社会学家认为,社会资本是"契约中的非契约因素",可以通过理性和非理性的方式来实现承诺,它不仅有助于实现人们追求的目标,还关乎如何以及何时实现该目标;一些推崇社会网络的学者认为,社会资本是一种非理性的社会纽带;等等。

在实证层面,既有的实证研究常常关注社会资本的某一个维度,而比较精确的方法应该是考虑社会资本的多维性,并将不同维度的指标有机地融合起来,形成综合性评价。另外,由于社会资本本身既包括主观的含义,也包括客观的含义,故不能直接被观察,在实证研究中往往需要寻找社会资本的代理变量。不同的国家由于在历史、文化以及制度等方面存在差异,使得在寻求相关变量和指标时也难以保持一致。因此,为了增加可比性,在指标选取时,应该在统一性与灵活性之间寻找一个平衡点,这是一个值得深思的问题。

第二,社会资本是社会关系的基础,还是表现?是一种途径,还是内涵,或者两者兼而有之?如何区分社会资本本身和社会资本所带来的结果,在理论界还存在疑问。一些学者认为,社会资本可以理解为一系列的行为准则和社会纽带,这些纽带既可以连接同一大型组织中的不同部门的成员,也可以连接不同组织中的成员。一些学者认为,社会资本是一种道德资源,例如信任和文化因素。而Edwards and Foley(1997)认为,用社会资本的功能来定义社会资本是不可行的,这会与究竟什么是社会资本相混淆。事实上,人们很容易混淆社会资本的内涵和社会资本所带来的结果。尤其是,如果把社会资本看作是社会中的一种公共品的话,那就变得更加复杂,因为公共品经常表现为供给不足,而作为社会资本的重要组成部分的信任,常常被看作是集体行动的副产品,而这些集体行动,例如公民社区参与本身也是公共品,这就使得我们很难区分什么是社会资本,以及什么是社会资本所带来的结果。

第三,很多研究认为,社会资本水平的提高对经济发展是有益的。那么,作为一种公共品,社会资本的供给是越多越好吗?答案是,不一定。社会资本对经济发展也有可能会产生负面影响,而人们往往会低估这些负面影响。比如,那些具有较强根基且存在时间较长的公民群体常常占有较大比例的国家资源,这不利于宏观经济的整体发展。同时,在这样的群体中,成员对该集体的义务也比较重,这将阻止其成员加入到其他的社会网络,故也不利于个人经济利益的增加。一个例子是对美国少数族裔企业家的创业所进行的研究。假设一个想在洛杉矶创业的中国人,他如何能够实现自我发展呢?由于缺乏相应的物质资本和人力资本,如果他能够加入到当地的华人群体中,那么将会获得一定的帮助以实现创业。一旦他的企业获得成功,那么总有一天他会发现自己所处的华人群体的规模不够大,或者差异化不强,不足以为他的企业提供相适应的生产和要素市场。于是,他就倾向于超越既有的社会网络即所处的华人群体,并与新的社会网络建立联系,但这个过程是十分困难的,因为人们在既有的网络中都承担着一定的义务,这不利于他实现进一步的自我发展。所以,从这个角度上看,社会资本的存在既可以给人们带来收益,也存在一定的成本。随着经济的发展和交易的复杂化,人们对社会资本的需求也会相应地发生变化。因此,未来的研究应该深入考察社会资本的层次和分类,并在此基础上实现一个国家或地区的社会资本水平的最优化而不是最大化。

总体来看,在经济学领域,与其他研究主题相比,关于社会资本及其对经济增长的重要性的相关研究,尚属于一个较新的范畴。因此,这方面的研究具有广阔的发展前景。粗略地看,在社会资本领域,有两大类问题尚需学者们进行深入的思考。第一,社会资本是如何形成的?第二,一旦形成,社会资本是如何对微观和宏观经济产生影响的,社会资本对经济增长的影响机制是什么?

首先,我们需要了解社会资本是如何形成的,在某些情况下,又是如何衰退的。Glaeser(2000)认为,不仅对于整个社区,而且对于每个人来说,社会资本都是一种有价值的资源。社会资本并不是人们进行其他决策所产生的一个附属结果。一方面,未来研究可以建立一个理论模型,讨论个人形成或破坏社会资本的动机,以及这些动机是如何受政治、经济环境等因素影响的。这样,才能更好地理解实证研究的结果,以及更好地分析社会资本的政策含义。另一方面,研究社会资本的复杂性在于,社会资本反映的是一个集体的行为和特征,而不是个人行为。Glaeser(2000)研究了社会资本的社会网络属性。人们对社会网络的参与,可以理解为是个人投资决策的一部分。但是对于社会资本的行为准则属性,却不能这样理解。社会规范,例如信任与合作的形成与演化主要依赖于人们对当前社会中既有行为准则的观察和模仿,故未来研究可以从行为准则的内生性角度来建立相关的理论模型。

其次,社会资本形成后,对经济增长的影响机制是什么,这也是未来的研究方向。信任、社会网络和行为准则等这些社会资本的内在属性,在一个国家或地区的重要性究竟如何体现,且如何进行衡量,关于这方面的研究一直是一个理论焦点。理论界需要建立一个全面的、详细的模型,系统地描述社会资本对经济增长的影响机制,并需要得到实证上的检验。比如,为此,Zak and Knack(2001)建立了一个一般均衡模型,其中人们可以将自己的全部时间在生产行为和对其他人行为的调查之间进行分配。分析得出。在低信任水平的社会中,更多的时间和资源将被用于对其他人行为的调查,从而导致产出水平较低。

在此基础上,将社会资本在不同国家之间进行比较,并进行实证研究是未来的一个重要研究方向。尽管一些学者从地区和公司等微观层面进行了颇有意义的分析,但是这方面的研究还有待进一步深入。Guiso *et al*.(2004)指出,社会资本具有重要性的一个重要体现是在金融市场中,因为一切金融活动的本质是信任,信任是经济中不可或缺的重要因素。他们在文章中用人们对社区事务的参与程度来衡量社会资本,通过对公司和家庭层面的大量数据进行分析,发现在控制其他相关变量的情况下,社会资本可以解释意大利不同地区之间金融发展水平的差异。当然,这方面的研究还有很大的空间。

事实上,从理论上看,交易成本的降低、物质资本积累、技术创新和政府绩效的提高等都能作为社会资本影响经济增长的渠道。但是在实证上,不同文献得出的结论却存在差异:在 Akcomak and Ter Weel(2009)以欧洲为研究对象的样本中,技术创新是社会资本影响经济增长的唯一渠道;而在 Bjornskov(2012)以全球国家为研究对象的样本中,技术创新的地位被受教育水平指标和法律执行力度所取代。基于此,存在这样一种可能性:在同一时期的不同地区或不同时期的同一地区,由于政治、经济、社会、文化等差异,社会资本影响经济增长的渠道是变化的。我国自改革开放以来,由于政治、经济、社会、文化等各方面因素一直处于较大程度的变动中,且不同省区的禀赋不同,社会资本影响经济增长的渠道可能并不稳定,因此,对社会资本影响经济增长的机制进行深入的探究是未来的研究方向,学者们可以关注不同的历史时期,或者同一历史时期的不同地区中信任对经济增长的影响渠道,并进行比较分析。

参 考 文 献

Acemoglu, D., 1996, "A Microfoundation for Social Increasing Returns in Human Capital Accumulation", *Quarterly Journal of Economics*, 111: 779—804.

Acemoglu, D., 1997, "Training and Innovation in an Imperfect Labour Market", *Review of Economic Studies*, 64: 445—464.

Acemoglu, D., and J. Angrist, 1999, "How Large are the Social Returns to Education? Evidence from Compulsory Schooling Laws", *NBER Working Paper*, 7444.

Acemoglu, D., and S. Johnson, 2006, "Unbundling Institutions", *Journal of Political Economy*, 113(5): 949—995.

Acemoglu, D., P. Antras, and E. Helpman, 2007, "Contracts and Technology Adoption", *The American Economic Review*, 97: 918—943.

Acemoglu, D., S. Johnson, and J. Robinson, 2004, "Institutions as the Fundamental Cause of Long-run Growth", *NBER Working Paper*, W10481.

Acemoglu, D., S. Johnson, and J. Robinson, 2005, "The Rise of Europe: Atlantic Trade, Institutional Change, and Economic Growth", *American Economic Review*, 95(3): 546—579.

Aghion, P., and P. Howitt, 1992, "A Model of Growth through Creative Destruction", *Econometrica*, 60(2): 323—351.

Ahlerup, P., O. Olsson, and D. Yanagizawa, 2007, "Social Capital vs. Institutions in the Growth Process", *IDEAs Working Paper*.

Akcomak, I. S., and B. Ter Weel, 2009, "Social Capital, Innovation and Growth: Evidence from Europe", *European Economic Review*, 3: 544—567.

Alesina, A., and E. La Ferrara, 2002, "Who Trusts Others?", *Journal of Public Economics*, 85: 207—234.

Alesina, A., R. Baqir, and W. Easterly, 1997, "Public Goods and Ethnic Divisions", *NBER Working Papers*, 6009.

Allen, Frank, Jun Qian, and Meijun Qian, 2005, "Law, Finance and Economic Growth in China", *Journal l of Financial Economics*, 77.

Almond, Gabriel A., and Verba Sidney, 1963, *The Civic Culture: Political Attitudes and Democracy in Five Nations*, Princeton, NJ: Princeton University Press.

参考文献

Anderson J. E., and L. Joung, 2006, "Trade and Contract Enforcement", *Contributions in Economic Analysis and Policy*, 5 (1):1—36.

Ang, Andrew, Bekaert Geert, and Jun Liu, 2000, "Why Stocks May Disappoint", *Journal of Financial Economics*, 76 (3):471—508.

Arrow, K., 1972, "Gifts and Exchanges", *Philosophy and Public Affairs*, 1: 343—362.

Arrow, K., 1999, "Observations on Social Capital", in: Dasgupta, P. Serageldin, I. (eds.), *Social Capital: A Multifaceted Perspective*, The World Bank, Washington D. C..

Baland, J. M. and J. P. Platteau, 1966, *Halting Degradation of Natural Resources: Is There a Role for Rural Communities?*, Oxford: Clarendon Press.

Baliamoune-Lutz, M., 2005, "Institutions, Social Capital, and Economic Development in Africa: An Empirical Study", *Icer Wooking Papers*.

Banfield, Edward C., 1958, *The Moral Basis of a Backward Society*, Chicago: The Free Press.

Barro, R. J., 1991, "Economic Growth in a Cross-Section of Countries", *Quarterly Journal of Economics* CVI, 407—444.

Barro, R. J., 2001, "Human Capital and Growth", *American Economic Review*, 1 (2): 12—17.

Barro, R. J., and X. Sala-i-Martin, 1991, *Economic Growth*, Manuscript, Cambridge, MA: Harvard University Press.

Barro, Robert, and Jong-Wha Lee, 1993, "International Comparisons of Educational Attainment", *Journal of Monetary Economics*, 2: 363—94.

Bartling, B., E. Fehr, and K. M. Schmidt, 2008, "Reputation and Contract Design", *Working Paper*, Institute for Empirical Research in Economics, University of Zurich.

Bassanini, A., and S. Scarpetta, 2001, "Does Human Capital Matter for Growth in OECD Countries? Evidence from Pooled Mean-group Estimates", *OECD Economics Department Working Paper*, 282.

Baumgartner, T., M. Heinrichs, A. Vonlanthen, U. Fischbacher, and E. Fehr, 2008, "Oxytocin Shapes the Neural Circuitry of Trust and Trust Adaptation in Humans", *Neuron*, 8:639—650.

Becker, G., 1996, *Accounting for Tastes*, Cambridge, MA: Harvard University Press.

Becker, Gary S., 1983, "A Theory of Competition among Pressure Groups for Political Influence", *The Quarterly Journal of Economics*.

Becker, Gary S., 1993 [1964], *Human Capital*, third edition, Chicago: University of Chicago Press.

Bedkmann, V., S. Roger, 2004, "Courts and Contract Enforcement in Transition Agriculture: Theory and Evidence from Poland", *Agricultural Economics*, 1:251—263.

Bengtsson, M., N. Berggren, and H. Jordahl, 2005, "Trust and Growth in the 1990s: A Robustness Analysis", *Ratio Working Papers 60*, The Ratio Institute.

Benhabib, J., and M. M. Spiegel, 1994, "The Role of Human Capital in Economic Development: Evidence from Aggregate Cross-country Data", *Journal of Monetary Economics*, 4(2):143—173.

Ben-Porath, Yoram, 1980, "The F-Connection: Families, Friends and Firms and the Organization of Exchange", *Population and Development Review*, 6: 1—30.

Berggren, N., 2006, "Free to Trust Economic Freedom and Social Capital", *Social Economics*, 9 (2):141—169.

Berg, Joyce, John Dickhaut, and Kevin McCabe, 1995, "Trust, Reciprocity and Social History", *Games and Economic Behavior*, 10:122—42.

Bergstrom, Theodore C., 1995, "On the Evolution of Altruistic Ethical Rules for Siblings", *American Economic Review*, 5 (1):56—79.

Besley, T., S. Coate, and G. Loury, 1992, "The Economics of Rotating Savings and Credit Associations", *American Economic Review*, 82.

Beugelsdijk, Sjoerd, and S. Smulders, 2004, "Social Capital and Growth", Tilburg University, Mimeo.

Beugelsdijk, Sjoerd, and Anton van Schaik, 2005, "Differences in Social Capital Between 54 Western European Regions", *Regional Studies*, 39:1053—1064.

Beugelsdijk, Sjoerd, 2005, "A Note on the Theory and Measurement of Trust in Explaining Differences Economic Growth", *Cambridge Journal of Economics*, Advance Access published on August 8.

Beugelsdijk, Sjoerd, Henri L. F. de Groot, and Anton B. T. M. van Schaik, 2004, "Trust and Economic Growth: A Robustness Analysis", *Oxford Economic Papers*, 56:118—134.

Bidner, Chris, and Patrick Francois, 2010, "Cultivating Trust: Norms, Institutions and the Implications of Scale", *The Economic Journal*, 121:1097—1129.

Bigsten, A., P. Collier, S. Dercon, M. Fafchamps, B. Gauthier, J. W. Gunning, A. Oduro, R. Oostendorp, C. Patillo, M. Söderbom, F. Teal, and A. Zeufack, 2000, "Contract Flexibility and Dispute Resolution in African Manufacturing", *Journal of Development Studies*, 36:1—37.

Bisin, Alberto, and Thierry Verdier, 2001, "The Economics of Cultural Transmission and the Dynamics of Preferences", *Journal of Economic Theory*, 97:298—319.

Bjornskov, C., 2005, "The Determinants of Trust", *Ratio Working Papers*, 86, from the Ratio Institute.

Bjornskov, C., 2006, "Multiple Facets of Social Capital", *European Journal of Political Economy*, 22:22—40.

Bjornskov, C., 2007, "Determinants of Generalized Trust: A Cross-country Comparison", *Public Choice*, 30:1—21.

Bjornskov, C., 2009, "Social Trust and the Growth of Schooling", *Economics of Education Review*, 28:249—257.

Bjornskov, C., 2012, "How Does Social Trust Affect Economic Growth?", *Southern Economic Journal*, 78(4):1346—1368.

Bohnet, I., and R. Zeckhauser, 2004, "Trust, Risk and Betrayal", *Journal of Economic Behavior and Organization*, 55:467—484.

Bohnet, I., F. Greig, B. Herrmann, and R. Zeckhauser, 2008, "Betrayal Aversion: Evidence from Brazil, China, Oman, Switzerland, Turkey, and the United States", *American Economic Review*, 98:294—310.

Boix, Carles, and Daniel N. Posner, 1998, "Social Capital: Explaining its Origins and Effects on Government Performance", *British Journal of Political Science*, 28(4): 686—693.

Bossone, 1999, "The Role of Trust in Financial Sector Development", *Policy Research Working Paper*, 2200.

Bottazzi, L., M. Da Rin, and Hellman T., 2011, "The Importance of Trust for Investment: Evidence from Venture Capital", *NBER Working Paper*.

Bourdieu, P., 1980, "Le Capital Social", *Actes de la Recherche en Sciences Socials*, 31:2—3.

Bourdieu, P., 1986, *The Forms of Capital*, in: Richardson, John G. (ed.), Handbook of Theory and Research for the Sociology of Education, New York: Greenwood Press, 241—258.

Bowles, Samuel, and Herbert Gintis, 2001, "Social Capital and Community Governance", *Working Paper*, 01-01-003, Santa Fe Institute.

Bowles, S., and H. Gintis, 2002, "Social Capital and Community Governance", *Economic Journal*, 112 (Features):F419—436.

Bromley, D. W. et al. (eds.), 1992, *Making the Commons Work: Theory, Practice and Policy*, San Francisco: ICS Press.

Brown, J. R., Zoran Ivkovic, Paul A. Smith, and Scott Weisbenner, 2008, "Neighbors Matter: Causal Community Effects and Stock Market Participation", *The Journal of Finance, 63(3): 1509—1531.

Brown S., and K. Taylor, 2010, "Social Interaction and Stock Market Participation: Evidence from British Panal Data", *JZA Discussion Paper*, 4886.

Brunetti, A., G. Kisunko, and B. Weder, 1998, "Credibility of Rules and Economic Growth: Evidence from a Worldwide Survey of the Private Sector", *The World Bank Economic Review*, 12(3):353—384.

Burns, Paul, Andrew Myers, and Andy Bailey, 1993, "Cultural Stereotypes and Barriers to the Single Market", 3i/Cranfield European Enterprise Centre, *Cranfield School of Management Working Paper*, SWP 20/93.

Burt, Ronald S., 1995, *Structural Holes: The Social Structure of Competition*, Cambridge, MA: Harvard University Press.

Butler, Jeffery, Paola Sapienza, and Luigi Guiso, 2009, "The Right Amount of Trust", *NBER Working Papers*, 15344.

Butter, FAG Den, and RHJ Mosch, 2003, "Trade, Trust and Transaction Cost", *SSRN Electronic Journal*, 03-082/3.

Butter, Frank A. G., and Robert H. J. Mosch, 2002, "Trade, Trust and Transaction", *Tinbergen Institute Discussion Paper*.

Calderon, Cesar, Alberto Chong, and Galindo Arturo, 2002, "Development and Efficiency of the Financial Sector and Links with Trust: Cross-Country Evidence", *Economic Development and Cultural Change*, 51 (1):189—204.

Carrington, W. J., E. Detragiache, and T. Vishwanath, T., 1996, "Migration and Endogenous Moving Costs", *American Economic Review*, 86:909—930.

Charny, David, 1990, "Nonlegal Sanctions in Commercial Relationships", *Harvard Law Review*, 104 (2):373—467.

Chen, B., and Y. Feng, 2000, "Determinants of Economic Growth in China: Private Enterprise, Education and Openness", *China Economic Review*, 11(1): 1—15.

Chopra, Kanchan, 2002, "Social Capital and Development Processes: Role of Formal and Informal Institutions", *Economics and Political Weekly*, 37 (38):2911—2916.

Chou, Y. K., 2005, "Three Simple Models of Social Capital and Economic Growth", *The Journal of Socio-Economics*, 35 (5):889—912.

Cipolla, C. M., 1969, *Literacy and Development in the West*, Penguin Books, Baltimore MD.

Cohen, Lauren, 2005, "Loyalty Based Portfolio Choice", *Yale University Working Paper*.

Coleman, J. S., 1986, "Social Theory, Social Research, and a Theory of Action", *American Journal of Sociology, 91: 1309—1335.

Coleman, J. S., 1988, "Social Capital in the Creation of Human Capital", American Journal of Sociology, 94: S95—S210.

Coleman, J. S., 1990, Foundations of Social Theory, Cambridge: Harvard University Press, 345—349.

Collier, P., 1998, The Role of the States in Economic Development: Cross-regional Experiences, Oxford: Oxford University Press.

Cosmides, Leda, and John Tooby, 1992, "Cognitive Adaptations for Social Exchange", Chapter 3 in: Jerome H. Barkow, Leda Cosmides, and John Tooby(eds.), The Adapted Mind: Evolutionary Psychology and the Generation of Culture, Oxford: Oxford University Press.

Costa, D. L., and M. Kahn, 2003, "Understanding the American Decline in Social Capital, 1952—1998", Kyklos, 56 (1): 17—46(30).

Costinot, Arnaud, 2008, "A Comparative Institutional Analysis of Agreements on Products Standards", Journal of International Economics, 75: 197—213.

Cox, J., E. Ostrom, J. M, Walker, A. J. Castillo, E. Coleman, R. Holahan, M. Schoon, and B. Steed, 2009, "Trust in Private and Common Property Experiments", Southern Economic Journal, 75: 957—975.

Cox, J., 2004, "How to Identify Trust and Reciprocity", Games and Economic Behavior, 46: 260—281.

Crudelia, L, 2006, "Social Capital and Economics Opportunities", Journal of Socio-Economics, 35 (3): 913—927.

Dalton, Russell J., 2004, Democratic Challenges, Democratic Choices: The Erosion of Political Support in Advanced Industrial Democracies, New York: Oxford University Press.

Dasgupta, P., 1998, "Trust as a Commodity", in: D. Gambetta(ed.), Trust: Making and Breaking Cooperative Relations, Oxford: Basil Blackwell.

Dasgupta, P., 2000, "Economic Progress and the Idea of Social Capital", in: P. Dasgupta and I. Serageldin(eds.), Social Capital: A Multifaceted Perspective, World Bank, Washington, D. C..

Dasgupta, P., 2008, "Common Property Resources: Economic Analytics", in: R. Ghate, N. Jodha, and P. Mukhopadhyay(eds.), Promise, Trust, and Evolution, Oxford: Oxford University Press.

Dasgupta, P., 2009, "A Matter of Trust: Social Capital and Economic Development", Annual Bank Conference on Development Economics, Korea, June.

Dasgupta, P., and Goyal, S., 2009, "Narrow Identities", *Discussion Paper*, Faculty of Economics, University of Cambridge.

Dasgupta, P., and Mäler, K. G., 1991, "The Environment and Emerging Development Issues", *Proceedings of the Annual World Bank Conference on Development Economics*, Washington, DC: World Bank.

Debruine, Lisa M., 2002, "Facial Resemblance Enhances Trust, Proceedings of the Royal Society", *Biological Science*, 269:1307—131.

Degli Antoni, Giacomo, 2005, "Social Relations and Economic Welfare at an Individual Level", *RePEc Working Paper*, January.

De la Fuente, A., and R. Domenech, 2000, "Human Capital in Growth Regressions: How Much Difference Does Data Quality Make?" *OECD Working Paper*.

De Long, J. B., and A. Shleifer, 1993, "Princes and Merchants: European City Growth before the Industrial Revolution", *Journal of Law and Economics*, 36(2):671—702.

De Long, J., 1998, "Productivity, Growth, Convergence and Welfare: Comment", *American Economic Review*, 78(5):1138—1154.

Deng, W., Y. Lin, and J. Gong, 2012, "A Smooth Coefficient Quintile Regression Approach to the Social Capital Economic Growth Nexus", *Economic Modeling*, 25:185—197.

Dominitz, J., and C. Manski, 2005, "Measuring and Interpreting Expectations of Equity Returns", *Northwestern University Working Paper*.

Dow, James, and S'ergio Ribeiro da Costa Werlang, 1992, "Uncertainty Aversion, Risk Aversion and the Optimal Choice of Portfolio", *Econometrica*, 60(1):197—204.

Dulleck, Uwe, Dirk J. Bezemer, and Paul Frijters, 2004, "Social Capital, Creative Destruction and Economic Growth", *Vienna Economics Papers* 0406, University of Vienna, Department of Economics.

Durkheim, Emile, 1893, *The Division of Labor in Society*, New York: The Free Press.

Durlauf, S. N., and M. Fafchamps, 2005, "Social Capital", in: Aghion, P., and S. N. Durlauf(eds.), *Handbook of Economic Growth*, vol. 1B: 1639—1699, Elsevier North-Holland, Amsterdam.

Durlauf, S. N., 2002, "On the Empirics of Social Capital", University of Wisconsin, Department of Economics, *Mimeo*.

Easterly, W., and Ross Levine, 1997, "Africa's Growth Tragedy: Policies and Ethnic Divisions", *Quarterly Journal of Economics*, 112(4).

Easterly, William, 2000, "Can Institutions Resolve Ethnic Conflict?" *Policy Research Working Paper Series* 2482, The World Bank.

Edwards, Bob, and Michael Foley, 1997, "Social Capital and the Political Economy of

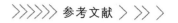

Our Discontent", *American Behavioral Scientist*, 40/5, 669.

Ellison G., and D. Fudenberg, 1995, "Word of Mouth Communication and Social Learning", *Quarterly Journal of Economics*, 110 (1):93—125.

Engelbrecht, H. J., 1997, "International R&D Spillovers, Human Capital and Productivity in OECD Economies: An Empirical Investigation", *European Economic Review*, 41:1479—1488.

Englander, A. S., and A. Gurney, 1994, "OECD Productivity Growth: Medium-Term Trends", *OECD Economic Studies*, 22:111—129.

Fafchamps, M., and B. Minten, 2002, "Returns to Social Network Capital Among Traders", *Oxford Economic Papers*, 54:173—206.

Fafchamps, Marcel, 1996, "The Enforcement of Commercial Contracts in Ghana", *World Development*, 24:427—448.

Falk, A., and M. Kosfeld, 2006, "The Hidden Costs of Control", *American Economic Review*, 96:1611—1630.

Farole, T., A. Rodriguez-pose, and M. Storper, 2007, "Social Capital, Rules, and Institutions: A Cross-Country Investigation", *REPEC Working Paper*.

Fehr, Ernst, 2009, "On the Economics and Biology of Trust", *IZA Discussion Paper*, 3895.

Fehr, E., and J. A. List, 2004, "The Hidden Costs and Returns of Incentives-Trust and Trustworthiness among CEOs", *Journal of the European Economic Association*, 25:743—771.

Fehr, E., Urs Fischbacher, Bernhard von Rosenbladt, Juergen Schupp, and Gert Wagner, 2003, "A Nation-Wide Laboratory-Examining Trust and Trustworthiness by Integrating Behavioral Experiments into Representative Survey", *CESifo Working Paper*, 866.

Fine, B., 2001, *Social Capital versus Social Theory. Political economy and Social Science at the Turn of the Millennium*, London and New York: Routledge.

Francois, Patrick, and Jan Zabojmk, 2004, "Trust, Social Capital and Economic Development", *Working Paper*, University of British Columbia.

Frank, Robert, 1987, "If Homo Economicus Could Choose His Own Utility Function, Would He Want One with a Conscience?", *American Economic Review*, 77 (4):593—604.

Fukuyama, F., 1995, *Trust: The Social Virtues and the Creation of Prosperity*, New York: Free Press.

Gale, D., 1978, "The Core of a Monetary Economy without Trust", *Journal of Economic Theory*, 19:459—491.

Gambetta, D., 1993, *The Mafia: A Ruinous Rationality*, Cambridge, MA: Harvard University Press.

Gemmell, N., 1996, "Evaluating the Impacts of Human Capital Stocks and Accumulation on Economic Growth: Some New Evidence", *Oxford Bulletin of Economics and Statistics*, 58(1):9—28.

Glaeser, Edward, David Laibson, Josè A. Scheinkman, and Christine L. Soutter, 2000, "Measuring Trust", *Quarterly Journal of Economics*, 115(3):811—846.

Glaeser, E., 2000, "The Formation of Social Capital", *Manuscript*, Harvard University, March.

Gluckman, Max, 1967, *The Judicial Process among the Barotse of Northern Rhodesia*, Manchester: Manchester University Press.

Goldin, C., and Lawrence F. Katz, 1999, "Human Capital and Social Capital: The Rise of Secondary Schooling in America: 1910—1940", *Journal of Interdisciplinary History*, 29(4):683—723.

Granato, J., R. Inglehart, and D. Leblang, 1996, "The Effect of Cultural Values on Economic Development: Theory, Hypothesis, and Some Empirical Tests", *American Journal of Political Science*, 607—631.

Granovetter, M. S., 1973, "The Strength of Weak Ties", *American Journal of Sociology* LXXVIII, 1360—1380.

Granovetter, M. S., 1974, *Getting a Job: A Study of Contacts and Careers*, Chicago: University of Chicago Press.

Granovetter, M. S., 1985, "Economic Action and Social Structure: The Problem of Embeddedness", *American Journal of Sociology*, 91(2):481—510.

Greenwald, B. C., and J. E. Stiglitz, 1987, "Keynesian, New Keynesian and New Classical Economics", *Oxford Economic Paper*, 37:119—32.

Greif, A., 1994, "Cultural Beliefs and the Organization of Society: A Historical and Theoretical Reflection on Collectivist and Individualist Societies", *Journal of Political Economy*, 102(5):912—950.

Greif, A., 1994, "On the Political Foundations of the Late Medieval Commercial Revolution: Genoa during the Twelfth and Thirteenth Centuries", *Journal of Economic History*, 54:271—287.

Greif, A., 1989, "Reputation and Coalitions in Medieval Trade: Evidence on the Maghribi Traders", *Journal of Economic History*, 49:857—882.

Griliches, Z., 1997, "Education, Human Capital, and Growth: A Personal Perspective", *Journal of Labor Economics*, 15(1): S330—S344.

Grootaert, C., and D. Narayan, 2004, "Local Institutions, Poverty and Household Welfare in Bolivia", *World Development*, 32:1179—1198.

Grootaert, C., and T. Van Bastelaer, eds., 2002, *The Role of Social Capital in Development: An Empirical Assessment*, Cambridge, UK: Cambridge University Press.

Guiso, Luigi, Michael Haliassos, and Tullio Jappelli, 2000, "Household Portfolios: An International Comparison", *Csef Working Paper*.

Guiso, Luigi, Paola Sapienza, and Luigi Zingales, 2004, "The Role of Social Capital in Financial Development", *The American Economic Review*, 94 (3):26—556.

Guiso, Luigi, Paola Sapienza, and Luigi Zingales, 2008, "Trusting The Stock Market", *The Journal of Finance*, 63 (6):2557—2600.

Guiso, Luigi, Paola Sapienza, and Luigi Zingales, 2009, "Cultural Biases in Economic Exchange?", *CEPR Discussion Paper*, 4837.

Hall, Robert E., and Charles I. Jones, 1999, "Why Do Some Countries Produce So Much More Output per Worker than Others?", *NBER Working Papers*, 6564.

Hanifan, L. J., 1916, "The Rural School Community Centre", *Annals of the American Academy of Political and Social Sciences*, 67:130—38.

Hanushek, E. A., and D. D. Kimko, 2000, "Schooling, Labor Force Quality, and the Growth of Nations", *American Economic Review*, 90(5): 1184—1208.

Helliwell, J., 1996, "Economic Growth and Social Capital in Asia", *NBER Working Paper*, 5470.

Helliwell, J., 1998, *How Much Do National Borders Matter?*, Washington DC: Brookings Institution Press.

Helliwell, John, and Robert Putnam, 1995, "Economic Growth and Social Capital in Italy", *Eastern Economic Journal* XXI: 295—307.

Hirsch, F., 1978, *Social Limits to Growth*, Cambridge, MA: Harvard University Press.

Holt, Charles A., and Susan K. Laury, 2002, "Risk Aversion and Inventive Effects", *American Economic Review*, 92 (5):1644—1655.

Hong, Harrison, Kubik D. Jeffrey, and Jeremy Stein, 2004, "Social Interaction and Stock Market Participation", *Journal of Finance* LIX, 1.

Huberman, Gur, 2001, "Familiarity Breeds Investment", *Review of Financial Studies*, Vol. 14, 3:659—680.

Huntington, Samuel P., 1968, *Political Order in Changing Societies*, New Haven, CT: Yale University Press.

Inglehart, R., 1990, *Culture Shift in Advanced Industrial Society*, Princeton, NJ: Princeton University Press.

Inglehart R., 1997, *Modernization and Post-modernization: Cultural, Economic and Political Change in 43 Societies*, Princeton, PJ: Princeton University Press.

Inglehart, Ronald F., and P. Norris, 2003, *Rising Tide: Gender Equality and Cultural Change around the World*, New York: Cambridge University Press.

Inglehart, Ronald, 1999, Trust, Well-Being and Democracy, In Democracy and Trust, ed. M. Warren. Cambridge: Cambridge University Press, 88—120.

Islam, N., 1995, "Growth Empirics: A Panel Data Approach", *Quarterly Journal of Economics*, 113 (1): 325—329.

Ivkovic, Z., and S. Weisbenner, 2007, "Information Diffusion Effects in individual Investors' Common Stock Purchases: Cobet Thy Neighbouts' Investment Choices", *Review of Financial Studies*, 20:1327—1357.

Jodha, N. S., 1986, "Common Property Resources and the Rural Poor", *Economic and Political Weekly*, 21: 1169—1181.

Johnson, S., J. McMillan, and C. Woodruff, 2002, "Courts and Relational Contracts", *Journal of Law, Economics, Organization*, 18:221—277.

Jorgenson, D. W., F. M. Gollop, and Barbara M. Fraumeni, 1987, *Productivity and US Economic Growth*, Cambridge: Harvard University Press.

Kata, E., and P. F. Lazarsfeld, 2006, *Personal Influence: The Part Played by People in the Flow of Mass Communication*, Piscataway: Transaction Publishers.

Keefer, P., and S. Knack, 1993, "Why Don't Poor Countries Catch Up? A Cross-National Test of an Institutional Explanation", *IRIS Center Working Paper* No. 60, University of Maryland, College Park.

Kennedy, Paul, 1988, *African Capitalism: The Struggle for Ascendency*, Cambridge: Cambridge University Press.

Kiltgaard, Robert, and Johannes Feddereke, 1995, "Social Integration and Disintegration: an Exploratory Analysis of the Data", *World Development*, 23(3):357—369.

Klein, B., and K. B., Leffler, 1997, "The Role of Market Forces in Assuring Contractual Performance", *Journal of Political Economy*, 89(4).

Knack, S., and P. Keefer, 1995, "Institutions and Economic Performance: Cross Country Tests using Alternative Institutional Measures", *Economics and Politics*, 7(3):207—227.

Knack, S., and P. Keefer, 1997, "Does Social Capital Have an Economic Payoff? A Cross Country Investigation", *Quarterly Journal of Economics*, 112 (4):1251—1288.

Knack, S., 1992, "Civic Norms, social Sanctions, and Voter Turnout", *Rationality and Society* IV:133—156.

Knack, S., 2000, "Trust, Associational Life and Economic Performance in the OECD",

Manuscript, the World Bank.

Knack, S., 2002, "Social Capital and the Quality of Government: Evidence from the States", *American Journal of Political Science*, 46(4):772—785.

Knack, S., 2003, "Groups, Growth and Trust: Cross-Country Evidence on the Olson and Putnam Hypotheses", *Public Choice*, 117(3—4): 341—355.

Knight, J., and L. Yueh, 2008, "The Role of Social Capital in the Labour Market in China", *Economics of Transition*, 16(3):389—414.

Knornnga, P., and Van Saveren Irene, 2006, "Social Capital for Industrial Development: Operationalizing the Concept", *ISS Staff Group human Resources and Local Development*, 1.

Kosfeld, M., M. P. Heinrichs, J. Zak, U. Fischbacher, and E. Fehr, 2005, "Oxytocin Increases Trust in Humans", *Nature*, 435: 673—676.

Krishna, A., and N. Uphoff, 1999, "Mapping and Measuring Social Capital: A Conceptual and Empirical Study of Collective Action for Conserving and Development Watersheds in Rajasthan, India", In *Social Capital initiative*, *Working Paper*, 13, Washington DC.

Krishna, A., 2001, "Moving from the Stock of Social Capital to the Flow of Benefits: the Role of Agency", *World Development*, 29:925—943.

Kumar, C., 2009, "Credit Rationning and the Economics of Informal Lending: Theoretical Results and Econometric Inference Using the Household Surveys from China and India", *PhD Dissertation*, Cornell University.

Kumlin, Stafan, and Bo Rothstein, 2005, "Making and Breaking Social Capital: The Impact of Welfare State Institutions", *Comparative Political Studies*, 38:339—365.

Landes, D., 1998, *The Wealth and Poverty of Nations: Why Some Are So Rich and Some So Poor*, New York: W. W. Norton.

La Porta, R., F. Lopez-de-Silanes, A. Shleifer, and R. Vishny, R., 1997, "Trust in Large Organizations", *American Economic Review Papers and Proceedings*, 87 (2):333—338.

La Porta, R., F. Lopez-de-Silanes, A. Shleifer, and R. Vishny, R., 1999, "The Quality of Government", *The Journal of Law, Economics and Organization*, 15(1):222—279.

Lazear, Edward P., 1999, "Educational Production", *NBER Working Pape*, 7349.

Leff, Nathaniel, 1964, "Economic Development through Bureaucratic Corruption", *American Behavioral Scientist*, 8(3):8—14.

Levchenko, A., 2007, "Institutional Quality and International Trade", *Review of Economic Studies* 3:791—819.

Levi, M., 1988, *Of Rule and Revenue*, Berkeley, CA: University of California Press.

Linda, Janet, 1981, "A Theory of the Ethnically Homogeneous Middleman Group: An Institutional Alternative to Contract Law", *Journal of Legal Studies*, 10: 349—62.

Lin, Nan, 2001, *Social Capital: A Theory of Social Structure and Action*, Cambridge: Cambridge University Press.

Li, S., 2003, "Relation-Based versus Rule-Based Governance: An Explanation of the East Asian Miracle and Asian Crisis", *Review of International Economics*, 11(4): 651—673.

Loury, Glenn, 1977, "A Dynamic Theory of Racial Income Differences", in P. A. Wallace, and A. Le Mund(eds.), *Women, Minorities and Employment Discrimination*, Lexington, MA: Lexington Books.

Lucas, R. E., 1988, "On the Mechanism of Economic Development", *Journal of Monetary Economics*, 22: 3—42.

Luhman, Niklas, 1979, *Trust and Power*, New York: Wiley.

Maddison, A., 1991, *Dynamic Forces in Capitalist Development*, Oxford: Oxford University Press.

Mankiw, N. G., D. Romer, and D. Weil, D., 1992, "A Contribution to the Empirics of Economic Growth", *Quarterly Journal of Economics*, 107: 407—437.

Marchionne, Francesco, and Alberto Niccoli, 2012, "Financial Deepening and Social Capital", *Working Paper*.

Mauro, Paolo, 1995, "Corruption and Growth", *The Quarterly Journal of Economics* 110: 681—712.

McCabe, Kevin A., Stephen J. Rassenti and Vernon, L. Smith, 1997, "Reciprocity, Trust and Payoff Privacy in Extensive Form Bargaining", *Working Paper*, University of Arizona.

Mccallum, J., 1995, "National Borders Matter: Canada-U. S. Regional Trade Pattern", *American Economic Review*, 85 (3): 615—623.

McKean, M., 1992, "Success on the Commons: A comparative Examination of Institution for Common Property Resource Management", *Journal of Theoretical Politics*, 4: 256—268.

Mckinnon, R. I., 1973, *Money and Capital in Economic Development*, Washington D. C.: Brookings Institution.

Mcmillan, J., and C. Woodruff, 1999, "Dispute Prevention without Courts in Vietnam", *Journal of Law, Economics, and Organization* 15: 637—658.

Miguel, E., 2003, "Comment on Social Capital and Growth", *Journal of Monetary Economics*, 50 (5): 195—198.

Miller, A. S., and T. Mitamura, 2003, "Are Surveys on Trust Trustworthy?", *Social

Psychology Quarterly, 66:62—70.

Mill, John Stuart, 1848, *Principles of Political Economy*, London: John W. Parker.

Murphy, Kevin M., Andrei Shleifer, and Robert W. Vishny, 1991, "The Allocation of Talent: Implications for Growth", *Quarterly Journal of Economics*, 503—30.

Naef, M., E. Fehr, U. Fischbacher, J. Schupp, and G. Wagner, 2008, "Decomposing Trust: Explaining National and Ethnical Trust Differences", *Working Paper*, Institute for Empirical Research in Economics, University of Zurich.

Nannestad, Peter, 2008, "New Work on Trust: What Have We Learnt, if Anything?", *Annual Review of Political Science*, 11: 413—36

Narayan, Deepa, and Lant Pritchett, 1997, "Cents and Sociability: Household Income and Social Capital in Rural Tanzania", *World Bank Policy Research Working Paper*, 1796.

Nooteboom, B., 2002, *Trust: Forms, Foundations, Functions, Failures and Figures*, Cheltenham: Edward Elgar.

Norris, Pippa, and R. Inglehart, 2004, *Sacred and Secular: Religious Organizations Worldwide*, Cambridge: Cambridge University Press

Norris, Pippa, 2000, "Making Democracies Work: Social Capital and Civic Engagement in 47 Societies", *Paper presented to the EURESCO conference on Social Capital: Interdisciplinary Perspectives*, Exeter.

North, Douglass, and R. P. Thomas, 1973, *The Rise of the Western World: A New Economic Theory*, Cambridge: Cambridge University Press.

North, Douglass, 1981, *Structure and Change in Economic History*, Norton.

North, Douglass, 1990, *Institutions, Institutional Change and Economic Performance*, Cambridge: Cambridge University Press.

Nunes, Simoes, Marta Cristina, 2001, "Different Roles for Human capital in Economic Growth", *Papers and Proceedings*, Old and New growth theories: An Assessment.

Nunn, N., 2007, "Relationship-specificity Incomplete Contracts and the Pattern of Trade", *Quarterly Journal of Economics*, 122(2):569—600.

Olson, M., 1982, *The Rise and Fall of Nations*, New Haven: Yale University Press.

Osili, Una Okonkwo, and Anna Paulson, 2005, "Institutional Quality and Financial Market Development: Evidence from International Migrants in the U.S.", *Working Paper*.

Ostrom, E., 1990, *Governing the Commons: The Evolution of Institutions for Collective Action*, Cambridge: Cambridge University Press.

Ostrom, E., 1996, "Incentives, Rules of the Game and Development", *Proceedings of the Annual World Bank Conference on Development Economics*, Washington, DC: World Bank.

Ostrom, E, 2000, "Social Capital: A Fad or a Fundamental Concept", in P. Dasgupta and I Serageldin (eds.), *Social Capital: A Multifaceted Perspective*, World Bank, Washington, 172—214.

Papagapitos, and Riley, 2009, "Social Trust and Human Capital Formation", *Economics Letters*, 102:158—160.

Parts, Eve, 2003, "Interrelationships Between Human Capital and Social Capital: Implications For Economic Development in Transition Economies", *SSRN Electronic Journal*, January.

Paxton, P., 1999, "Is Social Capital Declining in the United States? A Multiple Indicator Assessment", *American Journal of Sociology*, 105 (1):88—127.

Peri, G., 2004, "Socio-Cultural Variables and Economic Success: Evidence from Italian Provinces 1951—1991", *Topics in Macroeconomics*, 4 (1).

Platteau, Jean-Philippe, 1993, "Behind the Market Stage where Real Societies Exist-Part II: The Role of Moral Norms", *The Journal of Development Studies*, 30(4):753—817.

Platteau, Jean-Phillipe, 2000, *Institutions, Social Norms, and Economic Development*, Harwood.

Portes, Alejandro, and Julia Sensenbrenner, 1993, "Embeddedness and Immigration: Notes on the Social determinants of Economic Action", *American Journal of Sociology*, 98 (6):1320—1350.

Portes, A., 1998, "Social Capital: Its Origins and Application in Modern Sociology", *Annual Review of Sociology*, 24:1—24.

Powell, W., 1990, "Neither Market nor Hierarchy: Network Forms of Organization", *Research in Organizational Behaviour*, 12:295—336.

Powell, W., and P. Brantley, 1992, "Competitive Cooperation in Biotechnology: Learning Through Networks?", in: N. Nohria and R. Eccles(eds.), *Networks and Organizations*, Cambridge, MA: Harvard University Press.

Puri, Manju, and David Robinson, 2005, "Optimism and Economic Choice", *Working Paper*.

Putnam, R. D., 1993, *Making Democracy Work: Civic Traditions in Modern Italy*, Princeton, NJ: Princeton University Press.

Putnam, R. D., 2000, *Bowling Alone: The Collapse and Revival of American Community*, New York: Simon and Schuster.

Putnam, R., 2001, "Social capital: Measurement and Consequences", *ISUM* A2, 41—51.

Rajan, Raghuram G., and Zingales Luigi, 2000, "Financial Dependence and Growth", A-

merican Economic Review, 88:559—586.

Rauch, J., 1993, "Productivity Gains from Geographic Concentration of Human Capital: Evidence from the Cities", *Journal of Urban Economics*, 34(3):380—400.

Redding, S., 1996, "The Low-Skill, Low-Quality Trap: Strategic Complementarities between Human Capital and R&D", *Economic Journal*, 106:458—470.

Rice, Tom W., and Alexander F. Sumberg, 1997, "Civic Culture and Government Performance in the American States", *The Journal of Federalism*, 27(1): 99—114.

Rice, Tom W., and Jan L. Feldman, 1997, "Civic Culture and Democracy from Europe to America", *Journal of Politics*, 59 (4):1143—1172.

Rice, Tom W., 2001, "Social Capital and Government Performance in Iowa Communities", *Journal of Urban Affairs*, 23 (3—4):375—389.

Ridley, Matt, 1993, *The Red Queen, Sex and the Evolution of Human Nature*, Penguin Books.

Rodrik, Dani, 1998, "Where did all the Growth Go? External Shocks, Social Conflict and Growth Collapses", *CEPR Discussion Papers* 1789.

Romer, P. M., 1986, "Increasing Returns and Long-run Growth", *Journal of Political Economy*, 94(5):1002—1037.

Romer, P. M., 1990, "Endogenous Technological Change", *Journal of Political Economy*, 98(5):S71—S102.

Rose-Ackerman, Susan, 1978, *Corruption: A Study in Political Economy*, New York, NY: Academic Press.

Rothstein, B., 2000, *Social Traps and the Problem of Trust*, Cambridge: ambridge University Press.

Rothstein, B., 2003, "Social Capital, Economic Growth and Quality of Government", *New Political Economy*, 8: 49—72

Routledge, B., and J. von Amsberg, 2003, "Social Capital and Growth", *Journal of Monetary Economics*, 50 (1): 167—193.

Routledge, Bryan R., and Stanley Zin, 2001, "Model Uncertainty and Liquidity", *NBER Working Paper*, 8683.

Sabatini, 2006, "Social Capital and Economic Development", University of Rome La Sapienza spes Development Studies, *Discussion Paper*, 1.

Samuelson, Paul A., 1993, "Altruism as a Problem Involving Groups versus Individual Selection in Economics and Biology", *American Economic Review*, 83 (2):143—148.

Sanberg, Lars, 1982, "Ignorance, Poverty and Economic Backwardness in the Early States of European Industrialization", *Journal of European Economic History*, 11:675—697.

Sapienza, P., A. Toldra, and L. Zingales, 2007, "Understanding Trust", *NBER Working Paper* WP13387.

Schuller, T., 2000, "The Complementary Roles of Human and Social Capital", *Manuscript*, Birkbeck College, University of London, March.

Shapiro, S. P., 1987, "The Social Control of Impersonal Trust", *American Journal of Sociology*, 93: 623—658.

Shleifer, A., and R. W. Vishny, 1997, "A Survey of Corporate Governance", *The Journal of Finance*, 52:737—783.

Shleifer, A., and R. W. Vishny, 1993, "Corruption", *Quarterly Journal of Economics*, 599—617.

Simmel, Georg, 1971(1908), *On Individuality and Social Forms*, Chicago: University of Chicago Press.

Simon, Herbert A., 1993, "Altruism and Economics", *American Economic Review*, 83 (2):156—161.

Six, F., 2005, *The Trouble about Trust: The Dynamics of Interpersonal Trust Building*, Cheltenham: Edward Elgar.

Six, F., and B. Nooteboom, 2006, "Trust Building Actions: A Relational Signaling Approach", *Working Paper*.

Solow, Robert, 1995, "But Verify", *The New Republic*, 36.

Spence, A. M., 1973, "Job Market Signaling", *Quarterly Journal of Economics*, 87: 355—374.

Steger, T. M., 2002, "Productive Consumption, the Intertemporal Consumption Trade-off and Growth", *Journal of Economics Dynamics and Control*, 26 (3):1053—1068.

Tabellini, G., 2005, "Culture and Institutions: Economic Development in the Regions of Europe", *Working Papers* 292, IGIER (Innocenzo Gasparini Institute for Economic Research), Bocconi University.

Tabellini, G., 2008, "The Scope of Cooperation: Values and Incentives", *Quarterly Journal of Economics*, 123:905—950.

Temple, J., 1998, "Equipment Investment and the Solow Model", *Oxford Economic Papers*, 50 (1): 39—62.

Temple, J., 2001, "Growth Effects of Education and Social Capital in the OECD Countries", OECD Economic Studies, 33 (2):57—101.

Temple, J. and P. Johnson, 1998, Social Capability and Economic Growth, *Quarterly Journal of Economics*, 113:967—990.

Turvey, C. G., R. Kong, and Xue-si Huo, 2010, "Borrowing amongst Friends: The Economics of Informal Credit in Rural China", *China Agricultural Economic Review*, 2 (2).

Udry, C., 1990, "Credit Markets in Northern Nigeria: Credit as Insurance in a Rural Economy", *World Bank Economic Review*, 4.

Uslaner, E. M., 2002, *The Moral Foundations of Trust*, Cambridge, UK: Cambridge University Press.

Uzawa, H., 1965, "Optimal Technical Change in an Aggregative Model of Economic Growth", *International Economic Review*, 6:18—31.

Vijayaraghavan, Maya, and William A. Ward, 2001, "Institutions and Economic Growth: Empirical Evidence from a Cross-national Analysis", *Working Paper* No. 001302, Clemson, S. C.: Center for International Trade, Clemson University.

Vogel, J., 2007, "Institutions and Moral Hazard in Open Economies", *Journal of International Economics*, 2:495—514.

Weber, M., 1930, *The Protestant Ethic and the Spirit of Capitalism*, London: George Allen and Unwin.

Weber, M., 1902 (1958), *The Protestant Ethic and the Spirit of Capitalism*, Reprint. Scribner's.

Weiss, A., 1995, "Human Capital vs. Signalling Explanations of Wages, *Journal of Economic Perspectives*, 9(4):133—154.

Welter, F., and T. Trust Kautonen, 2005, "Social Networks and Enterprise Development: Exploring Evidence from East and West Germany", *The International Entrepreneurship and Management Journal*, 1 (3):367—379.

Whiteley, P., 2000, "Economic Growth and Social Capital", *Political Studies*, 48:443—466.

Williamson, O., 1975, *Markets and Hierarchies*, New York: Free Press.

Williamson, O., 1981, "The Economics of Organization: The Transaction Cost Approach", *American Journal of Sociology*, 87: 548—77.

Williamson, O., 1993, "Calculativeness, Trust and Economic Organization", *Journal of Law and Economics*, 36:453—86.

Wilson, William Julius, 1987, *The Truly Disadvantaged*, Chicago: University of Chicago Press.

Wintrobe, R., 1995, "Some Economics of Ethnic Capital Formation and Conflict", in: A. Breton, G. Galeotti, P. Salmon, and R. Wintrobe(eds.), *Nationalism and Rationality*, Cambridge: Cambridge University Press.

Woolcock, M., 1998, "Social Capital and Economic Development: toward a Theoretical Synthesis and Policy Framework", *Theory and Society*, 27:151—208.

Woolcock, M., 2000, "The Place of Social Capital in Understanding Social and Economic Outcomes", *Manuscript*, The World Bank.

World Bank, 1998, "The Initiative on Defining, Monitoring and Measuring social Capital." *Overview and Program Description*, *Washington*, The World Bank, Social Development Family Environmentally and Socially Sustainable Development Network.

Yamahishi, Toshio, and Yamahishi, Midori, 1994, "Trust and Commitment in the United States and Japan", *Motivation and Emotion*, 18 (2): 129—166.

Zak, P., and S. Knack, 2001, "Trust and Growth", *The Economic Journal*, 111: 295—321.

Zucker, Lynne G., 1986, "Production of Trust: Institutional Sources of Economic Structure, 1840—1920", *Research in Organization Behavior* 8: 53—111.

边燕杰、丘海雄,2000,"企业的社会资本及其功效",《中国社会科学》,第2期:87—99,207。

蔡昉、都阳,2000,"地区经济增长的趋同于差异——对西部开发战略的启示",《经济研究》,第10期:63—57。

蔡晓良、蔡晓陈,2007,"社会资本、教育投资和经济增长:理论与实证分析",《福州大学学报(哲学社会科学版)》,第5期:58—63。

陈建青、杨甦华,2004,"创新、经济增长与制度变迁的互依性",《南开经济研究》,第4期。

陈爽英、井润田、龙小宁、邵云飞,2010,"民营企业家社会关系资本对研发投资决策影响的实证研究",《管理世界》,第1期:88—97。

陈钊、陆铭、金煜,2004,"中国人力资本和教育发展的区域差异:对于面板数的估算",《世界经济》,第12期。

陈盼,2016,"我国社会资本的测量及其与经济绩效关系研究",北京大学硕士毕业论文。

崔俊富、刘瑞、苗建军,2009,"人力资本与经济增长——兼论经济增长贫困陷阱",《江西财经大学学报》,第5期。

樊纲、王小鲁、朱恒鹏,2011,《中国市场化指数——各地区市场化相对进程2011年报告》,北京:经济科学出版社。

高远东、花拥军,2012,"人力资本空间小型与区域经济增长",《地理研究》,第4期。

顾洪章编,2009,《中国知识青年上山下乡始末》,北京:人民日报出版社。

黄燕萍、刘榆、吴一群、李文溥,2013,"中国地区经济增长差异:基于分级教育的效应",《经济研究》,第4期:94—105。

梁平汉、李佳珈,2013,"知青更不信任社会吗?",《经济资料译丛》,第4期:70—75。

林南,2005,《社会资本——关于社会结构与行动的理论》,上海:上海人民出版社。

林毅夫、刘培林,2003,"中国的经济发展战略与地区收入差距",《经济研究》,第3期:19—25。

林毅夫、刘志强,2000,"中国的财政分权与经济增长",《北京大学学报(哲学社会科学版)》,第4期。

刘长生、简玉峰,2009,"社会资本、人力资本与内生经济增长",《财贸经济》,第2期。

刘璐琳,2008,"社会资本对经济增长的影响机理分析",《兰州学刊》,第1期:49—52。

刘林平、张春泥,2007,"农民工工资:人力资本、社会资本、企业制度还是社会环境?——珠江三角洲农民工工资的决定模型",《社会学研究》,第6期:114—137,244。

刘迎秋,1997,"论人力资本投资及其对中国经济成长的意义",《管理世界》,第3期。

卢燕平,2007,"社会资本与我国经济和谐发展",《统计研究》,第10期。

皮天雷,2010,"社会资本、法治水平对金融发展的影响分",《财经科学》,第1期:1—8。

钱水土、陆会,2008,"农村非正规金融的发展与农户融资行为研究——基于温州农村地区的调查分析",《金融研究》,第10期:174—186。

覃成林,2004,"中国区域经济增长趋同与分异研究",《人文地理》,第3期:36—40。

石军伟、胡立君、付海艳,2007,"企业社会资本的功效结构:基于中国上市公司的实证研究",《中国工业经济》,第2期:84—93。

孙俊华、陈传明,2009,"企业家社会资本与公司绩效关系研究——基于中国制造业上市公司的实证研究",《南开管理评论》,第2期:28—36。

王金营,2004,"制度变迁对人力资本和物质资本在经济增长中作用的影响",《中国人口科学》,第4期:11—17。

王永进、盛丹,2010,"信任与出口比较优势——基于IVTSLS和PSM方法的实证研究",《国际贸易问题》,第10期。

王永钦,2006,"互联的关系型合约、内生的制度与经济发展",《学术月刊》第11期:78—80.

魏下海,2009,"贸易开放、人力资本与中国全要素生产率——基于分位数回归方法的经验研究",《数量经济技术经济研究》,第7期。

杨明、孟天广、方然,2011,"变迁社会中的信任:存量与变化——1990—2010",《北京大学学报(哲学社会科学版)》,第6期。

杨宇、沈坤荣,2010,"社会资本、制度与经济增长",《制度经济学研究》,第2期。

杨宇、郑垂勇,2008,"社会资本与国民福利的关系",《财经科学》,第5期。

张超,2007,"经济体制转型与人力资本积累关系的实证分析",《经济研究》,第12期。

张方华,2006,"企业社会资本与技术创新绩效:概念模型与实证分析",《研究与发展管理》,第3期:47—53。

张建杰,2008,"农户社会资本及对其信贷行为的影响:基于河南省397户农户调查的实证分析",《农业经济问题》,第9期:28—34,111。

张军、金煜,2005,"中国的金融深化和生产率关系的再检测:1987—2001",《经济研究》,第11期:34—45.

张俊生、曾亚敏,2005,"社会资本与区域金融发展:基于中国省际数据的实证研究",《财经研究》,第 4 期。

张维迎、柯荣住,2002,"信任及其解释:来自中国的跨省调查分析",《经济研究》,第 10 期。

赵家章、池建宇,2014,"信任、正式制度与中国对外贸易发展——来自全球 65 个国家的证据",《科技与经济》,第 1 期。